법의 연꽃
: 이뀨

Take It Easy

Copyright © 2001 by Osho International Foundation, Switzerland. www.osho.com
OSHO is a registered trademark of Osho International Foundation,
used under license.
Korean Translation Copyright © 2011 by Sodam&Taeil Publishing Co., Ltd.
This Korean edition was published by arrangement with Osho International Foundation,
Switzerland through Best Literary & Rights Agency, Korea.
All rights reserved.

이 책의 한국어판 저작권은 베스트 에이전시를 통한 원저작자와의 독점 계약으로 (주)태일소담에서 소유합니다. 신저작권법에 의하여 한국 내에서 보호를 받는 저작물이므로 무단전재와 무단복제를 금합니다.

법의 연꽃
: 이큐

Take It Easy

오쇼 강의 | 이경옥 옮김

태일출판사

옮긴이 이경옥(Prem Merudevi)
서울에서 태어났다. 1980년 요가를 시작으로 명상과 비파사나, 선(禪), 기독교 신비주의에 관심을 갖고 국내외의 여러 선지식과 수련단체를 통해 공부했으며, 1987년 인도의 오쇼 아쉬람에서 산야스에 입문한 후 10여 년간 명상센터를 운영했다. 그리고 지금은 삶 속에서의 명상과, 의식 확장 및 신념을 다루는 Belief Consultant(아봐타 마스터)로 활동하고 있다. 옮긴 책으로는 『말 없는 자의 말』, 『42장경』 등이 있다.

21세기를 사는 지혜의 서 17

법의 연꽃
: 이뀨
Take It Easy

펴낸날 | 2012년 3월 30일 중판 1쇄

지은이 | 오쇼
옮긴이 | 이경옥
펴낸이 | 이태권
펴낸곳 | (주)태일소담
　　　　서울시 성북구 성북동 178-2 (우)136-020
　　　　전화 | 745-8566~7　팩스 | 747-3238
　　　　e-mail | sodam@dreamsodam.co.kr
　　　　등록번호 | 제2-42호(1979년 11월 14일)
　　　　홈페이지 | www.dreamsodam.co.kr

ISBN 978-89-8151-187-6　04150
　　　978-89-8151-170-8 (세트)

● 책값은 뒤표지에 있습니다.
● 잘못된 책은 구입하신 곳에서 교환해드립니다.

Osho The Present Day
Awakened One speaks on the
Ancient Masters of Zen,

현대의 깨달은 스승 오쇼,
고대의 선사들에 대해 말하다.

옮긴이의 말

　내가 이규 선사를 처음 알게 된 것은 여러 영적인 스승들의 명상 또는 구도 시로 이루어진 어느 시집에서였다. 그때 이규 선사는 한 사람의 우뚝 선 붓다나 거침없고 기상천외한 선승이라기보다는 너무나도 아름답고 슬픈 감성의 소유자, 그리고 비범한 통찰력을 지닌 구도자로 내 마음에 각인되었다.

　그 후 오쇼의 이규 선사 강의록을 보니 무척 반가웠고 자연적으로 이끌리어 언젠가는 꼭 번역을 하리라는 생각이 들었다. 막상 그의 시 전반을 보았을 때, 시라고 하기에는 진리 그 자체였고 진리일 뿐이라고 하기에는 너무나 아름다웠다. 그의 한 마디 한 마디는 그의 진하고 파란만장한 인간적인 삶을 거쳐서 나온 것이었기에 깊은 공명을 주었고, 한편 그러한 모든 인간적인 희로애락과 생로병사의 강을 건넌 한계 없는 존재의 근원에서 나온 것이었기에 가슴 적시는 명쾌함과 큰 기쁨이 있었다. 더구나 오쇼가 비추어주는 깊은 각성과 사랑의 빛으로 어우러져 그것은 펄펄 살아서 숨쉬는 대양의 하모니를 이루었다. 그것은 붓다들이 벌이는 축제였다. 나는 그 축제의 파도를 타고 침묵과 지복의 심연 속으로 미끄러져 들어가 한 철을 보냈다. 나는 그 감동과 감사함의 지난 겨울을 잊을 수 없다. 그 환희와 감사의 느낌을 이 책을 읽는 모든 벗들과 함께할 수 있다면 그보다 더한 기쁨은 없으리라…….

　그리고 이 책의 작업을 구실로 거처도 옮기고 연락마저 두절한 사랑하는 벗들에게 이제 와 기쁜 마음으로 말하리라. 침묵 속에서 더욱 사랑을 느꼈으며 홀로 있음 속에서 더욱 함께 있음을 느꼈다고. 그리고 두 손 모아 감사드린다.

이경옥

차례

1장. 유루에서 돌아오다 · 13
2장. 모든 거짓말과 난센스 · 51
3장. 그리고 우리는 사랑에 빠지네 · 87
4장. 조약돌의 수염 · 125
5장. 월계수 꽃의 냄새를 맡았는가? · 163
6장. 법의 연꽃 · 203
7장. 달마, 고양이 그리고 국자 · 241
8장. 나지 않고 죽지 않는 약 · 281
9장. 산울림 · 323
10장. 물에 빠진 사람의 불가사의 · 363
11장. 밑바닥이 빠지다 · 401
12장. 보살들의 자비로운 서원 · 441
13장. 달의 집에서 · 481

TAKE..

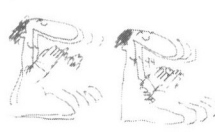

..IT..

...EASY

제1장

유루(有漏)에서 돌아오다
Back From the Leaky Road

유루(流漏)에서 무루(無漏)로
돌아오는 길에
쉬고 있으니
비 오면 비 오고
바람 불면 바람 불어라.

본래 존재하지 않는
이전의 나로 돌아오면
죽으러 갈 곳도,
아무 것도 없네.

물으면 대답하고
묻지 않으면 대답 없는
달마 선사의 마음속에는
아무 것도 없네.

시작도 없고 끝도 없는
우리의 마음이여,
태어나고 죽음도
공하고 공하도다!

삼계(三界)에 지은
모든 죄들,
나와 더불어
스러져 가리.

종교는 비논리적이다. 비논리적인 것에 의한 것이고 비논리적인 것을 위한 것이다. 논리는 종교를 담을 수 없다. 논리는 너무나 협소하다. 종교는 존재의 넓은 하늘이고 논리는 아주 조그마한 인간의 현상이다. 논리는 잊어버려야 한다. 떨쳐 버려야 한다. 마음을 넘어가야 비로소 인간은 있는 그대로를 이해하게 될 것이다. 그것은 근본적인 변화이다. 철학은 그 근본적인 변화를 초래할 수 없다. 오직 종교만이 가능하다.

    종교는 비(非)철학적, 반(反)철학적이고 선(禪)은 가장 순수한 형태의 종교이다. 선은 종교의 정수이다. 그러기에 선은 비논리적이고 터무니없다. 그것을 이성적으로 이해하려고 하면 당혹스러울 것이다. 그것은 깊은 공명과 사랑으로 다가가야 한다. 경험 편중적이고 과학적이고 형이상학적인 관념을 가지고는 선에 다가갈 수 없

유루에서 돌아오다

다. 그것들은 일체 내려놓아야 한다.

선은 가슴적인 현상이다. 생각하기보다는 느껴야 한다. 그것을 알기 위해서는 그것이 되어야 한다. 되는 것이 아는 것이다. 그 밖에 다른 앎은 없다.

그래서 종교는 별개의 언어를 택해야 한다. 종교는 우화로, 시로, 은유로, 신화로 말해야 한다. 이러한 것들은 진리를 암시하는 우회적인 방법이다. 다만 진리를 암시할 뿐 직접 가리키지 않는다. 다만 속삭일 뿐 소리치지 않는다. 그것은 깊은 일치감 속에서 온다.

이뀨(一休)선사[1]의 이 작은 시들은 더할 수 없이 중요하다. 그 시들이 빼어난 건 아니나, 그건 중요하지 않다는 것을 기억하라. 시는 그대의 가슴이 울릴 수 있게 하기 위한 하나의 장치로서 사용된다. '시가 목적이 아니다. 이뀨는 훌륭한 시를 쓰는 것에 관심이 없다. 실제 그는 시인이 아니라 신비가이다. 그러나 그는 산문으로 말하지 않고 시로 말한다.

거기엔 이유가 있다. 시는 우회적인 방법으로 상황을 암시한다. 시는 여성적이고 산문은 남성적이다. 산문, 즉 산문의 구조는 논리적이고 시는 본래부터 비논리적이다. 산문은 분명해야 하고 시는

---

1) 이뀨(一休宗純) : 이뀨(一休)는 일본 선종사(禪宗史), 특히 일본 불교사에 있어서 매우 독특하며 두드러진 인물로 지금도 많은 사람들로부터 사랑을 받고 있다.
  그는 27세 때 정진하던 중 까마귀 소리를 듣자 대오(大悟)하여 스승인 가소오(華叟)로부터 깨달음을 인가받는다. 그러나 그는 스승이 준 그 인가증을 거들떠보지도 않을 만큼 깨달음에 대한 철저한 자기 인식이 있었으며, 형식과 위선으로 가득 찬 당시의 시대 조류에 결코 타협하지 않았다. 오히려 당시 타락하고 있던 일본의 선승들을 가차없이 질타하고 매도와 독설을 서슴지 않았다.
  1394년, 고꼬마쓰(後小松) 천황의 아들로 태어난 그의 일생은 대단히 모순적이고 극적이었는데, 수행에 있어서도 그는 불교의 교리에 정통했음에도 술과 고기, 여색을 즐기는 등 무애행(無碍行)을 실천하며 일체의 가식과 위선을 버리고 계율마저 넘어가고자 하였다.
  1480년, 마침내 그는 모든 경계와 계율을 넘어선, 본질만이 드러난 경지에서 그의 나이 87세로 파란만장한 생애를 마감했다.

불분명해야 한다. 그것이 시의 아름다움이고 특질이다. 산문은 말하려는 것을 단순하게 말하고 시는 복합적으로 말한다. 산문은 일상적인 세계나 시장 통에서 필요하다. 하지만 뭔가 가슴적인 것을 말할 때면 늘 산문으론 불충분하다. 그때는 시로 물러나야 한다.

언어에는 두 부류가 있다. 각각의 언어는 두 부류로 이루어져 있다. 하나는 산문이고 다른 하나는 시다. 산문은 실용성이 있어서 널리 퍼지게 되었다. 시는 실용성이 없는 탓에 급기야 사라지게 되었다. 시는 그대가 사랑에 빠졌을 때 필요하다. 시는 그대가 사랑에 관해, 죽음, 기도, 진리, 신에 관해 이야기할 때 필요하다. 그러나 그것들은 상품이 아니다. 그것들은 시장에서 팔지 않을 뿐더러, 매매되지도 않는다.

우리의 세계는 차츰 단편적으로 변해 갔다. 보다 진정한 언어는 우리에게 의미를 상실했다. 두 번째 언어, 즉 시의 언어가 사라짐으로써 인간은 아주 빈곤하게 되었다. 모든 풍요로움은 가슴의 것이기 때문이다. 마음은 대단히 빈곤하다. 마음은 거지다. 마음은 하찮은 것들을 통해서 산다. 가슴은 삶의 심연을 향해, 존재의 깊이를 향해, 우주의 신비를 향해 열려 있다.

언어에는 두 부류가 있음을 기억하라. 말하는 방법에도 두 부류가 있고 어법에도 두 차원이 있다. 언어에는 명백한 사실과 관념과 공식의 언어, 순수 논리, 객관적인 정보, 정확한 과학의 언어가 있지만 그것들은 가슴의 언어가 아니다. 그리고 사랑의 언어가 아니다. 종교의 언어가 아니다.

과학과 종교는 정반대이다. 그들은 다른 차원의 존재에 속한다. 그들은 서로의 땅, 서로의 영역에 포개어지지 못한다. 그들은 결코 만나지 못한다! 그들은 서로 교차되지 못한다. 현대인의 마음은 과학적으로 길들여졌다. 따라서 종교는 거의 시대에 뒤떨어진 과거의 것이 되어 버렸다. 종교는 미래가 없는 것 같다.

　지그문트 프로이드는 종교라고 하는 환상에는 이제 미래가 없다고 선언했다. 그러나 종교에 미래가 없다면 인간에게도 미래가 없다. 과학은 인성(人性)을 파괴할 것이기 때문이다. 인성은 오직 시를 통해서만, 은유적인 것을 통해서만 살 수 있다. 삶은 가슴을 통해서만 의미를 지닐 수 있다. 인간은 마음 하나로 살 수 없다. 수학은 봉사는 할 수 있지만 주인은 될 수 없다. 머리는 하인이 될 수 있을 뿐이다. 하인으로서의 그것은 아주 유용하다. 하지만 머리가 주인인 척할 때는 치명적인 위험이 따른다.

　객관적인 과학의 언어는 사실의 세계에 존재한다. 사물을 사실 그대로, 가능한 한 정확하고 명료하게 말한다. 그것은 말하고 수수께끼를 풀고 정의를 내리고 한계를 정한다. '이것은 이것이다, 저것이 아니다. 이것은 물이지 수증기나 얼음이 아니다. 여기는 여기지 저기가 아니다. 하나는 하나, 둘은 둘, 죽음은 죽음이다.'라고. 지금 이것은 둔하고 죽어 있고 김빠진 정체된 사실의 세계에 속한다.

　그저 사실의 세계에서만 산다는 것은 불가능하다. 그렇게 되면 결코 쉴 수 없기 때문이다. 실지로 사실의 세계에만 산다는 것은 무의미하다. 무슨 의미가 있겠는가? 그렇게 되면 장미는 아름답지 않다. 그건 단지 식물학적인 사실일 뿐이니까. 그렇게 되면 사랑은 빛이 없다. 그건 단지 생물학적인 사실일 뿐이니까.

　어떻게 인간이 사실만 가지고 살 수 있는가? 사실만 가지고 살 때 삶은 무의미해진다. 현대 철학의 사상가들이 계속해서 무의미성에 대해 이야기하는 것은 우연이 아니다. 우리는 하나의 언어, 즉 산문의 언어로만 살기로 정함으로써 무의미해진 것이다.

　우리가 이러한 언어, 즉 사실적 언어나 산문의 언어를 가지고 있다는 것은 좋은 일이다. 우리의 세계는 그것 없이는 아무 것도 할 수 없다. 그것은 옳고 필요하다. 하지만 그것은 삶의 목적이 될 수 없다. 그것은 오직 편의만 제공할 뿐이다. 가슴에서 흘러나오는 것을 말하거나 진정 우리 안에 있는 이름 붙일 수 없는 것을 말하려 할 때는 그것을 사용할 수 없다.

만일 보통 언어를 쓰면서 부족함을 느끼지 못했다면 그는 분명 빈곤한 사람이다. 보통 언어를 쓰면서도 결핍감을 느끼지 못할 만큼 불행한 사람이 있다면 그는 한 번도 사랑을 못 느껴 봤다는 것을, 한 번도 명상의 순간을 못 느껴 봤다는 것을, 엑스터시를 모르고 있다는 것을 보여 줄 따름이다. 그의 심장은 더 이상 고동치지 않는다. 그는 송장에 지나지 않는다. 그는 살고 있지만 진정 사는 것이 아니다. 그는 움직이고 걸어다니지만 그의 모든 몸짓은 공허하다. 그 행위 속엔 아무 것도 없다.

산문의 언어, 즉 실험의 언어, 사실의 언어, 수학의 언어에서 결핍감을 느끼지 못한다는 것은 그가 삶의 신비에 대한 체험이 없다는 것을, 정말로 살고 있지 않다는 것을 보여 주는 것이다. 안 그러면 어떻게 삶의 신비를 피할 수 있는가? 그는 밤에 만월을 본 적이 없고 사람의 눈에서 발하는 아름다움과 광채를 본 적이 없는 것이다. 그것은 그가 결코 웃어 보지도 결코 울어 보지도 못했다는 것이다. 그는 눈물의 의미를 모른다. 그는 로봇이다. 사람이 아니다. 인간이 아니다. 그는 비인간적이다. 그는 단지 기계일 뿐이다. 그는 단지 일하고 돈벌다가 죽을 뿐이다. 재생산하다가 죽을 뿐이다. 하지만 모두 헛된 일이다. 무엇보다도 그는 자신이 왜 사는지 말할 수 없다.

그런 종류의 언어가 필요한 것은 사실이다. 그것은 필요하다. 하지만 필요한 모든 것이 채워진다 해도 궁극의 필요는 채워지지 않은 채 남아 있다. 축제의 필요성, 기쁨의 필요성, 별과 대양과 모래

와 대화할 필요성, 손을 잡아야 할 필요성, 사랑의 필요성, 노래하고 춤출 필요성은 채워지지 않는다. 일상의 언어는 궁극적으로 필요한 것을 채워 줄 수 없다. 그리고 그 궁극의 필요성은 인류의 특질인 것이다.

인간은 그러한 궁극의 필요성 속에 살 때 비로소 인간이다.

사랑과 죽음과 신과 인간의 문제에 있어 전자(前者)의 언어는 불충분할 뿐만 아니라 위험하기까지 하다. 만약 그대가 삶의 궁극적 관심사에 전자의 언어를 사용한다면 마침내 그 언어가 그것들을 파괴할 것이다. 그렇게 해서 우리는 신을 파괴했다. 그렇게 해서 우리는 아름답고 의미심장한 모든 것을 파괴했다. 잘못된 언어를 사용하면 그대는 조만간에 잘못된 언어의 덫에 걸릴 것이다. 그대는 그대가 사용하는 언어의 것만 알 따름이다. 그대는 오직 명확히 생각할 수 있는 것만 안다.

만일 그대가 어렴풋한 가슴의 세계, 어렴풋한 느낌, 감각, 감정, 환희의 세계를 버린다면 자연히 신에게서 닫히게 된다. 그리고 나서 신은 죽었다고 말한다면 그것이 절대적인 진실처럼 보인다. 그러나 신이 죽은 게 아니다. 신을 향한 그대가 죽었을 뿐이다. 신을 향해 산다는 것은 시속으로 움직이는 것이다. 시는 인간과 신 사이에 있는, 마음으로서의 인간과 신비로서의 신 사이에 놓여진 무지개빛 다리이다. 그것은 열림이고 문이고 입구이다.

그대는 카주라호(Khajuraho)나 코나라크(Konarak), 혹은 인도에 있는 다른 아름다운 사원들을 본 적이 있는가? 고대 경전에는 각 사원의 입구에 반드시 연인의 조각상을 세워야 한다고 써 있다 한다. 아주 이상한 이야기이지만 그 이유에 대해서는 경전에서도 별다른 언급이 없다. 단지 설계자에게 연인의 조각상이 반드시 있어야 한다는 규정만 말했을 뿐이다. 각 사원 입구의 문 앞에는 최소한

마이투나(maithuna) 속에 있는, 즉 오르가슴 속에 있는, 깊은 사랑 속에 있는, 서로의 팔다리가 엉켜 있는, 엄청난 황홀경에 빠져 있는 한 쌍의 연인을 세워 두어야 했다.

왜 문 앞인가? 그것은 사랑을 모르고서는 신과 인간 사이의 다리를 알 수 없기 때문이다. 그리고 문은 상징이다. 문은 마음의 세계와 무심(無心)의 세계 사이에 있는 문지방이다. 마음의 세계와 무심의 세계를 잇는 다리는 사랑이다. 사랑을 통해서만 우리는 삶의 절정적 신비를 알게 된다.

수많은 사원들이 그런 식으로 지어졌다는 것은 무척 의미심장한 일이다. 사람들은 그 사실을 피해 왔다. 그들은 지나치게 도덕적이고 어리석다. 하지만 고대의 법규는 심오한 의미를 담고 있다. 그것은 오직 사랑만이 문지방이 될 수 있다는 것인데, 사랑만이 그대의 시를 살아 있게 하기 때문이다.

만일 전자의 언어만 사용한다면 그대 안의 아주 민감한 어떤 것이 파괴될 것이다. 그대는 점점 바위처럼 되어 꽃에 대한 자각은 더욱 줄어들 것이다.

그러나 전자의 언어의 밑바탕에 있으면서 그 주위를 폭넓게 둘러싼 훨씬 오랜 구조의 후자의 언어가 있다. 그 언어는 사실상 말해질 수 없는 것을 위한 언어이다. 그렇다. 시는 과연 말해질 수 없는 것을 위한 언어이다. 그렇지만 그것은 말해야 한다. 그것을 말해야 할 절박함이 있다. 시는 말로 표현될 수 없는 것을 위한 언어이다.

말로 표현될 수 있는 것은 산문을 통해 말할 수 있다. 그러나 시가 없다면 어찌 말로 표현될 수 없는 것을 말하겠는가? 그것은 정말로 말해질 수 없는 것을 말하기 위한 언어, 완전히 침묵하지 않기 위해 말하는 감동과 환희의 언어이다.

이큐의 이 짧은 시들은 그다지 시적이지 않을지도 모른다. 실제

블리스(R. H. Blyth)는 이뀨의 시에 대해서 이렇게 말한다. "이뀨의 이 시편들은 시적 가치가 뛰어난 건 아니다. 그럼에도 그 시들은 깊은 진실을 담고 있고, 뛰어난 서정 시인이 되기에는 너무 정직한 한 인물을 그려 보이고 있다." 그의 목적은 시가 아니다. 목적은 일상 언어로는 전달할 수 없는 것을 전달하려는 데 있다. 그 시들은 전달 수단으로서 사용되고 있다. 그것을 기억하라. 문학적인 관점에서 생각하지 말아라. 열락(悅樂)의 관점에서 생각하라.

그리고 가끔은 짤막한 한마디에도 엑스터시를 표현할 수 있다. 전날 윌리암 사무엘의 책을 읽었는데, 그는 이렇게 쓰고 있다.

나는 언젠가 오지의 언덕에서 의사전달의 불가사의에 대해서 생각하고 있었다. 그러다가 숲에서 여러 시간 동안 길을 잃어버렸던 다섯 살 난 아들과 아버지의 재회를 목격했다. 나는 그 아이를 찾을 거라는 것을 알았다 — 알고 말고 —. 그렇게 긍정적으로 생각함에도 불구하고 나는 그 아버지의 공포를 덜어 주거나 내가 본 진실을 그에게 이해시킬 수 없었다. 그것을 의아하게 생각하고 있을 무렵, 그토록 중요한 시점에서도 의사를 전달할 수 없는 무력함에 대해 의문을 갖고 있던 바로 그때 나는 아이와 아버지가 서로를 발견한 것을 보았다.

오, 그토록 감동적인 재회라니! 맨발에 더럽혀진 옷을 걸친 아이가 숲 속에서 뛰어오며 있는 힘을 다해 소리 질렀다. "아빠! 아빠!" 그리고 나는 부끄러움도 없이 큰소리로 흐느끼며 아이를 두 팔로 덥석 끌어안는 아버지를 보았다. 그가 할 수 있는 말은 "할렐루야! 하느님, 고맙습니다!" 그것이 전부였다. 그는 또다시 말했다. "할렐루야! 하느님, 고맙습니다!"

뭔가를 말해야 하는 순간에도 아무 것도 말할 수 없는 순간이 있다. 눈물이 말보다 훨씬 많은 것을 말하는 순간이 있다. 웃음이 말보다 훨씬 많은 것을 말하는 순간이 있다. 몸짓이 말보다 훨씬 많은 것을 말하는 순간이 있다. 침묵이 말보다 훨씬 많은 것을 말하는 순간이 있다. 모든 웃음, 모든 눈물, 침묵, 그것들은 후자의 언어, 즉 시의 언어 속에 담겨 있다.

윌리암 사무엘은 또 다음과 같이 썼다.

한번은 중국에서, 나의 해석을 원하는 짧은 시 한 수를 건네 받았다. 나는 즉시로 대답하려고 했으나, 그들은 내게 28일 동안 그것에 대해 생각해야 한다고 알려 왔다. "왜 그렇게 오랫동안이냐?" 나는 예의 그 서양인의 성급함을 가지고 물었다.

"왜냐하면 열두 번을 읽기 전까지는 읽은 것이 아니기 때문에."

이것이 그의 대답이었다. "읽고 또 읽으시오."

나는 그렇게 했다. 열두 번의 열두 번을 읽었다. 그리고 나서 안 그랬더라면 들을 수 없었을 어떤 가락을 들었다. 그로부터 나는 성경이나 혹은 또 다른 책들도 수 없이 여러 번 읽고 나서 한 번 더 읽었을 때, 문득 새로운 중요한 의미를 포착하게 되었다.

그것이 만트라의 전체 비결이다. 만트라는 하나의 압축된 시다. 그것은 시의 정수이다. 읽는다고 해서 그것을 이해할 수는 없다. 지성적으로 이해하지 못한다는 말이 아니다. 그것은 쉬워서 표면상으로는 알 수 있다. 하지만 표면상의 의미가 진정한 의미는 아니다. 그 표면상의 의미는 전자의 언어에서 온다. 그리고 숨어 있는 의미를 알려면 기다려야 할 것이다. 깊은 사랑 속에서, 진실된 기도의 분위기 속에서 그것을 암송해야 할 것이다……. 어느 순간 그것은 불현듯 그대의 무의식으로부터 터져 나올 것이다. 그대에게 드러내 보일 것이다. 가락이 들릴 것이다. 그 가락에 의미가 있다. 처음 읽고서, 즉 처음 읽고 나서 해석한 것은 진정한 의미가 아니다. 그러나 그것이 언제 일어날지는 전혀 알 수 없다.

그런 까닭에 동양에서는 사람들이 코란, 바가바드 기타, 법구경을 암송해 왔다. 그들은 계속해서 암송한다. 매일매일, 아침저녁으로 줄곧 암송한다. 그들은 읽을 수 있는 한 계속 읽는다. 그들은 세지도 않는다. 셀 필요가 어디 있는가? 하지만 암송 하나 하나에 그대는 더욱 깊어져 간다. 골이 깊어진다.

가락을 들을 때 진짜 만트라를 안 것이다. 후자의 숨은 층, 그 안의 진정한 시를 발견한 것이다. 그것은 이해될 수 없다. 오직 들을 수 있을 뿐이다. 그것은 이해될 수 없다. 오직 체험할 수 있을 뿐.

이큐의 이 짧은 시편들은 만트라와 같다. 그것들을 지적으로 이해하려 하지 말아라. 오히려 커다란 사랑과 공감과 친밀감을 가지고 그 시들과 놀아라. 그러면 서서히 향기와 같은 어떤 것이, 가락과 같은 어떤 것이 그대 안에 떠올라 이 사람이 무엇을 전하려고 하는지 알 수 있을 것이다.

이 이큐라는 사람은 별난 스승이었다. 선사들은 별난 스승들이다. 종교적인 사람은 별날 수밖에 없다. 그는 전혀 다른 방식으로 살기 때문이다. 그는 현실과 동떨어져 산다. 그는 여기에 이방인처럼 존재한다. 그는 이 보통의 세계에서 이방인이 된다. 그는 이곳에 있으나 이곳의 사람이 아니기 때문이다. 그는 이곳에 살지만 이곳에 닿지 않고 물들지 않고 오염되지 않은 상태로 살기 때문이다. 그는 이곳의 손이 미칠 수 없는 방식으로 산다. 그는 세상을 피하지 않는다. 그는 세상에서 평범하게 산다.

나는 이큐에 관한 몇 가지 이야기를 들었다. 그 한 가지가 이 이야기인데, 그의 인간미를 느끼게 해줄 것이다. 시로 들어가기 전에 먼저 그의 인간미를 느끼는 게 좋다.

어느 여름날 이규는 일하던 도중 — 아마도 풀을 뽑고 있었을 것이다 — 너무 피곤하고 더워서 절의 난간에 나와 선선한 미풍을 쐬고 있었다. 그는 기분이 무척 좋아져서 절 안에 들어가 불상을 불단에서 꺼내 왔다. 그리고는 불상을 밖의 기둥에 묶으며 말했다. "자, 당신도 시원하게 계세요!"

목불을 기둥에 묶으며 "자, 당신도 시원하게 계세요!"하는 것은 바보같이 보인다. 하지만 보라……. 거기엔 진실함이 있다. 이규에게 있어 이제 죽어 있는 건 아무 것도 없었다. 심지어 목불조차도 죽은 게 아니다. 일체가 살아 있다. 그래서 그는 일체를 자신이 느끼는 대로 느끼기 시작했다. 나와 너라고 하는 이 경계들은 이제 관련이 없었다. 그는 '하나'에 이르렀다.
그리고 또 하나, 정반대의 이야기가 있다.

어느 날 밤, 몹시 추운 겨울 밤 그는 절에 묵고 있었다. 그런데 별안간 한밤중에 웬 소리와 불빛을 보고 한 승려가 달려왔다. "무슨 일이오?"
그는 거기 앉아 있는 이규를 보았다. 이규는 붓다의 나무 불상을 태우고 있었다. 승려는 아연실색했다. "당신 미치거나 어떻게 된 것 아니오? 지금 무슨 짓을 하는 거요? 이것은 불경죄요. 이보다 더 큰 죄는 없소. 내 부처님을 태우다니!"
그러자 이규는 가느다란 막대기로 재를 쑤석거리기 시작했다.
"이제는 또 무슨 짓이오. 뭘 하려는 거요?"

"부처님 사리를 찾으려는 중이오."

"당신 완전히 미쳤구려. 어떻게 나무 불상 속에서 사리를 찾는단 말이오."

그러자 이규가 웃으며 말했다. "밤은 길고 몹시 추운데, 나무 불상이 더 있으니 좀 가지고 오지 않겠소? 스님도 몸을 데울 수 있을 것이오……."

이 사람은 별난 사람이다. 한번은 뜨거운 여름날 나무 불상을 기둥에 묶고는 "자, 당신도 시원하게 계세요."하더니, 다른 때는 밤이 너무 춥다고 나무 불상을 태우면서 승려에게 말한다. "나를 보시오. 부처님은 내 안에서 추워 떨고 있소."

실은 두 이야기는 같은 내용이다. 다른 각도에서 본 동일한 이야기다.

깨달은 사람, 즉 이해에 이른 사람에겐 차별이 없다. 차별은 없어진다. 분리는 사라진다. 모든 경계들은 의미를 잃어버린다. 깨달은 사람은 경계가 없는 무한한 삶을 살게 된다.

이제 경전으로 들어가자.

>유루(流漏)에서 무루(無漏)로
>돌아오는 길에
>쉬고 있으니
>비 오면 비 오고
>바람 불면 바람 불어라.

낱말 하나하나 공명하면서 통찰해야 한다. '유루(遺漏)'란 이 세상, 즉 욕망들의 세계를 의미한다. 욕망을 통해 우리는 에너지를 누수시키고 있다. 욕망 때문에 우리는 우리의 존재를 낭비하고 있다. 욕망 때문에 우리는 무가치하게 사라지고 있다.

이 세계는 유루이다. 인간은 여기에서 자신을 낭비하고 있을 뿐이다. 그 속에서는 아무 것도 얻을 게 없다. 실제, 그대는 황제로 와서 거지로 죽는 것이다. 이것이 유루라는 것이다! 아이는 저마다 황제로 태어난다. 그리고는 곧 왕국을 잃어버린다. 순결함을, 순진 무구함을 잃어버린다. 각각의 아이는 에덴 동산의 아담이었는데 천국에서 쫓겨났다. 그리고는 욕망들의 세계로 들어오게 됐다.

수천 가지의 욕망들이 있다. 그것들은 끝날 수 없고 채워질 수도 없다. 그것들은 오직 좌절과 또 좌절만을 가져올 뿐이다. 각기의 욕망은 새로운 좌절의 덫이다. 그대는 또다시 희망하면서 덫에 걸린다. 욕망 하나 하나가 커다란 좌절만을 가져올 뿐이다. 그러나 그럴 때면 다시 구하기 시작한다. 하나의 욕망에서 또 다른 욕망으로 움직인다. 수만 생 동안 그 짓을 계속할 수 있다. 실제, 우리는 계속 그런 식으로 움직여 왔다.

이큐는 그것을 유루라고 부른다. 그렇다면 무루(無漏)란? 우리와 그것이 존재하기 이전의 세계, 혹은 우리와 그것이 더 이상 존재하지 않는 세계이다.

선(禪)에서는 이것, 즉 우리가 태어나기 이전의 얼굴(本來面目)을 탐구하는 것, 혹은 죽고 난 후의 얼굴을 탐구하는 것이 가장 근본적인 명상 중의 하나이다. 그것에 대해 생각하는 것이 바로 큰 깨달음을 일으킬 것이다. 그것을 끊임없이 명상함으로써 얼굴 없는 어떤 것을 느끼게 될 것이다. 그 '얼굴 없음'이 그대의 본래 얼굴이다. 태어나기 이전에 그대는 얼굴을 갖고 있지 않았다. 그대는 몸을 갖고 있지 않았고 마음을 갖고 있지 않았다. 그대는 이름이 없었고 형상이 없었다. 나마루파(namarupa)가 없었다. 이름도 아니고 형상도 아니었다. 그대는 존재했으나 어떤 신분도 없었다.

이 모든 유루의 소음 한가운데서, 이 욕망 저 욕망 바꾸어 가며 욕망을 쫓아 치달려 가는 이 모든 사람들의 한가운데서 그것을 다시 깨닫는 것, 그대가 몸도 마음도 아니고 오직 순수 의식, 각성이었을 때의 본래 얼굴을 알아차리고 깨닫는 것, 그것이 모든 명상의 목적이다. 그것을 무루(無漏)라고 한다. 그 상태에 머무를 수 있다면 그대 생명의 에너지는 새나가지 않을 것이다.

그리고 돌아가는 방법은 그 근원, 즉 본래 얼굴로 전향하는 것이다. 모든 종교는 그 돌아가는 방법이다. 종교란 180도의 회전, 방향의 전환, 완전한 방향 전환을 뜻한다. 우리는 본래 얼굴에서 떨어져 저 멀리로 달려가고 있다. 우리는 우리 자신으로부터 달려나가고 있다. 우리는 돌아와야 한다. 우리의 본래 근원으로 돌아와야 한다. 오직 거기에만 평화와 만족과 지복이 있기 때문이다. 오직 거기에만 꿈의 실현이 있기 때문이다.

이 근원이 목적지이다. 그것들은 결코 분리되지 않았다. 오직 근원만이 목적지가 될 수 있다! 인간은 자신의 근원으로 돌아왔을 때 삶이 줄 수 있는 모든 것을, 삶이 주려고 하는 모든 것을 성취한 것이다.

삶은 낙원을 잃어버리고 종교는 그것을 되찾아 주고 있다. 욕망의 세계에서 치달리는 사람은 은총을 잃어버린 아담이고, 되돌아오는 사람은 그리스도이다. 그들은 같은 사람이다! 아담과 그리스도는 분리된 사람들이 아니다. 그들은 같은 사람인데 방향만 바뀌었을 뿐이다. 아담은 근원으로부터 멀리 떨어져 유루 위로 가고 있다. 점점 더 근원에서 멀어질 것이다. 그리스도는 돌아오고 있다. 그는 전향했다.

기독교에서 '회심(回心)'이라는 말은 정확히 그것, 전향을 의미한다. 회심이란 힌두교인이 기독교인이 됐다거나 회교인이 기독교인이 됐다는 의미가 아니다. 회심이란 아담이 그리스도가 되고 있다는 뜻이다. 그것은 기독교와는 아무 상관이 없다. 그것은 그리스도성(Christhood) 그 자체와 관계된 것이다. 기독교인이 된다고 회심하는 것은 아니다. 아무 것도 바뀌지 않는다. 그대는 힌두교인이었고 욕망의 세계를 치달렸었다. 다음엔 기독교인이 되어서 똑같은 세계에서 계속 치달리고 있다. 단지 딱지만 바꾼 것이다. 이제 그대는 힌두교인라 불리지 않고 기독교인이라고 불린다. 아니면 기독교인이었는데 힌두교인으로 개종할 수도 있다. 그것은 전혀 회심이 아니다.

회심이란 180도의 전환, 즉 아담이 돌아오는 것, 돌아오는 길을 의미한다.

불교에는 그것에 대한 훨씬 아름다운 낱말이 있다. 바로 파라브리티(paravritti)라 하는데, 정확히 180도의 방향 전환을 의미한다. 그보다 적으면 안 될 것이다. 단 1도라도 적으면 여전히 세상 속에서 치닫게 될 것이다.

내가 말하는 산야스[2] 역시 그와 같은 '돌아오는 길'을 뜻한다.

그리고 '쉬고 있다'는 것은 우리의 짧은 인간 생을 의미한다. 너무나 짧아서 비나 바람, 슬픔이나 열정도 거의 의미가 없다.

이제 경전을 들어 보자.

> 유루(流漏)에서 무루(無漏)로
> 돌아오는 길에
> 쉬고 있으니

---

2) 산야스(sannyas) : 구도의 길에 입문하는 것.

비 오면 비 오고
바람 불면 바람 불어라.

우리 인간의 삶은 매우 일시적이다. 거기엔 불안해질 시간도 없다. 누가 욕을 하면 몹시 흥분하지만 그것도 아주 일시적이다! 그것은 머무르지 못할 것이다. 모든 것은 없어질 터이다. 혹은 누군가는 성공하고 미치고, 누군가는 많은 부를 축적한 후에 지상에 살 수 없어 부유(浮游)하게 될 것이다.

옛날 로마에는 한 아름다운 전통이 있었는데 그것은 모든 나라가 따라야 했다. 로마의 정복자가 돌아올 때면 — 그는 새로운 나라들을 정복했고 위대한 용사였으며 큰 성취와 대승리를 안고 돌아오는 중이다 — 언제나 집단, 즉 군중들이 환호했다. 그는 신과 같은 대접을 받았다. 그 전통이란, 하인이 그의 뒤에 바짝 붙어서 걸으며 이렇게 상기시키는 것이다. "사람들에게 속지 마십시오. 속지 마십시오. 사람들에게! 바보들에게 속지 마십시오. 안 그러면 당신은 미치게 됩니다." 하인은, 노예는 정복자의 바로 뒤에서 그가 상기할 수 있도록 거듭 되뇌어야 했다. 안 그러면 아주 쉽사리 그렇게 되어 버린다. 성공하면 사람은 미치게 된다.

이것은 모든 나라가 따라야 한다. 지미 카터나 모라지 데자이 뒤에 사람이 따라다니면서 이렇게 말해야 한다. "성공에 속지 마십시오. 그것은 일시적입니다. 그것은 거품 같은 것, 비누 방울 같은 것입니다. 그것을 머리 안에 두지 마십시오."

성공은 머리 속으로 들어간다. 실패도 머리 속으로 들어간다. 그것은 상처다. 그리고 모든 것은 일시적이다. 이 휴식은 일시적이다. 무한성에 대해 생각해 보라……. 그대가 태어나기 이전에 무량한 시간이 있었다. 즉 시작 없는 시간이 진행되고 있었다. 그대가 죽은 후에도 무량한 시간이 이어질 것이다. 이 두 무한성 사이에서 그대는 무엇인가? 그대 인생은 무엇인가? 비누 방울, 한낱 찰나의 꿈일 뿐이다.

그것에 영향받지 말아라. 계속해서 깨어 있을 수 있다면, 또한 성공이나 실패, 칭찬이나 모욕, 적이나 친구들에게 영향받지 않을 수 있다면 그대는 본래 얼굴을 향해 돌아오고 있는 것이다. 그대는 관조(觀照)가 된다.

> 유루(流漏)에서 무루(無漏)로
> 돌아오는 길에
> 쉬고 있으니
> 비 오면 비 오고
> 바람 불면 바람 불어라.

그대는 동요되지 않는다. 그것을 잘 생각해 보라. 그것을 사색하라. 그것은 위대한 비전(秘傳)이다. 붓다들이 주는 위대한 비전 중의 하나이다. 그저 모든 것이 하찮고 일시적이고 한낮의 꿈이라는 것에 깨어 있어라. 그것들은 지나가고 있다. 이미 지나가고 있다. 그대는 그것을 붙잡을 수 없다. 그것을 잡아당길 수 없다. 그것을 밀 수도 없다. 그것은 저절로 가고 있는 것이다. 좋건 나쁘건, 그것이 무엇이건 그것은 지나가고 있다. 모든 것이 가고 있다. 강물은 흘러간다. 그대는 동요되지 않은 채 초연하게 다만 관조자로서 남아 있다. 이것이 명상이다.

> 본래 존재하지 않는
> 이전의 나로 돌아오면

죽으러 갈 곳도,

아무 것도 없네.

다시금, 낱말 하나하나 이해하려고 노력하라.

본래 존재하지 않는

이전의 나로…

태어나기 이전에 우리는 비(非)존재였다. 그리고 죽은 후에도 우리는 또 그럴 것이다. 무아(無我, no-self)만이 존재했다. 그리고 이 무아는 죽음 이후에도 존재할 것이다.

붓다는 이 무아에 대한 비전을 무척 강조했다. 왜냐하면 우리의 욕망들은 모두 '나는 존재한다'라는 자아(自我, self)관념을 둘러싸고 붙어 있기 때문이다. 만일 '나'라고 하는 것이 존재한다면 수만 가지의 욕망들이 일어날 것이다. 그러나 내가 존재하지 않는다면 어떻게 무(無)에서 욕망들이 일어날 것인가?

이것은 붓다가 세상에 공헌한 가장 위대한 것 중의 하나이다. 무아에 관한 한 붓다는 모든 스승들, 즉 크리슈나, 그리스도, 짜라투스투라, 노자를 넘어선다. 그는 모두를 넘어섰다.

이것은 가장 기본적인 명상 중의 하나이다. 만일 '나라는 것은 없다'는 것이 그대 안에 자리잡을 수 있다면 불현듯 세상은 사라진다. '나라는 것은 없다'는 것을 안다는 것은 아무 것도 할 필요가 없다는 것을, 아무 것도 될 필요가 없다는 것을, 아무 것도 소유하지 못한다는 것을, 아무 것도 이룩할 수 없다는 것을 아는 것이다. 무아일 때 야망은 하찮게 된다. 만일 자아가 있다면 야망은 중요한 것이 될 것이다.

그 때문에 불교를 제외한 타 종교들은 모두 함정에 떨어졌다. 그 함정이란 이렇다. 그들은 이 세상의 것들에 욕망을 갖지 않으려고 노력하지만, 그때 내세를 꿈꾼다는 것이다. 하지만 그건 마찬가지다. 욕망은 여전히 남아 있다. 무엇을 바라는가가 중요한 게 아니다. 욕망의 대상이 무엇인가는 아무 차이가 없다. 욕망은 욕망이다.

돈을 추구하거나 명상을 추구하거나 욕망은 매한가지이다. 오직 대상만 바뀌었을 뿐이다. 대상은 문제가 아니다. 문제는 욕망 그 자체, 추구하는 그 자체에 있다. 누군가는 여기에서 오래 살기를, 멋진 몸매나 성공, 명성이나 평판을 바란다. 다른 누군가는 천국에서 신과 함께 영생하기를 바란다. 무슨 차이가 있는가? 유일한 차이는 이것 같다. 전자(前者)가 후자(後者)보다 덜 탐욕스럽다는 것. 후자가 훨씬 탐욕스럽다.

그 때문에 소위 영적인 사람들은 아주 탐욕적인 사람들이다. 인도가 매우 탐욕적인 것은 우연만이 아니다. 인도는 너무나 영적이다. 그 영성이 새로운 탐욕을 창조한다. 실제, 소위 마하트마(mahatma-성자)들은 사람들에게 이렇게 가르친다. "이 세상의 것을 추구하지 마라. 그것들은 일시적이니. 내세(來世)의 것을 추구하라. 그것들은 영원하다."

이것을 그들은 포기라 하는가? 이것이 포기인가? 이것은 더욱더 큰 추구이다. 이것은 영원한 보상을 요구하는 것이다.

세속적인 사람들은 단순한 사람들이다. 그들은 일시적인 욕망에 만족해 한다. 내세의 속인들은 정말로 탐욕스러워 보인다. 그들은 이 세상으로 만족하지 못한다. 그들은 영원한 기쁨이 존재하는, 아름다움이 절대 시들지 않는, 항상 젊기만 한, 아무리 살아도 늙지 않는 내세가 필요하다.

이것은 탐욕이다! 절대 탐욕이다! 내세로 해석된. 이것은 전자보다 훨씬 탐욕스럽다. 소위 이 영적 물질주의를 조심하라. 그것은 완벽한 물질주의이다. 그것은 그대의 삶을 바꾸지 못한다. 그것은 변화될 수 없다. 그대의 케케묵은 마음에 영양분을 줄 뿐이다. 그것은 오히려 독이다.

붓다는 말한다. "명상의 근본은, 나라는 것은 없었고 앞으로도 없을 것인데 어떻게 두 '없음'의 한가운데 내가 있을 수 있는가를 보는 것이다. 이전에 없었다면 죽은 후에도 존재하지 않을 것이다. 그렇다면 어떻게 지금은 존재할 수 있겠는가?"

사람은 두 '없음' 사이에서 존재할 수 없다. 그렇다면 이것 역시 '없음'에 분명하다. 우리는 그것을 바로 보지 못한 것이다.

이전의 나…

태어나기 이전에 우리는 비(非)존재, 무아(無我)였다. 죽음 이후에도 그러할 것이다. 그러므로 현순간 우리는 세상에서 아무 것도 우리의 것이라고 할 수 없는 상황에 놓여 있다. 심지어는 우리 자신마저도 우리의 것이 아니다. 이것은 문제의 가장 깊은 핵심을 파고든다.

물질을 추방하려 하지 말아라. 그대 자신을 추방하라. 그러면 물질은 자동적으로 사라진다. 내가 없다면 어떻게 집이 내게 속할 수 있는가? 내가 없다면 어떻게 여자나 남자를 소유할 수 있는가? 내가 없다면 어떻게 자식을 소유할 수 있는가? 내가 없다면 어떻게 소유가 가능한가? 거기 소유할 그 누군가가 없다. 차이점을 보라.

여타의 종교들은 말한다. "소유를 포기하라!" 붓다는 말한다. "소유자를 포기하라." 확실히 이것은 훨씬 더 심오하다. 그대가 소유물을 포기한다고 해도 소유자는 여전히 남는다. 그 소유자와 함께 소유에 대한 청사진은 다시 시작된다. 그 소유자는 뒷문으로 소유물들을 불러들일 것이다.

그런 일을 보았을 것이다. 어떤 사람이 세속적인 삶을 포기하고 히말라야의 동굴로 가는데, 그때 그는 동굴을 소유한다. 그래서 만일 누가 와, 그 동굴에 살려고 하면 그를 몰아내며 말할 것이다. "나가! 이건 내 동굴이야." 이 사람은 집과 아내와 자식들을 포기했지만 지금 동일한 소유욕이 새로운 형상을 띄고 들어온 것이다.

문제는 소유의 대상에 있는 것이 아니다. 그 대상이 무엇이든 소유하고 있다면 여전히 유루 위에 있는 것이다.

물질을 소유하지 않는다는 것은 물질로부터 도망간다는 의미가 아니다. 물질은 존재한다. 그것들은 어디에나 있을 것이다. 히말라야의 동굴에도 물질은 존재할 것이다. 그대가 어떤 나무 아래 앉아 있다면 그대는 그 나무를 소유하고 있는 것이다. 이것은 그대의 나무이다. 다른 고행자는 명상하러 올 수 없다. 그도 자신의 나무를 찾아야 할 것이다. 아니면 그대는 절이나 모스크나 교회를 소유하기 시작한다. 혹은 여러 가지 철학, 즉 힌두교나 기독교나 회교를, 아니면 경전들을, 기타나 코란이나 바이블을 소유하기 시작할 것이다. 혹은 신에 대한 관념 '이것이 신에 대한 나의 관념이다. 그대의 관념은 틀렸고 내 관념이 옳다'를 소유할 것이다.

붓다는 뿌리를 쳐버린다. 붓다는 소유하는 사람 자체가 없다고 말한다. 보라, 그 아름다움과 무진장한 중요성을. 그는 간단히 뿌리를 쳐버린다. 그는 가지들과 잎사귀를 치지 않는다. 뿌리가 온전하면 그것들은 다시 움틀 것이다. 뿌리를 치면 나무 전체가 죽는다. 소유물을 버리지 말아라. 소유자를 버려라. 그때 그대는 세상에서 살지만 문제가 없다. 그냥 세상에 살지만 소유하지 않는다. 거기 소유할 자가 없기에.

내가 산야신[3]들에게 세상을 포기하라고 말하지 않는 것도 그 때문이다. 나는 에고(ego)를 포기하고 이 세상에서 살라고 말한다. 세상은 그대에게 어떤 해도 입힐 수 없다. 일체의 해는 에고를 통해서 생겨난다. 그런 까닭에 붓다는 그것을 '자아'라고 한다. 그것은 '에고'에 대한 그의 언어이다.

> 본래 존재하지 않는
> 이전의 나로 돌아오면…

붓다는 6년 동안 끊임없이 자아를 탐구했다. 그대는 모든 시대를 거쳐 '그대 자신을 알라!'는 유명한 가르침을 들어 왔다. 붓다는 혼신을 다해 탐구했다. 6년 간 구석구석 샅샅이, 다각도에서 모든 가능성을 통해 이 자아의 실체를 통찰하려고 노력했다. 하지만 그는 찾을 수 없었다. 그대 자신을 알라. 그것을 아는 날, 그대는 '자아 없음(無我, no-self)'을 알게 될 것이다.

그날 그대는 '자아 없음'을 안다. 궁극적인 공(空)의 내면, 절대적인 공, 동요되지 않는 침묵, 절대 침묵이 있을 따름이다. 거기에는 그 누구도 있은 적이 없다. 그것은 한낱 꿈이다.

밤에 꿈속에서 그대는 그대가 황제가 되었다고 생각한다. 다음날 아침이면 예의 그 동일한 침대에 누워 있는 자신을 발견한다. 그대는 황제가 아니었던 것이다. 하지만 마음은 상상할 수 있다. 마음은 무한한 상상력을 지니고 있다. 자아는 마음의 상상이다. 실지로는 존재하지 않는다.

자신의 존재를 깊이 통찰한 사람은 궁극의 침묵을 알게 된다. 거

---

3) 산야신(sannyasin) : 구도의 길에 들어선 사람.
 일반적으로 인도에서 구도자를 지칭하는 말이나, 현재는 특히 오쇼의 제자들을 가리킨다.

기에는 아무도 없다. 거기 아무도 없음을 아는 것……. 그것이 가장 위대한 깨달음이다. 그때 모든 문제들은 사라진다. 문제의 창조자가 사라졌기에.

> 본래 존재하지 않는
> 이전의 나로 돌아오면
> 죽으러 갈 곳도,
> 아무 것도 없네.

'무(Nothing)'란 결코 '어떤 것도 아님(no thing)'이란 뜻이다.
유명한 선(禪)우화가 있다.
어떤 사람이 선승에게 와서 물었다. "개에게도 불성(佛性)이 있습니까?"
다른 곳에서는 그런 질문을 할 수 없다. 만약 기독교인에게 "개에게도 그리스도의 성품이 있는가?"라고 묻는다면 그는 격분할 것이다. 그것은 그리스도, 즉 신의 유일한 독생자를 모욕하는 것이다. 이것은 불경할 뿐더러 신성모독이다. 하지만 불교에서는 물을 수 있다. 거기에서는 문제가 안 된다.
제자가 스승에게 물었다. "개도 부처와 똑같은 성품을 갖고 있습니까?"
스승의 대답은 아주 기묘한 수수께끼 같았다. 시대를 거쳐 오며 사람들은 그것에 대해 심사숙고했다. 그것은 명상의 공안(公案)이 되었다.
스승은 말했다. "무(無)."

'무'란 '어떤 것도 아님'을 뜻한다. 지금 문제는 이렇다. 그가 말하는 '무'란 무엇을 뜻하는가? 그것은 '아니다'를 의미할 수도 있다. 그것은 '없다'라는 뜻도 되고 '아니다'라는 뜻도 된다. 개에게는 불성이 없다는 말인가? 그것은 선승이 할 수 있는 말이 아니다. 그러면 그가 의미하는 '무'란 무엇인가? 그것은 '아니다'라는 말이 아니다. 그는 '없음'을 말한다. 그것은 이 말이다. "붓다는 없다. 개도 그렇다." 그는 '없다'고 함으로써 '그렇다'고 말하고 있다.

그는 말한다. "그렇다. 개에게도 붓다와 똑같은 불성이 있다. 그러나 붓다는 '무'이다! 개도 그렇다. 붓다 안에도 개 안에도 자아는 없다. 내면에는 아무도 없다! 붓다는 비어 있으며 개도 그렇다. 오직 형상만이 다르다. 꿈만이 다르다. 개는 자기가 개라고 꿈꾸고 있다. 그것이 전부다. 그대는 그대가 인간이라고 꿈꾸고 있고 누군가는 자신이 나무라고 꿈꾸고 있다. 그러나 내면에는 그 누구도 없는 순수 침묵이다.

이 침묵이 사마디(samadhi : 三昧)이다. 그대가 이 침묵과의 일별(一瞥)을 가질 때 그대의 삶은 변하기 시작한다. 그때 그대는 처음으로 시(詩)적인 삶을 산다. 그때 그대는 죽음도 두렵지 않다. 그때는 아무 것도 그대를 어지럽히거나 파괴할 수 없다.

그 스승의 대답은 무(無), 진정한 의미는 '그렇다'이다. 그는 이유가 있어서 '그렇다'고 대답하지 않았는데, 그렇다고 하면 오해될 터이기 때문이다. 그러면 제자는 '개에게도 붓다와 똑같은 자아가 있구나'하고 생각했을 것이다. 그래서 그는 '그렇다'라는 낱말을 사용하지 않은 것이다. 그는 없다고 말했다. 그러나 그건 개에게 그 성품이 없다는 말이 아니다. 양쪽 다 내면은 무(無)라는 것이다. 형상만 틀리고.

불교에서는, 특히 선 불교에서는 아무 것도 속스럽지 않고 아무 것도 거룩하지 않다.

이 이야기를 들어 보라.

　엄숙한 시간이었다. 진리를 배우는 데 진지한 관심을 가진 사람들이 모인 경건한 모임이었다. 그들은 믿음을 갖고, 우주의 궁극적 진리를 듣기 위해 모여들었다. 가까스로 그들은 절대적인 것, 궁극적인 것, 최상의 것을 접한 것이다. 태초 이래 모든 사람들이 열성으로 노력해 온 그 주옥 같은 지혜를 듣는다고 그들은 생각했다.
　그 엄숙함을 상상해 보라. 그 장엄함을! 스승이 들어오자 그 방은 기대의 공기로 가득 채워졌다. 감격적인 고요함이 깃들었다. 방 안은 교회당이 되었다. 모든 사람의 눈이 스승에게 집중되어 있었으며, 그중에는 자기가 스승의 오라[4]를 보았다고 생각한 사람들도 있었다. 또한 천사들이 가까이에서 맴돌고 있는 것을 본 사람들도 있었다.
　스승은 앉아서 설법할 준비를 했다. 청중들은 몸을 앞으로 기울이고 한마디도 놓치지 않기 위해 숨을 참으며 기다렸다. 지루한 시간이 지나가고, 마침내 고결한 스승은 입을 열어 가르침을 주었다.
　"오늘, 바로 이 순간, 내가 입고 있는 속바지는 솜털 모양이다."
　그것이 그날 그의 가르침의 전부였다.

　선은 전적으로 별개의 방식으로 삶에 접근한다. 그것은 거룩함을 믿지 않으며 범속(凡俗)함을 믿지 않는다. 그것은 어떤 것도 믿지 않는다. 그것은 모두가 하나이다. 개와 신, 모두 하나이다. 붓다와 붓다가 아닌 자, 모두 하나이다. 무지와 지혜, 모두 하나이다. 죄인과 성자, 모두 하나이다.

---

4) 오라(aura) : 사람과 사물의 주위를 감싸고 있는 미묘한 에너지 장(場)으로써, 사람의 심리적, 영적 상태에 따라 그 빛깔과 모양이 다르게 나타난다.

물으면 대답하고
묻지 않으면 대답 없는
달마 선사의 마음속에는
아무 것도 없네.

각각의 낱말을 잘 음미하라. 마음은 그 자체의 투명함으로 단지 거울, 빈 거울과 같다. 그것은 아무 것도 담지 않는다. 그것은 비었기 때문에 거울이다. 오직 공(空)만이 거울이기 때문이다. 이미 무엇이 담겨 있다면 그대가 반영하는 것은 실체의 반영이 아닐 것이다. 거울이 깨끗이 비어 있을 때 가장 완벽한 거울이다.

명상 속에서 마음은 점점 더 거울 같이 된다. 서서히 사념의 모든 티끌들은 사라져 간다. 욕망의 모든 구름들은 사라져 간다……. 그리고는 아무 것도 남지 않는다. 아나타(anatta), 무아, 없음, 무… 깨끗한 마음이란 바로 열정으로 어지럽혀지거나 사념들로 가리어지지 않은 거울이다. 모든 것이 있는 그대로 드러난다.

다루마(Daruma) — 보리 달마의 일본식 이름이다 — 는 물으면 대답하고, 배고프면 먹고, 피곤하면 잔다. 성인의 진실된 삶이다. 마음속에 아무 것도 없다. 니르바나(nirvana)이다.

들어 보라.

물으면 대답하고

깨달은 사람은 만들어진 대답을 하지 않는다. 그에겐 머리로 준비할 만한 사념이 없다. 그는 감응한다. 그가 말을 꺼내면 곧 응답이 된다. 그는 거울이다. 제자가 스승 앞에 오면 스승은 감응한다. 스승은 제자의 필요에 의해 감응한다. 그에겐 고정된 생각이 없다.

그는 사람들에게 무엇을 분배하거나 주는 것에 관심이 없다. 그저 거울처럼 거기서 기다릴 뿐이다. 그대가 와서 그대의 얼굴을 본다.

그런 까닭에 스승들은 모순적이다. 교사는 일관적이지만 스승은 모순적이고 당연히 비일관적이다. 거울은 일관적이면 안 된다. 어떤 때는 고양이를 비추고 또 어떤 때는 사람을 비춘다. 어떤 때는 눈물을 비추고 다른 어떤 때는 웃음을 비춘다. 어떻게 거울이 일관적일 수 있겠는가! 그대는 거울에게 이렇게 말할 수 없다.

"지조가 있으라! 어제는 네 안에서 눈물을 보았는데 오늘은 웃음을 보고 있다. 어제는 네가 슬퍼하고 있는 것을 보았는데 오늘은 아주 행복해 보인다. 어제는 네가 깊은 명상중에 있는 것을 보았는데 오늘은 춤추고 노래하고 있는 걸 본다. 일관성이 없지 않은가!"

오직 사진만이 일관적일 수 있다. 거울은 그렇지 않다. 사진은 사진이다. 만일 거기 눈물이 있다면 영원히 눈물이 남아 있을 것이다. 사진은 죽어 있다. 그것은 감응하지 않는다. 만일 원숭이가 온다면 사진은 계속해서 원숭이를 보여 줄 것이다. 성자가 와도 마찬가지다. 하지만 기억하라. 스승은 다르다는 것을. 그대가 원숭이라 해도 스승은 그대의 얼굴을 비출 것이다. 그의 대답은 그대 존재에 대한 감응이다. 스승은 감응한다. 반응하지 않는다. 스승은 감응한다.

> 물으면 대답하고
> 묻지 않으면 대답 없는…

그래서 이런 일이 일어났다. 카비르와 파리드, 두 위대한 인도 스승들은 이틀 내내 마주 앉아 있으면서 한마디도 주고받지 않았다. 두 거울은 서로를 비추고 있었다. 그들이 무엇을 반영하겠는가? 다만 두 거울들이 마주하고 있을 뿐이었다. 한 거울이 또 하나의 거울을 비추며……. 거울과 거울, 하지만 아무 것도 반영되지 않을 것이다. 거기엔 아무 것도 없다.

두 침묵들이 함께 앉아 있다. 파리드와 카비르가 서로를 바라보고 있다. 거기엔 질문이 없다. 그런 까닭에 대답도 없다. 거기엔 아무도 없다. 그런 까닭에 감응도 없다.

> 물으면 대답하고
> 묻지 않으면 대답 없는
> 달마 선사의 마음속에는
> 아무 것도 없네.

그렇다. 그것이 스승의 마음이다. 그는 마음속에 아무 것도 두고 있지 않다. 마음속에 뭔가를 두고 있다는 것은 아직 깨닫지 못한 것이다. 마음속에 아무 것도 없는 것이 깨달은 것이다. 설령 그것이 깨달음일지라도 깨달았다는 생각을 품고 있다면 아직 깨달은 것이 아니다. 마음속에 아무 것도 없는 것, 그것이 깨달은 것이다. 그것을 기억하라.

다시 반복해 보자. 만일 그대가 깨달았다는 생각을 가지고 있다면 아직 깨달은 것이 아니다. 그 생각은 충분히 그대를 유루에 붙들어 맬 수 있다. 그 생각은 충분히 그대를 욕망의 세계에 붙들어 맬 수 있다.

전날 누군가가 내게 편지를 써 왔다. 그는 자신이 깨달았다고 생각한다. 따라서 그는 여기 와서 나와 악수하고 싶어했다. 악수를 하는 건 좋다. 그러나 깨달았다는 바로 그 생각 때문에 그대는 깨닫지 못할 것이다. 기다려라……. 그대가 준비되면 내가 그대와 악수를 하겠다. 그대는 다만 기다려라. 좀 참을성을 가지고. 일체의 생각들, 깨달음에 대한 생각마저도 사라지게 하라.

  그대가 거울처럼 되는 날 내 존재와 그대 존재가 악수하게 하겠다. 왜 하필 손인가! 손은 그다지 의미가 없다.

    달마 선사의 마음속에는
    아무 것도 없네.

  일반적으로 우리는 존재하지도 않는 문제들에 대한 해결책들을 다발로 엮고 있다. 모두가 그렇다. 그대는 전혀 존재하지도 않는 문제의 수천 가지 해결책을 들고 온다. 그리고는 그것을 지식이라 한다. 그것은 앎에 대한 능력을 방해할 뿐이다. 그것은 지식이 아니다.

  그대가 들고 온 모든 해결책을 버려라. 그대가 들고 온 모든 대답들을 버려라. 그저 침묵하라. 질문이 일어날 때마다 침묵 속에서 대답을 들을 것이다. 그것이 대답이다. 대답은 그대로부터 오지 않는다. 경전으로부터 오지 않는다. 그것은 어디에서도 오지 않는다. 그것은 다른 어디에서 오지 않고, 다른 누구로부터 오지 않을 것이다. 그것은 그대 가장 깊은 곳의 '무'로부터 올 것이다.

  다른 종교에서는 그 '무(無)'를 '신(神)'이라 부른다. 붓다는 '무'라는 낱말을 자주 강조했다. 아주 의미심장하고 아주 의미롭게. 왜냐하면 한번 '신'이라는 낱말을 사용하면 사람들은 그것에 붙들리기 때문이다. 그러면 그들은 관념을 갖게 되고 신이 무엇과 같은지 묻는다. '무'는 무엇과 같은지 물을 수 없다. 그럴 수 있는가?

  한번 '신'이라는 낱말을 사용하면 사람들은 묻기 시작한다. "신상(神像)을 어떻게 만들까요? 사원은 어떻게 지을까요? 기도는 어떻게 하나요? 그의 이름을 무엇이라 할까요?" 신에 대한 수많은 이름과 수많은 상들이 있다…. 그리고 나면 싸움이 뒤따른다.

그 때문에 붓다는 '무'라는 낱말을 그렇게 강조하는 것이다. 그것은 참으로 훌륭한 말이다. 그것은 그대에게 장난칠 여지를 주지 않는다. 그대가 망가뜨릴 여지를 주지 않는다. 하지만 그대가 바로 이해한다면 '무'는 '신'을 의미한다. '신'은 '무'를 의미한다.

> 시작도 없고 끝도 없는
> 우리의 마음이여,
> 태어나고 죽음도
> 공하고 공하도다!

마음은 두 가지 방식으로 이해해야 한다.

하나는 대문자 M(Mind)으로 시작하는 마음이다. 그것은 모든 것을 포함하는 마음, 우주적 마음, 전체적 마음, 전체 그 자체이며 존재에 고루 스며 있는 의식이다. 그것은 의식적 존재이다. 그것은 살아 있다. 가장 알맹이로서 살아 있다. 일체가 살아 있다. 그대는 그것을 알 수도 있고 모를 수도 있다. 그것은 명백하지 않을 수도 있고 알아 보기 쉽지 않을 수도 있다. 그러나 일체가 살아 있다. 오로지 생명만이 존재할 따름이다.

그리고 죽음은 신화다. 죽음은 환영이다. 그것은 무의식이다. 바위는 무의식적이지 않다. 바위도 나름대로의 방식으로 의식을 한다. 그것이 의식적인가 아닌가는 우리가 알 수 없다. 존재가 의식하는 데는 수만 가지 방식이 있기 때문이다. 인간의 방식만이 유일한 방식은 아니다. 나무에게도 그 자체의 고유한 방식이 있고 새도 자신의 고유한 방식이 있으며 동물과 바위들도 그렇다.

의식은 수많은 길로 표현될 수 있다. 이 우주는 무한한 표현력을 가지고 있다. 대문자 M의 마음은 우주적 마음이다. 거기에 도달해야 한다. 그것이 붓다가 말하는 '무'이다. 그것이 그가 말하는 거울 같은 허공(虛空)이다.

그리고 우리가 흔히 말하는 소문자 m(mind)으로 시작하는 마음, 즉 작은 마음이 있다. 그때는 나의 마음이 다르고 그대의 마음이 다르다. 인간의 마음은 나무의 마음과 다르고 나무의 마음은 바위의 마음과 다르다. 그때는 차이가 있다. 각각의 마음들은 자신의 한계를 지닌다. 그것은 조그맣다.

인간은 조그만 마음에서 무한한 마음으로 사라져야 한다. 소문자 m의 마음에서 대문자 M의 마음으로 녹아 들어야 한다.

소문자 m의 마음은 작은 마음, 시간의 부분이고 대문자 M의 마음은 우주적 마음, 영원성이다. 소문자 m의 마음은 대문자 M의 마음에 속한다. 영원성은 시간을 꿰뚫는다. 그것은 바로 달이 호수에 비추인 것처럼, 진짜로 거기에 있는 게 아니라 반영된 것이다.

우리의 작은 마음들은 오직 큰 마음의 그림자이다. 달이 떠오를 때, 만월(滿月)일 때는 지구에 있는 수만 개의 호수 위에 달이 비추일 것이다. 그리고 바다와 강과 연못에도 비추일 것이다. 물이 있는 곳이면 어디든지 비추일 것이다. 달은 하나지만 그림자는 수만 개이다……. 우리의 작은 마음들도 그렇다. 큰 마음은 하나이다. 그것을 붓다의 마음이라 한다. 그것을 전체의 마음, 우주적 마음, 신이라고 부른다. 이들은 같은 실체의 다른 이름일 따름이다.

이 작은 마음에는 시작과 끝이 있다. 그 큰 마음에는 시작이 없고 끝이 없다.

이제 들어 보라.

> 시작도 없고 끝도 없는
> 우리의 마음이여,

> 태어나고 죽음도
> 공하고 공하도다!

아주 모순적인 상황이다. 한편으론 이규는 이렇게 말한다. "우리의 마음은 시작도 없고 끝도 없다······." 그는 대문자 M의 마음을 말하는 것이다.

그리고 나서 말한다.

> 태어나고 죽음도···

지금은 소문자 m의 마음, 작은 마음을 말하는 것이다. 작은 마음은 나고 죽음이 있으나 큰 마음은 지속적이다. 작은 마음은 오직 그림자일 뿐이다. 그림자들은 태어나고 죽는다.

그림자로서의 그대는 태어나고 죽을 것이다. 그림자에 너무 집착한다면 그대는 고통받을 것이다. 그것이 고통이라는 것이다. 그대가 그림자에 붙들리지 않는다면······. 몸은 그림자다. 마음은 그림자다. 이 삶은 그림자다.

그것을 조용히 지켜 본다면 이 모든 그림자들이 지나가는 것을 볼 수 있을 것이다. 거울 속에서 이 그림자들이 지나가는 것을 깨달을 것이다.

그 거울은 영원이다. 그 거울에 이르러야 진리를 안다.

> 삼계(三界)에 지은
> 모든 죄들,
> 나와 더불어
> 스러져 가리.

삼계란 과거, 현재, 미래의 세계, 즉 시간의 세계이다. 이 경문에는 혁명적인 의미가 있다.

> 삼계(三界)에 지은
> 모든 죄들,
> 나와 더불어
> 스러져 가리.

자신이 존재하지 않는다는 것을 아는 순간, 과거에 행한 모든 것들과 현재 행하고 있는 모든 것들, 미래에 행할 모든 것들은 사라져 버린다. 행위자가 사라질 때 행위는 사라진다.

동양에서는 사람들이 카르마(karama-業)나 행위에 지나치게 마음을 써 왔다. 그들은 과거에 행한 잘못들 때문에 몹시 두려워했다. 그들은 그것에 대한 대가를 치러야 한다. 그것들로 인해 고통받아야 한다.

이큐는 그대에게 귀중한 열쇠를 주고 있다. "두려워 마라. 그대는 존재하지 않으니. 그러니 아무 것도 할 필요가 없다! 뭘 할 수 있겠는가? 무엇보다도 그대는 존재하지 않는데." 그는 그대 발밑의 바로 근본을 이야기하고 있다. 그것과 함께 모두 사라진다.

> 삼계(三界)에 지은
> 모든 죄들,
> 나와 더불어
> 스러져 가리.

따라서 유일한 길은 자신 안에 침잠하여 자신의 '무'를 보는 것이다. 그대가 행한 잘못의 무게에 대응하여 좋은 일을 하지 않아도 된다. 그대가 좋은 일을 하러 가지 않아도 된다. 행위함은 그것이 악하건 착하건 행위자라는 환영에 머물러 있는 것이다. 차이점을 보라!

일반적인 종교들은 그대에게 도덕적이 되라고, 착한 일을 하라고, 죄를 삼가라고, 그리고 십계명을 명심하라고 가르친다. 이것은 하지 말고 저것은 하라는 것은 평범한 종교의 주장이다. 비범한 종교는 말한다. "행위자가 사라지라. 좋은 일 혹은 나쁜 일을 하는 것에 신경 쓰지 말아라. 무엇이 좋고 무엇이 나쁜지 누가 아는가?"

실제, 아무 것도 좋지 않고 아무 것도 나쁘지 않다. 존재는 하나이므로. 어떻게 거기 둘이 있을 수 있는가? 일체가 하나이다. 선(善)은 악(惡)이 되고 악은 선이 된다. 인간은 결코 무엇이 무엇인지 알지 못한다. 사물들은 끊임없이 서로 뒤바뀌고 있다. 그것을 지켜 보라……

그대는 어떤 좋은 일을 하고 있었다. 그런데 뭔가 좋지 않은 일이 튀어나왔다. 어머니는 자식을 세상의 모든 악에서 보호하려고 애쓴다. 그런데 그 보호 때문에 자식이 그것에 빠지게 만든다. 그녀는 유혹을 불러일으키는 것이다.

옛 이야기를 기억하라. 신은 아담에게 이 과실은 먹지 말라고 말했다. 그는 유혹을 일으켰다. 자식을 파멸시켰으니 그는 좋은 아버지임에 틀림없다. "지혜의 나무에서 과실을 따먹지 말라."고 말함으로써 그는 유혹과 욕망을, 저 나무에서 과실을 따먹어야겠다는 저항할 수 없는 욕망을 불러일으켰다.

지금, 그는 좋은 일을 하길 바랬다. 하지만 무슨 일이 일어난 건가? 원죄가 발생했다.

줄곧 좋은 일만 하는 사람들은 남들에게는 아주 해롭다는 것이

드러났다. 좋은 행위자는 세상에서 가장 해로운 사람들이다. 세상은 그들 때문에 고통받았다. 그들은 의도는 좋지만 이해력은 제로이다. 단지 좋은 의도만 갖고는 아무 것도 안 된다.

이해에 이른 사람들, 그들은 좋고 나쁘고의 문제가 아니라고 말한다. 그것은 행위자의 사라짐에 관한 문제이다. 혹은 이렇게 말할 수도 있다. 행위자로서 남는 것은 나쁜 것이고 행위자가 사라지는 것은 좋은 것이다. 존재하지 않는 것은 덕(德)이고 존재하는 것은 죄다.

이 이야기를 들어 보라.

옛날에 커피를 몹시 싫어하는 남자가 살고 있었다. 그러나 그의 아내는 그 사실을 몰랐다. 그가 말한 적이 없기 때문이다. 그녀는 커피를 무척이나 좋아해서, 아침마다 그에게 도시락과 함께 커피를 보온병에 가득 채워 싸 주기를 무척 즐겨했다.

그는 직장에 갈 때마다 항상 도시락과 보온병을 가지고 갔다. 그 알뜰한 남자는 저녁에는 다시 그것들을 집에 가지고 왔지만, 커피 보온병은 손도 대지 않은 채였다. 돈을 절약하기 위해서였다. 왜냐면 그가 혐오하는 만큼이나 그의 아내는 커피를 굉장히 좋아했기 때문이다. 그는 그녀가 보지 않을 때 자바 커피를 도로 커피 주전자에 부었다. 이브닝 커피는 그의 잠을 방해한다는 이유로 면제받았다.

어느 날 밤 아내는 남편이 부정한 짓을 하는 꿈을 꾸었다. 다음날 밤도 그녀는 같은 꿈을 꾸었다. 그녀는 화가 났다. 하지만 아무 것도 말하지 않았다. 일 주일쯤 후에 세 번째 같은 꿈을 꾸면서 그녀는 질투와 불안함을 참을 수 없었다.

'그건 사실이야.'하고 그녀는 생각했다. '그건 틀림없이 사실일 거야. 벌레 같은 사람, 바람을 피우는군.' 그래서 그녀는 복수하기 시작했다. 그녀는 매일 아침 그의 보온병에 비소(砒素)를 조금씩 넣으며, 스스로를 죽일 때까지 복수를 계속했다.

남편의 무죄 석방 공판에서 판사가 말했다. "항상 똑같다. 꿈을 믿는 사람들은 자기 자신을 살해한다."

'나'라는 것은 가장 거대한 꿈이다. 그것은 우리의 자살이었다. 지금 이것은 굉장히 역설적으로 보이나, 그 '나'라는 생각은 곧 자살과 같음이 증명됐다. 자아로서의 그대가 사라진다면, 영적인 자살을 한다면 그대는 처음으로 진정한 삶을 살 것이다. 처음으로 그대는 궁극의 삶을 향해 태어날 것이다. 처음으로 그대는 시간에 속하지 않는 어떤 것을 알 것이다.

그리고 나면 아무 것도 좋지 않고 아무 것도 나쁘지 않다. 배고프면 먹고 피곤하면 자고 물으면 대답한다. 그때는 어떻게 사는가 걱정하지 않는다. 그때는 마음 없이 산다. 그때 사람은 무(無)로써 사는데, 이것이 불교의 목적이다.

무(無)로써 사는 것, 이것이 니르바나이다.

제2장

모든 거짓말과 난센스
All Lies and Nonsense!

기나긴 여행 끝에
쉴 곳이 없다면
헤매일 길은
또 어찌 있으리?

석가(釋迦)라는
악동이 세상에 나타나
많은 사람들을
미혹케 하는구나!

마음—
그것을 무어라고 부를까?
묵화(墨畵)에서 불어오는
솔바람 소리.

태어난 그대로의
그 마음이
아무런 바램 없이
부처 이룬다.

거짓을 말하면
지옥에 떨어지리라
그러면 없는 일을 꾸며 낸 부처에겐
무슨 일이 일어날까?

진리는 사람들이 원하는 상품이 아니다. 사람들은 자신들이 이미 그것을 안다고 생각한다. 설령 자신들이 그것을 모른다고 생각할지라도, 그들은 '그걸 누가 필요로 해?' 하고 생각한다. 그들이 필요로 하는 것은 그들의 삶에 더 많은 마술과 더 많은 환상과 더 많은 꿈들을 주는 것이다.

일반적인 마음은 끊임없이 새로운 꿈들과 새로운 감각들을 찾아다닌다. 실지로, 그것은 진리를 두려워한다. 진리는 그 마술을 산산조각 낼지도 모른다. 진리는 그 욕망들을 산산조각 낼지도 모른다. 진리는 지나온 아름다운 꿈들을 산산조각 낼지도 모른다.

사람들은 진리를 필요로 하지 않는다. 누군가 진리에 끌리게 되면 그는 이미 대중의 일부가 아니다. 그는 개인적이 된다. 바로 그 관심이 개인성을 창조한다. 안 그러면 그대는 군중의 일부로 남는다. 그대는 진정으로 존재하지 않는다. 그대는 진리를 탐구할 때부터 비로소 존재하는 것이다. 하지만 탐구는 노력을 요한다. 그것은 용기를 요하고 지성을 요하고 각성을 요한다.

불교는 평범한 종교가 아니다. 대중의 종교가 아니다. 드문 개인들의 종교이다. 그것은 흔히 볼 수 있는 종교가 아니다. 진정한 지성인들의 종교이다. 다른 종교들은 그렇게 독자적이지 못하다. 자아는 없다는 붓다의 역설(逆說), 개인성을 인정하지 않는다는 붓다의 역설에도 불구하고 그의 종교는 개개인을 위한 것이다.

붓다의 말에 관심을 갖는 것은 곧 커다란 모험이다. 그토록 급진적인 혁명을 말한 사람은 전무후무하기 때문이다.

오늘 이큐의 경문은 참으로 중요하다.

첫 번째 경문.

> 기나긴 여행 끝에
> 쉴 곳이 없다면
> 헤매일 길은
> 또 어찌 있으리?

그것에 대해 명상하라. 서서히 그 의미를 이해할 수 있을 것이다.

먼저, 삶은 목적이 없다. 따라서 아무도 길에서 벗어날 수가 없다. 그것이 그대 심장을 관통하도록 하라. 화살처럼 그대를 꿰뚫도록 하라. 삶은 목적이 없다! 따라서 빗나갈 수가 없다. 다른 모든 종교들은 거기에 의존한다. 모든 여타의 종교들은 줄곧 사람들에게 말한다. "당신은 빗나갔다."고.

'죄'라는 낱말은 빗나가다, 즉 과녁에서 빗나가다라는 뜻이다. 히브리어의 어원에서 죄란 과녁에서 빗나가는 것, 목적지에 도달할 수 없는 것을 뜻한다. 그것이 죄이다.

고타마 붓다에 따르면 죄란 있을 수 없다. 그대는 빗나갈 수 없다! 거기 빗나갈 그 무엇이 없기 때문이다. 목적지는 존재하지 않는다. 목적지는 가상의 것이다. 그것은 그대의 창조물이다. 그대는 목적지를 창조하고 도덕과 죄를 창조했다. 목적지를 향해 나아가는 사람들은 훌륭한 사람들이고 목적지를 향해 나아가지 않는 사람들은 죄인이라고. 목적을 버리면 성자들이 사라지고 죄인들이 사라지고 차별들이 사라진다. 더 높은 자도 사라지고 더 낮은 자도 사라지고 가치 판단이 사라진다. 그리고 나면 천국도 없고 지옥도 없다.

핵심을 보라! 그 목적에 대한 관념이 천국과 지옥을 창조했다. 목적을 향해 움직이는 사람들은 충성스러운 사람들, 훌륭한 사람들이다. 그들은 보상으로 천국에 갈 것이다. 목적을 향해 나아가지 않는 사람들은 죄인이고 나쁜 사람들이다. 그들은 그 벌로 지옥에 갈 것이다. 먼저 목적을 창조하고 나면, 일체가 따라온다……. 천국과 지옥이 창조되고 성자와 죄인이 창조되고 다음엔 공포가, 목적을 잃는 것에 대한 공포가 창조된다. 그 다음 에고가 창조된다. 목적지에 도달하려는 에고가. 그대가 그 모든 잡동사니를, 온갖 마음의 노이로제를 창조했다.

붓다는 바로 뿌리를 친다. 그는 목적지란 없다고 말한다. 목적지가 없다는 이 간단한 성명은 곧 혁명적인 힘이 될 수 있다. 그때 그대는 아무 데도 가지 않을 것이다. 항상 여기에 있을 것이다. 전연 아무 데도 가지 않을 것이다. 가야 할 곳이 없고, 갈 사람이 없다. 모든 것이 항상 여기에 있었고, 모든 것이 항상 여기에서 얻을 수 있었다.

목적지는 미래를 의미한다. 그러면 그대는 미래에 더 많은 관심을 갖게 되어 현재를 잊어버린다. 목적지는 긴장과 걱정과 두려움을 창조한다. "과연 내가 목적지에 도달할 수 있을까?"하고. 그리고 경쟁심과 질투와 투쟁과 계급 체계를 창조한다. 목적지에 가까이 온 사람들은 더 높은 사람들이고 목적지에 가까이 오지 못한 사람들은 더 낮은 사람들이라고.

기독교 교회 전체가 불복종이라는 현상 하나에 의존하고 있다. 붓다는 말한다. 거기 명령할 사람도 없고 복종할 길도 없다고.

삶은 그러한 목적이 없다. 삶 자체가 삶의 목적이다. 목적은 본질적으로 갖춰진 것이다. 삶의 가치는 삶 그 자체에 있다. 다른 어디에서 오는 게 아니다. 삶이란 미래의 어딘가에 있을 목적지를 의미하는 게 아니다. 삶은 그 자체가 목적이고 그 자체가 의미이다. 삶은 모든 것이다…….

이것을 한번 이해하면 삶은 무의미하다고 말할 수 없다.

서양에서는 소크라테스가 뿌린 관념 하나가 사르트르에 와서 그 논리의 완벽한 절정에 이르렀다. 소크라테스는 말한다. "목적 없이 산 삶은 무가치한 삶이다."라고. 지금 이것은 씨앗이다. 소크라테스로부터 사르트르에 이르기까지 이 씨앗은 서양에서 오랜 세월 동안 자라고 또 자랐다. 사르트르는 말한다. "목적이 없으므로 삶은 무의미하다. 전혀 살 가치가 없다."

알베르 카뮈는 말한다. "인간이 풀어야 할 유일한 문제는 자살, 즉 유일하게 형이상학적인 문제이다." 왜? 삶은 무의미하다고 말하기 때문이다. 그러니 왜 사는가? 만일 어떤 의미나 어떤 목적이 있을 때만 삶은 살 가치가 있다는 소크라테스의 말이 옳다면 삶은 어딘가를 향해 움직일 때, 어딘가에 도달할 때, 무언가를 획득할 때, 무언가를 성취할 때……. 오직 그때만 가치가 있다. 그러나 만일 성취할 것도 없고 가야 할 곳도 없다면 삶은 무의미하다. 그러면 도대체 왜 사는가? 왜 자살하지 않는가?

붓다의 이해는 전혀 다르다. 붓다는 말한다. "삶은 그 자체가 목적이다. 그대는 다른 목적을 창조할 필요가 없다. 더구나 그 창조된 목적들은 곧 근심의 원인이 된다." 장미가 정원에서 꽃피는 것은 다른 어떤 것을 위해 피는 것이 아니다! 강물이 바다로 흘러가는 것은 다른 어떤 것을 위해 흐르는 것이 아니다. 흐름은 기쁨이다. 흐름은 축제이다.

그대가 사랑에 빠진다. 그것에 대해 명상하라. 사랑이 그대를 다른 어딘가로 데리고 가는가? 사랑은 그 자체가 큰 기쁨이다. 다른 어떤 목적도 필요치 않다. 사랑 그 자체로 충분하다.

의미나 목적에 대한 관념을 버릴 때 묘한 현상이 발생하는데, 무의미함에 대한 관념 또한 사라진다는 것이다. 의미에 대한 관념과 나란히, 평행선으로, 또 하나의 관념인 무의미함에 대한 관념도 없어진다. 붓다는 뿌리를 자른다. 그는 삶에는 획득해야 할 의미가 없으니 무의미함을 느낄 일도 없다고 말한다. 삶은 그 자체로 의미롭다.

이큐는 이토록 아름다운 실존적 직관을 설명한다.

> 기나긴 여행 끝에
> 쉴 곳이 없다면
> 헤매일 길은
> 또 어찌 있으리?

거기엔 있을 수가 없다. 여태껏 아무도 길을 잃어버린 적이 없다! 아담은 에덴 동산을 떠난 적이 없다. 그는 지금도 에덴 동산에서 살고 있지만, 목적 지향적이 되었기 때문에 그것을 볼 수 없는 것이다. 그는 미래를 생각하기 시작했다. 미래에 대한 바로 그 생각 때문에 그의 마음은 안개로 가려져 주변을 볼 수 없다.

지나치게 미래 지향적이 될 때는 쉽게 현재를 잊어버린다. 유일하게 실재인 현재를.

새들이 지저귀고… 멀리에서 뻐꾸기가… 지금 이 순간!… 지금 여기… 무언가를 성취하려는 관점에서 생각하면 이 모든 것들은 잊혀진다. 성취하려는 마음이 일어날 때 지금 있는 낙원과의 연결은 상실된다.

지금 이것은 최상의 자유를 향한 접근 방식이다. 이것은 지금 당장 그대를 해방시킨다! 죄에 대해선 일체 잊어버려라. 성자성(聖者性)에 대해선 일체 잊어버려라. 둘 다 어리석다. 양자(兩者)가 전 인류의 기쁨을 망가뜨렸다. 죄인은 죄의식을 느낌으로써 기쁨을 잃어버린다. 끝없이 죄의식을 느낀다면 어떻게 삶을 즐길 수 있겠는가? 교회에 가서 이런 잘못, 저런 잘못을 했다고 끝없이 고백해야 한다면 어떻게 삶을 즐길 수 있겠는가? 잘못, 잘못, 또 잘못……. 그대의 생애는 온통 죄로 이루어진 것 같다. 어떻게 즐겁게 살 수 있겠는가?

즐겁게 살기 힘들다. 그대는 잔뜩 짐지워지고 무거워진다. 그대의 심장에 죄의식이 바위처럼 들어앉는다. 그것은 그대를 짜부라뜨려 춤추지 못하게 한다. 어찌 춤출 수 있겠는가? 어찌 죄의식을 가지고서 춤출 수 있겠는가? 어찌 죄의식을 가지고서 노래 부를 수 있겠는가? 어찌 죄의식을 가지고서 사랑할 수 있겠는가? 어찌 죄의식을 가지고서 싱그럽게 살 수 있겠는가? 따라서 자신이 뭔가 잘못됐다고 생각하는 사람은 죄의식과 괴로움으로 이미 죽어 있는 상태다. 죽기도 전에 이미 무덤 속에 들어간 것이나 마찬가지다.

그리고 자신이 성자라고 생각하는 사람도 역시 살아갈 수 없다. 그 역시 즐거울 수 없다. 그는 두렵기 때문이다. 만일 그가 즐거워한다면 성자의 성품을 잃을지도 모르므로. 만일 그가 웃는다면 고귀한 위치에서 전락할지도 모르므로. 웃음은 세속적인 것, 기쁨은 평범한 것이다. 그러니 성자는 심각해야 한다. 아주 심각해야 한다. 그는 시무룩한 표정을 지어야만 한다. 그는 남의 손을 잡을 수 없다. 그러면 사랑에 빠져서 집착심이 일어날지도 모르니까. 그는 어여쁜 여자나 남자를 바라볼 수 없다. 누가 아는가, 무의식 깊은 층의 어딘가에 욕망과 갈애가 숨어 있을지. 그는 쉴 수 없다. 만약 이완되면 억눌렀던 욕망들이 부상(浮上)할 것이다. 그는 계속해서 그것들을 억눌러야 한다! 성자는 하루도 휴가를 가질 수 없다. 그럴 수 없다. 휴가란 그가 통제해 온 모든 것을 허용해야 한다는 의미이므로 성자는 쉴 수 없다. 그런데 쉴 수 없다면 어떻게 즐길 수 있겠는가? 어떻게 잔치를 벌일 수 있겠는가? 어떻게 고마워할 수 있겠는가?

죄인은 죄의식 때문에 망하고 성자는 에고 때문에, 경건한 에고 때문에 망한다. 양쪽 다 실패자들이다. 양자가 다 같은 게임의 일부이고 같은 게임의 짝이다. 그 게임은 목적에 의해 생겨났다. 인류에게 목적이 부여되면 인류는 계속 불행에 머물 것이다. 목적은 불행을 창조해 낸다.

성취적인 마음, 즉 끊임없이 성취하려고 하는 마음은 모든 아픔, 모든 질병의 근원이다.

붓다는 말한다. "가야 할 곳은 아무 데도 없으니, 쉬어라." 무엇보다도 그대는 빗나갈 수 없으니, 쉬어라. 어떻게 빗나갈 수 있겠는가? 거기 과녁 같은 것은 없다! 잘못은 행해진 적이 없다. 옳음도 그렇다. 옳음은 행해진 적이 없다. 실지로 행위자가 없는데 어떻게 옳음과 그름이 있을 수 있는가? 행위자가 없는데 어떻게 죄인이고 성자일 수가 있는가? 내면 깊숙이 그대는 다만 빈 대나무일 뿐이다. 그대를 통해 존재가 흐른다. 다른 이유가 있어서가 아니라 순전히 흐르는 기쁨을 위해서이다.

존재는 흐르는 것이 기뻐서 흐른다. 거기엔 실용성에 바탕을 둔 목적이 없다.

종교는 오직 시적 언어로만 말할 수 있다는 것도 그 때문이다. 종교는 산술적인 언어로 말할 수 없다. 논리의 언어로 말할 수 없다. 그것은 오직 사랑의 언어로만 말할 수 있다. 논리는 항상 목적 지향적이다. 산술은 항상 목적 지향적이다. 장미꽃과 풀잎과 강과 산들을 지켜 보라. 자연과 함께 살아라. 그러면 점차 그 무엇도 어디로 가지 않는다는 것을 알게 될 것이다. 모든 것은 운동하고 있지만, 특별한 목적이 있거나 특정한 방향으로 운동하는 게 아니다.

운동은 큰 기쁨이다.

서양의 위대한 신비주의 시인인 윌리암 블레이크(William Blake)도 그것을 말했다. '에너지는 환희이다.'라고.

만일 그대 자신을 잃을 길이 없다면, 죄지을 길이 없다면, 성자될 길이 없고 죄의식을 느낄 길이 없다면 이른바 종교는 사라진다. 교회는 무의미해진다. 교리와 종교의식들은 모두 의미를 상실한다. 그때는 삶이 종교가 된다. 삶을 초월한 삶 외의 다른 종교는 없다. 그때는 삶이 유일한 경전이 된다. 삶은 존재의 일체가 된다.

살며 알아라. 살며 느껴라. 살며 존재하라.

붓다의 종교는 종교 아닌 종교이다. 그리고 선(禪)은 그것의 절정이다. 선은 그것의 향기이다. 붓다 속의 씨앗이 선에서 향기가 되었다. 선은 붓다 가슴의 순수 본질이다. 선은 최상의 아름다움으로 이 사람 고타마 싯다르타가 깨달은 것, 이 사람이 알게 된 것을 표현해 냈다. 그런 일은 드물게 일어난다.

통상 일어나는 일은 이런 식이다. 예수는 그 자신이 그의 체험의 가장 훌륭한 표현이었다. 차츰 그의 추종자들은 지성은 떨어지고, 보다 평범해졌다. 그리고 점차로 교회가 자리잡게 되었다. 그것은 군중의 일부, 대중의 일부, 가장 낮은 ─ 지성과 각성과 사랑에 있어서 가장 낮은 ─ 자들의 일부가 되었다. 그것은 그 영광을 잃어버렸다. 그것은 눈 덮인 산의 최정점을 잃어버렸다. 지금 그것은 어두운 골짜기에서 움직인다.

붓다에게는 전혀 다른 현상들이 일어났다. 그는 인류사에 있어 가장 복많은 스승 중의 한 명이었다. 그가 발견한 것은 그러한 표현과 시적 감흥과 가락 속에서 더욱더 높이 올라갔기 때문이다. 선에서 그것은 최상의 개화(開花)에 이르렀다. 선은 바로 그 진수이고 향기이다. 선은 참으로 지성적인 사람들만 이해할 수 있을 것이다. 그렇지 않고 평범한 사람들은 비위가 상할 것이다. 평범한 불교도들도 마찬가지로 매우 비위가 상할 것이다.

이규의 말을 들어 보라……. 평범한 사람들은 그 말에서 아무 확신도 찾지 못할 것이다. 그들은 목적을 통해서 산다. 평범한 죄인과 평범한 성자들, 양쪽 다 목적을 통해서 산다. 오직 최고의 지성인들만 목적 없이 살 수가 있다. 오직 지성인들만 지금 여기에 살 수 있다. 오직 지성인들만 순간을 살 수 있고, 외부에서 무언가를 끌어들이지 않고 살 수 있다.

예수는 말한다. "들에 핀 백합을 보라. 그들은 내일을 생각하지 않는다. 그들은 노동하지 않는다. 솔로몬이 차려 입은 값비싼 의상들도 이 가난한 백합꽃들만큼 아름답지 않다."

이 백합꽃들은 왜 그리 아름다운가? 솔로몬은 그의 모든 왕국과 부(富)를 가지고도 그렇게 아름답지 않았다. 솔로몬마저도 이 가난한 백합꽃들만큼 그렇게 장엄하고 화려하게 성장(盛裝)한 것이 아니었다. 이 꽃들은 무엇이 그토록 아름다운가? 그들은 순간에 산다. 그들은 내일 일을 생각하지 않는다.

온전한 지성인은 꽃처럼 된다. 그는 지금 여기에 산다. 그에겐 과거가 없고 미래가 없다. 과거가 없고 미래가 없으니 현재에 산다고도 말할 수 없다. 현재란 과거에서 미래로 발생하는 운동 사이에 있는 중간 역이기 때문이다. 현재는 바로 도상에 있는 정거장이다. 과거와 미래가 사라질 때 현재 또한 사라진다. 그리고 남는 것은 영원함이다. 지금이란 영원의 순간이다. 그것은 영원성이다. 붓다는 그것을 명상이라 한다.

만일 죄의식이 사라진다면 종교는 사라진다. 그리고 목적이 사라진다면 죄의식은 사라진다. 죄의식이란 목적의 그림자이다.

지금 기독교인은 그것을 좋아하지 않을 것이다. 회교인도 좋아하지 않을 것이다. 힌두교인도 그것을 좋아하지 않을 것이다. 그들은 모두 목적을 바탕으로 살아간다. 그들은 이러한 초월에의 비상(飛上)을 좋아하지 않을 것이다. 그들은 이러한 시적이고 심미적인 종교를 좋아하지 않을 것이다. 그들은 장삿속 같은 평범한 종교에 너무 익숙해졌다. 그것은 그들의 시장의 일부이다.

붓다는 아주 광대히 날아오른다. 그는 가장 높은 하늘로 날아오른다. 그는 그대 또한 그러한 존재의 높이에 이르기를, 그러한 존재의 깊이에 이르기를 바란다. 그 모든 것은 지금 당장 가능하다! 그러니 명심하고 또 명심하라. 그는 미래에 있는 목적지를 주지 않는다는 것을. 그는 단순히 그대가 필요로 하는 모든 것이 당장 가능하다는 것을 자각하게 할 뿐이다. 그 이상 아무 것도 필요치 않다. 그 이상 아무 것도 일어나지 않을 것이다. 그 이상은 결코 아무 것도 일어나지 않을 것이다. 만일 그대가 살고자 한다면, 그 모든 것은 지금 일어나고 있다. 그것의 일부가 돼라. 그 속에 녹아 들어라. 그대가 그 속으로 녹아 들게 하기 위해 그는 자아가 없다고 강조하는 것이다. 만일 자아가 있다면 그대는 녹아 들 수 없기 때문이다. 자아가 없을 때 그대는 비로소 녹아 들 수 있다.

붓다는 한칼로 모든 종교를 사라지게 하고 성직자, 성자, 죄인, 계명, 아담과 이브, 불복종, 원죄를 사라지게 한다. 그의 한칼로 그 일체가 사라진다. 그들은 전멸된다. 인간 홀로 남겨진다. 자연과 함께. 왜냐하면 그대 안에 자아가 없고 안팎의 구별이 없고 안팎의 경계가 없기 때문이다. 밖이 안이고 안이 밖이다.

그 때문에 선객들은 이상하고 역설적인 성명을 해온 것이다. 삼사라(samsara)가 니르바나(nirvana)라고. 바로 이 세상이 깨달음이고 바로 이 땅이 불국토이며 바로 이 몸이 붓다라고 하는 것이다.

둘째, 이러한 통찰은 훈련해서는 안 된다. 그것은 훈련할 수 없다. 훈련은 은연중에 목적을 암시하기 때문이다. 이해를 하든가 않든가 둘 중의 하나이지, 그것은 훈련할 수가 없다.

훈련이란 내일 또다시 그것을 하려고 생각하거나, 아니면 적어도 내일은 그것을 할 수 있으며 내일이면 결과를 거둘 수 있으리라는 의미이다. 그대 무의식 깊숙이 내일이 들어와 버린다. 그것이 돌아온 것이다. 훈련으로는 그러한 통찰에 도달할 수 없다. 그러한 통찰은 연습한다고 될 문제가 아니다. 그러한 통찰은 오직 이해의 문제이다.

따라서 붓다와 그의 가르침이 인도에서 파괴된 것은 우연이 아니었다. 평범한 마음은 그를, 즉 그의 통찰을 묵인할 수 없었기 때문이다. 그들에게 그것은 무리였다. 그들은 그것을 이해할 수 없었다. 그들은 훈련이 가능한 어떤 방법론을 바랬는데 붓다는 순수한 본질만 이야기하고 있었다. 그대는 지금 당장 해방되어 있다고 붓다는 말한다.

하여 아주 묘한 현상이 발생한다. 만약 죄도 없고 성자도 없다면 그대가 해온 모든 것이 바뀌기 시작한다. 그대가 그것을 바꿔서가 아니다. 실제, 죄를 저지르려면 먼저 죄가 있어야만 한다. 그것을 깊이 이해하라……. 죄에 대한 유혹은 거부함으로써 생겨난다. 그것을 범하는데 쾌감을 느끼는 것은 그것이 죄이기 때문이다. 만일 그것이 아무 죄도 아니라면 유혹은 사라진다.

만일 아담이 '이 지혜의 나무에서는 과실을 따먹지 말라'는 말을 듣지 않았더라면 결코 그것에 관심 갖지 않았을 것이다. 바로 그 명령이 유혹을 일으켰다.

그대 스스로의 마음을 지켜 보라. 마음이 어떻게 돌아가는지. 어떤 것에 대해 "그것은 하지 말라!"는 말을 듣게 되면 그것을 하고 싶은 엄청난 욕구가 일어난다. 사람은 누구나 명령을 들으면 불쾌해진다. 반항하고 싶어진다. 사람은 자기 자신을 주장하고 싶어한다. 그는 이렇게 말하고 싶다. "나는 나다, 내가 원하는 대로 하겠다. 다른 누구의 말도 듣지 않겠다."

어린이는 저마다 그러한 과정을 통과한다. 그리고 남자와 여자들도 각각 그런 과정에 걸려 있다. 부모가 하지 말라던 것들을 그대는 항상 해왔다. 실제, 줄기차게 하지 말라고 말함으로써 그들은 유혹을 불러일으킨 것이다. 자유란 바로 유혹되지 않는 것이다. 기억하라, 그것을. 만일 세상이 무엇이든 할 자유가 있다면 죄는 저절로 사라질 것이다. 없애려고 노력할 필요도 없이.

인간은 오랜 세월 동안 그것들을 없애려고 노력해 왔지만 성공하지 못했다. 똑같은 어리석은 악순환이 계속된다. 자꾸만 법으로 어떻게 해보려고 더 많은 법률들을 시행하지만 사람들은 점점 반항적이 된다. 그들은 반항적이 돼야만 한다. 그것만이 그들의 자유와 존재를 보호해 주는 유일한 길처럼 보이기 때문이다. 안 그러면 그들은 미치거나 노예로 전락할 것이다.

아담은 잘한 것이다. 안 그랬더라면 낙원에 살았더라도 그는 노예였을 것이다. 노예로 산다면 낙원에 사는 것이 무슨 의미가 있는가? 그것은 그대 내적 존엄성의 흥미를 끌지 못한다. 지옥에 있더라도 자기 자신으로 존재하는 것이 더 낫다. 고통받더라도 자기 자신으로 존재하는 것이 더 낫다. 차라리 고통받더라도, 고통의 끝까지 가더라도, 자신의 토양, 자신의 자유, 자신의 존엄성을 잃지 않는 편이 더 낫다.

아담은 잘한 것이다. 만일 낙원에 살면서 반항하지 않고 지혜의 나무에서 과실을 따먹지 않았더라면 그는 중요한 인물이 못 되었을 것이다. 그는 나약하고 생기도 없었을 것이다. 마치 주검처럼 존재했을 것이다. 그는 잘했다. 그는 결단력 있고 용기 있음이 밝혀졌다. 자유를 위해 낙원을 버린 것은 가치 있는 일이었다.

그리고 이것은 모든 사람에게 일어나는데, 사회는 아직 이 간단한 현상을 이해하지 못한다. 사람들은 부단히 금지한다. "이것은 하지 말라, 저것도 하지 말라!" 그러나 그 명령이 그것을 거스르도록 엄청난 자극을 한다. 죄는 성자들 때문에 존재한다.

이런 얘기를 들었다.

어떤 남자 아이가 사과를 나르는 또래의 여자 아이를 보았다. 남자 아이가 여자 아이에게 말했다.

"나랑 게임하고 놀래?"

"무슨 게임?"

"아담과 이브."

"좋아, 그럼 어떻게 해야 돼지?"

"네가 날 유혹해. '이 사과를 먹지 마.' 하고! 그러면 내가 사과를 먹을 거야."

인간의 마음은 그런 식으로 돌아간다.

붓다는 말한다. "목적이 사라지면 도덕과 죄도 자동적으로 사라질 것이다. 그리고 사람들은 탈바꿈될 것이다." 거기 뭘 해야 할 유혹이, 명령이 없을 테니 말이다. 그냥 그 핵심을 보라. 그냥 그대 내면을 지켜 보라. 그대는 무엇을 해왔는가?

내가 수천 명의 산야신들을 지켜 본 바에 의하면, 아직도 그들은 부모와 계속해서 다투고 있다. 그들의 문제는 이렇다. 부모는 그들에게 뭔가를 하지 말라고 하는데 만일 그것을 한다면 죄의식을 느끼고, 하지 않는다면 자신들이 자유롭지 못하다고 느끼는 것이다. 그들은 양쪽으로 덫에 걸려 있다. 그들은 계속해서 투쟁한다.

인간은 더 이상 부모에 대한 반작용이 없을 때, 의식 속에서 그러한 부모의 목소리들이 사라질 때, 이러저러한 영향을 받지 않을 때, 그들이 그대를 지지하거나 반대하는 것을 만들어 내지 않을 때 비로소 자유롭게 된다. 그대가 그들에게 거의 무심할 수 있을 때, 그들에게서 독립할 때 그대는 어른이 된다.

사람들은 내게 묻는다.

"성숙된 사람이란 어떤 사람입니까?"

부모로부터 자유로운 사람이 성숙된 사람이다.

예수가 제자들에게 "네 부모를 미워하지 않고는 나를 따를 수 없을 것이다."라고 말한 것은 옳다. 자, 사랑을 설교하는 사람이 그렇게 말한다는 것은 무척 터무니없어 보인다. 그럼에도 그는 옳다.

내 느낌으로 그 '미움'이라는 말은 히브리어에서 잘못 해석된 것 같다. 나는 히브리어는 모르지만 예수는 안다. 그래서 나는 그것이 오역임이 틀림없다고 말하는 것이다. 그는 분명 이렇게 말했을 것이다. "독립하라. 무심해지라. 이젠 더 붙들리지 말아라." 그는 분명 그대 부모로부터 '독립하라'는 의미의 용어를 사용했을 것이다.

여러 가지 이유에서 '미움'이라는 말은 사용했을 리가 없다.

그 한 가지는, 만일 그대가 부모를 미워한다면 아직 독립한 것이 아니다. 그대는 자유롭지 못하다. 미워한다는 것은 반대한다는 의미다. 그러니 그들은 아직도 그대를 조종할 것이다. 그들은 미묘한 방식으로 조종할 것이다. 그들이 하지 말았으면 하는 것들을 그대는 계속할 것이다. 그대는 그들을 미워하므로. 그대의 부모가 '담배를 피우지 말라'고 했다면 그대는 그들을 미워하므로 계속 담배를 피울 것이다. 그런 식으로 그대는 미움을 보여 준다. 하지만 그대는 붙들려 있다. 여전히 연결되어 있는 것이다. 그대는 단절할 수 없었다. 그대는 여전히 속박되어 있다. 그대는 여전히 엄마의 앞치마 끈을 붙잡고 있다. 그대는 아직도 어린애다.

사랑하지도 미워하지도 않으면 부모적인 목소리는 사라진다. 그대는 그것이 사라지는 것을 다만 지켜 봐야 한다.

붓다는 한발 더 앞선다. 그는 말한다. "부모를 죽이지 않고는… 그대 부모를 죽이지 않고는…" 그는 그들을 실지로 살해해야 한다고 말하는 게 아니다. 그렇지만 내면 깊숙이에서는 그들을 죽여야만 한다. 그대는 그들을 떨쳐 버려야 한다. 그대는 용서하고 잊어야 한다. 그대 내면에 있는 부모의 목소리에 반응하지 말아라.

그리고 오늘날 정신 분석, 즉 초인격(transpersonal) 정신 분석, 초인격 정신 치료의 추세는 붓다와 예수의 말에 전적으로 일치한다. 그대가 일단 목적이나 죄의식, 에고로부터 자유로워지면 불현듯 모든 유혹은 사라진다.

한번은 이런 일이 있었다.

한 젊은이가 자살하려고 했다. 그는 내 친구였다. 그의 부모는 몹시 걱정했다. 그는 방에서 나오지 않았다. 그의 아버지가 내게로 달려왔다. 그들은 우선 그가 방에서 나오도록 설득했으나 그는 들으려고 하지 않았다. 대답도 없었다. 이웃 사람들 전체가 모여들어 그를 설득하려고 애썼다. 그는 말하기를 그만두었다. 그는 침묵했다. 철저히 침묵했다. 그들이 문을 두드렸으나 그는 대답하지 않았다. 끔찍한 공포가 감돌았다. "그가 자살한 걸까? 아니면 자살하려고 하는 건가? 도대체 무슨 일이야?" 그들은 당황해서 허둥댔다.

그의 아버지가 내게 와 말했다. "네가 와 봐라. 뭔가 비상 조치가 필요하다. 그애의 목숨이 위태로워."

내가 그리로 갔을 때 그들은 울고 있었다. 그의 어머니도 울고 있었다. 그가 유일한 자식이었다. 그의 아버지도 울고 있었고 그의 친구들도 모여들었다. 모든 이웃들이 거기에 있었다. 나는 문 앞으로 가서 문을 두드리며 말했다. "들어 봐, 네가 정말로 자살하고 싶다면 이런 식으로 해선 안 돼. 왜 이렇게 많은 사람들이 모여들어야 하지? 왜 이렇게 법석을 떨어야 하느냐구? 내가 차를 가져 왔으니 나르마다 강의 멋진 곳에 데려다 줄게. 거기서 뛰어내려."

그는 문을 열었다. 그리고 미심쩍은 눈으로 나를 바라봤다. 그는 그것을 믿을 수 없었다! 내가 말했다. "나와 함께 가자."

그는 나를 따라 나섰다. 내가 그에게 물었다. "자살하기 전에 뭐 할 말 없니? 음식 같은 거, 가령 스파게티 같은 이태리 음식이라든가 아니면 다른 어떤 것? 영화 보고 싶지 않니? 여자 친구 보고 싶지 않아? 응? 이것이 너에게 마지막 기회이기 때문이야. 그리고 난 다른 할 일이 있어. 그러니 빨리 끝내. 난 정오까지는 집에 돌아가고 싶어. 그래서 우린 11시에 떠날 거야. 네가 뛰어들면 내가 작별인사 해 줄게. 그러면 끝나! 왜 그렇게 번거로운 일을 많이 만들지? 그리고 이런 시장 속은 죽을 장소가 아니야."

내가 살았던 자발푸르에는 아름다운 강이 있었다. 만일 누군가가 자살하고자 한다면 그 이상 아름다운 강은 없을 것이다. 서너 마일 가량의 대리석 언덕들, 순전히 대리석 언덕들, 그 언덕들 사이로 나르마다 강이 흘렀다. 그처럼 아름다운 곳은 세상에 다시 없다고 사람들은 말했다. 타지마할은 아무 것도 아니다. 그곳은 믿을 수 없으리 만치 아름다웠다. 만월의 밤에 그곳에서 배를 탄다면 과연 그와 같은 곳이 존재할 수 있는지 그대 눈을 믿을 수 없을 것이다.

내가 사람들을 그곳에 데려가면 많은 사람들이 처음엔 못미더워했다. 나의 옛 은사 중의 한 분은 나와 함께 그곳에 갔을 때 눈물을 흘리며 말했다. "바위들을 만지고 느껴 보고 싶구나. 그들이 존재한다는 게 믿을 수 없다. 이것은 내가 본 어떤 꿈보다도 훨씬 아름답다."

그래서 내가 말했다. "이런 시장 통에서 죽으려고 해? 따라와!"

그는 잠자코 내 말을 듣기만 할 뿐 좋다고도 싫다고도 하지 않았다. 이윽고 그가 말했다. "난 아무 것도 할 게 없어. 그리고 너무 피곤해. 몇 시간 자고 싶어."

내가 말했다. "좋아, 내 방에서 자. 나도 잘 테니 알람을 맞춰 놓고 자자."

그래서 나는 알람을 맞춰 놓았는데 그는 잠들지 못했다. 이리저리 뒤척이다가 알람이 울리자 그는 재빨리 알람을 껐다. 내가 말했다. "뭘 하는 거야?"

"나는 너무 피곤해!"

"피곤한 사람은 내가 아니야. 이건 내 문제야. 나는 또 돌아와야 할 테니까. 너는 한 번에 영원히 끝날 거야. 피곤하다, 이렇다, 저렇다, 죽는 사람이 무슨 걱정이 그리 많아. 피곤해지든 말든 그게 무슨 상관이지? 너는 차 안으로 들어가기나 해!"

그는 몹시 성이 나서 말했다. "너는 내 친구냐, 원수냐? 난 자살하고 싶지 않다! 왜 나를 억지로 자살시키려고 하는 거냐?"

"난 억지로 시키는 게 아니야. 네가 자살하고 싶어했잖아. 난 다만 친구로서 도우려고 했을 뿐이야. 난 단순히 돕는 거라구. 네가 자살하고 싶지 않다면 그건 네 문제야. 하지만 자살하고 싶으면 언제든지 내게로 와. 난 여기에 있을게!"

그는 다시는 오지 않았다. 그뿐 아니라 그는 나를 피하기 시작했다. 나는 여러 해 그를 보지 못했다.

유혹은 부정(否定)에서 온다. 고함 치고 소리 치고 울고 슬퍼하던 그 사람들 모두가 그가 죽도록 도운 것이었다. 그들은 그를 자극했다. 그는 더욱더 그 생각에 빠져들었다. 수많은 사람들이 '안 돼'라고 말할 때 유혹받는 것은 아주 당연하다.

그대 내면을 한번 지켜 봐라. 어떻게 해왔는지. 아직도 그대는 부모와 싸우고 있는가? 그들에게 맞서면서? 그들이 절대로 하지 말라고 하는 일을 하면서? 그들이 매우 화낼 일을 하면서? 그대는 그대의 성직자들과 그대의 정치가들과 싸우고 있는가? 그렇다면 그대는 아직도 그들의 권력 속에 머물러 있을 것이다.

붓다는 말한다. "일단 부정이 사라지면 유혹도 함께 사라진다. 유혹은 부정의 그림자이다."

그러니 기억하라. 붓다가 자꾸만 자살하라고, 죄를 범하라고, 이런 저런 것들을 행하라고 말한다고 생각하지 말아라. 그는 다만 "그것을 이해하라!"고 말하는 것이다. 이해를 통해서 그대는 삶이 새롭게 전환되는 것을, 탈바꿈되는 것을 볼 것이다. 그대는 전에 살았던 것과는 전연 다른 방식으로 살게 될 것이다. 그대는 고요하게, 기쁘게, 축제처럼 살 것이다.

두 번째 경전.

> 석가(釋迦)라는
> 악동이 세상에 나타나
> 많은 사람들을
> 미혹케 하는구나!

이런 말은 선사들만 할 수 있다. 최상의 존경과 사랑 속에서만 이런 말을 할 수 있다. 석가모니는 고타마 붓다의 일본식 이름이다. 지금 이뀨는 고타마 붓다의 제자이며 고타마 붓다를 엄청나게 사랑하는 사람인 동시에 그 스스로가 붓다이다. 지금 그는 아주 익살스럽게 말한다.

> 석가(釋迦)라는
> 악동이 세상에 나타나
> 많은 사람들을
> 미혹케 하는구나!

그가 뭐라고 말하는 건가? 기독교인들은 그것을 이해할 수 없다. 힌두교인들은 그것을 이해할 수 있다. 이것은 전연 다른 언어, 즉 사랑의 언어이며 이해의 언어이다. 붓다는 이해하리라는 것을 이뀨는 안다. 붓다들은 이해하리라는 것을 이뀨는 안다. 하여 그렇게 말할 수 있다.

그는 말한다. "목적도 없고 길도 없다. 그렇다면 당신은 사람들에게 무엇을 가르치고 있었는가? 거기 목적도 없고 길을 잃어버릴 그 누구도 없다. 그렇다면 당신은 40년 동안이나 무엇을 하며 사람들을 이끌었는가? 당신과 같은 악동이 세상에 나타나서… 무엇보다도 당신은 세상에 나타날 이유가 없었다." 불교도들, 선

불교가 아니라 전통 불교도들은 붓다가 사람들을 해방시키려고 세상에 나왔다고 말하기 때문이다. 이규는 그것에 주의를 돌린다.

불교도들은 붓다가 무지한 자들을 깨닫도록 인도하기 위해 세상에 나왔다고 말한다. 이규는 말한다. 무슨 난센스인가! 무엇보다도 붓다는 목적도 없고 깨달음도 없으며 가야 할 어디도 없다고 말하면서 세상에 왜 나왔는가? 그리고 40년 동안이나 사람들을 가르치다니 당연히 악동이다. 인도(引導)는 모두 잘못된 것이기 때문이다. 가야 할 곳이 없다면 인도하는 게 무슨 의미가 있는가?

> 석가(釋迦)라는
> 장난꾸러기가 세상에 나타나
> 많은 사람들을
> 미혹케 하는구나!

그리고 수많은 사람들이 붓다를 따랐지만 그들은 이해하지 못했다. 이해했더라면 그들은 추종자가 아닌 붓다가 되었을 것이다.

마찬가지로 나와 함께하면서도 그대는 그것을 명심해야 한다. 깨달아라. 그러나 깨달으려고 애쓰지 말아라. 애쓴다는 것은 알맹이를 놓치는 것이다. 나는 그대들을 인도하려고 여기 있는 게 아니다. 나는 일체의 안내(案內)를 치우려고 여기에 있는 것이다. 나는 그대를 내세로 인도하려고 여기 있는 게 아니다. 나는 그대에게 가야 할 곳도 없고 인도해 줄 자도 없으며 인도받을 자도 없다는 것을 일깨우려고 여기에 있는 것이다.

핵심을 알면 웃음이 나오리라. 그 웃음이 깨달음이다. 핵심을 알면 휴식하게 되리라. 그 휴식이 깨달음이다.

짓궂게도 이규는 스승을 희롱하고 있다. 그는 말한다.

> 석가(釋迦)라는
>
> 악동이 세상에 나타나
>
> 많은 사람들을
>
> 미혹케 하는구나!

그 멋을 보라. 사랑과 무한한 존경심을 보라. 만일 어떤 기독교인이 예수를 그렇게 말한다면 — 악동 조물주라고 — 전(全)기독교인들을 불쾌하게 만들 것이다. 그 사람은 즉시 교회에서 추방당할 것이다. 그는 죄인으로 비난받을 것이다. 그대는 예수를 악동이라고 말할 수 없다. 그만큼 깊이 그를 사랑한 적이 없기 때문이다. 그대는 두려워한다. 사랑은 두려움이 없다. 그대는 진정으로 예수를 존경하지 않기에, 만일 그런 말을 하면 그대의 존경심이 무너질까 봐 두려워하는 것이다. 하지만 이뀨는 그 존경심은 어떤 것으로도 무너질 수 없을 만큼 깊음을 안다. 그는 추운 밤엔 붓다를 태울 수 있다. 아무 두려움이 없다. 기독교인들은 그렇게 할 수 없다. 힌두교인들은 그렇게 할 수 없다. 자이나교인들은 그렇게 할 수 없다. 그것은 그들에게 두려움이 있다는 것이다. 그들은 무례할까 봐 두려워한다. 그렇지만 두려움이란 실지로 무례한 구석이 있을 때 일어난다.

이뀨는 확신에 차 있다. 너무나 확실하다. 조금의 의심도 없이 확실하다. 하여 붓다를 태울 수 있는 것이다. 또한 그는 붓다를 기둥에 묶고 "이제 당신도 시원하게 계세요."라고 말할 수 있다.

거기에는 목적도 없고 길도 없다. 그리고서 붓다는 길을 가르쳤다? 거기에는 존재할 길이 없지만 존재하라. 그리고 더욱이 '거기'란 도대체 있지도 않다. 오직 '여기'만 있을 뿐. 모든 지도자들은 잘못 인도하고 있고, 모든 인도는 오도되고 있다. 붓다는 인도하지 않았다. 붓다는 지도자가 아니었다.

나 역시 인도하지 않는다. 나는 다만 나의 이해를 나눌 뿐이다. 그대를 인도하는 게 아니다. 그대가 나를 사랑한다면, 그대가 이 나눔의 순간을 사랑한다면 몇 가지를 볼 것이다. 당장! 그대는 내일까지 기다릴 필요가 없다. 일어날 일은 모두 지금 일어나고 있으니. 나무는 지금 푸르고 새들은 지금 노래하고 있으며 강물은 지금 흘러간다. 그리고 나는 지금 이야기하고 있다. 그런데 그대는 내일 깨달으려고 생각하는가? 지금이 아니면 영원히 오지 않는다.

그것은 나눔이다! 안내(案內)가 아니다. 안내할 방법이 없으니 안내도 있을 수 없다. 어떤 안내서도 있을 수 없다.

스승은 인도함 없이 인도하고 이끌어 줌 없이 이끄는 사람이다. 단순히 그의 이해와 그의 존재와 그의 사랑을 나누는 사람이다. 보려고 하는 사람들에게, 눈 뜨려고 하는 사람들에게, 가슴을 열려고 하는 사람들에게 그들 스스로 볼 수 있게 해 주는 사람이다. 나는 열려 있다. 그대 또한 내게 열려 있다면. 그러면 이 순간에 어떤 것이 일어날 것이다. 스승과 제자의 그 열림 속에서 어떤 것이 즉각 변형된다. 변형이 일어난다.

인간은 환영을 벗어날 수 없다. 환영이란 원래 없는 것이기에. 그대는 도대체 그 안에 있은 적이 없다! 알맹이를 보면 그대는 벗어나 있다. 거위는 나왔다!* 거기 환영이 있다고 생각하는 것이 거대한 환영이다.

---

* 리꼬라는 관리가 남전에게 오래된 문제인 '병 속의 거위'에 대해 설명해 줄 것을 요청했다.
"만일 어떤 사람이 병 속에 거위를 집어 넣고, 거위가 다 자랄 때까지 먹이를 줍니다. 어떻게 해야 거위를 죽이지 않고 병을 깨지도 않은 채 거위를 꺼낼 수 있습니까?"
남전이 양손으로 큰 손뼉을 치며 소리 쳤다. "리꼬!"
"예, 스승님."
"보라," 남전이 말했다. "거위는 나왔다."

마음 —
　　　그것을 무어라고 부를까?
　　　묵화(墨畵)에서 불어오는
　　　솔바람 소리.

이뀨는 그것을 완벽하게 표현해 냈다. 이 마음이란 무엇인가, 우리가 살고 있는 이 환영이란 무엇인가? 그것을 무어라고 불러야 할까? 마음이란 어떠한 물질도 아니고 무(無)도 아니다. 그 둘 사이의 어떤 것이다. 그것은 실재가 아니다. 아니면 그대는 그것을 벗어날 수 없었다. 그것은 비실재도 아니다. 아니면 그것은 거기에 없었을 것이다. 그렇다면 그것은 무엇인가?

　　　마음 —
　　　그것을 무어라고 부를까?

그것은 정확히 둘 사이에 있다. 그것은 비실재이면서 실재로서 나타난다. 그것은 하나의 나타남이다. 보라, 저녁이면 해는 저물고 날은 어두워진다. 밤이 찾아오고, 숲속에서 오솔길을 걷다가 밧줄을 보게 된다. 그러나 그대는 밧줄을 보는 게 아니라 뱀을 본다. 거기엔 밧줄이 있지만 밧줄은 그대에게 뱀에 대한 생각을 불러일으킨다. 그렇게 생각한 데는 여러 가지 원인이 기여했다. 그대는 두려웠다. 어두워졌는데 아직 집에는 당도하지 못했고, 숲은 위험하다. 짐승들과 뱀과 사자들, 그리고 누가 아는가? 유령이 있을지? 숲 속에 혼자 있으면 온갖 것들이 마음속에서 형태를 띠기 시작한다. 그러한 두려운 마음속에서 밧줄을 보면 밧줄이 보일 리 없다. 그대의 두 눈은 공포와 생각과 상상들로 가득 차 뱀을 보는 것이다. 그리고 바람이 불어와 밧줄이 약간 흔들렸을지도 모른다. 그러면 그대는 달 아니기 시작한다. 그리고 소리친다. 그대는 곤경에 처한 것이다.

그것이 마음이다! 밧줄이 밧줄로 보이지 않는다. 밧줄이 뱀으로 보이는 것이 마음이다. 뱀에게로 더 가까이 가서 실제 무엇인지 봐야만 한다. 그것이 명상의 전부이다. 마음에 더 가까이 가라. 관조자가 돼라. 그것을 지켜 보라. 가만히 지켜 보라. 분석하지 말아라. 그저 지켜 보라. 그 안을 들여다 보라. 그것이 무엇인지. 무슨 일이 일어나고 있는지. 그러면 조만간에 그대는 거기 뱀이 아닌 오직 밧줄만이 있음을 볼 것이다. 밧줄을 보는 순간 뱀은 사라졌다. 그러면 이렇게 묻지 않으리라. "지금 뱀을 어떻게 해야 합니까? 죽여야 할까요?" 그런 질문은 무의미해진다.

이것이 마음의 상황이다. 우리는 그것을 명료하게 보지 않았다. 우리는 그것을 더욱 가까이에서 관찰하지 않았다. 우리는 그것을 각성과 민감성을 통해 보지 않았다. 우리는 그것을 지켜 보지 않았다.

마음 —
그것을 무어라고 부를까?
묵화(墨畵)에서 불어오는
솔바람 소리.

아름다운 설명이다. 하늘거리는 화선지 위의 연한 먹물, 그리고 불어오는 솔바람.

선화(禪畵)를 본 적이 있는가? 다른 풍으로는 미풍이 부는 것을 그릴 수 없다. 그래서 부드러운 화선지가 필요하고 부드러운 먹물이 필요하다. 그러면 선사는 그것을 그린다. 그는 마음을 아니까.

바로 한 생각, 그대는 그림 속에서 불어오는 산들바람과 휘어진 나무들, 강물이 잔물결을 일으키며 흘러가는 것을 볼 수 있다. 그리고 조그마한 인간의 모습과 그의 옷자락이 바람에 나부끼는 걸 본다. 그대는 바람의 흐름을 볼 수 있다. 바람은 보여질 수 없음에도 그대는 바람의 숨결을 볼 수 있다. 그것은 환상이 아니다. 그것은 순전히 환상만이 아니다. 아니면 어떻게 그것을 볼 수 있겠는가? 그것은 실재도 아니다. 어떻게 그것이 실재일 수 있겠는가? 그것은 그저 먹물로 그린 그림일 뿐이다. 따라서 그것은 그 둘 사이의 어떤 곳이다. 그것은 마야이고 마술이며 환영이고 꿈이다.

그러니 마음과 싸우지도 말고 마음을 피하지도 말아라. 두 경우 모두 그것이 실재라고 증명할 뿐이다. 사람들에겐 두 부류가 있다. 마음을 따르는 사람들, 그들은 마음을 실재로 취급한다. 마음과 싸우거나 마음을 피하는 사람들, 그들 역시 마음을 실재로 취급하는 것이다. 마음은 따를 필요도 없고 싸우거나 피할 필요도 없다. 그 안을 깊숙이 들여다보는 것이 필요한 전부이다.

깊숙이 들여다보라. 그러면 묵화에서 휘어진 소나무를 볼 것이다. 그 미풍은 바로 그림의 미풍일 뿐 전연 실재가 아니다. 아무 것도 실재로 일어나지 않는다. 그대는 그대 마음을 수만 가지 필름들이 움직이고 있는 하나의 영화로써 본 적이 없는가?

알도스 헉슬리(Aldous Huxley)는 미래의 언젠가는 영화들이 감촉적으로 바뀔 것이라고 상상했다. 그것은 가능하다. 사람이 한번 상상하면 조만간에 실재가 되니 그 일은 일어날 것이다. 감촉을 느끼는 일이 발생할 것이다. 감촉한다는 의미는 영화관에 앉아서 영화를 볼 때, 보기만 하는 것이 아니라 느끼기까지 한다는 얘기다.

예를 들자면, 비가 오고 있다……. 그때 그대는 공기가 축축하고 바람이 불어오며 몇 방울의 빗물이 그대에게 떨어지는 것을 느낄 것이다. 스크린으로 장미꽃 정원을 보는데 온 집 안이 장미꽃 향기로 가득 찰 것이다. 만일 영화가 3차원적이라면 그대 앞에서 모든 움직이는 감각들을 창조할 것이다.

그런 일이 일어날 가능성은 얼마든지 있다……. 디즈니랜드에는 그와 같은 곳이 있다. 스크린이 그냥 앞에만 있는 것이 아니고, 스크린이 그대를 온통 둘러싸고 있는 곳이 있다. 그대는 정 중앙에 앉아 있다. 바로 여기 중앙에 앉아 있는 것처럼. 만일 그대가 뒤를 돌아 본다면 나무들을 볼 것이다. 나를 바라보면 내가 여기에 있고 옆을 바라보면 사람들이 있다. 그대는 중앙에 앉아 있고 스크린이 사방을 둘러싸고 있다.

그들은 실험적인 몇 개의 영화들을 만들었다. 가령, 그대가 비행기를 타고 날면서 창 밖으로 이 쪽을 내다 보니 구름과 지는 해가 보인다. 그리고 다른 쪽을 보니 어두워지고 있다. 뒤를 바라보면 구름이 저 멀리에 가 있고, 앞을 바라보면 또 다른 어떤 곳으로 가고 있다……. 더욱이 냄새까지 맡을 수 있다면 한층 더 실재 같을 것이다. 그것은 그대를 거의 사로잡을 수 있다. 잠시 그대는 그대가 보고 있는 것이 단지 영화이고 감각일 뿐이라는 사실을 잊어버린다. 그대는 혼동할 수 있다.

우리가 처해 있는 상황도 이와 같다. 이것이 마음이라는 것이다. 마음은 감촉이다. 그것은 3차원 속에서 온갖 감각들을 동원하여 쉽사리 많은 꿈들을 만들어 낸다.

한번 생각해 보라. 언젠가는 가능한 일이다. 의자에 앉아 TV를 보고 있는데 어여쁜 여인이 TV밖으로 걸어 나와 그대를 끌어안는다. 그대는 이것이 단지 감각일 뿐이라는 것을 알지만……. 이것은 가능한 일이다! 이 일은 일어날 것이다. 그대 마음에서는 이것이 난센스라는 걸, 거기 아무도 없음을 안다. 그럼에도 불구하고 그대는 그 여자의 냄새를, 불란서제 향수 냄새를 맡을 수 있다. 그대는 그녀를, 그녀의 곡선을 만지기조차 할 수 있다…….

어떻게 자제할 수 있겠는가? 이런 일은 가능하다. 불가능한 게 아니다. 이 일은 일어날 것이다. 이론적으로는 벌써 가능해졌다. 이제는 실용적인 측면에서도 가능해지려고 한다. 그러면 그대는 잠시 황홀한 연애 속에서 자신을 잊을지도 모른다. 그대는 잊을 것이다. 잊어버리고 싶을 것이다. 그토록 어여쁜 여자가 거기 있는데 누가 진실을 기억하고 싶어하겠는가? 그대는 말한다. "좋아. 꿈이든 뭐든. 하지만 당장은 즐기고 싶다." 그녀는 그대를 끌어안고 있고 그대는 온몸으로 그녀를 느낄 수 있다. 그러나 의식 깊숙이에서는 여전히 이것은 단지 감각일 뿐 거기 아무도 없다고 말하고 있다.

이것이 명상가에게 일어나는 일이다. 명상가는 여자를 사랑함에도 불구하고 여전히 이것이 감각임을 안다. 손을 잡고 있으면서도 그는 알 것이다……. 거기에 누가 있는지 없는지 누가 아는가? 자신의 외부에 누가 있는가에 대해서는 증명할 길이 없기 때문이다. 꿈속에서 그대는 그대가 보는 모든 것을 실재라고 생각한다. 아침이면 그것은 실재가 아니다. 더 이상 실재가 아니다. 현재, 지금 바로 그대가 나를 꿈속에서 보고 있는지, 아니면 실재로 보고 있는지 말할 방법이 있는가? 어쩌면 꿈일지도 모른다! 그대는 잠이 들었고 꿈꾸면서 잠꼬대를 하고 있다. 그것이 실재인지 환영인지 구분할 방법이 있는가? 거기엔 방법이 없다. 그것은 단지 꿈일지도 모른다. 그대는 사물을 보고 있지만 그것들이 거기 없을지도 모른다.

문제는 더욱 심각해진다. 꿈속에서는 그것이 꿈이라는 걸 잊어버리기 때문이다. 그대는 수없이, 수만 번 꿈꾸고 나서 아침이면 항상 모두 환영이었음을 알게 된다. 그러나 다음날이면 다시 꿈을 꾸고, 그것은 다시 실재가 된다.

낮의 꿈은 밤에 환영이 되고 밤의 꿈은 낮에 환영이 된다. 지금 뭐가 뭔지, 무엇이 진정한 실재이고 무엇이 단지 실재처럼 보이는 것인지 결론 지을 방법이 있는가?

붓다는 그 모두 마음의 장난이라고 말한다. 마음을 가까이서 지켜 보라. 그러면 점차로 마음의 장난을 볼 수 있다. 더 이상 그대가 거기 없어도 되기 때문이 아니라 그 모두 마음의 장난인 까닭이다. 그대는 어디로 가려 하는가? 어디로 갈 수 있겠는가? 다만 알면 될 뿐 어디로도 갈 필요가 없다.

그대를 둘러싸고 있는 디즈니랜드의 모든 그림들을 즐기면 된다. 그대는 비행기를 타고 날아다니고 나이아가라 폭포를 볼 수 있으며 산들이 뒤로 멀어져 가는 것을 볼 수 있다. 그대는 사방으로부터 볼 수 있다……. 잠시 그대는 환상에서 깨어나고, 그러면서 의식은 끊임없이 이동할 것이다. 한 순간은 그것이 실재라고 생각하고, 한 순간은 "이것은 실재가 아니야. 나는 그저 디즈니랜드에 있을 뿐이야."하고 생각할 것이다.

마음은 하나의 디즈니랜드이다.

마음—
그것을 무어라고 부를까?
묵화(墨畵)에서 불어오는
솔바람 소리.

태어난 그대로의
그 마음이
아무런 바램 없이
부처 이룬다.

대단히 혁명적인 성명이다. 마음은 태어난 그대로 머물고 있다. 만일 마음이 거울처럼 남아서 아무 것도 반영하지 않는다면 어떤 것에도 영향받지 않는다. 아무 것도 담지 않는다……. 아무 내용물도 담지 않은 마음이 우리가 확신할 수 있는 실재이다.

그 때문에 선객들은 이렇게 말하는 것이다. "본래 마음을 들여다 보라." '본래 마음'이란 마음이 아무 영향도 받지 않은 상태, 즉 조건화되기 이전의, 그대가 누구라고 말하기 이전의, 교육받기 이전의, 배우기 이전의 상태, 그대 마음이 여러 가지 내용물들을 수집하기 이전의 상태를 뜻한다. 내용물은 없고 오직 그릇만 있었던 그 최초의 순간으로, 거울이 아무 것도 반영하지 않던 그 최초의 순간으로 깊숙이 들어가라. 그것이 실재이다. 그 관조(觀照)가 실재이다.

> 태어난 그대로의
> 그 마음이
> 아무런 바램 없이
> 부처 이룬다.

바랄 필요가 없다. 아무 것도 할 필요가 없다. 방법론도 테크닉도 필요치 않다. 다만 깊숙이 들어가서 본래 마음을 보라. 내용물이 담기지 않은 마음, 티끌이 끼지 않은 거울, 사념이 없고 구름이 끼지 않은 마음을. 그러면 그대는 도착했다. 그대는 붓다이다.

그대와 붓다의 차이점은 오직 이것, 그대가 붓다보다 많이 가졌다는 점이다. 붓다는 그대보다 적게 가졌다. 붓다는 그저 맑은 마음이고 그대는 그 맑음에 수천 가지 것들이 더해졌기 때문이다. 그러니 기억하라. 붓다가 그대보다 가난하다는 것을. 나는 그대보다 가난하다. 그대는 나보다 훨씬 부자이다. 내겐 많은 것들이 결여되고 많은 것들이 빠져 있다. 가령, 불행, 무의미함, 절망, 분노, 열정, 탐욕…… 수천 가지 것들이 말이다. 그대는 정말로 부자다.

붓다가 깨달음에 이르렀을 때 어떤 사람이 물었다. "당신은 무엇을 얻었습니까?"

붓다는 웃었다. "나는 얻은 게 없습니다. 셀 수 없이 잃었습니다. 나는 전보다 훨씬 가난합니다. 나는 모든 무지와 모든 환영과 모든 욕망을 잃었습니다. 지금은 다만 원래의 모습일 뿐입니다."

거짓을 말하면
지옥에 떨어지리라
그러면 없는 일을 꾸며 낸 부처에겐
무슨 일이 일어날까?

다시, 이뀨는 붓다를 희롱한다. 그는 말한다. 거짓을 말하면……. 붓다는 말했다. "거짓말하지 말라."고. 붓다는 거짓말하면 지옥에 떨어질 것이라고 말했다. 그러면 붓다 그 자신은 어떠한가? 하고 이뀨는 묻는다. 그는 온갖 거짓말을 해왔다.

우선, 진리란 말해질 수 없다. 따라서 그것에 관한 말은 모두 거짓이다. 붓다는 42년 동안 밤낮으로, 아침 저녁으로 말해 왔다. 그는 말하고 또 말했다. 그러면서 진리란 말해질 수 없다고 말한다! 그 42년 간 이 사람은 뭘 하고 있었던가? 그가 미쳤는가? 진리란 말해질 수 없다면서 그는 말하고 또 말했다……. 나 역시 그러고 있다.

나는 말한다. 진리는 말해질 수 없다고. 과거에도 말한 적이 없으며 앞으로도 말해질 수 없다고. 하여 내 모든 말은 진리일 수가 없다.

이규는 묻는다.

> 거짓을 말하면
> 지옥에 떨어지리라
> 그러면 없는 일을 꾸며 낸 부처에겐
> 무슨 일이 일어날까?

붓다는 수없이 진리를 이야기할 뿐 아니라 그 방법과 명상들, 즉 비파사나(vipassana), 아나파나사티요가(anapansatiyoga)를 고안해 냈다. 그리고 아무 것도 할 수 없고 아무 것도 할 필요가 없다고 말하면서 여전히 사람들에게 무엇을 해야 하고 어떻게 해야 하는지 가르친다. 그는 목적지란 없다고 말하면서 길에 대해 말한다. 거기 가야할 데가 없다고 말하면서 "내가 그 곳에 이르는 바른 길을 가르쳐 주리라."하고 말한다. 이 무슨 난센스인가? 그것은 난센스이다. 그럼에도 그것은 심오한 뜻이 있다.

42년 간 끊임없이, 진리는 말해질 수 없다고 말함으로써 그는 사람들이 진리는 말해질 수 없다는 사실을 자각하게 했다. 그는 수많은 사람들이 진리는 말해질 수 없는 그 현상을, 진리는 표현될 수 없는 그 사실을 깨닫게 했다. 방법과 명상을 고안해 냄으로써 명상이 필요없다는 사실을, 처음부터 명상은 필요치 않았다는 사실을 수많은 사람들이 알게 했다.

그러나 사람들은 설령 진리에 이른다 해도 아주 천천히, 마지못해 하고 주저주저하면서 온다. 사람들은 조금씩 조금씩 밀어 줘야 한다. 그것은 단숨에 도약할 수 있는 현상이지만 사람들은 조금씩 조금씩 밀어 줘야 한다. 그들을 밀어 주기 위해 스승은 수천 가지 거짓말을 궁리해 내야 한다. 궁리해야만 한다. 나는 계속해서 거짓말을 궁리한다. 나를 가엾게 여겨 달라. 안 그러면 나는 지옥에 떨어지리라!

내가 말하는 것을 잘 듣고 이해하라. 그렇지 않으면 나는 더 많은 거짓말을 궁리해야 할 테니. 그대가 안 들으면 거짓말을 궁리할 수밖에 없다. 그것은 이와 같다. 붓다가 들려 준 이야기이다.

어떤 사람이 집으로 돌아오고 있다. 그는 시장에 있었다. 집으로 오면서 그는 문득 집이 불타고 있는 것을 본다. 그의 자식들이 안에서 놀고 있다. 그래서 그는 소리 쳐 아이들을 부른다. "집이 불타고 있다. 밖으로 나오너라!" 하지만 아이들은 집이 불타고 있다는 것이 무슨 뜻인지 모른다. 사실 그들은 매우 흥분해서 뛰고 소리 지르며 집을 둘러싼 불꽃들을 즐긴다. 그들은 그토록 멋진 광경을 본 적이 없는 것이다. 애들은 애들이다. 그러나 아버지는 이루 말할 수 없이 걱정스럽다. 온 집 안이 불길에 휩싸여 그가 안으로 들어갈 수도 없다. 소리 칠 수밖에 없는 것이다.

그는 방법을 궁리한다. 아이들은 이해할 단계가 아니다. 그들은 불이 위험하다는 걸 모른다. 그들은 경험이 없으니 그것을 이해할 수 없다. 그는 시장에 갈 때 아이들이 "장난감 사다 주세요."라고 한 말을 기억한다.

그래서 그는 소리친다. "너희들 주려고 장난감 가져왔다. 나와라!" 그러면 그들은 일제히 뛰쳐나온다. 그는 장난감을 가져오지 않았지만 아이들은 나왔다. 그것이 핵심이다.

그것이 스승들이 하는 모든 일이다. 그대가 내게 올 때 나는 그대에게 장난감을 준다. "엔카운터[5)]에 들어가라. 타오에 들어가라. 타이치(T'ai chi, 太極拳)에 들어가든지, 그대가 좀 단단하다면 심하게 구부리는 롤펑에 들어가라…… 등등." 이러한 것들은 장난감들이다. 그대는 집에서 나오고 싶어하지 않는다. 그래서 나는 장난감들을 만들어 내야 한다. 그러나 이러한 것들은 죄다 거짓이다.

이뀨는 아주 익살스럽게 이를 말하고 있다.

>   거짓을 말하면
>   지옥에 떨어지리라
>   그러면 없는 일을 꾸며 낸 부처에겐
>   무슨 일이 일어날까?

이 말들에 대해 명상하면 그 가운데서 새로운 위대한 것이 발견될 것이다. 사용되는 말에 관한 한 모든 가르침이 거짓말이다. 붓다의 가르침을 포함해서, 이뀨의 가르침을 포함해서, 나의 가르침을 포함해서 말이다. 왜냐하면 진리는 말로 표현되는 순간 거짓이 되기 때문이다. 그것은 체험될 수는 있지만 표현될 수는 없다.

붓다는 우리에게 구원의 길을 말한다. 하지만 길도 없고 구원도 없다! 그러면 그가 말하는 것은 무엇인가? 그는 단순히 길도 없고 구원도 없다고 말하는 것이다. 그것을 보라! 그러면 구원되었다. 거기 가야 할 어디도 없다. 그것을 보면 그대는 도착했다! 그것은 봄(見)의 문제이다.

하여 그대가 보게 된다면 모든 백일몽은 사라진다.

터커 칼라웨이(Tucker N. Callaway)의 책을 읽었는데, 그는 이렇게 회고했다.

---

5) 엔카운터 그룹(Encounter Group) : 평소 억눌렀던 감정이나 심리적, 육체적 상처를 사람이나 물건, 또는 상황에 맞닥뜨려서 치유하는 그룹.

내가 고풍스러운 도시인 교토의 남전사라고 하는 선원의 넓직한 안뜰에서 서성거리고 있을 때는 해질 무렵이었다. 머리 위로는 덩굴나무로 뒤덮인 수로의 홈을 흐르는 물살이 솔바람과 하나로 어우러졌다. 나는 솔잎 타는 향기를 음미하며 짙은 땅거미 속에서 타오르는 가늘고 새빨간 불꽃을 향해 걸어갔다. 한 검은 승복의 승려가 모래 정원을 청소하는 소임을 하고 있었다. 무한정한 순간이 흐른 후 정적이 감돌자 내가 물었다. "당신이 선에서 추구하는 바는 무엇입니까?"
　"이 연기가 되는 것."
　이것이 그가 말한 전부였다.

　이큐가 말하는 것을 이해한다면 그대의 백일몽은 연기처럼 사라질 것이다. 그대는 연기처럼 사라질 것이다. 그리고 나서 남는 것, 그것이 진리다. 그리고 나서 남는 것, 그것이 니르바나이다. 인간은 결코 깨달을 수 없다. 그대가 존재하지 않을 때 거기 깨달음이 있다.

제3장

그리고 우리는 사랑에 빠지네

... And we Are in Love

극락과 지옥에 대한
앎도, 기억도 없네
태어나기 이전의 우리가
돼야 하리.

비, 우박, 눈 그리고 얼음
제각기 떨어져 내리지만
떨어지면 똑같은
계곡의 물.

밤새워 부처의 길
구하지 않으면
우리 마음속에
찾아 들어갈 수 없으리.

고국이 어디냐고
고향이 어디냐고 묻거든
본래무위(本來無爲)의 사람이라
대답하라.

본래면목(本來面目)의 사람
거기에 서 있네
언뜻 한번 보기만 해도
우리는 사랑에 빠지네.

인간은 두 가지 길로 살 수 있다. 자연적인 본연적인 길과 인위적인 길로. 인위적인 길은 엄청난 매력을 지니고 있다. 그것은 새롭고 신기하고 모험적이기 때문이다. 그러기에 모든 아이들은 자연성을 떠나 인위적인 길로 들어설 수밖에 없다. 아이들은 그러한 유혹을 뿌리칠 수 없다. 그 유혹을 뿌리치기란 여간 어려운 게 아니다. 낙원은 상실될 수밖에 없다. 본래부터 상실되게 되어 있다. 그것은 피할 수 없다. 필연적이다.

그리고 물론, 오직 인간만이 그것을 잃어버릴 수 있다. 그것은 인간의 희열이자 고뇌이며, 특권인 동시에 자유인 것이다. 그리고 그의 타락이다.

장폴 사르트르가 "인간은 자유라는 형벌을 받았다."고 말한 것은 옳다. 왜 '형벌'인가? 그것은 자유에 관련해서 선택의 문제가 발생하기 때문이다. 자연적으로 존재하느냐 아니면 인위적으로 존재하느냐의 선택. 자유가 없다면 선택도 없다.

동물들은 지금껏 낙원에 살고 있다. 동물들은 절대 그것을 잃을 수 없다. 하지만 잃은 적이 없기에 그들은 그것을 자각할 수 없다. 그들은 자기들이 어디에 있는지 알 수 없다. 어디에 있는지 알려면 먼저 그것을 잃어야 할 것이다. 상실에 의해서 알게 되는 법이다.

잃어버렸을 때 비로소 그대는 상황을 안다. 만일 그것을 잃은 적이 없다면, 항상 거기에 있어 왔다면 그대는 당연하게 여긴다. 그것은 너무나 명백하기에 쉽게 잊어버린다.

나무들은 지금껏 낙원에 살고 있다. 산과 별들도 그렇다. 그렇지만 그들은 자기들이 어디에 있는지 모른다. 오직 인간만이 알 수 있다. 나무는 붓다가 될 수 없다. 붓다와 나무의 본성에 차별이 있는 것은 아니지만 나무는 붓다가 될 수 없다. 나무는 이미 붓다인 것이다! 붓다가 되려면 먼저 나무의 본성을 잃어야 한다. 그것으로부터 떨어져야만 한다.

그대는 오직 일정한 원근법에 의해 사물을 볼 수 있다. 너무 가까우면 그들을 볼 수 없다. 붓다가 본 것을 나무는 도무지 본 적이 없다. 나무나 동물들도 볼 수는 있지만 붓다만 그것을 자각하게 된다, 낙원을 되찾는다.

낙원은 오직 되찾음으로써 존재한다. 자연성의 아름다움과 신비는 그대가 집에 돌아올 때 비로소 드러난다. 그대가 자연성을 거슬러 갈 때, 그대 자신으로부터 멀어져 갈 때, 그 어느 순간 비로소 귀로의 여행은 시작된다. 그대가 자연성에 목마르게 될 때, 그것의 부재로 인해 죽어 갈 때 그대는 돌아오기 시작한다.

이것이 본래의 타락이다. 인간의 의식은 본래의 타락이며 원죄이다. 하지만 원죄 없이는 붓다나 그리스도가 될 가망성도 없다.

먼저 이해해야 할 것은 인간은 선택할 수 있다는 것이다. 인간은 존재계에서 선택할 수 있는 유일한 동물이다. 본연적이지 않은 것을 할 수 있고 해서는 안 될 것을 할 수 있고 자기 자신과 신을 거역할 수 있고 자기 자신과 자신의 온갖 축복을 망가뜨릴 수 있는, 지옥을 창조할 수 있는 유일한 동물이다.

지옥을 창조함으로써 대비(對比)를 창조했다. 그리고 나서야 인간은 천국을 볼 수 있다. 오직 대비를 통해서만 알 가망이 있는 것이다.

그러니 기억하라. 인간은 자연적으로 살 수도 있고 인위적으로 살 수도 있는 두 가지 길이 있음을.

자연적으로 살 수 있다는 말은 인간은 아무튼 자신을 진보시키지 않고도 살 수 있다는 뜻이다. 인간은 신뢰 속에서 살 수 있다. 그것을 자연성이라 한다. 인간은 자연스럽게 살 수 있다. 행위자가 되지 않고 살 수 있다. 아무 것도 하지 않고 살 수 있다. 그것이 도인들이 말하는 무위(無爲), 즉 함이 없는 함이다.

자연성이란 그대에게 아무 것도 하지 말라는 뜻이 아니다. 그것은 이미 일어나고 있다는 것이다. 강물이 흐른다. 무엇을 해서가 아니다. 나무가 자란다. 그들은 그것을 걱정할 필요가 없다. 자라기 위해 무슨 지도를 받아야 할 필요가 없다. 나무들은 꽃을 활짝 피워 낸다. 그들은 무슨 색깔로 필까, 무슨 모양으로 필까 계획할 필요가 없다. 그것은 모두 자연발생적이다.

나무는 아무런 걱정 없이, 아무런 생각 없이, 아무 계획 없이, 어떤 청사진도 없이 수천 송이의 꽃을 피운다. 그저 피워 낼 뿐이다! 마치 불이 뜨겁듯이, 나무는 자란다. 그것은 자연스럽다. 그것은 바로 사물의 본성이다. 씨앗은 싹이 되고 싹은 식물이 되고 식물은 나무가 되고 나무는 어느 날 잎으로 무성해진다. 그러다 어느 날 봉오리가 생기고 꽃이 피고 열매가……. 이 일체가 순전히 자연발생적이다!

아이는 엄마의 자궁에서 자랄 때 아무 것도 하지 않는다. 그는 무위 속에 있다. 그렇다고 아무 일도 안 일어나는 게 아니다. 실제로는 인생에서 다시는 그만큼 일어나지 못할 어마어마한 일들이 일어나고 있는 것이다. 엄마 자궁 속에서의 그 아홉 달은 그대가 90년을 살아도 그만큼 담지 못할 어마어마한 일들을 담고 있다.

수만 가지 일들이 벌어진다. 아이는 오로지 하나의 불가시적인 세포로서 임신되었는데 그 다음 일이 벌어지기 시작한다. 일이 폭발하기 시작한다. 거기 마치 조그만 사람처럼 작은 세포 속에서 생각하고 계획하고 걱정하며 불면증에 시달리며 아이가 앉아 있는 게 아니다. 거기엔 아무도 없다!

이것을 이해하면 붓다를 이해한다. 그대가 전연 염려하지 않아도 상황은 일어날 수 있다는 것이다. 상황은 이미 일어나고 있다. 비록 그대가 행위자가 될 때라도 오직 표면상에서만 행위자가 될 뿐, 내면 깊숙이에서 상황은 저절로 계속 일어나고 있다.

푹 잠들어 있을 때 그대는 숨쉬려고 노력하는가? 그것은 자연발생적이다. 만일 사람이 숨을 일부러 쉬어야 한다면, 끊임없이 숨쉬는 것을 자각해야 한다면 도대체 아무도 살 수 없을 것이다. 단 하루도. 한순간 잊어버리면 그걸로 끝이다. 숨 들이마시는 걸 잊어버리면 그대는 끝이다. 그러면 어떻게 잠들 것인가? 그대는 계속해서 깨어 있어야 한다. 밤에도 계속 숨쉬고 있는지 어떤지 보기 위해 여러 번 깨어나야 할 것이다.

또 그대가 음식을 먹는다. 그런 다음 그대는 까마득히 잊어버리지만 수만 가지 일들이 벌어지는 것이다. 음식은 소화되고 부서지고 깨뜨려지고 변화되고 화학적인 탈바꿈을 한다. 그것은 그대의 피가 되고 뼈가 되고 근육이 될 것이다. 엄청난 작업이 진행된다. 피는 끊임없이 순환되면서 죽은 세포들을 전부 몸 밖으로 내보낸다.

그대가 아무 일 안해도 얼마나 많은 일들이 안에서 일어나고 있는가?

행위는 표면에 머물러 있다. 인간은 인위적인 길로 표면적으로 살 수도 있지만 심층의 가장 중심에서는 항상 자연적이다. 그대의 인공물은 쉽게 층을 이루며 그대의 본성 위에 쌓이고 그 층들은 날마다 두터워진다. 더 많은 사념들, 더 많은 계획들, 더 많은 활동들, 더 많은 행위들로써. 더욱더 행위자와 에고가……. 그리하여 껍질은 자라난다. 그것이 붓다가 삼사라(samsara)라고 하는 세속, 즉 껍질이다.

행위자와 에고의 이 현상은 자연성의 상실이고 자연성을 거슬러 가는 것이며 자연성으로부터 멀어지는 것이다. 어느 날 그대는 너무 멀리 가서 질식할 것 같다. 그대는 너무 멀리 가서 정신분열증이 생긴다. 그대의 테두리는 중심에서 따로 떨어져 버린다. 그 지점이 전환점이고 종교가 관련되는 지점, 그대가 출구를 찾기 시작하는 지점이며 '나는 누구인가'를 생각하게 되는 지점이다. "나는 어디에서 왔는가? 무엇이 나의 본 모습인가? 무엇이 나의 자연성인가? 나는 너무 멀리 와 버렸고 이제 돌아가야 할 때다. 한 걸음만 더 가면 산산이 부스러질 것이다. 나는 모든 연결 고리들을 잃었다. 작은 다리 하나만 남아 있구나." 하고 되돌아보게 되는 지점이다.

노이로제란 그 외의 다른 무엇이 아니다. 그래서 심리학 그 자체로는 노이로제를 치료할 수 없는 것이다. 심리학은 그것에 대한 그럴 듯한 설명을 해줄 수는 있다. 그대를 충족시키고 고뇌를 덜어 주고 위로해 주며 노이로제와 함께 사는 법을 가르쳐 줄 수 있다. 그대가 그것에 대해 너무 번민하지 않도록 도와줄 수 있다. 그것은 노이로제도 존재하고 그대도 존재할 수 있는 생활방식을 일러 줄 수는 있다. 일종의 협력관계를 가르쳐 줄 수 있다. 그렇지만 노이로제 자체를 소멸시킬 수는 없다. 오직 종교만이 그것을 소멸시킬 수 있다. 심리학은 비약하여 종교가 되지 않고는 부분적으로 남을 수밖에 없다.

종교는 어째서 노이로제를 치유할 수 있을까? 어째서 정신분열증을 치유할 수 있을까? 종교는 그대를 전체적으로 만들 수 있기 때문이다. 테두리는 더 이상 중심을 거역하지 않는다. 그들은 손을 맞잡고 서로를 끌어안는다. 그들은 하나이다. 그들은 하나의 리듬으로 작용하고 하나의 떨림으로 진동한다. 그것이 진정한 건강이다. 또한 전체성이고 거룩함이다. 그곳이 불성이 생겨난 곳, 인간이 다시 온전해지는 곳이다.

붓다가 되지 않는 한 그대는 제정신으로 남아 있을 수 없다. 정도의 차이는 있지만 그대는 광기를 지닌 채 살아가야 할 것이다. 그것을 지니고서도 안감힘을 써서 살아갈 수는 있다. 그러나 그것은 안간힘을 썼을 때이다. 그것은 단속이다. 그대는 쉴 수 없다.

그대는 지켜 본 적이 없는가? 사람은 누구나가 미치는 것을 두려워한다. 사람은 자신을 통제하려고 노력하지만 항상 두렵다. "만일 뭔가 잘못되면, 만일 어떤 것이 더 잘못되면, 그렇게 되면 내 자신을 통제할 수 없을 것이다." 대부분 그런 직전에 있다. 사람들은 거의 99퍼센트 그런 직전에 있다. 1퍼센트만 더 있으면, 어떤 작은 일, 사소한 일 하나만 더 일어나면 그대는 파산할 것이다. 여자는 누군가와 달아나고 사업은 기울 것이다. 그대는 더 이상 제정신일 수 없다. 정신이 온통 나가 버린다. 그렇게 쉽사리 정신이 나가 버리는 걸 보면 겉으로만 제정신이었던 게 틀림없다. 그것은 아주 얄

팍하고 연약했던 게 틀림없다. 사실 그대는 제정신이 아니었던 것이다.

정상인이 광인으로 바뀌는 것은 양(量)에 있지 질(質)에 있는 게 아니다. 붓다나 그리스도나 크리슈나가 되지 않는 한 ― 이들은 모두 중심과 테두리가 춤과 조화 속에서 작용하는 동일한 의식 상태의 이름들이다 ― 그 조화로움이 일어나지 않는 한, 그대는 가짜로 머물 것이고 위선에 머물 것이며 독단에 머물 것이다. 진정으로 영혼을 갖지 못할 것이다. 그대가 그것을 가질 수 없다는 게 아니다. 그것은 항상 그대의 것이었다. 그저 원하기만 하면 가질 수 있을 것이다. 예수는 말한다. "두드려라, 열릴 것이다." 그것은 구하면 얻을 것이다. 그저 구하기만 하면 얻을 것이다.

하지만 인위적인 것에는 엄청난 매력이 있다. 인위적인 것은 상반적이기 때문이다. 그대와 반대이기 때문이다. 반대되는 것은 언제나 매력적이고 흥미를 불러일으키고 하나의 도전처럼 존재한다. 그대는 알고 싶은 것이다…….

하여 남자는 여자에게 끌리고 여자는 남자에게 끌린다. 그런 식으로 사람들은 서로에게 ― 서로 반대에게 ― 끌리고 집착하게 되는 것이다. 그러나 심층에는 똑같은 것이 뒤따른다. 그대의 본질적 존재는 이미 그대의 것처럼 보인다. 그러니 그것을 붙잡거나 그것이 될 필요가 있겠는가? 인간은 새로운 것을 원한다.

그 때문에 그대는 모든 흥미를 잃어버렸다. 그래서 그대는 신(神)을 간과하고 있다. 신은 이미 있으니 그에게 흥미가 있을 리 없다. 그대는 세상에, 돈에, 힘과 명예에 마음이 끌린다. 그러한 것들은 가지고 있지 않기 때문이다. 신은 이미 주어졌다. 신은 본질을 뜻한다. 누가 본질을 신경 쓰는가? 무엇보다도 이미 가지고 있는데 왜 생각하는가? 우리는 우리가 가지고 있지 않은 것, 비본질적이고 인위적인 것에 매력을 느낀다. 비본질적이고 인위적인 것에 관심을 집중하며 그 속으로 돌진한다. 하나의 인위적인 틀에서 또 하나의 인위적인 틀의 삶으로.

그리고 기억하라. 이른바 세속인들만 인위적인 게 아니라 이른바 종교인들 또한 인위적이라는 것을. 붓다는 세상에 위대한 통찰을 가져왔다. 그 통찰은 선(禪)에서 무르익은 과실이 되었다. 그것은 근본적으로 붓다의 공로이다.

인간은 이른바 돈과 권력과 명예를 획득하는 세속에서 비본질적으로 살아간다. 그러다가 어느 날 종교적이 되지만 또 다른 면에서 비본질적으로 움직인다. 이제는 요가를 수련하고 물구나무를 서는 등 온갖 부질없고 난센스적인 짓들을 한다. 머리를 바닥에 박고서 무엇을 하고 있는가? 다리로는 설 수 없는가? 하지만 다리로 서는 것은 너무 자연스러운 것 같아 매력이 없다.

물구나무서 있는 사람을 볼 때 "그래, 저 사람은 특별한 걸 하고 있군. 여기 대단한 사람이 있군." 하고 생각한다. 그대는 매력을 느낀다. 그는 분명 그대가 아직 모르는 특별한 것을 획득하고 있다고, 그대도 그 훈련을 하고 싶다고 생각한다.

사람들은 온갖 어리석은 일들을 시작하지만 결국은 모두 매일반이다. 양상도 똑같고 몸짓도 똑같다. 변화된 건 얼마 없다. 질(質)은 매일반이다.

그 동안은 돈을 벌었지만 이제는 천국과 내세에 관심을 더 갖는다. 그 동안은 사람들이 그대를 어떻게 생각할지를 중요시했지만 이제는 신이 그대를 어떻게 생각할까를 중요시한다. 그 동안은 여기에 근사한 집을 짓는 데 관심이 있었지만 이제는 천국과 내세에 아름다운 집을 짓는 것에 관심이 있다.

그대는 부자연스럽게 살았다. 지나치게 먹었다. 이제는 단식을 시작한다. 사람이 어떻게 하나의 인위적인 태도에서 또 다른 인위적인 태도로 바뀌는지 보라. 그대는 지나치게 먹었다. 먹는 데 사로잡혀 끊임없이 자신을 괴롭히고 있다가 어느 날 이에 신물이 난다. 문자 그대로 신물이 난다. 그래서 단식하기 시작한다. 이제, 다시 그대는 흥분한다. 다시 뭔가 일어나리라는 희망을 가질 수 있는 것이다. 그래서 단식이라는 극단으로 갈 수 있는데, 그것은 과식하는 것만큼이나 본질에 어긋나는 것이다.

자연적이 된다는 것은 정 중앙에 있는 것이다. 붓다는 그것을 중도(中道)라고 불렀다. 자연성은 바로 반대의 두 극단 사이, 정확히 한가운데에 존재하기 때문이다.

그대는 한평생 여자를 쫓아다녔다. 그러다 어느 날 독신이 되기로 결심하고 카톨릭 수도원에 들어가거나 아니면 힌두 승려가 되어 히말라야로 간다. 자, 이 사람은 끝없이 여자를 쫓아다닌 바로 그 사람이다. 이제 그는 그것에 지친다. 이제는 그것을 깨끗이 떨쳐 버리고 싶다. 그는 반대 방향으로 움직이고 싶다. 그는 수도원으로 도피한다. 이제는 억지로 독신생활을 하는데, 이것은 먼저 번과 똑같이 인위적인 자세이다. 하나의 인위성에서 또 다른 인위성으로 이끌리면서 인간은 계속 윤회할 수 있다. 그것을 자각하라.

자연스러워진다는 것은 매력이 없다. 자연스러워진다는 것은 어쨌거나 에고는 만족치 못하리라는 의미이다. 그래서 붓다는 오직 한 가지 설법만 했다. "평범해지라. 아무 것도 아닌 자가 돼라. 자연스러워지라."

자연스런 사람은 깨달은 사람이다. 자연스러워지는 것은 깨닫는 것이다. 동물이나 나무나 별들처럼 자연스러워지는 것, 스스로 짐 지우지 않는 것, 어때야만 한다는 관념이 없는 것, 그것은 깨닫는 것이다. 깨달음은 존재의 자연스런 상태이다. 어떤 성취 같은 게 아니다.

사람들은 깨달음에 대해 생각할 때면 항상 그것을 어떤 성취물로 생각한다. 사람들은 내게 와서 "오쇼, 어떻게 하면 깨달음을 성취할까요?" 하고 묻는다. 그것은 성취의 차원이 아니다. 성취한 것, 또는 성취할 수 있는 것이라면 모두 인위적일 터이기 때문이다. 자연성은 성취할 필요가 없다. 그것은 이미 갖추어져 있다! 그렇지 않으면 그것은 결코 존재하지 않았다.

깨달음은 성취하지 못한다. 그대는 다만 성취에 대한 마음을 버릴 수 있을 뿐이다. 그대는 그 속에서 쉬어야 한다. 그것은 가능하다. 맨 처음부터 그것은 가능하다. 그 속에서 쉬어라.

깨달은 사람은 높은 꼭대기에 도달한 사람도 사다리의 제일 높은 층계에 도달한 사람도 아니다. 그대들 모두는 사다리 타는 자들이다. 그대는 사다리가 필요하다. 그것은 아마 시장 아니면 사원에 있을 것이다. 아무 차이가 없다. 그렇지만 그대는 사다리가 필요하다. 그대는 그대의 사다리들을 운반한다. 장소가 있으면 아무 데고 사다리를 고정시키고 오르기 시작한다. 그러나 아무도 묻지 않는다. "어디로 가는가? 이 사다리는 도대체 어디로 그대를 끌고 가는가?" 하고. 하나의 층계 위로 또 하나의 층계가 이어진다. 그대는 호기심이 왕성하다. "아마 거기에 뭔가 있을 거야!" 하여 한걸음 더 내딛는다. 또 다른 층계가 기다리고 있으므로 그대는 호기심에 가득 차 움직이게 된다.

그런 식으로 사람들은 돈의 세계에서 움직인다. 그런 식으로 사람들은 정치 세계에서 움직인다. 그대만 움직이면 될 일이 아니다. 수많은 사람들이 같은 사다리를 타고 있으니 남들의 것은 떠밀어야 한다. 그들의 사다리를 밀어내고 그대를 위한 자리를, 그대를 위한 공간을 마련해야 한다. 그대는 공격적이고 난폭해져야 한다. 저렇게 숱한 사람들이 공격적으로 투쟁하고 있는데 그대가 어디로 가는지 누가 신경 쓰겠는가? 그리고 저렇게 많은 사람들이 흥미를 느끼고 있다면 특별한 것임에 틀림없다.

그런데 만일 그대가 지나치게 사색가가 된다면 경주를 놓칠 것이다. 그러니 생각할 틈이 없다. "과연 그 모든 것의 요지는 무엇인가?"하고 생각할 겨를이 없다. 사색가는 낙오자가 되니 생각해서는 안 된다. 인간은 그저 돌진하고 또 돌진해야만 한다.

그리고 사다리는 끝이 없다. 층계 위의 층계, 층계 위의 또 층계. 마음은 끝없이 새로운 층계들을 만들어 낸다. 수도원에 가도 매일반이다. 거기엔 이제 영적인 위계제도가 있다. 그대는 위계제도 속에서 움직이기 시작한다. 그대는 굉장히 심각해진다. 똑같은 경쟁심이 뒤따른다.

이것은 바로 에고 게임이다. 에고는 오직 인위적인 것 속에서만 놀 수 있다. 사다리를 볼 때마다 깨어 있으라. 그대는 같은 덫에 걸려 있다. 깨달음이란 사다리 최후의 층계가 아니다. 깨달음이란 사다리를 내려놓는 것, 영원히 사다리를 내려놓는 것이다. 다시는 사다리를 구하지 않고 자연스럽게 되는 것이다.

나는 부득이 '……이 되다'라는 진실되지 못한 낱말을 사용해야 한다. 그런 말은 사용해선 안 되지만, 그것이 언어의 한계이다. 언어는 그러한 '사다리 타는 자'들이 만든 것이다. 그것이 무엇이든 무엇이 된다는 것은 인위적이어서 자연스러울 수가 없다. 무엇이 된다는 것은 인위적이다. 존재함은 자연적이다. 그러니 그런 언어, 동일한 언어를 사용해야만 하는 나를 용서하라. 그런 언어는 자연적인 것에 사용하는 것이 아니다. 따라서 그대는 그것을 이해해야 한다. 말에 붙잡히지 말아라.

내가 자연스러워지라고 하는 것은 다만 이런 말이다. "무엇이 되는 걸 중단하라. 그리고 차분히 존재 속에 휴식하라. 그대는 이미 거기에 있다!"

그러면 왜 사람들은 끝없이 순환하는가?

무엇보다도, 그들은 대단히 그것에 노련해졌다. 아무도 자기가 노련해진 것을 버리려하지 않는다. 노련함은 편리함과 힘을 느끼게 해주기 때문이다. 세상에는 노련해지기 위해 틀에 박힌 일을 거듭해서 반복하는 사람들이 수없이 많다. 만일 변화를 시도하면 그 새로운 공간에서는 그렇게 노련하지 못하기 때문이다. 그들은 존재하지 못할 것이다.

따라서 그들은 계속해서 선회하며 달리고 있다. 그러면서 사뭇 지루해 한다. 점점 더 지루해진다. 하지만 반복해서 움직일수록 더 숙련된다. 그러면 스스로 멈출 수 없다. 그리고 남들 때문에도 멈출 수 없다. 남들이 뒤따라 돌진해 오고 있기 때문이다. 만일 멈추면 그대는 패배할 터이다. 정말로 미친 세상이다.

그리고 나서 사람들은 같은 일을 자꾸만 되풀이하며 매우 흐뭇해 한다. 단조로움은 많은 위안을 준다. 지나친 변화로 당황하고 굳어진 사람들은 단조로움 속에서 위안받는다. 그 때문에 비트족 같은 10대 소년 소녀들과 정신병 환자들은 똑같은 행동과 낱말들을 반복하는 것이다.

정신병자 수용소에 가면 광인들이 모두 일종의 만트라 암송자들이며 그들이 자신들의 만트라를 갖고 있다는 것을 보고 놀랄 것이다. 어떤 사람은 줄곧 자기 손을 씻는다. 밤낮으로 손만 씻고 있다. 그것은 그의 만트라다. 그것은 그가 지속해서 몰두할 수 있게 해주고, 지속해서 그를 꽉 채워 주고 두렵지 않게 지켜 준다. 그는 그것을 어떻게 하는지 안다. 그것은 단순한 행동이다. 그 행동을 멈추면 그는 공허하다. 아무 것도 붙잡을 게 없다. 만일에 그 행동을 멈춘 다면 자신의 정체가 무엇인지 모른다. 그는 자기를 손 씻는 사람에 다 동일시했다. 손을 씻을 때는 자기가 누구인지 자기의 정체를 확실히 안다. 그것을 멈추면 곤란해진다.

정신병자 수용소에서 행동으로든 말로든 자기 만트라를 발명해 낸 사람들은 곧 자신을 위안하고 있는 것이다. 이것이 초월명상의 비법이고 초월명상이 미국에서 성공한 비법이다. 오늘날 미국은 거대한 정신병자 수용소이다. 그곳은 되풀이할 만한, 단조롭게 끊임없이 반복할 어떤 것이 필요하다. 그것은 사람들을 도와준다. 그 똑같은 몸짓, 똑같은 동작, 똑같은 만트라, 그 영역만큼은 완벽하게 잘 안다. 그대는 줄곧 그 안에서 돌아다닌다. 그것은 그대를 그대 자신으로부터 떨어지지 않도록 지켜 준다.

초월명상은 명상이 아니다. 더욱이 그것은 초월적이지도 못하다. 그것은 위안에 불과하며 그대의 광기를 자각하지 못하게 할 뿐이다. 오직 광인에게만 만트라를 반복하게 할 수 있다. 그렇지 않으면 그럴 수 없다.

따라서 사람들은 수많은 생 동안, 수많은 세월 동안 해왔던 똑같은 일들을 계속한다. 한번 그대 자신을 지켜 보라. 그대는 하나의 사랑에 빠진다. 그리고 다음 사랑, 그리고 나서 또 다른 사랑……. 이것은 초월명상이며 똑같은 행동이다. 그대는 처음에 실패했고 두 번째 실패했고 세 번째도 실패했음을 안다. 그리고 네 번째 또한 실패할 것임을 시작하기 이전에 안다. 하지만 그대는 그 사실을 보고 싶지 않다. 그 안을 들여다보고 싶지 않다. 그 안을 들여다본다면 그대는 아무 할 일 없이 홀로 남겨지기 때문이다.

사랑에 빠지는 것은 그대를 채워 주고, 그대가 계속 뛸 수 있게 해주고 움직이게 해준다. 최소한 그대 자신은 피할 수 있다. 그대 자신으로부터 도망갈 수가 있다. '너는 누구인가'라는 이런 심오한 질문을 들여다볼 필요가 없다. 그대는 자신이 훌륭한 연인이라고 생각한다. 그래서 자신이 얼마나 많은 여자를 사랑했는지 숫자 세기를 계속한다. 숫자 세기를 계속하는 사람들이 있다. 그들은 계속해서 센다. 360명, 361명, 362명……. 그들은 단 한 명의 여자도 사랑하지 못했다. 또한 만트라를 세는, 만트라를 몇 번 반복했는지 세는 사람들이 있다. 책에다 연이어서 쓰고 있는 사람들도 있다. 라마, 라마, 라마……. 그들은 쓰고 또 쓴다.

한번은 어떤 사람의 집에 머물렀는데, 놀랍게도 그 집은 엄청난 도서관이었다. 내가 물었다. "당신은 어떤 경전들을 갖고 계십니까?"

그가 말했다. "오로지 한 종류의 경전뿐이오. 나는 라마, 라마, 라마만 줄곧 쓰고 있소. 그것은 내 만트라요. 아침부터 저녁까지 오직 한 가지만 한다오. 나는 수만 번이나 그것을 써 왔소. 이것들은 모두 내 기록들이오."

그 사람은 대단히 존경받는 사람이다. 그러나 그는 단지 미친 사람, 순전히 미친 사람일 뿐이다. 만일 그가 이 엉터리 짓거리들을 그만둔다면 당장 미쳐 버릴 것이다. 이 미친 행동은 어떻든 그를 제정신으로 지켜 주고 있다.

그대 종교의 99퍼센트는 어떻게 해서든 그대를 제정신으로 지켜 주는 방안에 불과하다.

붓다는 완전히 다른 부류의 사람이다. 흥행 사업에 있어서는 그는 짓궂은 적이다. 그는 진리를 말하려는 사람이기에 있는 그대로를 말하고 싶어한다. 그는 종교의 온갖 잡동사니 관념들을 산산조각 낸다. 그는 쉽사리 그대의 뿌리까지 충격을 가한다. 그대가 그에게 열려 있다면 그는 문이 될 수 있다. 집으로 향하는 문, 집으로 돌아오는 문, 문지방이 될 수 있다. 그 문은 그대가 본성으로 돌아올 수 있게 해준다.

대부분의 복잡한 문화, 대부분의 복잡한 문명에는 전문적인 거짓말쟁이들과 전문적인 진리의 전도사들이 있는데 그들은 별로 다르지 않다. 그들은 같은 사람들이다. 전문적인 거짓말쟁이를 법률가라 하고, 전문적인 진리의 전도사는 성직자로 알려져 있다. 그들은 단순히 경전을 반복해서 암송할 뿐이다.

붓다는 전문적인 거짓말쟁이도 아니고 전문적인 진리의 전도사도 아니다. 그는 다만 그대에게 그의 가슴을 열어 줄 뿐이다. 그는 나누길 바란다. 그래서 모든 인도 성직자 단체가 그를 반대하는 것이다. 그는 자신의 나라에서 추방당했다. 그의 사원은 불태워지고, 불상들은 파손되었다. 많은 불경들이 지금은 오직 중국 번역본이나 티벳 번역본으로만 구할 수 있다. 원본은 상실됐다. 그것들은 불살라져야 했다.

수천 명의 불교도들이 이 비폭력의 나라에서 살해당했다. 그들은 산 채로 태워졌다. 전문적 진리 전도사들에게 있어서 붓다는 대단히 큰 충격이었다. 그는 그들의 전 사업을 망치려했다. 그는 쉽사리 그것을 공개된 비밀로 만들어 버렸다.

이큐의 이 말들을 들어 보라. 그 말들은 불교적 접근 방식을 심오하게 묘사한다.

        극락과 지옥에 대한
        앎도, 기억도 없네
        태어나기 이전의 우리가

돼야 하리.

 모든 것은 결국 근원으로 돌아간다. 그것은 자연의 법칙이다. 자연은 완벽한 원(圓)으로 움직인다. 따라서 모든 것은 그 근원으로 돌아가야만 한다. 근원을 알 때 목적을 알 수 있다. 목적은 근원 이외의 다른 것일 수 없기 때문이다.

 씨앗을 심으면 나무가 생겨난다. 그것은 많은 시간이 걸릴 테지만 나무는 하늘에 나래를 펴고 별들과 대화하며 오래도록 살 것이다……. 그러면 최종적으로 무슨 일이 일어나는가? 나무는 다시금 씨앗을 만들어 내고 씨앗은 땅에 떨어져 다시 새로운 나무를 만들어 낼 것이다. 그것은 단순한 운동이다.

 근원은 목적지이다!

 그대의 몸은 땅으로 돌아가 땅의 일부가 될 것이다. 그것은 땅으로부터 왔기 때문이다. 그대의 숨은 대기에서 왔으니 대기 속으로 사라질 것이다. 그대 몸 속에 있는 수분은 바다로 돌아갈 것이다. 그것은 거기에서 왔기 때문이다. 그대 몸 속의 화(火)는 불로 돌아갈 것이다. 그리고 내부의 의식은 전체 속으로 이동할 것이다. 모든 것은 그 근원으로 돌아간다.

 이 근원을 기억해야 한다. 이것을 앎으로써, 이것을 이해함으로써 다른 모든 목적들은 없어지기 때문이다. 다른 모든 목적들은 모두가 독단적이기 때문이다.

 사람들은 말한다. "나는 의사가 되고 싶다. 기술자가 되고 싶다. 과학자가 되고 싶다." 이러한 것들은 죄다 스스로 짜맞춘 인위적인 목적들이다. 본연의 목적은 그대가 엄마 자궁 속에 있었던 그런 순진함에 있다. 혹은 더욱 심오한……. 그대가 비롯된 무(無), 그것이 본연의 목적이다. 자연적으로 산다는 것은 이것을 안다는 것이다. 안 그러면 그대는 다른 어떤 인위적인 목적을 창조할 수밖에 없다.

누군가는 깨닫기를 바란다. 이것은 인위적인 목적이다. 나는 사람들이 깨닫지 말라고 말하는 게 아니다. 목적을 만들지 말라고 말하는 것이다. 자신의 원래 근원으로 돌아갈 때 비로소 사람은 깨닫게 된다. 자연스러워질 때 사람은 깨닫는다.

다시 반복해 보자. 깨달음이란 본연의 상태이다. 그것은 어떤 초의식이나 초월적 정신의 상태가 아니다. 스리 오르빈도나 그의 전문 용어를 피하라. 그것은 마음의 장난이다. 그것은 별로 특별하지 않다. 아주 평범하다. 그것은 너무 평범해서 자랑할 게 전혀 없다.

모든 것은 결국 그 근원으로 돌아간다. 따라서 천국과 지옥은 성직자들이 사람들을 지배하려고 창조하고 발명해 낸 근거 없는 목적지들이다. 엄청난 전략이다. 수천 년이나 유효하게 했으니 말이다.

붓다는 지옥과 천국과 그것을 둘러싼 관념 전체를 불사르고 싶어 한다. 라비아 아다위야(Rabia el Adawiya)라는 위대한 수피 여인의 생애에 관한 아름다운 일화가 있다.

어느 날 그녀가 시장을 달리고 있는 걸 보았다. 사람들은 그녀를 미친 여자로 생각했다. 그녀는 한 손에는 물통을 들고 다른 한 손에는 타고 있는 횃불을 들고 있었다. 사람들이 모여들더니 물었다. "무슨 일이야? 어디로 가는 거지? 그리고 왜 손에는 이 횃불과 물을 들고 있는 거야?"

그녀가 대답했다. "이 물은 지옥에 쏟아 붓고, 이 횃불로는 당신들의 천국을 불태우고 싶다. 그 두 가지가 완전히 파괴되지 않는 한 인간은 결코 종교를 알 수 없을 것이다."

천국과 지옥은 사람들을 억압하려는 정치적인 전략이다. 그것은 단순한 심리적 현상이다. 사람들은 상과 벌, 둘 중 하나로 설득할 수 있음을 우리는 안다. 이것은 간단한 게임이다. 부모는 자식들과 그 게임을 한다. 그들은 말한다. "말 잘 들으면 상을 주겠다. 아이스크림도 사주고 장난감도 사주마. 아니면 극장에 보내 주던가. 그렇지만 말 안 들으면 벌을 주겠다. 한 끼 굶길 거야."

이것은 똑같은 전략이다. 천국과 지옥, 바로 논리적인 해결로 손을 뻗는 것이다. 인간은 지옥을 굉장히 두려워하는데, 두려움에 차 있는 사람은 언제든지 쉽게 지배할 수 있다. 겁많은 사람은 쉽게 노예가 된다. 누구든 두렵게 만들면 그대가 주인이 될 것이다. 그는 아주 쉽게 지배할 수 있다. 두려워하는 사람은 어떤 기댈 것을 원하기 때문이다. 두려워하는 사람은 어떤 위안이나 약속이나 안식처를 원한다.

성직자는 사람들이 지옥을 두려워하도록 만들었다. 그 때문에 지옥은 그렇게 끔찍하고 잔인하고 폭력적으로 그려진 것이다. 지옥을 그리거나 말한 사람은 틀림없이 심각한 사디스트일 것이다. 그들은 기막힌 꾀를 냈다. 그러한 사람들이 성자였다고 그대는 줄곧 생각해 왔다. 그들은 사디스트이거나 아주 교활하고 간계한 성직자이거나 둘 중 하나이다.

그 다음 천국은 열을 따르는 사람들, 복종적인 사람들, 성직자나 정치가들을 거역하지 않을 사람들, 이러한 사람들을 위한 것이다. 천국은 그들을 위한 상이다. 그것은 아주 매력적으로 그려졌다. 필요한 모든 것이 특정한 시대, 특정한 나라에 맞게 제공돼 왔다. 그것을 그대는 볼 수 있다.

인도의 천국은 확실히 아주 시원하다. 음? 푸나[6]에 앉아 있으면 그걸 이해할 수 있다. 아주 시원하다. 스물네 시간 내내 끊임없이 시원한 바람이 불어온다. 해가 비치지만 뜨겁지 않다. 다른 말로 하자면 그것은 에어컨이다. 그러면 지옥은? 거기는 온통 불이다. 하지만 티벳의 지옥은 다르다. 달라야만 한다. 그것은 사람들이 발명했기 때문이다. 다른 사람들을 지배하기 위해. 티벳지옥에서는 절대로 불이 허용돼지 않는다. 티벳은 불을 굉장히 좋아하기 때문이다. 그들은 추워서 죽는다. 따라서 티벳 지옥은 온통 눈으로 덮여 있다. 그 눈은 조금도 녹지 않는다. 그것은 영원하다. 그대는 그 눈 속에 파묻힐 것이다. 인도 지옥에서라면 불 속에, 영원한 불 속에 내던져질 것이다. 그 불은 영원히 타오른다.

지금 요지를 보라. 인도 지옥과 티벳 지옥은 다르지 않은가? 만약 정말로 지옥이 있다면 다를 수 없다.

이런 얘기가 있다.

어떤 사람이 죽었다. 그는 인도인이었는데 지옥에 도착했다. 인도인들은 아무도 자신이 지옥에 간다고 믿지 않기 때문에 그는 당황했다. 인도인들은 모두 그토록 종교적인 마하트마들이다. 지옥에 있는 자기를 보면서 "뭔가 잘못된 거야, 저승 사자가 실수를 한 거지." 하고 그는 생각했다. "내가 무슨 죄를 지었단 말인가?"

그런데 문지기가 말했다. "잘못된 건 하나도 없소. 당신은 있어야 할 곳에 있을 뿐이오. 이제 선택하시오! 어떤 지옥에 가고 싶은지?"

"어떤 지옥? 그럼 인도 말고 지옥이 또 있소?"

---

[6] 푸나(poona) : 인도 서부의 마하라슈트라 주(州)에 있는 도시로서, 오쇼의 공동체가 자리잡고 있다.

"물론 또 있소. 독일 지옥도 갈 수도 있고 이태리 지옥도 있고 인도 지옥, 일본 지옥도 있소."

그가 놀라며 말한다. "거기에 대해 한 번도 생각해 본 적이 없소. 그런데 차이점이 뭐요? 인도 지옥과 독일 지옥이 무엇이 다르오?"

"표면상으로는 차이가 없소. 불도 똑같고 불이 타는 것도 똑같고 고문하는 것도 똑같소."

"그럼 왜 날더러 고르라고 하는 거요?"

"하지만 미세한 차이가 있다오. 독일 지옥에는 모든 일들이 독일식으로 효율성 있게 돌아가고, 인도 지옥은 당연히 느릿 느릿 인도식으로 돌아가오."

그 남자가 말했다. "인도 지옥을 택하겠소."

지옥은 다를 수 없다. 그러나 성직자들은 사람들의 부류에 따라 다른 상황을 만들어 지배하려고 애썼다. 천국 역시 다르다. 성직자들이 다르다고 가르쳤다. 사람들이 바라는 것이면 뭐든 조달되었다. 회교 천국에서는 호모 섹스를 제공한다. 인도에서는 호모 섹스를 하는 천국을 상상할 수 없다. 그러나 회교의 천국은 호모 섹스를 제공하는데, 회교 국가에서는 그것이 유행되어 왔고 용인된 관습이었기 때문이다. 거기서는 그것을 비난하지 않아 왔다.

이러한 것들은 곧 보상들이다. 원하는 것이면 무엇이든 조달될 것이다. 그대가 해야 할 모든 일은 성직자에게 복종하는 것이다.

붓다는 천국도 없고 지옥도 없다고 말한다. 천국과 지옥의 실체를 부정함으로써 그는 모든 성직자들이 뿌리 내린 토양을 제거하기 때문이다. 당연히 그들은 분노했다. 당연히 그들은 격분했다. 그들은 내게 분노한다. 그들이 분노하는 데는 이유가 있다. 전혀 무분별한 게 아니다. 아주 정상적이다. 왜냐하면 나 역시 그들이 서 있는 토대를 위협하기 때문이다.

나 역시 그대에게 말한다. 천국도 없고 지옥도 없다고. 내세의 상벌은 없다고. 그대를 벌주거나 상줄 그 누구도 없다고. 각각의 행위는 본질적으로 그 자체에 벌과 상을 갖추고 있다. 분노할 때는 그 분노함이, 분노 그 자체가 벌이다. 그 밖의 다른 벌은 없다. 사랑 속에 있을 때는 바로 그 사랑의 행위가, 사랑 그 자체가 상이다. 거기 숫자를 세며 그대가 여기서 행하는 일들, 즉 선과 악을 기록하며 마지막 심판의 날 그대를 상주거나 벌줄 그 누군가 없다.

존재는 자발적이다. 누군가를 도울 때 그대는 곧 내적 커다란 기쁨을 느낀다. 누군가를 상처 줄 때는 그대도 상처받는다. 그것은 자연스런 과정이다. 성직자들에게 그것이 이용되어서는 안 된다.

그래서 이큐는 말한다.

> 극락과 지옥에 대한
> 앎도, 기억도 없네···

이큐는 말한다. 보통, 그대는 그대가 태어나기 이전의 천국과 지옥을 기억하는가? 그것에 대한 아무 기억도 없다면 그리로 돌아가지 않으리란 것도 잘 알라. 온 곳이 있어야 돌아갈 수 있으므로. 근원은 목적지다.

또 이큐는 말한다. 그대는 기억하지 못하겠지만 나는 완벽히 기억한다. 내 의식 속에서, 내 각성 속에서. 나는 완벽하게 기억한다. 당초부터 어떤 지옥도 어떤 천국도 없었다는 것을. 따라서 종국에도 없으리란 것을.

근원 속으로 깊이 들어가는 것, 그곳은 그대가 존재한 적이 있기에 보다 쉽게 들어갈 수 있다……. 목적지는 어렵다. 목적지를 생각하려면 상상을 해야 한다. 그곳은 그대가 한 번도 존재한 적이 없으므로.

이뀨의 실용적인 입장을 보라. 그는 말한다. "목적지에 대해 신경 쓰지 말라. 어떻게 그것을 알 수 있겠는가. 그대는 도대체 거기 존재한 적이 없다!" 그것은 미래의 일이다. 하지만 근원으로, 그대가 온 곳으로 돌아갈 수는 있다. 그대는 더욱더 존재 깊숙이 들어가 그 근원과 만날 수 있다. 그것은 거기 있다! 도무지 아무 것도 잃은 적이 없다. 근원을 보면 목적도 알게 된다. 그들의 존재 깊이 들어간 사람들, 바로 그들의 근원과 만난 사람들은 이뀨의 이 말에 동의한다. "근원에는 천국도 없고 지옥도 없다." 실제, 그대는 거기에 존재하지 않았다. 다만 순수한 비존재, 공(空), 수냐타 – 무(無), '없음'만이 있었다. 우리는 그 '없음'으로부터 왔고 그 '없음'으로 돌아갈 것이다.

명상을 통해서, 스스로의 내적 탐구를 통해서 이것을 이해하게 되면 다시는 인위적인 목적을 선택하지 않을 것이다. 모든 인위적인 목적은 잘못된 길로 이끈다. 그때 사람은 자연스럽게 휴식하기 시작한다. 원래의 자연성으로 돌아간다. 자신의 본연성으로 돌아간다. 그 독창성 가운데, 그 원래의 자연성 가운데 불성이 있고 깨달음이 있다.

> 비, 우박, 눈, 그리고 얼음
> 제각기 떨어져 내리지만
> 떨어지면 똑같은
> 계곡의 물.

모든 구별들이 제멋대로 정해진다. 비나 눈이나 얼음처럼. 모든 구별들이 제멋대로 정해진다. 똑같은 강물이 얼기도 하고 흐르기도 하고 물이 되기도 하며, 똑같은 강물이 증발하기도 하고 수증기와 구름이 될 수도 있다. 그러나 그것은 한 가지 강물이다.

똑같은 무(無)에서 나무도 생기고 동물과 남자와 여자도 생겼다. 이들은 모두 특성이 있고 실용적이지만 진실이 아니다. 필요하긴 하지만 절대는 아니다. 우리가 사라질 때 우리는 다시 우주 속으로, 하나 속으로, 그 동시성 속으로 사라진다.

붓다는 결코 '신(神)'이라는 낱말을 사용하지 않았다. 신은 너무 지나치게 그릇된 것들과, 너무 지나치게 성직자, 사원, 경전, 종교 의식과 결부됐다. 따라서 붓다는 그 낱말을 피한다. '신'에 대한 그의 언어는 '무(無)'이다. 그러면 왜 붓다는 '무'를 강조하는가? 그 이유는 대상이 없이 기도할 수는 없기 때문이다. 기도하는 사람이 없다면 성직자도 사라질 것이다.

그대는 '무'에 대고 말할 수 없다. 그것은 참으로 어리석어 보일 것이다. '신'에게는 말할 수 있다. "하늘에 계신 아버지……." 하고. 그렇지만 '무'에 대고 "나를 구해 주세요!"라고 말할 순 없다. 그것은 우스꽝스러울 것이다.

그대는 '무'에다 기도할 수 없다! 그대는 종교의식을 만들어 낼 수 없다. 그래서 성직자가 필요없다. 경전들을 볼 필요가 없다. 거기에 '무'라는 낱말의 아름다움이 있다. 그것은 이른바 종교의 뿌리를 친다. 그것은 다른 류의 종교성, 즉 기도가 아닌 이해의 종교성, 대화가 아닌 침묵의 종교성, 침묵, 즉 절대 침묵 이외의 대화는 모르는 종교성을 창조한다.

그 아름다움을 보라! 붓다는 진정, 참으로 잠재성 있는 낱말을 선택했다 – '수냐타(shunyata)' 그에 대응되는 영어의 'nothingness

'는 그렇게 아름다운 낱말이 아니다. 그 때문에 나는 그 말을 'no-thingness'라고 만들고 싶다. 그 '무'는 단순한 '무'가 아니기 때문이다. 그것은 '일체(一切)'이다. 그것은 모든 가능성을 갖고 진동한다. 그것은 가능성을 품고 있다. 지고의 가능성이다. 그것은 아직 드러나 있지는 않지만 전부를 담고 있다.

> 비, 우박, 눈, 그리고 얼음
> 제각기 떨어져 내리지만
> 떨어지면 똑같은
> 계곡의 물.

우리가 물러날 때 우리 모두는 자연 속으로 사라질 것이다.

최초에 자연이 있었고 최후에도 자연이 있다. 그런데 왜 중간에 우리는 그렇게 소란을 피우는가? 왜 중간에? 지나치게 걱정하고 불안해 하고 야망을 갖는가? 왜 그렇게 절망하는가?

전(全)여정은 '무'에서 '무'이다.

불교적 표현이 있는데, 붓다는 말하곤 했다. "추운 밤, 춥고 어두운 겨울밤이었다. 새 한 마리가 한 창문을 통해 궁전으로 들어가, 잠시 방안에서 푸드덕거린다. 방의 아늑함, 왕의 궁전, 빛, 따스함······. 그리고 나서 방을 나와 다시 다른 창문으로 들어간다." 붓다는 인생의 꿈도 그러하다고 말한다. 한순간의 따뜻함, 한순간의 아늑함, 한순간의 왕국과 그 기쁨, 그리고는 다시 '무'로 뛰어든다.

우리는 '무'에서 와, '무'로 돌아간다······. 그 중간에 일시적인 꿈이 있다. 왜 우리는 거기에 그토록 집착하는가? 왜 우리는 거기에 그토록 사로잡히는가? 우리가 '무'에서 와서 '무'로 돌아가는 것을 볼 때 중간에도 우리는 '무'일 수 있어야 한다. 그것이 불성이다. 그저 '무'가 되는 것……. 아무 것도 특별하지 않고 아무 것도 비범하지 않은 것.

때문에 선객은 세상에서 가장 평범한 사람이다. 장작을 패고 우물에서 물을 길으며 그는 말한다. "이 얼마나 기적적인가! 이 얼마나 근사한가!" 그는 삶의 사소한 일들을 계속한다. 그것이 선의 멋이다. 하지만 사람들은, 사람들은 어떤 특별한 것을 추구한다.

바로 어제 나는 U. G. 크리슈나무르티의 강의를 읽었다. 그는 라마나 마하리쉬(Ramana Maharshi)를 보러 갔다고 한다. 라마나 마하리쉬는 그의 마음을 끌지 못했다. 라마나 마하리쉬가 야채를 썰고 있었기 때문이다. 그렇다. 라마나 마하리쉬는 아주 평범한 그런 사람이었다. 야채를 썰고 있다니! U. G. 크리슈나무르티는 틀림없이 황금 옥좌에 앉아 있을 어떤 특별한 사람을 보러 갔을 것이다. 그런데 그냥 마루에 앉아 야채를 썰고 있다? 주방을 도우려고 야채를 준비한다? 그는 실망을 금치 못했다.

그 다음날 갔을 때는 그가 농담집을 읽고 있는 걸 보았다. 영원히 끝이다! "이 사람은 아무 것도 모르는구나. 이 사람은 평범하기 그지없다." 그는 아쉬람을 떠났다. 거기엔 있을 가치가 없었다. 하지만 나는 그대들에게 말하고 싶다. 이 사람, 라마나 마하리쉬는 세상에 태어났던 가장 위대한 붓다들 중의 한 사람이다. 그의 행위는 그의 불성을 보여 준다.

U. G. 크리슈나무르티는 위선자를 찾고 있었음에 틀림없다. 그는 그의 평상심과 그 아름다움, 그리고 그 은총을 볼 수 없었다. 그리고 똑같은 사람이 또 있다. U. G. 크리슈나무르티는 리시케시의 스와미 시바난다(Swami Sivanand) — 그자도 바보에 불과하다 — 와 수 년을 함께 살며 요가를 수련했다. 그리고 나서 7년 후에 그가 별 볼일 없음을 깨달았다. 하지만 7년 후에 말이다. 그는 7년이나 걸려

서 그걸 알았다. 그 역시 둔하다는 표시이다. 시바난다가 별 볼일 없음을 아는 데 7년이나 걸리다니. 7초면 충분한데! 라마나 마하리쉬도 7초면 충분히 알았을 것이다. 그가 야채를 썰고 농담집을 읽고 만화책을 보는 걸 봤으면 말이다. 일반적인 마음은, 에고적인 마음은 그런 식으로 돌아가는 법이다.

에고는 언제나 더 큰 것, 더 큰 에고를 찾고 있다. 그러나 진실된 성자는 에고가 없다. 그는 평범한 사람이다. 평범하기 그지없다. 그것이 그의 비범함이다!

> 밤새워 부처의 길
> 구하지 않으면
> 우리 마음속에
> 찾아 들어갈 수 없으리.

> 밤새워 부처의 길
> 구하지 않으면…

일반적인 마음은 바깥 세계에 끌린다. 바깥 세계는 흥미롭고 재미있고 탐험할 가치가 있다. 따라서 돈과 명예와 다른 것들을 탐험하다가, 어느 날 이른바 세속적인 것들을 끝내고 다시 스승을 찾고 붓다를 찾고 그리스도를 찾는다. 여전히 바깥이다! 우리는 도(道)를 추구하지만 여전히 바깥이다. 그런데 붓다는 바깥에서 찾을 수 없다. 도는 바깥에서 찾을 수 없다.

바깥에서 구하는 것은 더욱더 도에서 멀어질 뿐이다. 도는 내면에 있기에. 붓다는 내면에 있기에.

밤새워 부처의 길
구하지 않으면…

그대는 밤새워 찾는다. 수많은 생의 어두운 밤을……. 그때 그대는 이 진리 외에는 아무 것도 발견하지 못할 것이다. 만일 이 진리를 마주친다면 그대는 행운이다.

우리 마음속에
찾아 들어갈 수 없으리.

그 온갖 실패 속에서 한 가지 찾을 수 있다면, 그것은 밖에서는 아무 것도 찾을 수 없다는 것이다. 전연 아무 것도. 그것을 보면서, 그것을 깨달으면서 그대는 전환한다. 그때는 그대 자신의 마음이 모든 것이다. 모든 것은 그대 안에 있다. 구하면 그대 마음속에 들어가리라.

마침내 그대가 깊어져서 그대의 본 마음에 들어가면 마음에서 무심(無心)으로 스며들 것이다. 표면층은 마음의 것이고 내면엔 무심의 것이 담겨 있다. 표면층은 '에고'의 것이고 내면은 '에고 없음'의 것이다. 그 안으로 들어갈 때 먼저 마음, 사념, 욕망, 상상, 기억, 꿈, 모든 잡동사니들을 마주칠 것이다. 하지만 계속해서 뚫고 들어가면 곧 침묵의 공간, 사념이 없는 공간에 이를 것이다. 곧 그대는 한량없는, 그 어디도 아니고 시공이 없는 그대 존재의 가장 깊은 중심에 가까워지고 또 가까워질 것이다.

시간이 없고 공간이 없는 지점에 이르게 되면 그대는 도착했다. 그러나 이것은 그대의 본연성으로 돌아온 것이다. 새로운 어떤 것에 도착한 것이 아니다. 이미 주어져 있고 항상 그대의 것이었던

'그것'에 도착한 것이다.

> 고국이 어디냐고
> 고향이 어디냐고 묻거든,
> 본래무위(本來無爲)의 사람이라
> 대답하라.

이 지점에 도착하면 이제는 아무 것도 할 필요가 없음을 이해할 수 있다. 모든 것은 이미 일어나고 있다. 당초부터 아무 것도 할 필요가 없었다. 그 모든 것은 벌써 일어나고 있었다. 그대는 불필요하게 걱정했다. 그대는 무지하여 그 모든 짐들을 짊어지고 다녔다. 이미 다 일어나고 있었는데.

세상은 아주 부드럽고 아주 아름답고 아주 완벽하게 움직이고 있다. 하지만 우리가 거기서 분리되었다고 생각하기 때문에 문제가 발생한다. 어떻게 우리 스스로를 움직이겠는가? 그대가 그것의 일부라는 걸 안다면 걱정할 필요가 없다. 이 우주, 참으로 무한한 이 우주는 아주 완벽하게 잘 돌아가고 있다. 그 안에서 아무 걱정 없이 머무를 수는 없는가? 하지만 거기 분리가 있다.

그대는 한 가지, 그대가 분리되었다는 것을 당연하게 여긴다. 내면 깊이 들어가면 그 분리는 사라진다.

내가 '에고 없음이 일어난다'란 말을 할 때 바로 그걸 의미하는 것이다. 에고는 분리를 의미한다. 에고는 "나는 전체로부터 분리되었다."라는 뜻이다. 에고란 부분이 전체가 되려고 자신의 권리를 주장한다는 의미이다. 에고는 부분이 "나는 나의 고유한 중심을 가지고 있으며 내 자신을 위해서 살아남아서 싸우고 투쟁해야 한다. 내 자신이 싸우지 않으면 누가 나를 위해 싸우겠는가? 살아남으려고 노력하지 않으면 나는 죽게 되리라."하고 주장하는 것이다.

불안감은 에고 때문에 생기는 것이다. 에고가 없어지면 그냥 안전하다. 사실상 불안도 없고 안전도 없다. 이 이중성은 모두 사라진다. 그 속에서 사는 것이 니르바나의 삶이고 깨달음의 삶이다.

> 고국이 어디냐고
> 고향이 어디냐고 묻거든,
> 본래무위(本來無爲)의 사람이라
> 대답하라.

그대가 아무 일도 하지 말아야 한다는 뜻이 아니다. 가령, 내가 이야기하고 있는 이것은 행위이다. 그럼에도 불구하고 나는 내가 행위하고 있지 않다고 말한다. 그 안에 행위자가 없기 때문이다. 마치 나무들이 꽃피우고 새들이 노래하듯이, 새 잎들이 나무에서 나오듯이 자연발생적으로 이야기가 흘러 나온다. 그대를 보면서, 그대의 질문들을 보면서 새로운 대답들이 나를 통해 흘러나오고 있다. 그렇지 않고는 내 마음엔 아무 것도 없다. 그것은 감응이다. 그대가 나를 부르면 나는 감응한다.

내가 그대에게 말하는 것은 그대가 내게 원인을 일으키기 때문이다. 거기 말하는 자는 없다. 거기엔 아무도 없다……. 걸음 걸을 때 거기 걷는 자는 없다. 음식을 먹을 때 거기 먹는 자는 없다. 저절로 먹음이 일어나고 걸음이 일어나고 말함이 일어나고 들음이 일어나고 있다. 하지만 그 뒤에는 아무도 없다. 그것은 절대 없음, 거울 같은 무(無)이다. 행동이 사라진 것이 아니라 행위자가 없는 것이다.

붓다는 40세에 이미 사라졌다. 그럼에도 그는 82세까지 42년 간이나 더 살았다. 그리고는 온갖 행위를 했지만 거기 행위자는 없었다. 그것은 모두 자연적이었다. '자연적'이란 저절로 일어나는 걸 뜻한다.

그래서 선객들은 이렇게 말하는 것이다. "배고프면 먹고, 졸리면 잔다."

한 위대한 스승이 죽자, 그 자신도 한 사람의 각자(覺者)로 전역에 알려져 있던 수제자 한 명이 울음을 터뜨렸다. 모여든 많은 사람들이 몹시 충격을 받았다. 그들은 이 사람이 깨달았다고 생각해 왔다. 실제, 노 스승은 이 사람 때문에 유명해졌기 때문이다. 안 그랬더라면 아무도 그 스승을 몰랐을 것이다. 그는 아주 조용한 사람이어서 가끔씩 몇 마디 정도나 하는 사람이었다. 바로 이 제자 때문에 노 스승이 알려지게 됐다. 이 제자는 카리스마적이었고 자석처럼 끄는 힘이 있었다.

그런데 지금 이 제자가 울고 있다? 사람들은 이건 마땅치 않은 일이라고 느꼈다. 그들은 말했다. "제발 울지 마십시오. 다른 사람들이 뭐라고 생각하겠습니까? 수많은 사람들이 노 스승을 보고 마지막 배웅을 하러 왔는데 당신을 보면……. 깨달은 사람이 울다니 …… 그것은 그들에게 엄청나게 안 좋은 영향을 줄 겁니다."

그러나 그 깨달은 사람은 말했다. "하지만 어쩌겠습니까? 눈물이 나와서 더 이상 참을 수 없는데. 웃음이 나면 웃고 눈물이 나오면 눈물을 흘립니다! 그것은 저절로 일어납니다. 그것을 막을 나는 없습니다. 행위를 일으킬 나는 없습니다. 행위자는 이제 존재하지 않습니다."

이러한 상태, 이런 자연스러운 상태, 순전히 평범한 이런 상태 —

라마나 마하리쉬가 야채를 써는 것, 혹은 이 선사의 울음이나 보리달마의 웃음 — 뒤에는 아무도 없다! 한번 지켜 보라……. 그대도 그 뒤에 아무도 없는 일들을 해보라. 그것이야말로 그대에게 축복을 가져다 주는 유일한 것이다.

그대 삶에 있어 그대가 존재하지 않았던 순간들을 관찰해 본 적이 있는가? 해가 떠오르는 아침, 상쾌한 공기와 새들의 노래……. 문득 그대는 자신을 잊고 떠오르는 해와 아름다운 아침 속에 몰입한다. 잠시 동안 그대 존재를 잊는다. 그 찰나에 아름다움이 있다.

그 아름다움은 일출 때문이 아니다. 수많은 사람들이 똑같은 그 길을 지나갔을 테지만 그들은 일출을 바라보지 않았으니까. 그 아름다움은 그대의 부재(不在)로 인한 것이다.

사랑을 나누면서 이따금 그대는 사라진다. 그대가 사라질 때 오르가슴이 온다. 엄청난 아름다움과 커다란 기쁨과 한없는 지복, 엑스터시, 그러나 그것은 그대가 사라질 때만 온다. 만일 그대가 오르가슴을 구한다면 아름다움도 광휘도 없다. 그대는 끝없이 매달리기 때문이다. 그대가 거기 있는데 어떻게 오르가슴이 일어나겠는가? 오르가슴은 그대가 없을 때 일어난다. 엑스터시는 그대가 없을 때 일어난다. 아름다움은 그대가 없을 때 일어난다. 신은 그대가 없을 때 일어난다. 사랑은 그대가 없을 때 일어난다.

이러한 순간들은 자연적인 상황이므로 누구에게나 온다. 그대는 피할 수도 있지만 항상 그런 건 아니다. 이따금 무심코 그것이 일어난다. 아이가 깔깔거릴 때 문득 그대 안의 무엇이 열린다. 아무 것도 하지 않고 방안에 앉아 있을 때 문득 머리로부터 어떤 무게 같은 것이 떨어진다. 그리고 그것이 거기에 있다!

그렇다. 나는 그것을 '그것'이라 부른다. 그것이 거기에 있다. 그 축복이.

이것이 원래의 무위이다. 이큐는 말한다. "이곳이 그대의 땅이 되게 하라. 이곳이 진정 그대가 속한 곳이고 그대가 온 곳이며 그대가 쉬고 존재해야 할 곳이다."

> 본래면목(本來面目)의 사람
> 거기에 서 있네
> 언뜻 한번 보기만 해도
> 우리는 사랑에 빠지네.

참으로 아름다운 경문이다.

> 본래면목(本來面目)의 사람…

이런 사람이 진인(眞人)이다. 무위(無爲)의 사람, 함이 없이 하고 존재하지 않으면서 존재하는 사람. 행위는 하지만 자연스럽다. 그것은 자연발생적이고 함 없는 함이다. 이러한 흐름, 이러한 자연스러움, 이러한 감응성, 이러한 전체와의 하나됨, 우주와의 하나됨을 이큐는 본래면목의 사람, 혹은 진인(眞人)이라 부른다.

그대는 환영(幻影)이다. 그대로서의 그대는 환영이다. 다시 한번 상기시키겠다. 인간은 두 가지 길로 존재할 수 있다. 실재와 환영, 자연적인 길과 인위적인 길. 그러므로 환영은 고뇌한다. 환영으로 머물기는 너무나 힘겹다. 그것은 끝없는 노동이다. 그것은 자연을 역행해야 하니까. 그것은 역류이다. 그것은 강물을 떠미는 것이다. 그대의 연약한 손으로 거대한 강물을 떠미는 것이다. 그대는 고단하다. 그대는 무능력함을 느낀다. 그대는 탈진한다. 조만간에 그대는 좌절할 것이다. 그 강이 그대를 점유하고 그대는 강물 속에 내

던져질 것이다.

  실재가 된다는 것은 강과 함께 흘러가고 흐름을 따라가며 그대를 통해서 흐름이 흘러가도록 받아들인다는 의미이다.

> 본래면목(本來面目)의 사람
> 거기에 서 있네

  한번 그대 안에 있는 본래면목의 사람을 보면……. 그리고 그것은 항상 거기에 서서 그대가 뒤돌아보기를 기다리고 있었다.

> 본래면목(本來面目)의 사람
> 거기에 서 있네
> 언뜻 한번 보기만 해도
> 우리는 사랑에 빠지네.

  언뜻 한번 보기만 해도… 불현듯 모든 미움, 모든 분노, 모든 공격성, 모든 폭력성들이 사라진다.

> 언뜻 한번 보기만 해도…

  그대의 실체, 그대의 참모습, 그대의 본연성을 보기만 해도…

> 우리는 사랑에 빠지네.

  실제, 우리는 사랑이다. 그때 삶은 새로운 색깔과 새로운 기품, 새로운 향기, 새로운 맛을 취한다. 그 맛을 사랑이라 한다.

붓다는 인간이 그 통찰에 이를 때 그가 도달했는지 아닌지 외부에서 알 수 있는 유일한 하나의 표시가 있는데, 그것은 사랑이라고 말했다.

나는 U. G. 크리슈나무르티에게 말하고 싶다. 그는 라마나 마하리쉬의 눈을 들여다보았어야 한다고. 그는 오직 야채를 썰고 있는 그의 손만 보았을 뿐이다. 그는 그의 눈을 들여다보았어야 한다. 그가 어떠한 사랑을 가지고 채소를 썰고 있는지. 그가 사랑이었음을 보기 위해 그의 눈을 들여다보았어야 한다. 라마나 마하리쉬는 진인(眞人)이었다.

사랑은 유일한 표시이다. 하지만 사랑을 이해하려면 좀더 침묵하고 좀더 사랑을 지니고 좀더 열려 있어야 한다. 만일 그대가 깨달은 사람은 어때야 한다는 선입견으로 가득 차 있다면 놓치게 될 것이다. 아무런 선입견도 없어야 한다.

다만 진인의 눈을 들여다보라. 그러면 문득 어떤 것이 그대 가슴에서도 움직이기 시작할 것이다. 그대 두 눈에서 눈물이 흐르고 그대의 에너지가 환하게 빛나며 그대 가슴이 새 힘으로 고동 칠 것이다. 그대의 영혼이 날개를 필 것이다.

> 언뜻 한번 보기만 해도
> 우리는 사랑에 빠지네.

언뜻 한번 보는 것으로 온 생애가 변형된다. 한번 그대 내면의 가장 깊은 곳을 들여다보면 그대는 다시는 똑같은 사람이 아니다. 그때 그대의 삶은 사랑 외에는 아무 것도 아니다. 그때 그대는 사랑 속에 산다. 그대는 사랑이다.

그리고 그 사랑은 그대가 알고 있는 사랑이 아니다. 그대가 알고 있는 건 사랑으로 위장된 욕정에 불과하다. 그대가 알고 있는 건 일종의 이기적인 이용, 홀로 있을 수 없는 두 사람의 상호 이용이다. 그들은 함께 있기 위해 서로를 이용하고 돕는다. 진정한 사랑은 그 진인을 들여다봤을 때, 진인을 만났을 때 일어난다. 그때 사랑은 관계가 아닌 존재의 상태이다. 그때 그대는 준다. 그 외에는 아무 할 일이 없기에. 그때 그대는 나눈다. 그대가 나누려고 결심해서가 아니라 나눔의 상태가 일어남을 볼 뿐이다. 그때 그대는 사랑으로 꽃피어난다. 눈부신 연꽃이 열리며 향기가 퍼져 나온다.

붓다는 '프라기얀(pragyan)과 카루나(karuna),' 이 두 가지를 말했다. 프라기얀은 삼마디, 지혜, 깨달음을 뜻하고 카루나는 사랑과 자비를 뜻한다. 이 두 가지는 진인을 만난 상태의 양면이다.

안을 들여다보라. 밖은 충분히 봤다. 밖에서는 구할 만큼 구했다. 그대는 수많은 생 동안 어두운 밤을 살아왔다. 이제 시간이 됐다. 이제 안을 들여다볼 무르익은 시간이다. 그대는 너무나 인위적이고 너무나 비실재적이 되었다.

내가 그대에게 그대 자신을 소개하게 하라……. 본래의 그대와 다시 친숙해지라. 한번 언뜻 보기만 해도 변용된다. 영원히 변형된다.

또다시 나는 반복하고 싶다. 이 변용은 다른 특별한 게 아니라고. 그것은 바로 그대의 본성이기에 아주 평범한 것이다. 두드리면 열릴 것이다. 구하면 얻을 것이다. 찾으면 발견하리라…….

제4장

조약돌의 수염

The Whiskers of the Pebble

비가 오면 오는 대로
안 오면 안 오는 대로
비오지 않아도
그대
젖은 옷을 입은 채
여행해야 하리라.

활짝 핀 벚꽃을 보라!
빛깔과 향기 동시에 흩어져 내리고.
유념하지 않아도
봄은 다시 오리라.

불법은 냄비의 월대(月代)⁷⁾
조약돌의 수염
그림 속의
대나무 스치는 소리.

꼭두각시 사도들에게 걸린
인형 상자
귀신을 꺼낼 수도
부처를 꺼낼 수도 있네.

특별한 아무 것도 없다고 말한다면
그는 이미 어긋난 것
한마디도 말할 수 없다면
이는 달마 이규.

---

7) 平安시대에 남자가 관(冠)이 닿는 이마 언저리의 머리털을 반달 모양으로 밀었던 일. 또는 그 부분.

종교란 무엇인가? 그것은 멀리서 달을 보고 짖는 늑대들의 울부짖음이 아님에도 불구하고, 대중들에게는 그런 것이 되었다. 만약 그 대중들이 옳다면 동물들은 대단한 종교 감각을 가졌다. 달을 보고, 멀리 떨어진, 저 먼 곳에 대고 늑대들은 울부짖고 개들은 짖는다.

폴 틸리히(Paul Tillich)는 종교를 '최후의 관심사'로 정의했다. 그것은 정반대이다. 종교란 지금의 당면 문제이다. 최후의 관심사가 아니다.

종교는 동떨어진 바램이나 먼 곳에 대한 호기심이 아니다. 그것은 자기 존재에 대한 탐구이다.

그래서 불교는 조금도 신(神)을 염두에 두지 않는다. 종교란 그대와 관련된, 그대의 실체와 관련된 것이다. 그것은 양파 껍질을 벗기는 것과 같은 과정이다. 불교는 끊임없이 그대의 실체를 벗긴다. 껍질 속의 껍질, 그것은 계속해서 환영과 꿈들을 파괴한다. 양파를 벗기면 최종적으로 그대 손에 아무 것도 남지 않듯이.

그 '무(無)'가 모든 것의 근원이다. 모든 것은 '무'로부터 발생하여 차츰 차츰 그 '무'로 사라져간다.

지금 물리학자들은 그것에 근접했다. 그들은 그 '무'를 '블랙홀(black hole)'이라 부른다. 물질이 블랙홀 속으로 사라지면 완전히 절멸된다. 무가 된다. 지금 과학계에서는 블랙홀에 이어 화이트홀(white hole)에 대해서도 이야기한다. 화이트홀로부터 물질이 발생한다. 블랙홀과 화이트홀은 하나의 실체의 양면인 것 같다. 바로 문처럼. 문의 한 면은 '입구'라고 쓰여 있고, 다른 면은 '출구'라고 불린다.

물질이 '무'의 자궁에서 나올 때 그 문을 화이트홀이라 한다. 그것은 탄생을 주기에 화이트이다. 그것으로부터 생명이 나오기에 화이트라 한다. 화이트라 함으로써 우리는 그것에 감사하고 그것을 귀중히 여긴다. 어느 날 모든 것이 같은 문으로 사라지는 걸 우리는 블랙이라 한다. 우리는 항상 죽음을 블랙이라 불러 왔다. 인간은 항상 블랙을, 어둠을, 죽음을 두려워해 왔다.

하지만 그것은 같은 실체이다! 한 면은 '블랙홀'이고 한 면은 '화이트홀'이다. 붓다는 그것을 수냐타(shunyata)라 했다.

현대 물리학은 나날이 붓다에게 더욱 근접해 가고 있다. 그리고 그렇게 되어야 한다. 실체를 꿰뚫은 붓다의 통찰을 인지해야 한다. 모든 것의 근원을 감히 '무'라고 부른 사람은 붓다 외에 아무도 없기 때문이다. 붓다는 어떻게 실체를 발견했는가? 그는 물리학자가 아니었다. 그는 물질의 실체를 파고든 게 아니었다. 그는 자신의 마음의 실체를 가장 심층까지 파고들었다.

그대가 또 상기해야 할 게 있다. 불교는 형이상학적(metaphysics)이지 않다는 것이다. 형이상학은 언제나 최후의 것과 연관돼 있다. 'meta'란 초월을 의미한다. 정신의 초월, 볼 수 있는 것의 초월, 즉 땅의 초월, 가시적인 것, 유형의 것, 지각할 수 있는 것에 대한 초월이다. 형이상학은 언제나 먼 곳에 있는, 동떨어진 실체나 신을 의미한다.

불교는 근본적으로 순수 심리학이다. 그것은 형이상학과는 관계가 없다. 그것의 관심사는 마음의 실체, 즉 마음이 어떻게 작용하는가, 마음은 무엇으로 구성되어 있는가이다. 그래서 그것은 보다 깊이 마음의 층들을 뚫고 들어가서 마침내는 가장 깊은 근원의 핵심인 '무'에 이른다.

사람들은 붓다를 믿지 않았다. 누가 '무'를 믿을 수 있겠는가? 무엇보다도 누가 '무'를 믿고 싶어하겠는가? 현대 물리학 역시 사람들을 당혹스럽고 미치게 만든다. 하지만 실체란 있는 그대로이다. 그대가 좋아하고 안하고에 상관이 없다. 그대가 좋아하고 안하고가 그것을 바꾸지 못한다. 그대의 좋아함과 싫어함은 그대의 환상들을 유지시킬 수 있을 뿐이다. 실체는 있는 그대로 보여져야 한다. 그것을 보는 힘을 갖추는 것이 종교적이 되는 데 필요한 전부이다. 있는 그대로의 진리로써 꾸밈없이, 위장하지 않고 드러난 그대로, 덮개를 씌우지 않고 실체를 볼 용기가 필요하다.

한 번만 실체를 있는 그대로 보면, 한 번만 진인을 언뜻 보면 위대한 변용이 저절로 일어난다. 바로 그 통찰이 그대를 변용시키고 그대를 변하게 한다. 그대는 다시는 똑같은 사람이 아니다. 모든 환영은 사라졌다. 실체를 보고서 어떻게 계속 스스로를 속이겠는가? 어떻게 계속 꿈꿀 수 있겠는가? 어떻게 계속 편견들을 갖고 있겠는가? 어떻게 계속 거짓된 견해들을 지키겠는가? 어떻게 교리와 철학과 경전들을 지속시킬 수 있겠는가? 실체를 보면 모든 것이 그냥 사라져 버린다. 오직 실체만이 존재한다. 그 실체와 함께 존재하는 것이 해방이다.

"진리가 너희를 자유롭게 하리라."고 한 예수의 말은 옳다. 진리는 해방이다. 여러 모로 보건대, 예수가 불교 스승들에게서 진리의 비밀을 배웠을 가능성이 높다. 이스라엘에서 활동하기 이전에 그가 인도의 나란다에서 불교 스승들과 함께 있었을 가능성은 아주 많다. 나란다는 가장 고대의 불교 유적지이자 훌륭한 승려 대학 중의 하나였다. 그와 같은 것은 그 이전에도 이후에도 다시 존재하지 않았다.

나는 그와 같은 것을 보다 넓은 규모와 보다 큰 스케일로 다시 만들고 싶다. 나란다는 위대한 시도였고 진실을 갖고 한 시도였으며 있는 그대로의 진실을 보고자 한 시도였다. 만 명의 승려들이 편견 없이, 미리 생각함이 없이 끝없이 명상하고 시도하고 통찰했다. 그들은 무엇을 증명하려고 애쓰지 않았다. 그들은 진정한 구도자들이었다.

거짓 구도자는 바로 시작부터 무엇을 증명하려고 기를 쓰는 자이다. 거짓 구도자는 "나는 신을 찾고 있다."고 말하며 신은 존재한다는 것을 이미 인정하고 들어가는 자이다. 알지도 못하면서? 만일 안다면 왜 찾는가? 그리고 모른다면 어떻게 신을 찾겠는가? 누가 아는가? 신은 존재할 수도 있고 존재하지 않을 수도 있다. 그 탐구는 이미 믿음을 바탕으로 하고 있다.

나란다에서 그 만 명의 승려들은 신을 찾지 않았다. 그들은 어떤 천국도 추구하지 않았다. 그들은 실체를 미리 생각하며 찾지 않았다. 그들은 무엇을 찾는다는 생각이 없이 그저 자신들의 존재를 통찰했을 뿐이다. 그들의 탐구는 순수했다. 그들은 있는 그대로의 실체를 보기 위해 그저 바라보았다……. 그들은 관념에 마음을 빼앗기지 않았던 덕분에 '무'에 마주치고 '무'를 알게 된 것이다.

만일 그대가 어떤 관념에 사로잡혀 있다면 반드시 그 '무' 위에 자신의 환상들을 창조한다. 그 '무'는 어떠한 관념이라도 제공해 줄 수 있다. 어떠한 꿈이라도 '무'의 스크린 위에 투사할 수가 있는 것이다. 만일 그대가 크리슈나를 찾고 있다면 크리슈나를 찾을 것이다. 그러나 그것은 곧 투사에 불과하다. 만일 그대가 유대교 신을 찾고 있다면 그대는 찾을 것이다. 힌두 신을 찾는다면 힌두 신을 찾을 것이다. 무엇을 추구하든지 추구하는 것을 찾을 테지만 그것은 진실이 아니기에 그대를 해방시키지 못한다. 그것은 그대의 상상에 지나지 않을 것이다.

기억하라. 이것은 삶에 있어서 가장 중요한 것 중의 하나인데, 만일 그대가 고정된 관념과 고정된 태도를 들고서 찾는다면 찾기야 하겠지만 악순환이 뒤따른다는 것이다. 찾고 나서 그대는 생각한다. "이건 당연한 거야. 내가 찾았으니까." 그러면 더 믿게 되고 더 찾게 된다. 그리고 계속……. 그것은 악순환이다. 믿으면 믿을수록, 찾으면 찾을수록 그것을 더 찾고 더 믿는다. 그래서 그대는 꿈 위에다 실체를 주입한다. 하여 인간은 인생을 낭비하는 것이다.

관념 없이 탐구하라. 이것이 붓다의 메시지이다. 바라보라. 그대의 맑은 눈으로 그저 바라보라. 어떤 특별한 것을 찾지 말아라. 그저 보라. 물질들을, 물질의 그러함을 순수하게 보라. 두 눈이 맑고 순수해야만 한다. 안 그러면 그것들이 투사될 수도 있다. 조그만 티끌 하나라도 있으면 '무'의 스크린에 그것이 나타날 것이다. 그 사소한 좋아함과 싫어함, 사소한 선택을 통해 그대는 실체를 만들어 낼 것이다.

붓다의 접근 방식은 참으로 완벽한 시도였다. 일단 이해하기만

하면 되는 것으로 복잡한 것이 아니었다. 하지만 그대가 이해하지 못한다면 스스로를 속일 수 있다.

예수가 나란다에 살았을 가능성은 아주 많다. 그래서 신약성서에 그의 전 생애가 기록되지 않은 것이다. 그가 열두 살 가량이었을 때 한 번 언급되었고, 다음엔 서른 살의 그를 볼 수 있다. 18년의 세월은 신약 성서의 예수 이야기에서 빠져 있다. 그는 이 18년 동안 어디에 있었던가? 무엇을 하고 있었던가? 왜 그 시간들은 기록되지 않았는가? 그것은 큰 공백 같다. 그 짧은 생애, 그의 삶은 33년뿐이다. 절반 이상의 생애가 빠져 있다.

그 내용은 단편적이다. 뭔가 의식적으로, 고의적으로 빠뜨렸다. 그 내용을 쓴 사람들이 가장 중요한 그 18년의 시기가 빠져 있다는 것을 자각하지 못했을 리 없다. 왜냐하면 열두 살까지는, 어린애는 어린애이기 때문이다. 그런데 서른 살에 갑자기 세례자 요한과 함께 등장한다. 이미 성인이 되고 깨달음을 얻고 진리에 이른 자, 시타(siddha), 진리를 안 자, 진리를 보고 성취하고 이룩한 자가 되어서. 그림은 완벽했다.

성경의 내용은 그가 3년 간 사람들에게 행한 작업에 관련되어 있다. 그러나 자기자신에게는 어떤 작업을 했는가? 어디서 명상했는가? 누구와 함께? 무엇을 했는가? 어떻게 해서 그러한 그가 되었는가? 가장 중요한 시기들은 빠져 있다. 그러다 33세에 십자가에 못박힌다. 따라서 실지로는 단 3년 간의 이야기만 알 수 있는 것이다. 처음엔 그의 탄생 이야기, 다음엔 그가 12살 때 예루살렘의 교회에서 랍비들과 논쟁하는 모습, 그리고 다음 그 3년 간이다. 가장 중요한 부분인 그의 준비 과정, 즉 그 자신에 대한 작업은 고의로 빠뜨린 것 같다. 그럼에도 이 3년 간의 가르침은 그가 불교 단체와 접촉했음을 여실히 증명한다.

그가 인도를 여행했다는 데는 충분한 근거가 있다. 그가 인도에서 살았다는 것도 충분한 근거가 있다. 이 3년의 기간, 진리를 전도하는 동안 그가 말한 것은 죄다 완벽히 붓다에게 조율되어 있다. 물론 그는 그것을 유태인 용어로 번역하고 있다. 그는 사랑을 말하고 자비를 가르친다. 유태인의 신은 전혀 사랑의 신이 아니다. 바로 질투의 신이며 분노의 신이고 벌주고 파괴하는 신이다. 그는 전혀 사랑의 신이 아니다! 예수는 어디에서 이 사랑의 신을 생각했을까? 그는 분명 부단히 노력해서 깨닫게 되면 모든 에너지가 사랑의 에너지가 된다는 사실을 알게 된 사람들과 접촉한 것이다.

인간이 그럴 수 있다면 궁극의 실체도 틀림없이 그러할 것이다. 신은 오직 사랑일 수밖에 없다.

다음 예수는 누가 그대의 한쪽 뺨을 때리거든 다른 쪽 뺨도 내주라고 말한다. 이것은 순전히 불교적인 접근 방식이다. 용서하라! 이것 역시 전연 유태인적인 관념이 아니다. 만일 누가 그대에게 벽돌을 던지면 그대는 그에게 바위를 던져라. 이것이 유태인의 접근 방식이다. 맞받아 쏘아 주는 것이다. 만일 누가 그대의 한쪽 눈을 망가뜨리면 그대는 그의 양쪽 눈을 망가뜨려라. 이건 처벌이지 자비가 아니다.

예수는 자비심을 가져온다. 처벌 대신에 사랑의 미덕을 가져온다.

더구나 유대인의 관념은 지나치게 도덕적이었다. 그 십계명은 35세기가 지난 지금까지도 유대인의 마음에 붙어 다닌다. 예수는 새로운 계명을 가져왔다. "내가 너희에게 새 계명을 주리라. 내가 너희들을 사랑하듯이 너희들도 다른 사람들을 사랑하라."고 그는 말한다. 사랑이 새 계명이다. 하지만 이것은 붓다의 취향이다.

다시 상기하라. 이큐는 말한다. "진인을 언뜻 보기만 해도 우리는 사랑에 빠지네." 그대는 사랑이다.

　불교도의 접근 방식은 실체가 스스로 드러나도록 관념 없이 실체를 보는 것이다. 실체가 스스로를 드러내도록 허용하는 것이다. 그 위에 어떤 강요도 하지 않는다. 다른 모든 종교들은 여타의 것들을 강요해 왔다. 그러기에 그들은 줄곧 놓친다. 그들의 작업은 형이상학적이다. 사실 그들의 작업은 자기 최면의 일종이다. 불교는 최면을 푼다. 붓다의 작업은 최면을 푸는 것이다. 모든 최면과 사회와 사람들이 만든 온갖 종류의 암시들을 소멸하는 작업이다. 그대가 어떤 걸로도 조건 지어지지 않고 고요히 존재할 때 진리는 드러난다. 그 진리가 그대를 해방시킨다.

　이제 경전으로 들어가자.

> 비가 오면 오는 대로
> 안 오면 안 오는 대로
> 비 오지 않아도
> 그대
> 젖은 옷을 입은 채
> 여행해야 하리라.

　삶을 향한 붓다의 접근 방식 가운데 가장 귀중한 낱말은 사마타(samata)이다. 사마타란 균형, 조화, 선택하지 않음을 의미한다. 극단으로 가지 말라. 극단을 피하라. 아픔과 기쁨은 두 극단이다. 선택하지 말아라. 피하지도 말고 매달리지도 말아라. 다만 그 중간에 머물러서 집착함이 없이 그것을 지켜 보고 바라보라.

　아프면 아프라고 하라. 그대는 다만 지켜 보는 의식이 돼라. 그대는 다만 깨어 있어라. 두통이 일어나면 다만 지켜 보라. '노(no)'

라고 하지 말아라. 그것과 싸우지 말아라. 그것을 거부하지도 피하지도 말아라. 딴 곳으로 주의를 돌리려고 자신을 끌고 가지 말아라. 그것이 거기 있게 내버려 두라. 다만 지켜 보라. 그 지켜 보는 가운데 위대한 변혁이 일어난다.

만일 좋아하고 싫어함 없이 지켜 볼 수 있다면 그것이 거기 있음에도 그대는 문득 그것을 벗어나 있다. 그대는 그 안에 없다. 그대는 그것과 연결 지어지지 않은 곳에 서 있다. 선택하지 않음으로써 그대는 모든 분위기와 모든 마음에서 벗어난다.

기쁘면 기뻐하라. 그러나 그것에 집착하지 말아라. "나는 너를 영원토록 갖고 싶다."라고 말하지 말아라. 기쁨에 매달리면 아픔을 피하게 될 것이다. 또한 다른 극단으로 가지도 말아라. 즉 기쁨을 거부하지도 말고 피하지도 말아라. 그것은 똑같은 것이다. 만일 기쁨을 피한다면 아픔에 매달리게 될 것이다. 그것이 금욕주의자들이 하는 짓이다.

쾌락주의자들은 기쁨에 매달리고 아픔을 피한다. 그리고 금욕주의자들은 기쁨을 피하고 아픔에 매달린다. 양 접근 방식 모두 틀렸다. 둘 다 균형을 잃었다. 불교는 쾌락주의도 아니고 금욕주의도 아니다. 그것은 어떤 것도 가르치지 않는다. 다만 지켜 보라고 말한다!

그것은 예수도 수없이 반복한 이야기이다. 지켜 보라! 주의깊게 지켜 보라! 민감하라. 깨어 있어라.

그렇게 해보라! 이것은 심리학적인 실험이지 신과는 아무 관계가 없다. 그러면 그대는 놀랄 것이고 무진장한 축복을 받을 것이다. 그대가 아픔도 아니고 기쁨도 아니라는 사실을 아는 그날은 위대한 날이다. 가장 위대한 날이다. 그 후로부터는 사물이 달라질 터이기 때문이다.

비가 오면 오는 대로…

아프면 아프라고 하라.

안 오면 안 오는 대로.

아프면 아파하라.
기쁘면 기뻐하라.
하지만 그대는 어떤 것과도 동일시하지 않는다.

비 오지 않아도
그대
젖은 옷을 입은 채
여행해야 하리라.

　하지만 한 가지는 기억하라. 설령 그대의 인생이 편안하고 안락하고 즐겁고, 큰 아픔이나 큰 불행이 없었다고 해도 그대는 반드시 젖은 옷을 입은 채 여행해야 할 것이다. 왜? 그럼에도 불구하고 그대는 늙어 가는 까닭이다. 그럼에도 불구하고 언젠가는 죽어야만 하는 까닭이다. 하여 그대가 아주 유쾌한 삶을 영위한다 해도 노년이 오고 있고 죽음이 오고 있다. 죽음은 피할 수 없는 것이다. 그것은 피할 길이 없다. 그것은 필연적이다. 따라서 그대가 고통스런 생을 살았든 기쁨에 찬 생을 살았든 죽음이 올 때는 별 차이가 없을 것이다. 죽음은 다가오고 있다.
　죽음은 그대가 태어난 그날부터 오고 있었다. 바로 탄생이라는 그 생각 속에서 죽음은 오고 있었다.

가장 유명한 선사 중의 한 사람인 방케이(Bankei)에 관한 아주 아름다운 일화를 들었다.

방케이는 어린 시절에 죽음에 대한 끔찍한 공포를 겪었다. 그가 어린아이였을 때, 그의 어머니는 그에게 죽음에 대한 공포를 심어 주었다. 그가 세 살 때 그의 어머니는 벌로써 죽음을 가지고 끝없이 그를 겁주었다고 한다. 그뿐 아니라 때로 방케이가 잘못을 저지르면 그녀는 죽은 척하며, 눈을 감고 숨을 멈춘 상태로 누워 있곤 했다. 그러면 어린아이는 흐느끼며 엄마를 부르곤 했다. "돌아오세요. 다시는 그런 짓 안할게요!" 그제서야 그녀는 호흡을 시작했다.

따라서 그는 아주 어린 시절부터 죽음에 대한 공포가 있었다. 그는 한없이 두려웠다. 그 때문에 그는 어려서부터 선에 관심이 있었을 것이다. 선객들은 죽음 같은 건 없다고 말하지 않던가. 그는 절에 들어와서 과도한 금욕 생활을 했다. 그가 들었던 바를 과도하게 실행한 것이다. 죽음에 대한 공포 때문이었다. 그는 죽음이 없다는 걸 알고 싶었다. 즉 죽음을 초월하고 죽음을 정복하고 싶었다. 그는 앉았던 자리가 종기와 부스럼으로 뒤덮일 만큼 굉장히 오랜 기간 앉아서 좌선을 수련했다. 그리고는 심하게 병이 나서 거의 목숨을 잃기 직전까지 갔다! 그때 건강을 회복하기 위해 그는 여러 달 물러나 있었다.

그가 처음 견성을 한 것은 병을 앓고 난 후 약간의 미열이 남아 있을 때였다. 그것은 그가 태어난 적도 없고 죽음도 없다는 순간적인 깨달음으로 이어졌다. 가장 중요한 점은 그는 결코 태어난 적이 없다는 사실이었다.

방케이는 그대와 대부분의 사람들이 알고 있는 것처럼 자기가 어머니의 자궁에서 나왔다고, 예전에 태어났었다고 알고 있었다. 그러나 그는 자신이 결코 태어난 적이 없다는 것을 깨달았다.

 탄생에 대한 생각은 죽음에 대한 생각을 불러일으킨다. 그들은 함께 움직인다. 동전의 양면이다. 탄생에 대한 생각에서 벗어나지 않는 한은 죽음에 대한 생각에서 벗어나지 못할 것이다.
 그 때문에 선객들은 주장하는 것이다. "그대 존재 깊숙이 들어가서 그대가 태어나기 이전의 모습을 보라."고. 만일 그대가 태어나기 이전의 본래 모습을 언뜻이라도 볼 수 있다면 죽음은 사라진다. 탄생에 집착하면 죽을 것이다. 탄생에 집착하지 말아라. 그러면 죽음을 두려워할 필요가 없다. 탄생을 지켜 보라. 그러면 죽음 또한 지켜 볼 수 있으리라.
 인생의 가장 위대한 체험은 죽음을 지켜 보는 것이다. 하지만 그것을 위해서는 준비가 필요하다. 그대는 심지어 두통도 지켜 볼 수가 없는 것이다. 사소한 복통도 지켜 볼 수 없다면 죽음을 지켜 보기란 어려울 것이다.
 불교에서는 말한다. 지켜 보라! 삶의 매 순간 지켜 봄을 체험하라. 아픔과 즐거움 그 일체를, 사랑과 미움 그 일체를, 선과 악 그 일체를. 자꾸 지켜 보라. 지켜 봄의 맛, 그 한 가지 맛이 존재에 스며들게 하라. 그러면 그 속에서 사마타(samata, 균형)가 일어난다. 그때 사람은 양극성의 중간에서 절대적 균형을 이룬다.
 그러한 균형 속에서… 바로 줄타기하는 사람처럼 팽팽히 맨 줄 위에서 균형을 이루며 걷는다. 그는 중심에 머물며, 왼쪽이나 오른쪽으로 기울지 않는다. 자신이 한쪽으로 기우는 걸 볼 때마다 즉시 균형을 잡는다. 아픔과 기쁨, 낮과 밤, 탄생과 죽음 사이에서 줄곧 균형을 이루면… 바로 그 균형 속에서 그대의 실체를 통찰할 것이다.

그 실체는 결코 태어난 적이 없다. 이 육체는 태어났었고 이 육체는 죽을 테지만…….

다른 선사, 목주에게 어떤 사람이 물었다. 목주는 병들고 노쇠하여 죽음 직전에 이르렀는데, 한 방문객이 와서 물었다. "스님, 죽으면 어디로 가실 겁니까?"

그러자 목주가 눈을 뜨고 말했다. "무덤에 있겠지! 사지(四肢)를 하늘로 뻗고서."

묘한 대답이다. 내가 상기시키지 않으면 그대는 핵심을 놓칠 것이다. 목주가 "사지(四肢)를 하늘로 뻗고 무덤 속에 누워 있을 것이다."라고 말할 때 그것은 이런 의미다. "몸은 무덤 속에 있을 테지만 나는 사지(四肢)를 하늘로 뻗고서 무덤에 누워 있는 그것을 지켜 볼 것이다. 나는 여전히 지켜 볼 것이다. 나는 여전히 주시자일 것이다. 나는 언제나 주시자였다. 몸이 태어날 때 나는 지켜 보고 있었다. 몸이 청년이 되면서도 나는 지켜 보고 있었다. 그리하여 몸이 늙어지는 것도 나는 지켜 보고 있었다. 그러다 언젠가 그것은 죽을 테고, 나는 지켜 볼 것이다. 나는 나의 지켜 봄이다."

붓다는 이것을 사마사티(samasati) - 정각(正覺)이라 부른다.

> 비가 오면 오는 대로
> 안 오면 안 오는 대로
> 비 오지 않아도
> 그대
> 젖은 옷을 입은 채
> 여행해야 하리라.

그러니 편안하고 안락한 삶에 속지 말라. 죽음이 모든 것을 파멸하기 위해, 모든 것을 파괴하기 위해 다가오고 있으니. 그대 자신을 준비하라!

그 준비가 유일한 균형이다.

> 활짝 핀 벚꽃을 보라!
> 빛깔과 향기 동시에 흩어져 내리고,
> 유념하지 않아도
> 봄은 다시 오리라.

삶은 유념하지 않아도 저절로 반복된다. 주의하지 않으면 그것은 수레바퀴처럼 반복될 것이다. 그래서 불교도들은 그것을 생사의 수레바퀴, 시간의 수레바퀴라고 한다. 그것은 수레바퀴처럼 움직인다. 탄생은 죽음을 따르고 죽음은 탄생을 따른다. 사랑은 미움을 따르고 미움은 사랑을 따른다. 성공은 실패를 따르고 실패는 성공을 따른다. 한번 보라!

만일 그대가 며칠이라도 지켜 볼 수 있다면 문제가 일어나는 양상을, 수레바퀴의 양상을 볼 것이다. 어느 날 상쾌한 아침, 그대는 아주 기분이 좋고 행복했다. 그러다 어느 날은 잔뜩 흐려지고 침체되어 자살을 생각하게 된다. 바로 그 전날은 생기로 넘치고 축복스러워서 깊은 감사의 느낌에 젖어 있었는데, 오늘은 불만투성이가 되어 사람은 왜 살아야 하는지 의미가 없다. 그리고 내일이면 다시 축복스러운 순간이 올 것이다. 벚꽃은 또다시 필 것이다. 그러면 향기가 퍼지고 새들이 노래하고 햇살이 비치는 날들이……. 그러다 다시 구름 낀 날들, 영혼의 어두운 밤이 올 것이다. 그것은 반복되고 또 반복되지만 그대는 그 양상을 보지 못한다.

한번 그 양상을 보면 그대는 벗어날 수 있다. 한번 그 양상을 보면 그것은 그대가 생각하지 않아도 계속된다는 것을 알게 된다……. 사람들은 보통 화가 나면 타인이 자기를 화내게 만들었다고 생각한다. 그건 사실이 아니다! 설령 아무도 없이 혼자 있었다 해도 그 순간엔 화가 났을 것이다. 그것은 내면의 수레바퀴, 즉 내면의 주기성과 내면의 리듬에 관련된 것이다. 전연 외부의 사람과 관련된 것이 아니다.

외부는 그저 하나의 구실일 뿐이다. "내 스스로 분노를 일으켰다."고 생각하는 것은 아주 끔찍하기 때문이다. 구실이 있으면 좀 낫다. 그것은 그대의 짐을 덜어 준다. 그러다 어느 날 친구를 만나면 아주 행복해 하며 생각한다. "친구가 오니 아주 행복하다." 그것 또한 거짓이다. 그 순간엔 그대 혼자 앉아 있었다 해도 행복했을 것이다.

그것은 며칠 간 고립되어 살아 본 사람들에게 찾아오는 아주 귀한 깨달음이다. 몇 주 간 고립되어 사는 것, 몇 주 간 단 혼자서 존재하는 것은 좋은 명상이다.

그대는 놀랄 것이다. 출처도 없이……. 어느 날 그대는 행복함을 느낀다. 주변에 아무도 없고 아무도 그대에게 무엇을 해주지도 않았는데 말이다. 그리고 어느 날엔 아주 언짢은 기분이 든다. 어느 날은 춤추고 어느 날은 운다. 그때 그대는 스스로 상황을 일으킨다는 걸 볼 수 있다.

일단 이것을 알게 되면 남들에게 책임을 던지는 걸 그만둔다. 그러면 다른 인생이 된다. 우리는 타인들이 죄의식을 느끼도록 만든다. "내가 화나거나 슬픈 건 너 때문이야."라고. 그러면 당연히 타인들은 그것을 인정해야 한다. 그들도 자기 자신에게 똑같은 짓을 하기 때문이다. 그들은 또 다른 이유 때문에도 그것을 인정해야 하는데, 가끔은 사람들을 행복하게 만들어서 칭찬도 받기 때문이다.

그대는 어느 누구도 행복하게 만들 수 없다는 것, 그대는 어느 누구도 행복하게 만든 적이 없다는 것, 그리고 그 누구도 그대를 행복하게 만들 수 없고 그 누구도 그대를 불행하게 만들 수 없다는 것을 알게 되면, 이 통찰력이 확실해지면 그대는 절대 타인에게 책임을 돌리지 않을 것이다. 일체의 갈등, 부질없는 갈등은 사라진다. 그때 그대는 그대 안에서 계속 돌아가는 내면의 수레바퀴가 있다는 것을 안다. 때로는 이 사람이 리드하여 말하고 때로는 저 사람이 리드하여 말한다.

그리고 그것은 유념(留念)하지 않아도 움직인다는 것을 기억하라. 따라서 그것을 벗어나는 유일한 길은 '방심하지 않음'이다. 그것은 로봇이다. 그것은 기계적인 것이다. 그것은 하나의 자동 장치이다. 따라서 모든 명상은 반(反)자동화에 불과하다. 그대 안에 자동화된 일련의 모든 과정들은 반자동화가 돼야만 한다. 반자동화가 된 것은 무한한 도움을 준다.

가령, 그대는 일정한 속도로 걷는다. 붓다는 제자들에게 말한다. "천천히 걸어라. 속도를 바꿔라. 아주 천천히 걸어라." 그래서 문득 천천히 걸으면 자신의 걸음에 깨어 있게 된다. 실제, 오직 깨어 있을 때만 천천히 걸을 수 있다. 자각을 잃는 순간 속도는 빨라질 것이다. 그러면 또다시 자동 장치가 될 것이다.

붓다의 명상은 생활 속의 행위들에 대하여 깨어 있도록 만든다. 음식을 먹을 때는 완전히 자각하면서 먹는다. 자기가 뭘 하는지 자각하면서 씹는다. 걸을 때는 한 걸음 한 걸음 무슨 일이 일어나고 있는지, 그대가 뭘 하고 있는지 충분한 자각 속에서 내딛는다. 말로써가 아니라 뒤에서 의식하고 있어야 한다. "나는 내 왼쪽 발을 들어올리고 있다."고 반복하라는 게 아니다. "나는 내 왼쪽 발을 들어올리고 있다."고 말하는 것은 어리석다. 그것을 반복해서 말할 필요는 없다. 하지만 그것을 지켜 볼 수는 있다. "나는 씹고 있다. 나는 샤워기 아래 서 있다. 물은 차다. 혹은 물이 너무 뜨거워서 몸이 땀을 흘린다." 이런 말들을 되풀이하라는 게 아니다. 그저 주의 깊게 지켜 보라. 그러면 서서히 그대 안에 새로운 통합이 일어나고 주의력이 생긴다.

> 활짝 핀 벚꽃을 보라!
> 빛깔과 향기 동시에 흩어져 내리고,
> 유념하지 않아도
> 봄은 다시 오리라.

안 그랬던 적이 과연 얼마나 되는가? 그대는 여자, 혹은 남자와 사랑에 빠졌었다. 그리고서 심한 좌절과 지독한 불행, 그대는 괴로워했고 번민했으며 영원히 끝났다고 생각했다. 다시는 안 그러리라고 생각했다! 그러다가 며칠 지나면 다시 봄이 오고 다시 사랑이 꽃핌을 느낀다. 그대는 다시 상투적인 수단과 틀에 빠진다. 또다시 동일한 어리석은 말들을 다른 여자에게 한다. 또다시 그런 달콤하고 하찮은 것들을 속삭이고, 달콤하고 하찮은 것들을 듣는다. 그대는 꿈의 세계에 빠져 과거의 체험은 몽땅 잊어버린다.

이 모든 것들은 반복되고 또 반복될 것이다! 봄은 연달아 오고 있다. 그대는 벚나무와는 훨씬 다르다고 생각하지 말아라. 분노할 때는 분노가 그대의 모든 분위기를 좌우한다. 분노할 때는 그것의 격정과 독소와 파괴력을 느끼며 고통받는다. 그 다음 결심한다. "다시는 그러지 말아야지. 그건 추하고 어리석고 순전히 에너지 낭비다. 그런데 왜 또 화내야 하는가?" 그대는 결심한다. 단호히 결심한다. "이번이 마지막이야. 나는 피하지 않겠다." 그러다 어느 날 생각 없이 또 그런 일이 일어난다. 그냥 사소한 일이 그 방아쇠를 당긴다. 그대는 다시 격앙되고 얼굴이 붉어지고 파괴적인 짓을 한다. 그리고는 뒤늦게 기억할 것이다. 그대는 항상 뒤늦게 주의를 기울인다. 그러면 아무 의미가 없다. 의미없는 일이다. 그것은 소용이 없다.

'주의 깊음'이란 그 순간에 있음을 의미한다. 그 순간이 지나면 누구라도 지혜롭다. 이것을 기억하라. 정말로 지혜로운 사람은 그 순간에 지혜로운 사람이다. 어떤 일이 일어날 때, 슬프다든지 하는 그 순간 주의 깊게 지켜 봐서 슬픔에 다리를 놓지 말아야 한다. 슬픔에 연결되지 말아야 한다. 슬픔은 거기 있고 그대는 여기 있다. 연결하지 않는다. 동일시하지 않는다. 다만 그것을 지켜 보고 있을 따름이다.

그대는 슬프지 않다. 그대는 보는 자이다. 그때 그대는 지혜롭다. 슬픔이 지나간 다음 그대는 생각한다. "슬퍼하는 건 좋지 못해. 아주 하찮고 부질없는 일이었어. 그럴 의미가 없었지. 다음 번엔 그렇게 슬퍼하지 말아야지. 아무 의미가 없으니까." 하지만 그대는 다시 슬퍼질 것이다. 각성은 오직 그 순간에 단련될 수 있기 때문이다. 그런 후회는 바른 궤도에 있는 게 아니다.

화가 난 사람은 "다시는 화내지 않겠다."고 결심하고 화를 억누를 수 있다. 그러나 그때 화를 억누름으로써 어느 날은 통제할 수 없을 만큼 엄청난 화를 낸다. 그것은 폭발적이다. 만일 억누르지 않았다면 그렇게 화내지 않았을 것이다. 화내지 않으려고 애썼기 때문에 지금 더욱 화내는 것이다.

사람들은 그렇게 상상도 못하리 만큼 부주의하게 움직이고 있다. 바로 어제 레이먼드 스멀리안(Raymond M. Smullyan)의 이야기를 읽었다.

옛날에 히피가 있었다. 그의 인생 철학은 요컨대 사람은 무엇이 되어서는 안 된다는 것이었다. 특히 그는 사람에게 생길 수 있는 가장 끔찍한 세 가지 악은 명성의 획득, 부의 획득, 명예의 획득이라고 믿었다. 그의 부모는 언제나 그에게 무엇이 되어야 한다고 고집했다. 몇 년 동안이나 그들은 간청하고 부추키고 을러대고 논쟁하면서, 사람은 무엇이 되어서는 안 된다는 이 '유치한' 견해로부터 그를 빼내려고 온갖 수단을 다 동원했다. 하지만 그 히피는 그의 부모만큼이나 단단하기 그지없었고 고집불통이었다. 그는 한마디로 무엇이 된다는 것을 거부했다.

그는 그저 자기만 무엇이 되지 않는 것에 만족하지 않았다. 남들도 구원할 필요가 있었다. 구원의 비밀을 안 그는 위대한 전도사가 되었다. 그의 전 세계 사람들을 '무엇이 되는 것'으로부터 구하기 위해 전도했다. 그는 열정적인 복음의 전도사가 되었고, 다른 히피들은 곧 그를 위대한 예언자로 여겼다. 그는 많은 곳을 돌아다니며 왜 사람은 무엇이 되어서는 안 되는지 연설했고, 그의 연설은 완벽한 설득의 명작이었다. 그의 생각들은 집 밖으로 멀리 멀리 퍼져나가 마침내 대형 출판사의 출판업자가 그의 문을 두드리며 말했다. "당신의 생각은 참으로 독특합니다. 책으로 써내지 않겠습니까?" 그는 그 생각이 마음에 들었고 그래서 책을 썼다. "왜 당신은 무엇이 되어서는 안 되는가?"

그 책은 순식간에 전세계에 퍼져나갔다. 전세계의 히피들만 책을 산 것이 아니라 그들의 자식들이 히피가 되는 것을 염려한 그 부모들까지도 책을 샀다. 어쨌든 그 책의 논지는 교묘하게 독창적이고 설득력이 있어서 부모들은 자식에게 반론할 수 있도록 그 내용들을 철저히 숙독해야 했다.

어찌 되었건 몇 주 만에 그는 백만 장자가 되었다. 그런 어느 날 사태의 끔찍한 공포가 칼로 찌르듯이 그를 찔렀다. 그는 절규했다. "맙소사! 맙소사! 어떻게 된 거야? 내가, 모든 사람들 가운데서 내가, 내가 갑자기 특별한 무엇이 되었다니? 구체적으로 말해서 나는 어마어마한 명성, 어마어마한 부, 어마어마한 명예를 획득했다. 내가 내 인생을 고스란히 배신했구나! 오, 하느님. 어떻게 하면 좋습니까? 어떻게 하면 좋아요?"

이런 식이다. 그대는 자신이 다른 것을, 반대적인 어떤 것을 하고 있다고 생각할 수 있다. 그러나 그대가 부주의하다면 또 다른 어떤 것이 발생할 것이다.

그대는 인생을 진정으로 산 것이 아니다. 그것은 바로 부주의의 진행 과정이었다. 그대는 진정으로 살고 있지 않다. 그대는 부주의한 존재에 의해 살아져 온 것이다. 그대는 태어나고 청년이 되고 늙는다. 그대는 감정과 생각을 가지고 있고, 그것들은 죄다 그대 안에서 벚꽃이 피듯이 터지고 있다. 그리고 그대는 똑같은 일들을 수많은 세월 동안 내내 반복하며 수레바퀴처럼 돌고 있다. 그것을 보는 것, 그 전체를 보는 것, 있는 그대로 보는 것, 그것이 붓다의 각성의 길이다.

탄생과 죽음의 악순환은 무너져야 한다. 그것은 그대가 그대에게 일어나는 일들을 객관적이고 비열정적으로 바라볼 때만 무너질 수 있다. 과학자들이 '객관적인 관찰'이라 하는 것은 사실 붓다가 발견한 것이다. 과학자들은 이것을 단 300년 동안 연구해 왔을 뿐이다. 그들은 어떤 선입견 없이, 그것을 지지하거나 반대함이 없이 그냥 지켜 보려고 노력했다. 그들은 그저 그것의 사실성만을 주목했다.

하지만 이것은 고대 불교도들의 명상법이다. 그와 같은 방식으로 사람은 자신의 마음을, 자신의 마음이 작용하는 법과 구성 요소를 지켜 봐야 한다. 그러면 차츰 내면에서 돌아가는 수레바퀴를 자각하게 된다. 그대가 수레바퀴를 돌리는 게 아니라 그 스스로 돌아가는 것이다. 그 바퀴의 마법은 바로 삶의 자동적인 진행 과정을 각성으로 꿰뚫을 때 풀어질 수 있다.

그대 자신을 반(反)자동화하라.

> 불법은 냄비의 월대(月代)
> 조약돌의 수염
> 그림 속의
> 대나무 스치는 소리.

그렇지만 불법은 '…주의'가 아니다. 불법은 철학이 아니다. 불법은 진리란 무엇이다라는 관념을 만들지 않는다. 진리란 무엇이다라고 하는 관념이 한번 주어지면 그대는 금세 그것에 달라붙기 때문이다. 그대는 마음대로 진리를 창조할 것이다. 그대가 그것을 창조할 것이다.

불법은 다만 일체의 관념들을 제거한다. 그것은 부정적이다. 긍정적인 관념을 주지 않는다. 무엇이 진리라고 말하지 않는다. 오직 무엇이 진리가 아닌가만 말할 뿐이다. 그것은 제거한다. 연신 제거해 나간다. 그것은 아주 엄정하다. 그것은 그대에게 달라붙을 여지를 주지 않는다. 그것은 모두 거둬 간다. 그대의 모든 소유물들을 거둬 간다. 그때 단 한 가지가 남는데, 그것은 제거할 수 없는 것, 즉 그대의 각성이다. 오염될 수 없는 각성만이 남는다. 그대는 거울이 된다. 그 거울 속에 실제가 비춰진다. 따라서 이큐는 말한다.

불법은 냄비의 월대(月代)

조약돌의 수염

그림 속의

대나무 스치는 소리.

따라서 '…주의'로서의 불법이란 그림 속의 대나무 소리만큼 허위인 것이다. 아니면 조약돌의 수염만큼이나. '…주의'로서의 불법은 거짓이다. 그럼 무엇이 그것인가? 그것이 철학이 아니라면 무엇이 그것인가?

그것은 다만 진리를 향한 접근 방식이며 개방이다. 그것은 믿음 체계가 아니다. 그것은 철저한 믿음의 부재(不在)이고, 믿음을 부정한다. 그것은 긍정적 철학이 아니다. 거기에 그 아름다움이 있다. 모든 긍정적 철학이란 마음의 창조물에 지나지 않기 때문이다.

그런데 사람들은 긍정적 철학에 지대한 관심을 갖는다. 그것들은 그대의 마음을 끈다. 그것들은 그대의 마음을 강화시켜 주고 그대 마음에 영양분을 주기 때문이다. 그것들은 인생을 사는 법을, 더 큰 성취를 획득하는 법을, 더욱 위대해지는 법을, 깨닫는 방법을, 그 모든 것에 대한 훌륭한 생각들을 제공한다.

불법은 단순히 말한다. "일체의 생각들을 버리면 깨닫는다. 마음을 버리면 신성하다."

하지만 붓다는 그런 말을 할 때조차도 아주 신중하다. 왜냐하면 사람들은 그토록 쉽게 붙들리기 때문이다. 그는 긍정적인 단 하나의 설명을 할 때도 아주 신중하게 했다. 만일 그대가 이렇게 묻는다면 "모든 것이 사라져 사람이 거울처럼 되었을 때는 어떤 일이 일어납니까?" 그는 말한다. "고통이 없으리라." 결코 "축복이 있을 것이다."라고 말하지 않는다. 단 한 순간도, 단 한시도 그는 긍정적이 되지 않는다.

 사람들은 수 세기를 거쳐 오며 궁극의 일이 일어나면 행복할 것이라고 들었기 때문에 계속 주장했지만 붓다는 말했다. "불행하지 않을 것이다." 그것이 전부이다. 그들은 묻곤 했다. "왜 당신은 우리가 행복하고 축복받을 것이라고 말하지 않습니까?" 그러면 붓다는 말했다. "만일 행복해진다고 말하면 그 일은 다시는 일어나지 않을 것이다. 그대는 행복을 추구할 터이므로! 그러면 그대는 새로운 욕망과 새로운 상상, 천국과 극락 따위로 떨어질 것이다. 그리고 행복에 대한 그대 자신의 관념을 창조할 것이다. 그러나 그대가 아는 것은 불행뿐이다. 그러니 나는 다만 '불행은 없을 것이다'고 말하는 것이다. 그리고 거기 무엇이 있는가는 침묵하게 해달라. 불행을 떨쳐 버리면 무엇이 있는지 볼 것이다."

 그것은 평범하고 우둔한 마음에는 호소력이 없다. 우둔한 마음은 뭔가를 소유하고 싶어한다. 그는 새로운 문과 새로운 보물 창고를 열 수 있는 열쇠를 원한다. 붓다는 그저 그대의 손에서 모든 열쇠들을 거두어 갈 뿐이다. 그는 철저히 그대 홀로 남겨 둔다……. 하지만 절대적으로 홀로일 때 무진장한 어떤 것이 일어난다. 한량없는 어떤 것이 일어난다. 상상할 수 없는 어떤 것이 일어난다. 표현할 수 없는 어떤 것이 일어난다. 그것이 일어나기 위한 첫째 조건은 그대가 그것에 관해 생각하지 말아야 한다는 것, 그것에 관한 어떤 관념도 지니지 말아야 한다는 것이다. 안 그러면 그것은 절대로 일어나지 않을 것이다. 그 관념이 그것을 막을 터이기 때문이다.

> 불법은 냄비의 월대(月代)
> 조약돌의 수염
> 그림 속의

대나무 스치는 소리.

그러면 불법이란 무엇인가? 단지 하나의 몸짓, 단지 하나의 그림일 뿐이다. 그 속에서는 소리도 안 나고 바람도 불지 않는다. 그저 먹물만 있을 뿐 아무 것도 없다. 소리도 바람도 없다. 단지 그대가 소리와 바람을 상상할 뿐, 그대가 움직임을 상상할 뿐 거기엔 아무 움직임도 없다. 따라서 사람들은 자기들의 상상력으로 불법을 창조해 냈다.

불교라는 이름의 종교는 그저 그림의 종교이다. 붓다는 결코 세상에 그와 같은 것을 전달하지 않았다. 그것은 사람들의 창조물이다. 사람들이 '무'로써는 살 수 없어서 뭔가를 창조한 것이다.

내가 말하는 것을 그대는 듣지 않을지도 모른다. 그것이 그대에게 무리일지도 모른다. 어쩌면 내가 전연 말하지 않은 것을 들을지도 모른다. 그대는 상상할 수 있기 때문이다. 그대는 몇 가지 단편적인 것만 들을 수도 있다. 어떤 것은 삭제하고 어떤 것은 추가해서 내가 말하는 것과는 다른 어떤 것을 창조해 낼 수도 있다. 즉 그대는 내 말 속에서 순전히 그대의 말을 창조해 낼 수도 있는 것이다.

그런 식으로 불교가 형성됐고 그런 식으로 기독교가 형성됐다. 그런 식으로 모든 종교가 형성됐다. 원래의 표현은 상실된 채 해석됐다. 불법이라는 이름으로 존재하는 것은 붓다가 말한 것이 아니다. 붓다가 말한 것은 오로지 그대가 붓다가 될 때 체험할 수 있다. 그 외에 다른 길은 없다.

오직 나와 같은 상태, 동일한 각성의 상태 속에서만 내가 말하는 것을 체험할 수 있다. 그것을 전달하기란 불가능하다. 일단 그것이 하나의 의식의 상태를 떠나서 다른 종류의 상태로 들어오면 그것은 뒤바뀌고 번역되고 오염된다. 결코 똑같지 않다.

만일 그대 역시 고요와 침묵 속에서 편견 없이, 마음속에 의견을 갖지 않는다면 그 일은 일어날 수 있다. 하지만 사람들은 마음속에 의견들을 갖고 다닌다. 대단한 의견들을! 아연실색할 의견들을!

전날 아쇼카가 쓴 기사를 읽었다. 그는 내가 이따금 시계를 본다고 나의 깨달음을 의심하고 있다. "어떻게 깨달은 사람이 시계를 볼까? 스스로 시간을 알 수 없는가? 시간도 알 수 없다면 뭘 알 수 있단 말인가?" 사태는 이런 식으로 지속된다. 아쇼카의 마음만 그런 게 아니다. 많은 사람들의 마음이 그렇다. 마음은 마음이기 때문이다.

그대는 편견 없이 그것을 보지 못했다. 그대는 깨달은 사람은 어때야 한다는 관념을 갖고 있다. 그대는 어떤 관념을 갖고 있다. 그 관념은 은연중에 깨달은 사람은 시계를 보지 않고도 시간을 알 것이라고 암시한다. 진리는 정반대이다.

그대는 시계를 보지 않고도 시간을 알 수 있을지 모르지만 깨달은 사람은 그럴 수 없다. 그에게 있어 시간은 사라졌기 때문이다. 그에게는 시간이 없다! 그에게는 오직 영원한 현재만 있을 뿐이다. 아무 움직임이 없다. 모든 것은 멈추었다. 그의 시계는 멈췄다! 지금 그에게는 달력이 존재하지 않는다. 시간을 알려면 시계를 봐야 한다. 그대에겐 그대의 시계, 즉 내면의 시계가 작동하고 있기 때문에 시간을 느낄 수 있다. 그대는 지금이 분명 몇 시일 거라고 추론할 수 있다. 그리고 몇 분 상관으로 시간을 맞힐 것이다. 적어도 10분 상관으로 맞힐 것이다. 그대는 마음으로 계산해서 지금이 몇 시인지 알 수 있다. 그대는 한 시간 지나는 것이 어떻게 느껴지는가를 안다.

하지만 깨달은 의식에는 아무 것도 지나가지 않는다. 모든 것은 그저 존재할 따름이다. 항상 그렇게……. 시간을 추론할 길이 없다. 그러므로 나는 자꾸만 시계를 봐야 한다.

이따금 비베크를 무척 당황하게 하는 것은, 바로 5분 전에 내가 시계를 봐 놓고 또 보는 것이다. 그러면 그녀는 말한다. "바로 5분 전에 시계를 봤어요. 그런데 또 보시다니." 나는 그녀의 당혹스러움을 이해할 수 있다. 5분 정도 지난 것은 누구든지 추론할 수 있으니까. 아이라도 추론할 수 있으니까 말이다. 하지만 내게 있어서는 아무 것도 지나가지 않는다. 날짜에 있어서도 나는 오늘이 며칠인가, 오늘이 무슨 요일인가 물어야 한다.

하지만 그대는 마음과 생각을 가지고 있으니 당연히 마음과 생각을 통해 시간을 볼 수 있다. 그대는 계속 그런 식으로 놓칠 것이다. 그대는 선입견들을 버려야 한다. 모든 관념들을 떨쳐 버려야 한다. 무엇 때문에 깨달은 사람과 함께 있으면서 깨달은 사람은 어때야 한다고 신경 쓰는가? 왜 바로 보지 못하는가? 관념 없이 직접 볼 수는 없는가?

그대는 장미는 어때야 한다는 고정된 생각을 지니고 있다. 아마도 그대는 검은 장미를 본 적이 없을 것이다. 하여 검은 장미가 있다면 이렇게 말할 것이다. "이건 장미가 아니야. 장미는 붉어야 하니까. 장미는 장미다워야지. 이건 장미가 아니야! 장미답지 않아. 검은색이거든. 어떻게 검은 장미가 있을 수 있는가?"

관념을 버려라. 가까이 다가가라. 꽃 냄새를 맡아라. 꽃과 함께 고요히 앉아라. 그 향기가 그대에게 메시지를 전하게 하라. 그것이 그대와 교감하게 하라! 그러면 알리라. 그 편이 훨씬 나을 것이다. 훨씬 진실할 것이다. 안 그러면 그런 일은 계속될 것이다.

붓다가 거기서 말했던 것들은 전혀 전달되지 않았다. 사람들은 다른 것을 듣고 있었다. 그들은 번역하고 있었다. 제발, 나를 번역하지 말아라. 안 그러면 나는 조만간에 냄비의 월대(月代), 조약돌의 수염, 그림 속의 대나무 스치는 소리가 될 뿐이다.

그림을 만들어 내지 말아라! 실체가 있는데 왜 실체와 접촉하지 못하는가? 왜 스스로 이어질 수 없는가? 무엇이 그대를 막고 있는가? 그것은 선입견, 그대가 모아들인 견해 때문이다.

기독교인이 오면 내안에서 그리스도를 찾으려고 한다. 그러다 그리스도를 찾을 수 없으면 "이 사람은 깨닫지 못했구나!"하고 말한다. 불교인이 오면 내 안에서 붓다를 구한다. 자이나교인이 오면 내 안에서 마하비라를 구한다. 그러다 찾을 수 없으면……. 그리고 당연히 찾을 수 없다. 나는 나이기 때문이다.

이 장미는 검고 저 장미는 노랗고 또 다른 장미는 붉다. 거기에는 수천 가지 장미꽃들이 있다. 색깔이나 모양이나 형태에 너무 신경 쓰지 말아라. 장미는 매한가지 장미이다. 꽃을 피우는 것도 똑같다.

붓다 시대에 자이나 철학을 따르는 사람들이 있었다. 그들은 붓다를 이모저모 살피곤 했는데, 그가 나체가 아니라서 아직 깨닫지 못했다고 생각했다. 자이나교도들은 사람이 깨닫게 되면 일체의 옷을 버린다고 하는 관념이 있었기 때문이다. 근사한 생각이긴 하지만 그것은 문자 그대로의 옷을 의미하는 게 아니다. 그는 일체의 옷을 버리고 알몸이 된다. 철저히 알몸이 된다. 그러나 실제로 옷을 벗는 게 아니다. 설령 실제로 옷을 벗는다고 해도 누가 말리겠는가? 그러나 붓다는 나체가 아니었다. 그러니 그는 깨달은 사람이 아니었다.

붓다는 장미꽃의 한 부류였다. 예수는 또 다른 부류였다. 붓다의 제자인 보리달마는 세 번째 부류였다. 붓다는 침묵했고 보리달마는 웃었다. 그러나 그대들에게 말하건대 보리달마의 웃음이나 붓다의 침묵이나 맛은 동일하다. 그럼에도 그대가 보리수 아래 고요히 앉아 있는 붓다를 보았더라면 마루를 뒹굴며 웃는 보리달마를 믿지 못할 것이다. 그토록 미친 듯이 웃는 사람을! 그때 그대는 말할 것이다. "무슨 일인가? 이 사람은 미친 게 분명해. 어떻게 저런 사람이 깨달을 수 있단 말인가? 깨달은 사람은 항상 보리수 아래 앉아 있으며 절대 시계도 보지 않지!"

관념은 끝없이 그대를 훼방 놓는다. 그대는 이 기회를 놓칠 수도 있다. 그것은 전적으로 그대에게 달려 있다. 그대는 이 기회를 이용할 수 있다. 그대는 이 기회를 이용해 변형될 수 있다.

> 꼭두각시 사도들에게 걸린
> 인형 상자
> 귀신을 꺼낼 수도
> 부처를 꺼낼 수도 있네.

마음은 마법사라고 붓다는 말했다. 마음이 만들어 낸 것들은 모두가 마법적인 작업이다. 그대는 분명 우리 산야신 마법사, 아비나쉬를 보았을 것이다. 그는 빈 상자에서 물건들을 만들어 낼 수 있다……. 마음은 마법사이다. 한번 마음속에 관념을 갖게 되면 그것은 씨앗이 되고 씨앗은 자라나 곧 그대에게 실체가 될 것이다.

어젯밤에 니르그란타가 심장마비를 일으켰다. 자, 그는 지난 6개월 동안 심장마비가 오고 있다는 것을 느꼈다고 한다. 상황은 정반대이다. 6개월 동안 그는 그것이 오고 있다고, 그것이 왔다고 생각하고 있었기 때문이다. 그가 그것을 알아서가 아니었다. 그 일은 일어날 수밖에 없었는데, 그것은 미래에 대한 직관이 아니었다. 그가 미래를 창조한 것이다. 6개월 간 끊임없이 그것이 오고 있다고 생각함으로써 그것은 와야만 했다. 마음은 마법사이다. 마음은 창조한다. 무엇이든지 창조할 수 있다!

지금 여러 연구 분야에서 이 현상에 도달하고 있다. '플라세보 요법'이라고 부르는 새로운 종류의 치료법이 생기고 있다. 플라세보란 가짜약, 즉 위약(僞藥)으로써 약품이 아니지만 환자에게는 그것을 약이라고 해서 준다. 의사마저도 그것이 약이라고 생각해야 한다. 안 그러면 그의 거동에서 진실이 비춰지거나 드러날지도 모르기 때문이다. 의사는 무지함을 유지해야 한다. 즉 그는 진짜 약의 마크와 이름과 상표를 붙인 물을 주사하고 설탕으로 된 알약을 주며 이것이 약이라고 믿는다. 환자도 이것이 약이라고 믿는다. 그런데 기적은 그것이 효력을 발휘한다는 것이다. 그 안에 약 성분이 없는데도 환자는 치유된다. 그것을 약이라고 믿는 의사의 믿음이 환자의 분위기와 심리 상태와 최면과 병원의 모든 장치를 조성하고, 환자는 질병에서 벗어나고 싶어한다. 그리고 유명한 의사가 약을 주면 효과가 있게끔 되어 있다. 그것이 약인가 아닌가는 그다지 문제가 안 된다.

약과 위약이 거의 같은 비율로 작용한다는 것이 밝혀졌다. 만일 70퍼센트의 환자가 약에 의해서, 진짜 약에 의해서 낫는다면 70퍼센트의 환자는 가짜 약인 플라세보 약에 의해서 낫는다. 그것은 의학계에 엄청난 파문을 일으켰다. 무슨 일이 일어나고 있는가?

진짜로 일어나고 있는 것은 이것이다. 무엇보다도 병은 마음으로 인해서 생긴 현상이라는 사실이다. 둘째는 마음이 확신하면 병은 치유된다는 점이다. 그러니 의사들에게 지불하는 보수가 그렇게 많지 않다면 약은 별 효과가 없을 것이다. 치료비가 비쌀수록 약은 더욱 효과가 있다. 만일 치료비가 비싸서 거액의 치료비를 지불하고 있다면 효과는 더 클 것이다. 그러면 그대가 효과를 바라기 때문이다. 그것이 공짜라면 효과가 있든지 말든지 누가 신경 쓰겠는가? 효과가 있으면 좋고 그렇지 않아도 그만이다. 그건 공짜니까. 대가를 지불할 때는 효과에 집중한다. 그러면 효력을 발생한다!

붓다는 마음은 마법사라고 말한다. 마음은 질병을 창조하고 치유도 창조할 수 있다. 마음은 온갖 종류의 환상들을 창조한다. 아름다움과 추함, 성공과 실패, 부와 가난⋯⋯. 마음은 끝없이 창조한다. 관념이 한번 자리 잡게 되면 그대의 모든 에너지는 그것을 창조하고 그것을 실체로 만드는 데 쓰인다. 모든 사념들은 물질이 된다. 물질은 최초에 사념이었을 뿐 아무 것도 아니었다. 그대는 일종의 최면 속에서 산다.

붓다는 이 최면에서 깨어나야 한다고 말한다. 다른 종교는 이 최면을 깨우기 위해 그렇게 열심히 애쓰지 않았다. 인간은 최면에서 풀려나야 한다. 인간은 그 모든 것이, 즉 아픔과 기쁨, 탄생과 죽음이 양쪽 다 마음이라는 걸 자각해야 한다. 모든 것은 마음이다.

일단 이것을 철저하게 보면 마법사는 사라진다⋯⋯. 그때 남는 것이 진리이다. 그리고 그 진리는 해방이다.

> 꼭두각시 사도들에게 걸린
> 인형 상자
> 귀신을 꺼낼 수도
> 부처를 꺼낼 수도 있네.

참으로 중요한 성명이다. 그대는 악마도 될 수 있고 붓다도 될 수 있다. 그것은 모두 마음의 장난이다. 그대는 죄인도 될 수 있고 성자도 될 수 있다. 범죄자 아돌프 히틀러가 될 수도 있고 아니면 위대한 마하트마도 될 수 있다. 그 모두 마음의 장난이다. 양쪽 다 마음의 유희이다.

그러면 누가 진정한 붓다인가? 만일 악마도 마음의 것이고 붓다도 마음의 것이라면 누가 참 붓다인가? 진정한 붓다는 더 이상 마음이 없는 사람, 마음의 모든 장난을 보게 된 사람, 마음의 온갖 장난에서 물러난 사람이다. 그것이 포기이고 그것이 산야스이다. 그는 마음의 장난에서 일체 물러나 더 이상 새로운 게임을 하지 않는다.

선객들은 붓다는 태어난 적도 없고 산 적도 없고 말한 적도 죽은 적도 없으며, 결코 깨달음에 이른 적도 없다고 말하는데 그들이 옳다. 또한 명백히 틀리다. 왜냐하면 붓다는 태어났었고, 82년 간 살았으며 신화가 아닌 역사적인 인물이기 때문이다. 그는 시대적인 의미에서 무한한 흔적을 남겼다. 그는 태어났고 깨달았으며 수많은 말을 했다. 42년 동안 쉬지 않고 가르쳤다. 이것은 명백한 사실이다.

선객들이 "붓다는 태어난 적도 없고 산 적도 없으며 말한 바도 없고 죽지도 않았고 깨달음에 이른 적도 없다."고 하는 것은 그러한 역사적 사실들을 부정하는 게 아니다. 그것을 기억하라. 그들은 한층 더 귀중한 것을 언급하고 있다. 그들은 이렇게 말하는 것이다. "그렇다. 그는 수많은 말을 했지만 한마디도 하지 않았다. 그의 참 실체는 침묵 속에 머물렀다. 그렇다. 그는 확실한 어머니와 확실한 아버지에게서, 확실한 장소에서 태어났지만 그 탄생은 오직 마음의 현상이었고 그가 살며 통과한 꿈이었다. 하지만 실체에 있어서는 그는 태어난 바가 없다."

그리고 실체에 있어서는 그대도 태어난 바가 없다. 실체에 있어서는 결코 죽은 바가 없다. 태어나지 않았는데 어떻게 죽을 수 있겠는가? 누가 죽을 수 있는가? 거기 누가 있어 죽는가? 그리고 물론, 태어나지도 않았고 죽을 수도 없는데 어떻게 깨달을 수 있겠는가? 거기 누가 있어 깨닫는가? 아무도 없다. 붓다가 될 그 누군가가 없다.

이것이 불성이다. 이것이 깨달음이다. 거기 아무도 없다는 것, 집은 완전히 비어 있다는 것, 거기 누구도 살았던 적이 없고 단지 우리가 마음의 게임을 하고 있었다는 것, 우리가 그림자를 만들고 깊은 잠 속에서 꿈꾸고 있었다는 것을 보는 것이다. 그때 모든 것이 사라진다.

아침에 그대는 깨어난다. 나쁜 꿈만 잘못이거나 거짓이 아니다. 좋은 꿈 역시 거짓이다. 밤에 꿈속에서 그대가 도둑이었든 요기(yogi, 요가 수행자)였든 아침에는 상관이 없다. 둘 다 거짓이다. 그대가 아돌프 히틀러가 된 꿈을 꾸었든 고타마 붓다가 된 꿈을 꾸었든 아침이면 상관이 없다. 그대가 깨어날 때 모든 것은 끝난다. 아돌프 히틀러도 사라지고 고타마 붓다도 사라진다. 일체가 사라진다. 그리고 남는 것은 본질로써 항상 거기에 있었다. 그 영원성, 그 무형(無形)성, 그 무특질(無特質)성, 그 니르구나(nirguna), 그 무조건(無條件)성이 그대의 실체이다. 그 무조건성 위에 온갖 조건들이 부과되어 왔다. 그 무조건성 위에 수천 가지 조건들이 쌓여 왔다. 그러한 조건들이 모인 것을 마음이라 부른다. 하여 마음을 벗어나는 유일한 길은 마음을 보는 것, 마음을 자각하는 것이다.

꿈을 자각하게 될수록 꿈은 서서히 사라져 간다. 꿈은 감소되기 시작한다. 각성이 완전해질 때 꿈은 사라진다. 그때 그대는 붓다도 아니고 남자도 여자도 아니다. 이것도 저것도 아니다. 그러면 그대는 누구인가? 그것에 대해서는 아무 것도 말할 수 없다. 말할 수 있는 건 오직 한 가지, 진인(眞人)을 한번 보면 우리는 사랑에 빠진다는 것이다. 그리고 우리는 사랑이다.

특별한 아무 것도 없다고 말한다면

> 그는 이미 어긋난 것
> 한마디도 말할 수 없다면
> 이는 달마 이뀨.

이뀨는 말한다. "불법이란 그림 속에 그려진 대나무 스치는 소리에 지나지 않는다고 나는 말해 왔다. 불법이란 꿈에 지나지 않는다고 나는 말해 왔다. 그것은 아무 특별한 게 없고 아주 평범한 것이며 자연의 섭리라고 나는 말해 왔다." 그러나 그는 느낀다. "그렇게 말하는 것 또한 어긋난 것이다. 그것마저도 말해서는 안 되는 것이다."라고.

그것에 관해서는 아무 것도 말할 수 없다. 그것을 말하는 것은 뭔가 잘못된 것이다. 그것을 말하는 것은 기만이다.

> 특별한 아무 것도 없다고 말한다면
> 그는 이미 어긋난 것 …

불교는 특별한 종교라고, 위대한 종교라고 말할 수 없다. 또한 아무 특별함이 없다고도 말할 수 없다.

불교에는 두 학파가 있다. 한 학파는 불교는 위대한 종교이고 가장 심오하며 가장 높이 올라갔다고 말한다. 기독교인이나 힌두교인들, 자이나교인들이 말하는 것과 매일반이다. 모두가 자기의 종교를 주장한다. 실제로는 종교를 통해 자기의 에고를 주장하는 것이다. 불교가 가장 위대한 종교라고 말하는 불교도의 집단은 거대한 숫자이다. 그러니 붓다는 가장 위대한 사람이다.

다음, 거기엔 아무 특별함이 없는 아주 평범한 것이라고, 즉 거기에 대한 아무 자랑도 주장도 하지 않는 선객들이 있다. 하지만 이뀨는 말한다. 그것이 특별하지 않다고 말하는 것 또한 뭔가를 말하는 것이라고. 그것을 특별하게 만드는 것이라고!

　기독교인들은 기독교가 특별하다고 말한다. 힌두교인들은 힌두교가 특별하다고 말한다. 회교인들은 회교가 특별하다고 말한다. 그런데 선객들은 거기 아무 것도 특별하지 않다고 말한다. 그것은 더욱 그것을 특별하게 만드는 것이다. 남들은 자기들이 특별하다고 주장하는데 그대는 "우리는 특별하지 않다."라고 말함으로써 더욱 특별해진다. 그것은 특별해지는 비결이다. 그것은 특별함을 주장하는 방법이다. 전부가 "나는 비범하다."고 주장하는데 "나는 평범하다."고 주장하는 사람이 있다면 정말로 자신의 비범함을 주장하는 것이다.

　생각해 보라. 만명의 사람들이 전부 "나는 비범하다."고 주장하고 있는데 그대만 겸손한 사람으로 "예. 나는 평범합니다."라고 말한다. 뭘 하고 있는 건가? 그대는 진짜 비범함을 주장하고 있는 것이다. 그대는 이렇게 말하는 것이다. "바보들, 만 명의 멍청이들아! 당신들은 전부 당신들이 비범하다고 주장한다. 그것은 모두 에고이다. 나를 봐라. 이 겸손한 사람을. 이 하찮은 사람을. 나 혼자만이 나는 평범하다고 말할 수 있다." 그런데 오직 이 사람만이 비범하다. 다른 사람들은 똑같은 것을 주장하니 평범하다. 전부가 그것을 주장하고 있다.

　이규가 옳다.

> 특별한 아무 것도 없다고 말한다면
> 그는 이미 어긋난 것
> 한마디도 말할 수 없다면
> 이는 달마 이규.

달마는 인도에서 중국으로 온 선 불교의 시조로서 말 너머의 메시지를 전하기 위해, 이 종교 아닌 종교를 전하기 위해 인도에서 중국으로 건너온 최초의 사람이다. 따라서 모든 선사들은 달마에게 큰 은혜를 느낀다.

이큐는 말한다. 이 달마 이큐는, 이 달마의 추종자, 이 달마의 제자는 말할 수 없다. 나는 불법이 특별하다고 말할 수 없다. 나는 거기 아무 특별함도 없다고 말할 수 없다. 나는 아무 것도 말할 수 없을 따름이다.

그 침묵 속에서 그는 무진장 아름다운 것을 말하고 있다. 아무 것도 말할 수 없다는 것은 너무나 거대한 것이기에 말로는 충분하지 않다는 것을 의미한다. 붓다는 그것을 지녔다. 어떤 말로도 담을 수 없는 광대함을.

제자는 도무지 스승에 대해 말할 수 없다. 만일 제자가 스승에 대해 말할 수 있다면, 스승에 대해 정확히 말할 수 있다고 느낀다면, 그리고 충분히 표현했다고 느낀다면 그는 제자가 아니다. 그는 스승을 전연 이해하지 못했다. 스승을 이해하면 일체의 언어와 일체의 표현을 잃어버리기 때문이다. 그토록 거대한 실체를 마주하면 그저 벙어리가 될 따름이다.

제자는 스승 앞에서 항상 벙어리다. 그때 비로소 그는 자신을 안다. 말할 수 있는 자는 안 것이 아니다. 말할 수 없는 자는 안다.

제5장

월계수 꽃의 냄새를 맡았는가?

Do You Smell the Mountain Laurels?

내가 머물고 있는 곳은
기둥도 지붕도 없지만,
비에도 젖지 않고 바람도 맞지 않네.

산바람이 불어올 땐
거세게 몰아쳐 오지만,
불어오지 않을 땐
다만 불어오지 않을 뿐.

다리가 없어도 구름은
하늘로 오르고
고타마의 경(經)이
도와주길 바라지 않는다.

파지 않은 우물, 고이지 않은 물 위에
파문이 일고,
그림자도 형상도 없는 이가
소일을 하네.

마음이라 해도
마음 같은 것은 없다
깨달음이라 하면
무엇을 깨닫는단 말인가?

이야기 하나,

선사 : 나는 여기 지팡이 하나를 갖고 있다. 그럼에도 내겐 지팡이가 없다. 그것을 어떻게 설명하겠는가?
유태인 수사 : 설명 못하겠습니다!
선사 : 자, 무례하게 굴지 말라! 그것은 그대에게 지워진 의무이다. 그대가 청한 대로 정말로 깨달음을 얻고자 한다면 전력 투구해서 대답을 찾아라.
수사 : 알겠습니다. 짐작컨대, 한쪽으로 보면 지팡이를 가지고 있고 다른 쪽으로 보면 가지고 있지 않군요.
선사 : 아니다. 그건 전혀 내가 말하는 게 아니다! 내 뜻은 정확히 같은 쪽으로 보라는 말이다. 나는 지팡이를 가지고 있으면서 동시에 가지고 있지 않다. 자, 그것을 어떻게 설명하겠는가?
수사 : 포기하겠습니다!

선사 : 하지만 포기해선 안 된다! 느슨해진 정신 상태를 단단히 조여라.
수사 : 제가 그만두는 것까지 스승님과 논쟁할 마음이 없습니다. 제가 포기하는 건 실존적인 사실일 뿐입니다.
선사 : 하지만 깨닫고 싶지 않느냐?
수사 : 깨닫는 것이 그렇게 고약한 천치 같은 질문을 숙고하는 것이라면, 차라리 지옥에나 가라지요! 스승님을 실망시켜서 죄송합니다만 안녕히 계십시오!

12년 후.

수사 : 다시 스승님께 돌아왔습니다. 오 스승님, 깊이 사죄드립니다. 12년 동안 저의 소심함과 참을성 없음을 저주하며 방황하였습니다. 인생을 계속 회피할 수 없음을 이제야 깨달았습니다. 조만간에 저는 우주의 궁극적인 문제들과 마주 해야만 합니다. 그러니 이제는 마음을 굳게 먹고 스승님이 준 문제들을 진지하게 풀도록 노력하겠습니다.
선사 : 그 문제가 뭐였더라?
수사 : 스승님은 지팡이를 가지고 있음에도 불구하고 지팡이를 가지고 있지 않다고 말했습니다. 그걸 어떻게 설명할 것인가 물었습니다.
스승 : 내가 정말로 그렇게 말했단 말이냐? 내가 그렇게 멍청한 질문을 했단 말이냐?

선은 가르침이 없다. 선은 교리가 없다. 선은 안내서를 주지 않는다. 선은 목적지 같은 것은 없다고 말하기 때문이다. 그것은 그대에게 어떤 방향으로도 움직이지 말라고 말한다. 그대는 이미 거기에 있기 때문에 거기에 도달하려고 노력하면 노력할수록 더욱 멀어진다고 말한다. 구하면 구할수록 더욱 놓칠 것이다. 구하는 것은 그것을 놓치는 확실한 길이다.

그것을 얻는다는 것은 그것은 이미 있다는 것, 그것은 이미 일어나 있다는 것, 그것은 바로 존재의 본성이라는 핵심을 아는 것이다.

깨달음이란 목적지가 아니라 지금 여기에 존재하는 특질이다. 어떻게 그것이 목적지가 될 수 있겠는가? 목적지란 결코 지금 여기에 없다. 그것은 항상 다음에 있다. 그것은 항상 다른 어딘가에 있다. 그것은 수평선과 같다. 수평선은 항상 먼 곳에 있어서 바로 가까이에서는 볼 수 없다. 사람들은 "조금만 더 가면 수평선에 닿겠지." 하고 느끼지만 절대 닿을 수 없다. 다가가면 다가갈수록 수평선은 더 뒤로 물러난다. 실은 거기 아무 것도 없기 때문이다. 바로 환상이다.

땅과 하늘은 어디에서도 만나지 못한다. 그들은 둘이 아니기에 만날 수 없다. 그들은 하나이기에 만날 수 없다. 땅은 바로 물질화된 하늘의 공간일 뿐이다. 그것은 하늘의 대양 위에 떠 있는 파도이다. 어떻게 그들이 만날 수 있는가? 만나려면 적어도 둘이 필요한데 그들은 둘이 아니다. 수평선은 오직 사람의 마음속에만 존재한다. 그것은 실존적 사실이 아니다. 하지만 그대는 찾고 또 찾아다닌다. 그것을 얻지 못했다고 느끼면 느낄수록 더 그것을 찾으려고 안달한다. 그것을 쫓다가 미쳐 버릴 수도 있다.

선은 말한다. "거기 가야 할 어디도 없다. 따라서 지도도 필요 없다." 그러면 선사의 목적은 무엇인가? 그의 목적은 그대를 '지금 여기'로 데려오는 것이다. 그의 목적은 그대가 지금 여기에 깨어 있도록 후려치는 것이다. 그대는 깊이 잠들어 꿈속에 살고 있다.

다른 이야기가 있다.

선 수련생 : 그러니 스승님, 영혼은 영원합니까, 아닙니까? 육체가 죽어도 우리는 살아남습니까, 아니면 소멸되어 버립니까? 정말로 우리는 또다시 화신(化身)으로 태어납니까? 우리의 영혼은 순환될 수 있는 구성 부분으로 분리됩니까? 아니면 하나의 원소로서 생물학적인 조직의 육체에 들어가는 것입니까? 기억들은 보존됩니까, 아닙니까? 혹은 화신에 대한 교리는 허위입니까? 혹시 기독교의 생존 관념이 더 옳은 것은 아닙니까? 만일 그렇다면 육체적으로 부활하는 것입니까, 아니면 영혼이 순수한 정신적인 영혼의 영역 속으로 들어가는 것입니까?"
스승 : 아침 밥이 식었구나.

이것이 선의 길이다. 그대를 지금 여기로 데려오는 것. 아침 식사가 어떤 낙원보다도 중요하다. 아침 식사가 신에 대한 관념보다 훨씬 중요하다. 화신에 대한 학설, 영혼, 부활, 그리고 그 모든 난센스보다 아침 식사가 훨씬 중요하다. 아침 식사는 지금 여기에 있기 때문이다.
　선에 있어서는 지금 이 순간이 궁극이다. 당장 당면해 있는 것이 초월이다. 이 순간이 영원이다……. 그대는 이 순간에 깨어 있어야 한다.
　따라서 선은 가르침이 아니라 하나의 장치이다. 그대의 꿈꾸는 마음을 방해하기 위한 하나의 장치이다. 어떻게든 그대에게 위급함을 알리는, 그대가 일어나서 봐야 하는 상황을 만들어 주려는 장치이며 그대가 편안하게 잠들어 있을 수 없도록 그대 주변에 팽팽한 상태를 창조하려는 장치이다.

이것이 선의 멋이고 선이 세상에 가져온 혁명이다. 다른 종교들은 모두 위안물이다. 그들은 그대가 더 잘 자도록 도와준다. 선은 그대를 깨우려고 노력한다. 그것은 조금도 위로를 하지 않는다. 그것은 위대한 것들을 말하지 않는다. 거기 위대한 것들이 없어서가 아니라, 그런 말들이 아무 소용 없기 때문이다.

사람들은 아주 어리석은 관념을 갖고 있다. 그들은 생각한다 ……. 우리가 좋아하는 함정의 하나는 문제를 말함으로써 그것에 대해 뭔가를 하고 있는 척하는 것이다. 그 때문에 정신 분석이 그토록 중요해진 것이다. 그것은 말하는 것에 지나지 않는다. 환자는 줄곧 자신의 문제들을 말하면서, 문제들을 말함으로써 해결하고 있다고 생각한다.

사람들은 계속 질문을 하면서 대답을 얻는다. 묻고 대답을 얻음으로써 자신들의 진짜 문제에 대해 특별히 무엇인가를 하고 있다고 생각한다. 그러나 타인들에 의해 주어진 대답은 그대를 돕지 못할 것이다. 그 대답들은 기껏해야 위안이나 될 것이다.

그대는 누군가에게 묻는다. "죽은 후에도 생존할까요?" 그가 "그렇다."고 대답하면 그대는 공포에서, 죽음에 대한 공포에서 풀려난다. 그러면서 그대는 영혼은 불멸하다고 생각한다. 영혼은 불멸하다고 믿는 사람들을 한번 보라. 그들은 가장 겁쟁이라는 걸 알게 될 것이다. 그 일은 이 나라에서 벌어졌다. 오랜 세월 동안, 적어도 오천 년 동안 이 나라 사람들은 영혼의 불멸을 믿어 왔다. 그리고 천 년 동안 이 나라는 노예로 살았다. 사람들은 너무 겁쟁이가 되어 그것에 맞서 대항할 수 없었다. 인도에서는 한 차례의 혁명도 일어나지 않았다.

영혼의 불멸을 믿는 사람들이라면 용기 백배해야 한다. 그들은 죽지 않을 테니 죽음을 마주할 수 있다. 하지만 현실은 정반대이다.

실제, 영혼 불멸이라는 그들의 믿음은 방어책에 불과하다. 비겁함을 무장한 것이다. 그들은 죽음을 두려워한다. 그러므로 그들은 영혼은 죽지 않는다고 믿는 것이다. 죽음에 맞서서 그 관념에 매달리는 것이다. 그들은 모른다.

만일 선사에게 "영혼은 불멸합니까?"하고 묻는다면 그는 대답하지 않을 것이다. 그대가 공포 때문에 대답을 구한다는 것을 알기 때문이다. 그대의 공포는 권리를 주장하고 싶어한다. 그대는 위안이 필요하다. "그렇다. 두려워하지 말아라."하고 말해 줄 권능적인 누군가가 필요하다. 그대는 아버지라는 인물이 필요하다.

기독교인들이 신을 아버지로 생각하는 것이나 가톨릭 성직자들이 신을 '아버지'라고 부르는 것은 우연이 아니다. 공포로 인해 사람들은 아버지를 부르고 있는 것이다. 그들은 이곳의 아버지가 필요하고 또 하늘에 계신 위대한 아버지가 필요하다. 이 사람들은 유치하고 미성숙하다. 이들은 스스로 설 수 없다. 이들은 스스로 인생을 살아갈 수 없다. 이들은 기댈 수 있는 사람이 필요하다.

선(禪)은 신에 대해 말하지 않는다. 신이 없다는 게 아니다! 하지만 신은 아버지가 아니다. 신은 어머니가 아니다. 어떤 말로도 신을 표현해 낼 수 없다. 모든 말들은 부적절하다. 신은 오직 궁극의 침묵 속에서, 절대 침묵 속에서 체험될 수 있다. 그것을 말하는 것은 의미가 없다. 그것을 말하면서 사람들은 자신들이 대단한 작업을 하고 있다고 생각하기 때문이다. 그때 그들은 경전을 읽고 그것을 철학화시킨다. 또한 끊임없이 그들의 관념과 교리들을 세련되게 하여 믿어 나간다. 그들의 삶은 조금도 변화가 없다. 그들의 믿음은 그들의 삶에 조금도 빛을 주지 못한다. 사실, 그들의 믿음은 빛을 가로막는 장애물이다.

선은 믿음 체계가 아니다. 그것은 깨어남의 길이다. 그리고 선사는 난폭할 수밖에 없다. 그것은 그의 자비심이다. 그는 그대를 쳐야만 한다. 그는 어떻게 그대를 칠 것인가 계속 방편을 찾는다.

이 이야기를 들어 보라.

한 선사가 불상에 예불하고 있었다. 그러자 어떤 중이 와서 물었다.
"왜 부처님를 숭배합니까?"
"예불드리고 싶다."
"하지만 스님은 예불한다고 해서 깨달을 수는 없다고 말씀하셨습니다."
"깨닫기 위해 예불드리는 게 아니다."
"그럼 왜 예불드립니까? 틀림없이 이유가 있을 텐데요!"
"아무 이유도 없다. 그저 예불드리고 싶을 뿐이다."
"하지만 뭔가 구하고 있는 게 분명합니다. 스님은 어떤 목적을 기대하고 있는 거예요!"
"나는 어떤 목적 때문에 예불드리는 게 아니다."
"그러면 왜 예불을 드립니까? 예불드리는 스님의 목적은 무엇입니까?"
이 순간, 스승은 단숨에 뛰어올라 느닷없이 중의 얼굴을 한방 먹였다!

그것은 무척 거칠고 뜻밖으로 보인다. 승려가 아무 상관도 없는 질문을 한 건 아니다. 그는 호기심에서 인간적인 질문을 했을 뿐이다. 그는 그렇게 대하지 말아야 했다. 그를 칠 필요는 없었다. 힌두교 승려였다면 그를 치지 않았을 것이다. 가톨릭 신부였다면 그를 치지 않았을 것이다. 그들의 목적은 다르다. 오직 선사만이 그를 칠 수 있다. 그의 목적은 다르다.

왜 그는 처음부터 그를 치지 않았는가? 왜 성가시게 그 많은 질문들을 다 대답해 놓고 그를 쳤는가? 그는 상황을, 적당한 상황을 연출한 것이다. 그는 열기를 불러일으켰다. 그는 점점 더 호기심을 일으켰다. 그는 그 일격이 그에게 충격을 가해 그를 각성시킬 수 있는 상태로 끌어들인 것이다.

그는 승려가 더욱더 그것을 생각해서, 생각의 정점까지 가게끔 만들었다. 오직 정점에서만 일격은 도움이 될 수 있기 때문이다.

승려에 대한 그의 일격은 거친 것도 거만한 것도 아니다. 그것은 분노로부터 나온 게 아니라는 걸 상기하라. 나는 이 이야기를 그 승려가 꼬치꼬치 캐묻는 것에 화가 난 스승이, 화가 나서 그를 되돌려 쳤다고 생각한 미국인이 쓴 책에서 발견했다. 이것은 터무니없다. 그 사람은 전체의 요지를 놓쳤다. 그것은 분노로 인한 게 아니다! 그는 질문에 불쾌해진 게 아니다. 그는 질문에 대답하지 않고, 질문을 한층 강화시킴으로써 승려를 더욱더 열받게 한 것이다. 한번 그 차이를 보라.

통상, 그대는 한 질문에 대답을 해줌으로써 질문을 끝내 버린다. 선사는 제자의 질문이 보다 핵심적이고 절박해지게끔 대답하고 있다. 그는 그 질문이 전체적으로 일어나도록 돕고 있는 것이다. 제자가 자신의 질문이 너무 중요해서 스승이 대답할 수 없다는 생각을 하도록 유도하고 있는 것이다. 그는 승려의 에고가 커다란 풍선처럼 부풀어 오르도록 만들고 있는 것이다. 그래서 살짝 찌르면 … 풍선은 터져 버린다.

그것은 분노 때문이 아니다. 분노와는 아무 관련이 없다. 그는 그 승려에게 화나지 않았고 승려가 귀찮지도 않았다. 그는 분명 승려가 그렇게 묻는 것을 흡족해 했을 것이다. 그것은 스승에게 기회를 주는 것이니까. 하지만 그것은 하나의 방편이다. 그는 대답하지 않는다.

그 일격마저도 대답은 아니라는 걸 기억하라. 일부의 사람들은 마치 그 일격이 대답인 것처럼 생각하는데, 그것 역시 대답은 아니다. 그 일격은 단지 그대를 찔러 주고 그대의 토대를 흔들어 주는 것에 불과하다. 그렇게 해서 단 한 순간이라도 생각에서 미끄러져 나오면 그대는 실체를 언뜻 볼 것이다. 그러면 그대는 신도 붓다도 숭배도 잊어버릴 것이다……. 그리고는 그저 그대의 아침 식사가 식었다는 사실을 알 것이다. 그대는 지금 여기로 올 것이다.

선(禪)은 삶을 향한 실존적 접근 방식이다. 철학적인 접근 방식이 아니다. 그래서 그것은 무진장한 도움이 되었다. 수많은 사람들을 깨어나게 했다.

선은 문제를 분석하는 걸 인정하지 않는다. 선은 어떤 문제든 그 자체의 수준으로는 해결될 수 있다고 보지 않기 때문이다. 그대의 의식이 그 문제보다 좀더 높이 올라가 있지 않으면 어떤 문제도 해결될 수 없다. 이것을 이해해야 한다. 이것은 아주 근본적인 것이다.

그대는 내게 묻는다. 나는 그것에 대답할 수 있다. 그럼에도 그대는 여전히 같은 의식 수준에 머물러 있다. 나의 대답이 그대의 의식을 끌어올릴 순 없다. 그대는 묻는다. "신은 존재합니까?" 나는 그렇다고도 대답할 수 있고 아니라고도 대답할 수 있다. 하지만 그대는 여전히 매일반이다! 내가 그렇다고 말하든 아니라고 말하든 그대가 보다 의식적이 되는 데 있어서는 그다지 도움이 안 될 것이다. 보다 더 실존적이 되도록 하지 못할 것이다. 그것은 오로지 이런 저런 지식만 줄 것이다.

만일 그대가 무신론자이면서 "신은 있습니까?"하고 묻는데 내가 없다고 한다면 그대는 매우 만족해 할 것이다. 그대는 "내가 옳았어."하고 생각할 것이다. 혹은 내가 신은 있다고 한다면 그대는 이렇게 말할 것이다. "이 사람은 틀렸어. 이 사람은 아무 것도 몰라. 그저 장님이야. 나는 논쟁도 해보고 문제의 심층까지 들여다 봤지만 신이 존재한다는 증거는 찾을 수 없었지."

내가 그렇다고 하든 아니라고 하든, 그대가 유신론자이든 무신론자이든 어떤 경우이든, 그대는 지식을 축적하면서 그것이 그대에게 맞으면 받아들이고 그대에게 맞지 않으면 거부할 것이다. 그대는 끊임없이 마음속에서 그렇게 해왔지만 의식은 올라가지 않았다. 그러나 의식이 올라가지 않는 한 문제는 해결될 수 없다. 무엇보다도 문제의 발생은 그대의 의식에 있다. 그것이 해결될 수 있는 것은 어떤 대답에 의해서가 아니다. 그대의 의식이 그 상태에서 좀더 올라가야 문제 해결에 도움이 될 수 있다.

그것이 선의 작업이다. 선은 지식의 전수가 아닌 의식과 존재의 전수이다.

승려에게 일격을 가함으로써 스승은 그가 더 깨어나도록 도왔을 뿐이다. 그래서 승려가 좀더 깨어난다면 그 일격은 단순한 일격이 아닐 것이다. 그것은 스승의 존재가 제자에게로 뛰어드는 것이다. 그러려면 스승에 대한 커다란 사랑이 필요하다. 안 그러면 일격을 놓칠 것이다. 스승에 대한 커다란 신뢰가 필요하다.

이런 일은 날마다 일어난다.

만일 내가 일격을 가하면, 즉 심한 말을 하거나 에고를 치면 그들 중 구십 퍼센트는 적대심을 품고 반응할 것이다. 그들은 핵심을 놓친다! 그들은 귀중한 기회를 놓친다. 가끔 내가 그대를 비난한다면 그것은 일격을 가하는 것이다. 만일 내가 가끔 그대를 힘들게 한다면, 그것은 한방 치는 것이다. 미묘한 일격이다.

하지만 인류는 에고만큼 진리에는 관심이 없다. 이 사람은 자기에게 맞는 사람이 아니라고 느끼면 금세 떠나려고 한다. 단 한 번의 일격으로 탐구에 대해서는 죄다 잊어버린다. 깨어 있고 민감하게 되기보다는, 의식과 존재를 더욱 수용하기보다는 그냥 마음을 닫아 버린다.

선은 특별한 분위기와 환경, 즉 사랑과 신뢰의 환경을 필요로 한다. 그 때문에 나는 그대가 산야신이지 않고서는 내 작업이 그대에게 효과가 없을 것이라고 강조하는 것이다.

바로 어제 누군가 편지를, 아름다운 편지를 보내 왔다. 분명 마음이 퍽 고운 사람일 것이다. 그는 물었다. "제가 산야신이 되지 않으면 당신과 연결될 수 없습니까? 그저 친구가 될 수는 없을까요? 반드시 제자가 돼야 합니까?" 적절한 질문이다. 그대는 나와 친구가 될 수 있다. 거기 아무 문제도 없다. 하지만 그대는 적만큼이나 확실하게 어긋날 것이다. 친구란 적만큼이나 어긋날 수 있다. 내가 한방 칠 때 그대는 깨어날 수 없을 테니까 말이다. 친구에게서는 그런 걸 기대하지 않기 때문에 그대는 화가 날 것이다. 내가 세게 치면 그대는 그냥 화를 내버릴 것이다. 그대는 보복하고 논쟁하며 뒤돌아 싸울 것이다. 그대는 쉽사리 "그럼 난 간다!"하고 말해 버릴 것이다.

산야스란 설령 내가 그대를 치더라도 기꺼이 나와 함께 가겠다는 뜻이다. 설령 내가 그대를 일그러뜨리고 그대를 파멸시키더라도 기꺼이 나와 함께 간다. 어떤 한계가 닥쳐도 나와 함께 간다. 그대의 신뢰는 더욱 크다. 나에 대한 그대의 신뢰는 그대 자신을 신뢰하는 것보다 한층 더 크다. 그때 작업은 시작된다.

'작업'이란 쉽게 말해 그대가 스승에게 열려 있다는 의미다. 오직 그때 그대는 깨어날 수 있다. 깨어난다는 것은 고통스럽기 때문이다. 그것은 별로 달콤하지 않을 것이다. 그대는 너무나 오랫동안 잠들었고 너무나 많은 환상적인 꿈들을 꾸어 왔다. 그런데 깨달음은 그러한 모든 꿈들을 파괴할 것이 확실하다. 꿈인데도 불구하고 그대는 지금껏 그것들이 실체라고 생각해 왔다. 그런데 누가 그것들을 제거하게 되면 그대는 상처받는다. 그대는 "나는 별 볼일 없이 됐구나 – 거꾸로. 가지고 있던 모든 것을 잃었어."라고 느끼게 된다.

선은 제자가 어느 끝이라도 기꺼이 갈 수 있도록 특별한 환경, 즉 스승과 제자 사이에 신뢰와 무한한 사랑의 분위기를 만든다. 그대는 당황할 것이다. 이따금 선사들은 정말로 거칠게 행동했다.

한 선사의 선원에서 일어난 일이다. 선사는 말을 할 때면, 진리를 말할 때면 항상 손가락 하나를 하늘로 치켜들곤 했다. 그것은 그의 특징이었다. 자연히 그것은 우스개가 되었다. 누구라도 스승을 흉내 내고 싶으면 손가락을 치켜들곤 했다.

한 아주 어린 제자가 스승의 몸짓을 반복해서 흉내 내어 그의 얼굴이며 그의 걸음걸이, 그가 앉는 방식, 그가 말하는 방식에 매우 능숙해졌다. 그는 그저 어린 소년이었다. 그래서 어디서든지 뭔가 심각한 토론이 전개되면 스승이 했던 것과 똑같은 방식으로 손가락 하나를 하늘로 치켜들곤 했다.

어느 날 어린 소년이 스승 뒤에 서 있는데, 스승은 사람들에게 말하면서 손가락을 치켜들었다. 뒤에서 소년도 손가락을 치켜들었다. 그러자 스승은 그를 부르더니 칼을 집어들어 소년의 손가락을 뚝 끊어 버렸다! 지금 그대는 이것이 자비심이라고 생각할 수 있는가? 그의 손가락을 뚝 끊어 버리는 것을? 소년이 고통스러워 비명을 지르자 스승이 말했다. "핵심을 놓치지 말아라! 자, 손가락을 치켜 들어라." 지금 손가락은 없어졌다. 아무 것도 치켜들 게 없었다. 그러나 스승은 말한다. "지금 손가락을 치켜들어라. 핵심을 놓치지 말아라!" 그러자 소년은 눈물을 흘리며 그의 잘려진 손가락을 하늘로 치켜들었다……. 바로 그 순간 견성(見性)이 일어났다. 소년은 탈바꿈됐다.

지금 이것은 표면상으로는 아주 잔인하고 폭력적이다. 만일 그대가 오직 표면밖에 못 본다면 끝까지 이 선객들을 반대할 것이다. 그들은 성자 같지 않다. 성자들은 그런 짓을 모른다. 성자들은 물고기에게 말하고 나무들에게도 말하며, 새들이 와서 그들의 어깨에 걸터앉는다. 우리는 그런 성자만 알아 왔다. 그런데 성자가 특별한 이유도 없이 손가락을 자른다? 순진하고 천진난만해서 스승을 흉내낸 어린 아이의 손가락을? 스승이 성을 낸다? 하지만 내면 깊숙이 들여다본다면 그 소년은 변용(變容)됐다.
그 변용을 본다면 그것은 가치가 있었다. 설령 스승이 소년의 머리를 쳤다 해도 그것은 가치가 있었을 것이다. 손가락은 하찮은 것이다. 그 소년은 완전히 변용됐다.

같은 선사의 이야기인데, 그가 스승과 함께 공부하고 있을 때 그는 아주 유명해져 있었다고 한다. 새들이 날아와 그의 어깨와 머리 위에 앉아 있곤 한 것으로 한번은 그가 나무 아래서 명상하고 있는 동안에도 새들이 그의 머리 속에 둥지를 틀었다. 그는 나라 전역에 유명해져 있었다. 사람들은 그를 붓다처럼 숭배하곤 했다.
그는 당연히 아주 에고적인 사람이 되었다. 그처럼 위대한 성취를 했으니, 그의 스승이 와서는 매우 노여워했다. 그가 말했다.

"이 새들이 네 머리 위에서 뭘 하고 있는 게냐? 이 엉터리 짓거리들을 그만둬라!" 그는 속이 상했지만, 스승의 말을 이해했다. 그날부터 새들은 오지 않았다.

사람들이 구경 왔지만 새들은 오지 않았다. 그들은 의아해서 그 스승에게 물었다. "당신의 제자에게 무슨 일이 일어난 겁니까? 먼저는 새들이 종종 왔었는데, 동물들이 종종 와서 그의 곁에 앉아 있었는데 이제는 오지 않는군요."

스승이 말했다. "이제 그는 사라졌다. 이제 그는 특별하지 않다. 그는 도달했다. 이제 새들은 그를 주목하지 않을 것이다. 동물들도 그냥 지나쳐 갈 것이다. 그는 거기에 없다! 처음엔 그가 거기에 있었다. 그는 특별한 사람이 되어 있었다. 그는 특별한 종류의 에고에 도달해 있었다. 지금은 그것조차 버렸다. 그는 깨닫게 되었다! 지금은 깨달음조차 버렸다. 하여 새들은 이제 그에게 오지 않는 것이다. 왜 그들이 아무도 없는 곳에 오겠는가? 왜 동물들이 거기 와서 앉겠는가? 그들은 아무 데나 앉아도 된다. 그것은 모두 똑같다. 이제 거기엔 아무도 없다."

자, 핵심을 보라! 선은 삶에 대한 완전히 다른 접근 방식을 취한다. 지금 이 스승은 제자가 완전히 사라진 것을 흡족해 한다. 사람은 깨달음이라는 생각에조차도 집착할 수 있기 때문이다. 그대는 그것에 대해 민감해야 한다.

바로 몇 달 전에 그런 일이 있었다. 내가 소멘다라에게 "너는 작은 깨달음을 얻었다."라고 말했더니, 그때부터는 그가 웃는 것을 보지 못했다. 그때부터 그는 아주 심각해졌다. 그는 깨달은 것이다! 그는 그것을 가슴에 간직했다. 그는 특별해졌다. 그는 웃을 수 없고 즐길 수 없다. 그는 평범할 수가 없는 것이다.

지금 이 생각이 지나치게 되면 그의 주변에 부스럼이 생길 것이다. 그는 그것을 버려야만 한다. 그는 다시 못 깨달은 상태로 되어야 한다. 그는 그 깨달음을 잊어버려야 한다. 그것이 거기 없어서가 아니다. 그것은 거기에 있다. 그러나 궁극의 깨달음이 일어나기 전에 많은 깨달음이 일어난다. 그 궁극의 깨달음은 모든 깨달음, 모든 삼매(三昧)를 제거한다. 궁극의 깨달음은 그대가 바로 그 깨달음에 대한 생각을 잊어버릴 때 있다. 그때 순진무구함이 있다. 그때 거기엔 단순한 본성만이 있을 뿐이다.

내가 소멘드라에게 농담을 걸었을 때 그는 그 의미를 간파했다.

나는 여기에 작업환경을 창조하고 있다. 지금 많은 일들이 일어나고 있고 앞으로도 많은 일들이 일어날 것이다. 그대는 준비해야 한다. 첫 번째 준비는 내가 그대를 칠 때, 내가 그대에게 충격을 가할 때 ― 지금 소멘드라는 충격을 받을 것이다 ― 그 충격을 좀더 민감해지는 데, 좀더 깨어 있는 데 이용하라는 것이다.

선은 장치이다. 삶의 분석이 아니다.

그리고 우주는 절대 미지의 것이라는 것을 항상 명심하라. 그것은 살아 있기 때문이다. 분석은 그것을 죽인다. 또한 기억하라. 오직 죽은 것만 알 수 있다는 것을. 삶은 미지로, 알 수 없는 것으로 남아 있다.

어떤 것을 아는 순간, 그대는 그것을 죽인 것이다. 사람들은 끝없이 죽이고 있다. 그들은 사랑을 죽인다. 사랑은 한번 분석이 되면 죽어 버린다. 사람들은 너무 폭력적이어서 심지어는 사랑에서도 그 폭력이 확연히 드러난다.

꽃을 보내는 것은 큰 존경심을 표하기 위해 생명을 희생하는 것이다. 아름다운 장미꽃을 여자 친구나 남자 친구에게 보내는 것은 뭘 말하는가? 이것은 이해력 있는 행위가 아니다. 장미꽃을 여자 친구에게 줄 때 그대는 뭘 말하고 있는가? 그대는 이렇게 말하는 것이다. "나는 너를 죽일 거야. 애야! 나는 기꺼이 널 죽일 거야. 나는 살해할 수 있어. 봐. 내가 이 꽃을 살해했잖아."

심지어는 사랑마저 힘의 게임에 불과하다. 힘은 늘 죽인다. 베이컨은 아는 것이 힘이라고 말했다. 틀림없이 그렇다. 지식도 죽이기 때문이다. 뭔가를 죽일 때 그대는 엄청난 힘을 느낀다.

과거 스탈린 주변 사람들의 가장 큰 취미는 사냥이었다고 들은 적이 있다. 브레즈네프는 키신저를 사냥에 데리고 가서 그의 권력을 보여 주었다. 티토는 자신의 권력을 확인하고자 할 때마다 숫사슴과 곰을 죽인다고 한다.

사람들은 자신의 힘의 막강함을 보여 주려 할 때마다 무엇을 죽인다. 아돌프 히틀러는 그의 권력을 보여 주기 위해 죽여야 했다. 그리고 죽이는 것에는 여러 차원이 있다. 지식 또한 미묘하게 사물을 죽이는 것이다.

선객들은 권력에 흥미가 없었기에 지식에도 흥미가 없었다. 그들은 있는 그대로의 삶을 중요시한다. 그들은 아침 식사를 중요시한다. 신(神)이 아니다. 천국이 아니다. 영혼이 아니다. 전생이 아니다. 내생이 아니다. 그저 아침 식사, 여기에 관심이 있을 따름이다. 그들은 순전히 즉각적이다.

우리는 오로지 우리가 죽인 것만을 알 뿐이다. 그러니 절대 지식을 구하지 말아라. 안 그러면 그대는 살인자가, 살해자가 될 것이다. 그것이 과학이 해온 짓이다. 과학 실험은 전부 살해와 또 살해에 지나지 않는다. 그들은 자연을 살해했다. 그들은 줄곧 살해하고 있다. 그것은 폭력을 감추기 위한 근사한 장치물이다.

한번 과학 연구소에 가서 그들이 단순하고 순진한 동물들을 고문하기 위해 얼마나 많은 방법을 발명해 냈는지 보라. 실험이라는 이름 하에. 연구라는 이름 하에. 진리라는 이름 하에. 상상도 할 수 없는 고문이다. 하지만 그것이 진리를 위해서라면 허용이 된다. 아무도 과학자들을 폭력적으로 생각하지 않는다.

아무도 철학자들을 폭력적으로 생각하지 않는다. 그러나 그 역시 폭력이다. 그들은 모든 것을 분석해 간다.

선(禪)은 죽이는 데 관심이 없다. 말 한마디에도 죽이는 데는 관심이 없다. 선은 아는 것에 관심이 없다. 선의 관심은 존재에 있다. 이 경문들은 그대가 핵심을 보도록 도와줄 것이다.

> 내가 머물고 있는 곳은
> 기둥도 지붕도 없지만,
> 비에도 젖지 않고 바람도 맞지 않네.

한마디 한마디 깊은 사랑과 깊은 교감을 가지고 들어가라.
첫째,

> 내가 머물고 있는 곳은
> 기둥도…

내면은 경계가 없다. 버팀목이 없고 기둥이 없다. 그것은 무한 공간이고 순수 공간이다. 그것은 물질이 아니다. 거기엔 아무도 없다. 그것은 절대 침묵이다. 소리 한번 침투한 적이 없다. 그대 내면의 해변에는 그 누구도 걸은 적이 없다. 거기엔 아무 흔적도 없다. 그것은 처녀의 땅이다.

그 내면의 공간을 들여다본다면 그대는 사라져 갈 것이다. 내면을 들여다볼수록 그대는 점점 사라져 갈 것이다. 그래서 사람들은 내면을 들여다보고 싶지 않은 것이다. 그들은 자기 지식과, 내면을 들여다보는 기술적인 방법에 대해서만 이야기한다. 하지만 그들은 들여다보지 않는다. 그리고 거기에는 기술이란 것이 없다.

내면을 들여다보는 건 아주 간단한 일이다. 그것은 밖을 보듯이 간단하다. 다만 눈을 감고 안을 들여다보면 된다. 그런데 공포가 일어난다. 내면을 들여다보는 건 엄청나게 두렵다. 그 허공은 그대를 압도하기 때문이다. 그대는 사라지기 시작한다. 그대는 마치 죽는 것 같이 느낀다. 그대는 뒤로 달아난다. 그대는 온갖 생각을 하기 시작한다.

그대는 지켜 본 적이 없는가? 고요히 앉아서 안을 들여다볼 때마다 마음은 금세 수많은 생각들을 창조한다. 왜? 그것은 그대의 장치다. 그것은 바로 오징어와 같다. 오징어는 적이 다가오는 것을 볼 때마다 자기 주변에 안개처럼 어두운 검은 잉크를 풀어 놓는다. 그 잉크는 즉시 주변을 가리워서 적이 그 위치를 알 수 없게 한다.

그대가 내면으로 들어갈 때 마음은 즉각 수천 가지 생각들을 분비한다. 금세 에너지가 생각들 속으로 질주한다. 이것은 바로 오징어가 자기 주변에 어두운 검은 잉크를 풀어 놓는 것과 같다. 안개를 만들어서 그대가 내면의 가장 깊은 '무'를 볼 수 없게 하는 것이다. 그대는 보고 싶지 않다. 안을 보는 것은 자살하는 것이다. 에고의 자살, 자아의 자살이다.

이큐는 말한다.

> 내가 머물고 있는 곳은
> 기둥도 지붕도 없지만,

그것은 그저 광대하게 열린 하늘이다……. 기둥도 없고 지붕도 없다. 그것은 무한하다.

비에도 젖지 않고 바람도 맞지 않네.

지붕도 없고 기둥도 없다면 어떻게 비가 그것을 적실 수 있는가? 그리고 바닥도 없다면? 그대는 비올 때 하늘이 젖는다고 생각하는가? 하늘은 그대로 남아 있다. 비는 하늘을 적실 수 없다. 구름이 끼었을 때 그 구름들이 하늘에 어떤 영향을 미치리라 생각하는가? 그 하늘이 구름들로 더럽혀지고 오염된다고 생각하는가? 하늘이 어두워진다고 생각하는가? 하늘에 흔적이 남는다고 생각하는가? 아무 것도 남지 않는다.

어떻게 절대의 '무'를 건드릴 수 있겠는가? 외부에 하늘이 있듯이 내부에도 하늘이 있다. 그리고 '외부'와 '내부'는 단지 임의로 정한 것일 뿐이다. 그날 그대는 알 것이다. 그것은 모두 하나의 하늘임을.

외부와 내부 그것은 하나이다. 그 안으로 들어가려면 대단히 용감해야 한다. 일단 실체를 볼 용기를 내면 모든 두려움은 사라진다. 두려움은 일체 에고의 것이기 때문이다. 모든 두려움은 에고로 인한다.

"내가 죽느냐 사느냐?"가 두려움의 전부이다. 하지만 한번 내면의 하늘을 보게 되면 두려움은 남아 있을 수 없다. 그대가 존재하지 않는데 무엇을? 그대는 존재한 적도 없고 앞으로도 존재하지 않을 것이다. 태어난 적도 없고 죽지도 않을 것이다. 하여 항상 있어 온 그것이 앞으로도 항상 있을 것이다. 하지만 그대는 그것이 아니다! 그것은 오직 그대가 부재할 때, 그대가 사라졌을 때만 드러난다.

그대는 바로 꿈이다. 꿈꾸는 자 역시 꿈의 일부이다. 꿈이 사라질 때 꿈꾸는 자도 사라진다. 이 내면의 공간에 살면 불안전함을 두려워하지 않는다. 그때는 불안전이 안전이다.

알란 와츠(Alan Watts)가 '불안전함의 지혜'를 말할 때 바로 그것을 의미하는 것이다. 진정으로 안전하려면 한 가지 길밖에 없는데, 그것은 어떤 지붕도 어떤 기둥도 갖지 않는 것이다. 그저 열린 하늘에서 움직여라. 비가 오면 오게 하라. 그대는 젖지 않을 것이다. 그대는 하늘이다. 어떻게 그대가 젖을 수 있겠는가? 죽음이 오면 오게 하라. 그대는 죽지 않을 것이다. 어떻게 그대가 죽을 수 있겠는가? 그대는 태어난 적도 없다. 그대는 하나의 물질이나 실물로서 존재하지 않는다.

불안전함 속에 살아라. 인간은 안전하다. 안전하려고 노력하면 불안전에 머무른다. 이것은 역효과의 법칙이다. 만일 특별한 것을 원한다면 실패할 것이다. 바로 그대가 원하기 때문이다. 원하면 원할수록 더 실현되기 어렵다. 그것은 악순환이다. 그대는 안전하고 싶다. 그대는 죽고 싶지 않다. 만일 그대가 죽고 싶어하지 않는다면 수천 번 죽어야 할 것이다. 그대는 날마다 죽어야 할 것이다. 죽고 싶어하지 않을 때는 모든 것이 죽음의 메시지가 될 것이다. 그러면 그대는 하염없이 떨면서 무서워할 것이다. 그대는 사방에서 죽음이 다가옴을 볼 것이다.

그러나 만일 그대가 죽음을 잊는다면, 죽음을 허락한다면, 그때는 죽음 속에서도 죽지 않을 것이다. 죽음 속에서도 그대는 주시자일 것이다. 죽음은 오고 간다. 그대는 그것이 오는 것을 볼 것이다. 그대는 그것이 지나가는 것을 볼 것이다. 그리고 그대는 남아 있을 것이다. 그대는 지속해서 살 것이다. 그대 안에 영원히 지속되는 것은 결단코 현실적인 실재가 아니다. 그것은 의식이다. 그것은 영혼이 아니다. 그것은 각성이다. 그것은 순수한 각성이다. 그리고 그 각성은 우주적인 각성의 일부이다.

> 내가 머물고 있는 곳은
> 기둥도 지붕도 없지만,
> 비에도 젖지 않고 바람도 맞지 않네.

한 선사가 제자들와 함께 길을 가고 있었다. 그들은 작은 강을 만났다. 그들은 강을 건너야 했다. 별로 깊지 않은 강이어서 그들은 강물을 통과하고 있었다. 스승은 언제나 "깨달은 사람이 강을 건널 때는 절대로 발이 젖지 않는다."고 제자들에게 말해 왔다. 그들은 일제히 그것을 볼 기회를 기다리고 있었다. 그러나 스승의 발이 젖는 걸 보고 그들은 의아해 했다. 그들은 아주 혼란스러워졌다. "우리 스승님이 아직 못 깨달은 게 아닐까?"

그런데 스승은 강 한가운데 서서 배꼽에서 터져 나오는 폭발적인 웃음을 웃고 있었다. 그래서 그들은 물었다. "무슨 일이십니까?"

그가 말했다. "이 바보들아! 나는 깨달은 사람의 발은 절대로 젖지 않는다고 말했고, 그래서 내 발은 젖지 않는다. 지금 젖고 있는 발은 내 발이 아니다. 너희들은 혼란스러울 필요가 없다. 그렇게 당혹스럽고 어리둥절하게 볼 필요가 없다. 이 물은 나를 건드리지 못한다! 나는 없는 고로 아무 것도 나를 건드릴 수 없다. 이 강물은 하늘을 건드릴 수 없다. 하늘을 적실 수 없다. 그것이 어떻게 나를 적실 수 있겠느냐? 나는 하늘의 일부이다."

> 비에도 젖지 않고 바람도 맞지 않네.

따라서 스승과 교감할 때는 상기하라. 그대는 비(非)인물과 교감하고 있다는 것을. 그대는 유형적 실재가 아닌, 다만 존재와 교감하고 있다는 것을. 스승과의 교감은 한 개인과의 교감이 아니라 존재와의 교감이다. 한 개인은 젖을 수 있으나 존재는 젖을 수 없다. 존재는 물들지 않는 상태로 머무른다.

그 존재가 그대이다. 그대는 바로 그것을 이해해야 한다. 그것이 전부다. 하지만 그대는 자신이 힌두교인, 회교인, 기독교인, 남자, 여자, 백인, 흑인, 이것 저것이라는 생각들에 너무 빠져들었다. 그대는 너무 많은 신분들에 얽히게 되어, 자신이 다름 아닌 순수한 하늘임을 보여 주는 내면을 전연 들여다보지 않는다. 거기엔 힌두교인도 없고 회교인도 없으며 남자도 여자도, 흑인도 백인도 없다. 그러한 것들은 모두 신분일 뿐이다.

이러한 것들에 동일시된 자를 생각해 보라. 내면의 하늘을 생각해 보라. 이러한 것들, 즉 힌두교인, 회교인, 기독교인, 공산주의자, 자본주의자는 일체 구름이다. 이러한 것들은 일체가 구름이다. 너무 구름에 사로잡히지 말아라. 언제나 하늘을 기억하라.

> 산바람이 불어올 땐
> 거세게 몰아쳐 오지만,
> 불어오지 않을 땐
> 다만 불어오지 않을 뿐.

일단 내면의 '무'를 본 사람은 여여해진다. '여여(如如)'라고 하는 이것은 붓다의 체험과 붓다의 길 — 타타타(tathata), 항상 그러함 — 에 있어서 무한한 가치를 지닌 낱말이다. 거기 아무도 없을 때 무엇이 일어나는가? 몇몇 일들이 일어나는데…

첫째, 거기 아무도 없다면 그대의 삶을 통제할 사람이 없다. 그대의 삶을 교묘히 조작할 사람이 없고 훈련시킬 사람이 없다. 일체의 통제, 일체의 훈련, 일체의 조작은 사라진다. 그것이 자유라는 것이다. 그것이 모크샤(moksha=해탈, 자유)이다. 그것은 하늘 저 멀리에 있는 무엇이 아니다. 바로 지금 그대의 내면 깊숙이에 있는 것이다.

그대가 거기 없는데 어떻게 그대의 삶을 통제할 수 있겠는가? 모든 통제는 사라진다. 통제가 사라짐과 더불어 온갖 긴장도 사라진다. 통제와 더불어 모든 긴장이 풀어진다. 통제와 더불어 모든 걱정이 사라진다. 그대는 확 트인 흐름이 된다. 무한히 열린.

> 산바람이 불어올 땐
> 거세게 몰아쳐 오지만,
> 불어오지 않을 땐
> 다만 불어오지 않을 뿐.

그러면 무엇이 일어나든 좋다. 선객은 요가인과는 전적으로 다른데, 그 차이점을 이해해야 한다.

요가인은 극도의 통제력 속에 있다. 요가의 방법론 전체가 통제하는 요령, 완벽하게 통제하는 요령에 있다. 요가인은 철저한 통제력으로 인해 동요되지 않는다. 선객은 통제가 없으므로 동요되지 않는다. 그렇지만 그 차이는 엄청난 것이다.

요가인은 완벽하게 통제할 수 없다. 아무도 그럴 수 없다. 얼마든지 통제력을 상실할 가능성이 있다. 그러한 가능성들을 일으켜 보라. 그는 통제력을 잃을 것이다. 모든 통제력은 상대적이고, 일정한 한계가 있기 때문이다.

그대의 통제력을 지켜 보라. 만일 거기 십 루피가 있다면 아마 훔치지 않을 것이다. 하지만 만 루피가 있다면? 그러면 약간 마음이 쏠릴 것이다. 그런데 백만 루피가 있다면? 그러면 그대는 생각하기 시작할 것이다. 그것은 생각할 가치가 있어 보인다. 그대는 꿈꾸기 시작한다. 백만 루피? 딱 한 번만! 그래서 사람들은 그토록 많은 죄를 짓는다. 그대는 한 번만, 딱 한 번만 하고 싶을 것이다. "절반의 돈은 교회나 절에 헌금할 수 있으니 별로 나쁜 일이 아니야. 그 돈은 거지의 것이 아니라 어떤 갑부의 것이니까. 그에게는 백만 루피 정도는 있어도 그만이고 없어도 그만이다. 더구나 무엇보다도, 그는 이 돈 때문에 사람들을 착취하지 않았는가?" 그대는 지금 그 돈을 갖기 위해 에너지를 모으고 있는 것이다! 그러나 만일 일억 루피가 있다면? 그때는 일 초도 생각하지 않을 것이다. 그대는 그냥 그것을 들고 달아날 것이다.

모든 통제력에는 한계가 있다. 그것을 넘어서면 추락할 것이다. 아무도 완벽한 통제를 할 수 없다. 통제란 부자연스러운 것이고 부자연스러운 것은 완벽할 수 없기 때문이다. 오직 본질만이 완벽할 수 있다. 부자연스러운 것은 에너지와 투쟁과 고투가 있어야 지탱할 수 있다. 그리고 스스로를 통제하고 있는 동안에 속에서는 거기에 반발하는 또 하나의 그대가 있는 것이다. 그렇지 않다면 왜 통제하고 있겠는가?

통제는 항상 그대를 분열시킨다. 통제하는 사람과 통제받는 사람, 승자와 패자로. 패자는 자신의 때를 기다린다. 그들은 안에서 끝없이 으르렁거리며 싸워 댄다. 그리고 그대는 그것을 안다! 그대는 분노를 통제할 수 있는 순간이 있고 그럴 수 없는 순간이 있다. 통제할 수 있는 때가 있고 통제할 수 없는 때가 있다. 어떤 때는 승자가 힘이 있고 어떤 때는 패자가 힘이 있다.

투쟁은 계속되고 승리는 결코 완결되지 않는다. 지쳐서 쉬고 있는 다른 쪽이 자신의 때를 기다리며 머물고 있으니 도무지 그 누구도 이길 수 없다. 하나가 통제력을 쥐고 있을 때면 항상 다른 쪽은 휴식을 취하며 힘을 모으고 있는 것이다. 통제함으로써 통제자는 힘을 잃는다. 통제한다는 것은 에너지를 잃고 있다는, 소진시키고 있다는 뜻이기 때문이다. 조만간에 통제자는 약해지고 통제받던 쪽은 강력해진다. 이것은 계속된다. 이것은 수레바퀴이다.

요가인은 상당히 통제력이 있는 것처럼 보이지만 완벽한 통제는 할 수 없다. 그는 억눌러 왔다. 그가 억눌러 온 모든 것들이 그의 심층에서 화산처럼 기다리고 있다. 그것은 폭발할 것이다. 그것이 폭발할 때 그는 파편들로 부서져 나갈 것이다.

선객들은 동요되지 않는다. 그러나 그 이유는 전연 다르다. 그가 완벽하게 통제할 수 있어서가 아니라 그가 부재하기 때문에 동요되지 않는 것이다.

그리고 한 가지 더 이해해야 할 것은, 그는 부재하므로 분열되지 않는다는 것이다. 그는 그냥 자연스러운 사람이다. 하지만 그대는 요가인으로부터 통제라는 관념을 끌어들인다. 그 때문에 자연적인 사람이 항상 오해되는 것이다.

가령,

한 스승이 죽자 제자가 울기 시작했다. 하염없는 눈물을 흘리며 흐느꼈다. 제자 자신도 깨달은 사람으로 알려져 있었다. 다른 제자들이 말했다. "이것은 옳지 않다. 당신은 울면 안 되지 않는가? 당신은 눈물을 흘려선 안 된다. 사람들이 뭐라고 생각하겠는가? 깨달은 사람이 우는 게 옳은 것인가?"

그러자 그 제자가 말했다. "옳고 그르고의 문제가 아니다. 눈물이 나오면 흘릴 뿐이다. 그것을 막을 자가 없는 것이다."

이것은 완전히 다른 비전이다. 이 사람은 자연적인 사람이다.
"하지만 당신은 죽는 것은 오직 몸뿐이라고 말해 왔다. 그런데 왜 스승의 죽은 몸을 갖고 눈물을 흘리며 우는가? 오직 몸만 죽었고 몸은 단지 물질이었다. 그것은 죽을 것이었다. 먼지는 먼지로 돌아간다."
"무슨 말을 하는 건가? 나는 영혼 때문에 우는 게 아니다. 영혼은 절대로 죽지 않는다. 그렇다. 그러니 영혼을 위해서는 울지 않는다! 나는 몸 때문에 우는 것이다. 그것은 아름다웠다. 참으로 아름다웠다. 그토록 아름다운 사람이 걸어서 움직이는 것은 다시 볼 수 없을 것이다. 다시는 그의 음성을 들을 수 없을 것이다."
"하지만 집착하지 말아야 한다."
"나는 집착하지 않는다. 다만 꽃이 시들어 떨어지니 눈에서 눈물이 나오는 것뿐이다. 나는 집착하지 않는다. 이 눈물은 집착심에서 나오는 눈물이 아니다."

이것은 매우 이해하기 어렵다. 우리는 겨우 집착심에서 나오는 눈물만 알기 때문이다. 우리는 자연적인 눈물을 알지 못했다. 우리는 자연적인 것은 죄다 잊어버렸다. 우리는 집착의 눈물만 안다. 순진무구함의 눈물은 모른다.
선객은 자연적인 사람이다.

산바람이 불어올 땐
거세게 몰아쳐 오지만…

이는 선객에 대한 묘사이다.

> 불어오지 않을 땐
> 다만 불어오지 않을 뿐.

그는 웃을 때는 웃고, 울 때는 운다. 그것은 단순한 현상이다. 마치 새들이 노래하듯 선사는 말한다. 마치 꽃이 피어나듯 그는 살아간다. 하지만 그의 삶은 숨은 동기가 없고 목적지가 없다. 그의 말들은 가르침이 아니라 기쁨의 단언인 '할렐루야!'이고 존재에 대한 축제이다. 심지어는 그것도 일어나면 일어나는 것이다. 일어나지 않으면 그만이다.

온 생애를 통해 설법을 폈던 선사들도 있고 전혀 말하지 않았던 선사들도 있어 왔다. 때로는 노랫말을 통해 노래하기도 하고 때로는 침묵으로 노래하기도 한다. 하지만 그곳에 행위하는 자는 없다. 무엇이 일어나든 그것은 자연발생적이다.

이것이 붓다가 말하는 자유이다. 통제하거나 조정할 자가 없고 모든 통제가 사라지면 자유가 태어난다. 자아로부터의 자유가 진정한 자유이다. 자아를 위한 자유는 거짓된 자유이다. 요가는 자아를 위한 자유를 시도하고, 선은 자아로부터의 자유일 뿐 다른 무엇이 아니다. 그때 사람은 나무처럼 되고 동물처럼 되고 어린아이처럼 된다.

성자는 어린아이 같다. 요기 같지도 않고 마하트마 같지도 않다. 마하트마는 끝없이 밤낮으로 제어하고 이것을 버리고 저것을 만들어 내면서 자기 자신을 통제하려고 노력한다. 그의 전생애는 수고로움뿐이다. 하여 이른바 마하트마들은 당연히 아주 지치고 슬프고 절망스러워 보인다. 그들의 생활에는 기쁨의 질(質)이 없다. 그들은 사치다난다(satchitanand)를 이야기하지만 그들의 삶은 기쁨의 질(質)이 없다.

선객들은 기쁨의 특질을 지니고 있다. 그들은 사치다난다를 이야기하지 않는다. 그들 자신이 사치다난다이다. 즉 그들이 진리(sat)이고 지복(chit)이고 의식(anand)이다.

한번은 마조에게 물었다. "왜 부처님은 한 번도 신에 대해 말하지 않았습니까?"

마조가 대답했다. "그는 사는 데 너무 바빴지. 그 때문이야. 사는 데 너무 바빠서 신에 대해서 말하지 않은 것이야."

이것은 단순하고 자연스러운 상태이다. 그대는 그것을 자랑할 수 없다. 아이들은 자기의 유년 시절을 자랑하지 않는다. 성자는 자기의 성자성을 자랑하지 않는다. 이것은 두 번째 유년시절이다. 그는 다시 태어난다. 원(圓)은 완성된다. 그는 세상을 보았다. 그는 세상의 움직이는 방식을 보았고 그것의 온갖 불행들을 보았다. 그는 지혜로워졌다. 이제는 어떤 욕망도 그를 실체로부터 떼어내어 끌고 다닐 수 없다. 그는 그냥 산다. 배고프면 먹고 졸리면 잔다. 생활의 사소한 일들을 해나가지만 그는 완전히 비(非)인물(nobody)'이다.

> 다리가 없어도 구름은
> 하늘로 오르고
> 고타마의 경(經)이
> 도와주길 바라지 않는다.

그대가 자연스럽고 자발적이고 단순하게 되면 올라가기 시작한다. 그대 스스로. 그대는 고타마 붓다에게 도움을 구할 필요가 없다. 도움이 필요치 않다.

> 다리가 없어도 구름은
> 하늘로 오르고
> 고타마의 경(經)이
> 도와주길 바라지 않는다.

어떤 안내도 받을 필요가 없다. 그대가 단순하다면 그 단순성으로 족하다. 그대가 자연스럽다면 그 자연성으로 족하다. 그대가 자연스럽지 못하다면 스승의 도움이 필요할 것이다. 그런데 그 스승은 아무 것도 주지 못할 것이다. 그는 그대 안에 플라스틱들만, 가짜만 잔뜩 주입할 것이다.

스승, 진정한 스승은 단순히 그대를 그대의 궁극적인 자연성 속으로 던져 넣을 것이다. 그는 그대를 성취자로 만들지 않을 것이다. 그대에게 이것이 돼고 저것이 되어야 한다는 거창한 꿈들을 주지 않을 것이다. 그는 그저 이렇게 말하리라. "쉬어라. 내맡겨라. 그냥 존재하라. 무엇이 되지 말아라."

"그대 자신을 등불로 삼아라." 이것은 붓다의 근본 가르침 가운데 하나이다. 그대가 부재한다면 스승의 도움은 잠시 필요하다. 그런데 그의 도움이란 무엇인가? 그는 그대를 그대 자신에게 내던진다. 즉 그대 자신에게 그대를 되돌리는 것이다. 그대는 스승에게 매달리고 싶어할 테지만 그는 계속 그대를 되던진다.

진정한 스승은 그대가 매달리는 것을 허용하지 않는다. 그는 그대가 매달리지 않게 만든다. 매달리지 않는 것이 성숙함이고 매달리는 것은 어린애 같은 짓이기 때문이다. 그리고 기억하라. 아이가

된다는 것과 어린애 같다는 것은 전혀 다른 이야기다. 아이가 된다
는 것은 성자가 된다는 뜻이고, 어린애 같다는 것은 여전히 매달리
고 있고 미성숙하다는 뜻이다.

> 파지 않은 우물, 고이지 않은 물 위에
> 파문이 일고,
> 그림자도 형상도 없는 이가
> 소일을 하네.

그 모든 것은 꿈이라는 것, 이것은 붓다의 계속되는 후렴구이다. 아무 것도 일어난 바 없고 아무 것도 일어나지 않을 것이다. 하지만 마음은 희망 속에 살고 희망을 통해서 산다. 마음은 계속 무언가 일어날 것이라고 생각한다. 아무 것도 일어난 바 없고 아무 것도 일어나지 않을 것이다. 만물은 그대로이다. 그러므로 스승은 제자에게 아침 식사를 상기시킨다.

만물은 그대로이다. 그대는 그것을 부단히 상기해야 한다. 그대는 줄곧 그것으로부터 달아나기 때문이다. 일체가 꿈이다. 돈을 추구하느냐 신을 추구하느냐가 문제가 아니다. 갑부가 되고 유명해지고 싶은가 아니면 깨닫고 싶은가가 문제가 아니다. 일체가 꿈이다. 무엇이 된다는 것은 꿈이다.

있는 그대로의 그대를 보라. 자꾸만 이상형의 그대를 구하지 말아라. 희망은 마음이 존속하는 비결이다. 마음은 희망을 통해 산다. 희망에서 영양분을 섭취한다. 일단 희망하기를 그만두면, 일단 쉬면서 희망이 사라지도록 내버려 두면 문득 그대는 진실을 자각한다. 그대 존재의 진실, 모든 존재의 진실을.

파지 않은 우물, 고이지 않은 물 위에
파문이 일고,

그러함이 그대 인생이다. 그대의 꿈들을 자꾸 자꾸 보지 못하였는가? 파문이 일고 있는 호수, 그리고 작은 배, 그대는 그 배 안에서 돌아다니고 있다. 그러나 호수도 없고 파문도 없고 배도 여행자도 없다. 아침이면 그대는 침대 위에 누워 있는 자신을 발견할 것이다. 거기 호수도 없고 물도 배도 아무 것도 없다. 모두 사라졌다.
장자의 유명한 꿈을 상기시키겠다.

장자는 어느 날 나비가 되는 꿈을 꾸었다. 다음날 아침, 그는 제자들 한가운데 앉아서 미친 듯이 웃기 시작했다. 그러자 한 제자가 물었다. "무슨 일이십니까? 스승님이 그렇게 열광적으로 웃는 건 처음 보았습니다."
"큰 문제가 발생했다. 도저히 그 문제를 풀 것 같지가 않구나. 큰 난제에 봉착했다."
"그냥 말씀해 주십시오. 우리가 도움을 드리게 될지도 모르니까요."
"어젯밤 나는 내가 나비가 되는 꿈을 꾸었다."
그러자 그들이 말했다. "그건 대단한 문제가 아닙니다. 우리도 꿈꾸고, 그것이 꿈이라는 걸 압니다."
"그게 요지가 아니야. 지금 문제는 이렇다. 지금 나비가 깊이 잠들어서 장자가 된 꿈을 꾸고 있는지도 모른다는 것이다. 지금 누가 옳으냐? 나비가 된 꿈을 꾸고 있는 장자가 실재냐, 장자가 된 꿈을 꾸고 있는 나비가 실재냐?"
"나는 누구인가? 그저 나비의 마음속에 있는 꿈은 아닌가? 만일 장자가 꿈 속에서 나비가 될 수 있다면 왜 나비라고 꿈속에서 장자가 될 수 없겠느냐?"

나비들이 한낮에 나무 그늘 아래 앉아 기분 좋게 잠들어 산야신이 된 꿈을 꾸고 있다고 생각해 보라. 오랜지 색 로브를 입고 명상, 즉 비파사나를 하며 위대한 일들을 생각한다……. 그러면 그대도 당황할 것이다. 아마도 장자가 옳았다고.
붓다의 대답은 둘 다 진실이 아니라는 것이다. 오직 문제를 자각하게 된 자, 그만이 진실이다. 그는 둘 다 아니다. 장자도 아니고 나비도 아니다. 그 사람은 그러한 꿈들이 반영된 거울이다. 그러한 드라마들이 상영되는 스크린이다.

> 마음이라 해도
> 마음 같은 것은 없다
> 깨달음이라 하면
> 무엇을 깨닫는단 말인가?

지금 대단히 의미심장한 경문이 나온다. 지금까지 경전을 쭉 따라온 사람들은 그것을 이해할 수 있을 것이다. 지금 이규는 세차게 한방 친다. 그는 말한다.

> 마음이라 해도
> 마음 같은 것은 없다

마음이란 꿈의 과정에 지나지 않기 때문이다. 돈을 꿈꾸는 마음은 물질주의적인 마음이라 부르고 깨달음을 꿈꾸는 마음은 영적인 마음이라 부른다. 그러나 마음은 여전히 꿈꾸고 있다. 마음은 꿈속에 산다. 그것은 저멀리 떨어진, 멀리에 있는 것을 생각한다. 그것은 상상 속에 살고 기억 속에 산다. 둘 다 상상의 부분이다. 그것은 조금도 실체에 닿지 못한다. 마음에 있어 실체는 무리이다. 실체를 마주하고 조우하면 이슬 방울이 아침 해에 사라지듯이 마음은 용해되어 사라진다. 마음은 지금 여기로, 아침 식사로 돌아올 때면 항시 돌연 증발해 버린다.

시도해 보라. 아침 식사를 할 때는 그저 식사만 하고 신이나 악마나 여자나 남자, 그리고 사랑과 오만 가지의 것들은 생각하지 말아라. 생각하지 말아라. 그저 아침 식사만 하라. 그냥 거기에 존재하라. 완전히 거기에 있어라—그 안에. 여기 저기로 가지 말아라. 철저히 현존하라. 그러면 어디에 마음이 있는가? 그대는 마음을 찾지 못할 것이다.

마음은 결코 찾아지지 않는다. 진리를 본 사람들, 그들은 항상 거기에서 무심(無心)을 발견했다.

> 마음이라 해도
> 마음 같은 것은 없다
> 깨달음이라 하면
> 무엇을 깨닫는단 말인가?

그럼 의문이 생긴다. 만일 마음이 없다면 왜 깨달음을 말하는가? 마음이 없다면 깨달을 것도 없다. 깨달을 누군가가 없다. 마음이 없고 환영이 없다면 어떻게 환영을 벗어나는가? 마음이 없다면 어떻게 마음을 초월한 무엇이 되는가? 마음이 존재하지 않는다면 '무심'에 이르러야 하는 의미가 무엇인가?

마음 그 자체는 존재하지 않는다……. 이제 깨달음을 말할 수 없다. 그런데 사실은 그것이 깨달음이다. 깨달음이란 마음을 벗어나는 것이 아니다. 깨달음이란 마음 같은 것은 존재하지 않는다는 그 사실을 보는 것이다. 그때 그대는 문득 깨닫는다. 그때 그대는 붓다이다.

선사에게서 깨달음을 구하는 유교학자에 관한 유명한 사건이 있다. 그 학생은 스승의 평가가 왠지 완결되지 않았다고, 스승이 자기에게 결정적인 단서를 주는 걸 유보하고 있다고 계속 불평했다. 스승은 아무 것도 유보하고 있지 않다고 안심시켰지만, 학생은 스승이 뭔가를 유보하고 있다고 고집 부렸다. 스승은 아무 것도 쥐고 있지 않다고 주장했다.

나중에 둘이는 산길을 걷고 있었다. 갑자기 스승이 말했다. "월계수 꽃의 냄새를 맡았느냐?"
"예!"
"봐라! 아무 것도 유보하지 않지 않느냐."

이상한 이야기지만 대단히 중요한 것이다. 스승은 무슨 말을 하고 있는가? 월계수 꽃의 냄새……. 그는 제자에게 말한다. "월계수 꽃의 냄새를 맡았느냐?" 그들은 항상 그대를 현 찰나로, 아침 식사로, 월계수 꽃으로 데려온다. 그들은 철학적인 것들을 개의치 않는다.

그러자 제자는 냄새 맡으며 말한다. "예!"
스승이 말한다. "봐라! 아무 것도 유보하지 않지 않느냐. 바로 월계수 꽃의 냄새를 맡듯이 지금 당장 이 순간에 불성의 냄새를 맡을 수 있다. 그것은 월계수 꽃 속에 있다. 그것은 이 산길 위에 있고 새들 속에 있고 태양 속에 있다. 그것은 내 속에 있고 네 속에 있다. 무슨 열쇠와 단서를 말하느냐? 무슨 비밀을 말하느냐?"

선은 말해야 할 비밀이 없다. 선은 전적인 개방이다. 선은 닫힌 주먹이 아니다. 그것은 열린 손이다. 선은 비교적(秘敎的)인 사상이 없다. 선은 현실적이고 아주 실제적이며 무척 단순하다. 그것을 빗나간다는 것은 그대의 마음이 매우 복잡하다는 표시이다. 그것을 빗나간다는 것은 그대가 복잡한 사상을 구하고 있다는 의미이다. 선은 단순히 그대를 실체로, 아침 식사로, 월계수 꽃으로, 이 새들의 부름으로 끌고 갈 뿐이다. 그것은 붓다의 부름이다! 이 완벽한 침묵, 이것은 붓다의 현존이다. 나와 그대 사이의 이 교감. 내가 없고 그대가 없는 이 순간 모든 것은 열려 있다. 모든 것이 가능하다.

어떤 사람이 선사에게 물었다. "무엇이 실체의 궁극적인 본성입니까?"
"저기 있는 말뚝에게 물어 봐라!"
"스님, 이해하지 못하겠습니다!"
"나도 그렇다."

그것은 이해의 문제가 아니다. 그것을 보느냐, 보지 못하느냐의 문제이다. 그것이 있고 느끼고 깨닫느냐, 놓치느냐의 문제이다. 그것은 너무나 단순하다. 조금도 복잡하지 않다.
스승이 말한다. "저기 있는 말뚝에게 물어 봐라!"
제자가 "스님, 이해하지 못하겠습니다. 어떻게 말뚝이 대답하겠습니까?"라고 한 것은 아주 당연하다. 자기는 아주 훌륭한 질문을 한 것이니까. "무엇이 실체의 궁극적인 본성입니까?"하고. 그래서 그는 말했다. "스님, 이해하지 못하겠습니다."
 그러자 스승은 대답했다. "나도 그렇다."
 거기 이해해야 할 무엇도 없고 이해할 누구도 없다. 모든 것은 그냥 존재한다! 이해하려고 하면 문제만 일으킨다. 그대는 이해하지 못하니까 이해해야 한다고 생각한다. 그러면 그 이해가 새로운 문제를 일으키고, 문제를 풀고 나면 그것이 다시 더 많은 새로운 문제들을 일으킨다……. 그것은 끝없이 계속된다. 하나의 대답이 열 개의 질문들을 일으킨다. 그것은 한없이 퇴보한다.
 이해해야 할 것은 아무 것도 없다! 삶은 사는 것이지, 이해하는 게 아니다. 그대들은 붓다이다. 그리고 말뚝들도 그러하다.

 다른 날 일어난 일이다. 스승이 한 제자에게 물었다. "많이 늦었구나. 하루 종일 어디에 있었느냐?"
 "폴로 경기가 있었습니다. 어찌나 열띤 경기였든지 신이 나서 지켜 보고 있었습니다."
 "선수들은 지쳤느냐?"
 "예. 끝에는 아주 지쳤죠."
 "그러면 말들도 지쳤느냐?"
 "예. 말들도 지쳤지요."
 "그럼 말뚝도? 말뚝들도 지쳤느냐?"
 그러자 제자는 당황했다. 어떻게 말뚝이 지칠 수 있는가?
 "스승님, 조금만 생각할 시간을 주십시오." 그리고는 밤새도록 거기에 대해 명상했다. 해가 떠오르던 아침에 그는 핵심을 잡았다.
 그는 스승의 방으로 뛰어와 말했다. "예. 스승님, 그들도 지쳤습니다."
 그러자 스승이 말했다. "그래, 네가 알맹이를 알았구나."

모든 것은 하나이다. 따라서 선수들이 지쳤고 말들이 지쳤다면 말뚝들도 분명 지쳤다. 모든 것은 하나이다. 아무 것도 분리되어 있지 않다. 우리는 섬들이 아니다. 그러니 돌과 별들, 일체 서로 연결되어 있는 것이다.

모든 것은 이 순간 속에 연결되어 있고 이 순간 속에 참여하고 있다. 그대가 바로 이 순간이 된다면 모든 것은 이루어져 있다. 그 외에 다른 깨달음은 없다.

선(禪)은 집으로 돌아오는 길이다. 그리고 가장 쉽고 가장 자연스러운 길이다.

제6장

법의 연꽃
The Lotus Flower of the Law

열반과 상락(常樂)을 모르는 사람들
삶과 죽음의 덧없음을
통곡하며 한탄하네.

석가도 또 아미타불도
본래는 인간 아닌가
나 또한
인간의 형상을 하고 있거늘.

놀라와라.
법의 연꽃!
숱한 세월 흘러도 변함 없는 그 빛깔.

초승달
차고 이울고 흔적도 없어지고
그래도 다시 뜨는 밝은 달!

보면,
언제나 있는 그대로
버들은 푸르고
꽃은 붉다.

우화.

한 번은 가짜 터키 선생이 있었다. 그는 외국으로 가서 가르치기 시작했다. 물론 사람들은 터키어를 몰랐다. 하지만 그는 굉장히 설득력 있고 극적으로 연설을 했기 때문에 곧 많은 헌신자와 추종자들이 생겼다. 그러던 어느 날, 터키인 집단이 지나가는 일이 생겼다. 그들은 그가 하는 얘기를 알아들었다. 허튼 소리! 그래서 그들은 그를 마을 밖으로 내쫓았다.

그 후 집으로 돌아오자 사람들은 여행이 어땠는지 물었다. "근사했지. 그 터키 사람들이 와서 내가 말한 걸 알아듣기 전까지는."

교훈은 사람들이 모르는 언어로 말할 때 가능하다. 그러나 그들이 알아듣게 되면 허튼 소리는 영원히 중단된다!

고타마 붓다의 출현은 인간 의식에 있어 가장 경이적인 사건 중의 하나였다. 그의 출현 이전에 종교라는 이름으로 존속되어 온 모든 것들은 영원히 중지되었다! 그는 진리를 참으로 쉽게, 참으로 지복스럽게, 참으로 은총스럽게 안내했다. 그는 깨달은 사람의 방식대로 그의 존재를 통해서 말했다. 그는 학자가 아니었다. 그래서 사색에는 관심이 없었다. 그에게는 추상적인 관념이 없었다. 그는 아주 실제적이었다.

그 이래 선객들은 시대를 내려오며 그 불꽃을 전해 왔다. 그들이 말을 하는 건 철학을 논하려는 것이 아니다. 그들은 무엇을 보았고 그것은 전해져야 하기에 말하는 것이다. 그들은 사색가가 아닌 보는 자로서 말한다. 그들은 믿는 자가 아닌 주인으로서 말한다.

붓다는 바로 종교의 질(質)을 바꿔 버렸다. 붓다 이전에는 신학이었지만 붓다 이후에는 인간학이 되었다. 신은 폐위되고 인간이 즉위되었다. '신'이라는 낱말은 붓다에게 적합한 말이 아니다. '인간'이 적합한 말이다. 그는 말한다. "필요한 일체는 인간 의식의 내면에 감추어져 있다. 인간은 천국을 올려다보지 말아야 한다. 딴 곳에서 은총을 구하지 말아야 한다. 인간은 자기 자신을 등불로 삼아야 한다."

그리고 빛은 거기에 있다. 그것은 바로 그대 생명의 알맹이다……. 그대가 그것을 잊어버렸다는 것, 그 일이 일어났을 뿐이다. 그대가 그것을 잃었다는 게 아니라 단지 잊었다는 것이다. 그것을 상기하라. 그것이 바로 붓다의 근본적인 접근 방식이기 때문이다.

인생이란 잊어버림과 상기함이다. 그것이 전부다. 그것이 이야기의 전부이다. 인간은 깊이 잠들어 수천 가지 꿈들을 꾸지만 아침에 일어나면 모든 꿈들이 사라진다. 인생은 그러하다. 우리는 깊이 잠들어 있다. 우리 내면의 존재에 깊이 잠들어 있다. 우리는 우리가 누군지 모른다. 그러므로 세상은 삼사라(samsara)이다. 삼사라는 수만 가지의 세상을 뜻한다.

우리는 자아를 찾아 여기 저기로 끝없이 질주하고 있다. 우리 자신과의 접촉을 상실했기 때문이다. 우리는 끝없이 그것을 찾고 있다. 인간의 고뇌를 깊숙이 들여다본다면, 그것이 고뇌이다. 인간은 자기가 누군지 잊어버리고 찾고 묻고 있다. "나는 누구인가?"하고 모든 사람에게 묻고 있다. 그다지 의식하면서 그러는 것은 아니지만…….

하여 그대는 사랑에 빠지길 원하는 것이다. 그대가 누구인지 말해 줄 그대의 연인을 구하고 있는 것이다. 그대는 왜 사랑에 빠진 사람들이 그토록 아름다워 보인다고 생각하는가? 그것은 어떤 동일시가 일어나는 까닭이다. 그대를 사랑하는 여인은 말한다. "당신은 멋지군요. 당신은 지성인이죠. 당신은 독특해요." 그녀는 그대에게 자아를 부여한다.

그대가 여자에게 "당신은 아름답소. 이토록 아름다운 사람은 처음 만나오. 당신 없인 살 수 없소. 당신은 나의 인생, 나의 기쁨, 바로 내 존재요."라고 말할 때, 그대는 여자에게 하나의 신분을 부여하는 것이다. 그녀는 그것을 찾고 있었다. 그녀는 자기가 누구인지 모른다. 지금 그대는 자아를 창조하고 있는 것이다. 그녀는 그대를 위해 자아를 창조하고 그대는 그녀를 위해 자아를 창조한다.

그래서 사람들은 사랑에 빠지면 그토록 편안함을 느끼는 것이다. 사랑이 사라지고 끊어지고 산산조각 나면 그들도 산산이 부서진다. 왜 그대는 산산이 부서지는가? 그대는 신분을 잃어버림으로써 다시 그대의 정체를 모르게 되어 산산이 부서지는 것이다. 그 여자나 남자는 그대에게 어떤 신분을 부여하고 있었다. 지금 그 여자는 가고 그 관념도 그녀와 함께 사라졌다. 지금 다시 그대는 어둠에 빠진다. 다시 그대는 모르게 된다. 다시 그대는 찾기 시작한다…….

왜 그대는 돈을 추구하고 부를 추구하는가? 바로 어떤 신분을 갖기 위해서다. 그리하여 그대는 그대가 누구인지 안다. 그리하여 사람들은 그대가 누구인지 말할 수 있다. 왜 그대는 권력이나 명예를 추구하는가? 같은 이유이다.

인간은 끝없이 자아를 찾고 있다. 인간은 끝없는 신분 상실의 위기에 처해 있다. 과거에는 사물들이 보다 고정적이었기 때문에 사람들은 훨씬 편안했다. 지금은 사물들이 매우 **빠르게** 변하고 있어서 자꾸 자꾸 그대의 신분은 산산조각 난다.

생각해 보라. 옛날에는 한번 결혼하면 끝까지 살았다. 다시는 어떤 여자나 혹은 남자를 찾지 않았다. 그것은 생애 전반에 고착된 일이었다. 서서히 그대는 남편이고 아이들의 아버지이고 이것 저것으로, 일정한 관념들로 고착되곤 했다. 하지만 지금은 사정이 다르다. 서양은 훨씬 더 특별나다.

이따금 한 번씩 그대는 여자를 바꿀 것이다. 이따금 한 번씩 그대는 남자를 바꿀 것이다. 자꾸 자꾸 그대는 신분을 찾아야 할 것이다.

과거에는 사람들이 한 가지 일을 전생애를 거쳐 하곤 했다. 그것은 전통이었다. 할아버지도 목수였고 아버지도 목수였으며 그대도 목수이다. 그대의 자식들도 목수가 될 것이다. 그대는 그대의 신분을 알았다.

지금은 알기가 힘들다. 사람들은 계속해서 직업을 바꾼다. 상황은 너무나 **빠르게** 변하고 있다…….

과거에는 그대가 어디에 속했는지를 알았다. 그대는 인도인이었고 기독교인, 힌두교인, 중국인, 불교인이었다. 지금은 더 이상 알 수 없다. 세상은 굉장히 가까워지고 경계선들이 흐려지고 있다. 세상은 작은 마을, 하나의 마을이 되고 있다. 이제는 힌두교인이나 기독교인이나 회교인이나 별 차이가 없다는 것을 안다. 그 신분은 이제 아무 소용도 없다.

그대는 누구인가? 이 문제는 가장 근본적인 문제의 하나이다. 여기에 대해 현대인은 굉장히 당혹스럽고 거의 무력해진 상태에 있다.

붓다는 말한다. 거짓된 신분을 만드는 것은 아무런 도움이 못 된다. 그대는 그것과 함께 전생애를 살 수도 있지만, 그럼에도 불구하고 그대가 누구인지는 모를 것이다. 그대가 누구인지를 아는 길은 뛰어난 기억과 빈틈 없는 주의력과 각성을 통해 그대 자신의 내면으로 들어가는 것이다. 밖에서 무엇을 구하든 그것은 모두 허위의 것이다. 그대의 여자, 그대의 남자, 그대의 국가, 그대의 종교, 그대의 교회, 그들은 그대에게 일정한 신분을 부여할 것이다. 그들은 허위의 자아를 창조할 것이다. 하지만 그것은 실재가 아니다. 그리고 우둔한 사람만이 그것에 속을 수 있다. 오직 어리석은 자만이 그것에 속을 수 있다. 지성적인 사람은 조만간에 이 신분들은 외부적인 것이라는 점을 간파할 것이다. "실제 나는 내가 누군지 모른다. 남편이라고 하는 나의 신분은 참 나에 대해서는 아무 것도 말해 주지 못한다. 아버지 혹은 어머니라는 나의 신분은 참 나에 대해서는 아무 것도 말해 주지 못한다. 기독교인 혹은 힌두교인이라는 나의 신분은 참 나에 대해서는 아무 것도 말해 주지 못한다. 나는 여전히 어둠 속에 있다."

이러한 딱지들은 밖에서는 도움이 될지 모른다. 그러나 신분 증명서는 그대가 아니다. 그대의 이름은 그대가 아니다. 그대의 사진은 그대가 아니다. 그대는 연신 변하는데 사진은 변함없이 머물러 있기 때문이다. 그것은 그대 인생의 한 순간을 대표할 뿐이다. 그것은 그대의 전형이 아닌 그대 인생의 한 제스처일 뿐이지만 그것도 너무 추상적이다. 가령, 그대가 웃으면서 사진을 찍는다면 사진에는 그대가 마냥 웃고만 있을 것이다.

이런 얘기를 들었다.

어느 사진사가 대단히 심각해 보이는 남자에게 말하고 있었다. "딱 한 번만 웃으세요, 선생님. 그런 다음에 평상시로 돌아가세요."

지금 이 심각한 남자의 미소 띤 사진은 순전히 가짜다. 그 미소는 입만 맞춘 거다. 사진은 그대 내면을 꿰뚫을 수 없다. 실제, 엑스레이도 그대 안은 꿰뚫을 수 없다. 그대의 뼈는 촬영할지 몰라도 그대는 찍을 수 없다.

그대가 누구인지 밖에서는 알 길이 없다. 유일한 길은 내면에 민감해지고 내면을 깨우고 내면이 잠들지 않도록 많은 노력을 기울이는 것이다. 그러면 그대는 '진인(眞人)'과의 첫 일별을 할 것이다.

그리고 이큐의 말을 상기하라. "진인을 한번 보기만 하면 사랑에 빠지네." 신분을 구하는 사람은 사랑에 빠질 수 없다. 그의 사랑은 신분을 구하는 것에 지나지 않는다. 그것은 다른 많은 추구들 가운데 하나이다. 그대는 책을 써서 유명 작가가 되거나 그림을 그려서 화가가 되거나 혹은 노래를 불러 가수가 된다. 이 모든 것들은 어쨌든 그대를 어떤 범주에 집어 넣는, 그대의 신분을 가지려는 노력들이다.

건망증이 심한 철학자에 관한 옛날 이야기가 있다. 그는 너무나 건망증이 심해서 밤에는 옷을 입고 신발을 신고서 잠자곤 했다. 누군가가 제안했다. "그렇게 자면 안 돼요. 어떻게 사람이 신발을 신고 잘 수 있단 말이오. 그리고 모자를 쓰고 옷도 입고서 말이오."

"불편하기가 이루 말할 데 없지요. 하지만 밤에 벗어 놓고 자면 아침이면 어디에 신발을 벗어 놓았는지, 외투는 어디에 두었는지 잊어버린단 말이오. 게다가 뭐가 외투지? 신발은 뭐고? 모자는 또 뭐야? 모든 것이 그렇게 뒤죽박죽이 되서 물건을 찾고 구분하는 데 굉장히 어려움을 겪으니 다시는 그렇게 안하기로 결심했소. 반나절은 낭비해 버리니까요."

그 사람은 실제적인 사람이었다. 그가 말했다. "이건 아주 간단한 것이오. 당신이 건망증이 아주 심하다는 걸 알고 있으니 한 가지만 하시오. 쓰면 됩니다. 모든 것에다가 작은 표를 붙이세요. '이것은 외투', '이것은 신발.' 그리고 일지도 쓰세요. 신발 둔 곳은 침대 밑이고 외투 둔 곳, 속옷 둔 곳……. 목록만 적으면 되요."

철학자는 그 제안을 마음에 들어하며 그렇게 했다. 그런데 다음 날 아침은 정말로 엉망이었다. 그런 엉망은 처음이었다. 모든 것이 실행되었다. 그는 신발을 찾았다. 신발은 침대 밑에 있었다. 그는 벽장 안에 걸려 있는 외투를 찾았다. 그는 셔츠를 찾았고 모든 것을 찾았다. 마지막으로 그는 하늘을 보며 소리쳤다. "하느님 맙소사! 그런데 지금 나는 어디에 있나요? 그걸 기록하는 걸 잊었어요!"

그는 침대 안을 들여다보았지만 거기에 없었다. 그대는 그 불쌍한 남자의 고민을 상상할 수 있을 것이다. 그는 온 집 안을 구석 구석을 다 들여다봤지만 자신은 없었다. 그래서 소리 치며 집 밖으로 뛰쳐 나왔다. "제발 내가 누군지 누가 말 좀 해줘요. 다른 것은 다 제자리에서 찾았지만 한 가지를 잊어버렸어요. 어디서 내 자신을 찾아야 할지를 노트에 쓰지 않았답니다. 나는 내가 침대 위에 있다고 생각했는데 침대가 비어 있어요."

그 이야기는 소설 같이 보이지만 그렇지 않다. 그것은 그대의 이야기다. 그것은 모든 사람들의 이야기다. 그것은 인간의 이야기다.

그대는 집이 있는 곳은 안다. 그대의 전화 번호는 안다. 그대의 아내가 누구인지는 안다. 그대의 아들이 누구인지는 안다……. 그대가 힌두교인, 기독교인, 회교인, 인도인, 일본인이라는 것은 안다. 하지만 정말로 그대가 누군지 그리고 그대는 어디에 있는지 아는가? 그대는 그 고대의 철학자만큼이나 곤혹스러울 것이다.

하지만 사람들은 이 질문을 하지 않는다. 이 질문은 엄청난 불안을 야기하기 때문이다. 그들은 그것을 피한다. 그들은 그냥 살아가면서 그것을 피한다.

붓다는 종교의 속성을 바꿨다. 붓다와 함께하는 종교는 인간 중심적인 것이 되었다. 붓다 이전의 종교는 신 중심적이었다. 지금, 신은 전혀 문제가 아니다. 누가 신을 신경 쓰는가? 그대는 과연 얼마나 신을 염두에 두는가? 그것은 아무도 염두에 두지 않는 가짜 문제 같다. 아마 성직자들이나 거기에 약간 투자를 할 테고 정치가들이나 약간 투자를 할 것이다. 그러나 그것은 진정한 실존적 문제가 아니다.

실존적인 문제는 "나는 누구인가?"이다.

붓다로 인해 종교는 질(質)이 바뀌었다. 그것은 실제적이 되었다. 그것은 실용적이 되었다. 붓다는 말했다. "신에 대해 걱정할 필요 없다. 신 스스로 자기나 걱정하게 내버려 두라. 만일 그가 자신을 알고 싶다면 '나는 누구인가?'하고 자문할 것이다. 왜 그대가 걱정해야 하는가?"

무엇보다도 신이란 그대의 창조물이다. 그대 자신을 회피하려는 극도의 노력이다. 그대는 자꾸 가공의 문제들을 일으킨다. 가공의 문제에는 매력적인 점이 한 가지 있다. 그것은 그 문제들이 풀릴 수 있다는 것, 쉽게 풀릴 수 있다는 것이다. 실은 문제가 가짜였으니 아무 가공의 대답이나 효과가 있을 것이다. 그 질병은 거짓이다. 아무 위약이나 효과가 있을 것이다.

사람들은 허위적인 문제들에 굉장히 끌리게 된다. 그러면서 자신이 위대한 구도자라고 생각한다. 붓다는 그들을 세차게 쳐서 그들의 에고를, 구도자가 되려는 에고를 산산조각 낸다. 그는 말한다. "그대가 신을 구하고 찾는다면 스스로를 기만할 뿐이다."

신은 그 누구의 문제도 아니다! 핵심을 보라. 어떻게 신이 그대의 문제일 수 있는가? 하지만 사람들은 그것이 문제라고 생각한다. 그것을 문제로 만듦으로써 자기 자신의 문제들을 회피할 수 있는 것이다. 그들은 지나치게 신으로 채워져 있다. 그들은 그것을 생각하고 해답들을 수집하고 철학화하고 추론한다. 그들은 경전을 파고들고 말의 정글에서 헤매인다. 그리고는 정말로 그들의 의문이었던 단순한 질문, '나는 누구인가'는 잊어버린다. 신은 아마도 가장 큰 은신처일 것이다.

심리학자들은 사람들이 걱정이나 불행, 전쟁과 문제가 있을 때에 추상적인 신이나 진리, 천국, 내생을 생각한다는 사실을 주목했다. 사람들은 이 지상에서 불안할 때 압박감 속에서 하늘을 바라보기 시작한다. 그들은 문제들을 거기에 맞추고 현실적인 진짜 문제는 회피하는 것이다. 이것을 자꾸만 지켜 보고 관찰해야 한다. 전쟁 후에는 항상 종교가, 이른바 종교가 크게 부흥한다.

그대 개인의 체험으로도 그것을 알 것이다. 그대가 불행하거나 아플 때면 늘 신을 기억한다. 행복할 때는, 인생이 충만되고 즐거울 때는 조금도 신을 생각하지 않는다. 그대는 기억하지 않는다. 이것은 간단한 체험이라서 심리학자들이 따로 관찰할 필요도 없다. 자신의 인생을 관찰해 보면 누구라도 알 수 있다. 그것은 무엇을 말하는가? 그것은 간단히 말해서 그대가 고통스러워하고 있을 때면 고통을 피하고 벗어나기 위해 가짜 문제를 만들어 내야 한다는 것이다. 엄청난 일이다.

그대는 기도하기 시작한다. 그대는 지금껏 기도한 적이 없었다. 사실, 일이 순조로울 때는 성직자에게 간 적도 없었다. 만사가 순조롭고 인생이 성공가도를 달리며 안락했을 때는 신을 기억하지 않았다. 하지만 인생이 노이로제의 온상이 되면 갑자기 신을 기억한다.

신은 하나의 도피처이다.

버틀란드 러셀이 지상의 삶이 정말로 축복스러워진다면 사람들은 신을 까마득히 잊어버리고 종교는 존재하지 않을 것이라고 한 말은 옳다. 그가 옳다. 그는 붓다의 종교는 몰랐기 때문이다. 그는 기독교만 알았다. 그렇다. 기독교나 힌두교와 같은 종교는 사라질 것이다. 하지만 지상의 삶이 정말로 축복스러워진다면 붓다의 메시지 같은 것이 널리 퍼질 것이다.

삶이 순조롭고 아름답게 진행되고 모든 것이 충만되고 활짝 피어나면 그대 존재의 가장 깊은 곳에서 이런 의문이 일어날 것이다. "이제 알 때가 됐다. '나는 누구인가'를." 삶이 꽃을 피우지 못하고 모든 것이 암울하고 오직 불행과 불행, 지옥이라면 어떻게 '나는 누구인가'를 물을 수 있겠는가? 거기엔 오직 지옥불밖에 없으니 자신에게 다가가기가 무섭다. 어떻게 가까이 갈 수 있겠는가? 어떻게 두 눈을 감고 고요히 앉아서 내면을 바라볼 수 있겠는가? 그대는 피해야만 한다. 도망가야만 한다. 달아나야만 한다. 뭘 하든 그보다 나을 것이다.

일은 항상 그런 식으로 벌어진다. 사회가 혼란스러울 때마다 사람들은 신비한 것이나 밀교적인 것들에 굉장히 쏠린다. 그들은 UFO를 보기 시작하고 외계 혹성들의 존재를 보기 시작한다. 위대한 일들이 벌어지리라고 생각한다. 그들은 점성술사에게 갈 것이다

……. 온갖 종류의 난센스가 벌어진다…….

붓다는 세상에 아주 감수성 있는 종교를 가져왔다. 체험적이고 실험적이고 실존적인 종교를. 붓다의 길에는 신도 없고 기도도 없다.

한번 그대의 가여운 신을 생각해 보라, 만일 그가 존재한다면. 그가 어떤 상황에 처할지 한번 생각해 보라. 온갖 사람들이 그에게 기도하고 외쳐 대고 불평할 것이다. 그것은 내내 그래 왔다. 그는 조금도 듣지 않았던가 아니면 지금쯤 미쳐 버렸을 것이다.

한 위대한 심리치료사에게 그의 학생이 물었다. 그 학생은 아침부터 저녁까지 줄곧 미친 사람들과 온갖 부류의 정신 병자들을 정신 분석해 주고 그들의 얘기를 들어 주는 일을 하는 이 대단한 노교수를 지켜 봤다. 그는 젊은 사람이었는데도 저녁이면 피곤해서 죽을 지경이었는데 그 노인은 아침과 똑같이 활기가 넘쳤다.

어느 날 그는 호기심을 못 참고 물었다. "비결이 뭡니까? 도대체 어떻게 관리하시는 거죠? 하루 종일 그런 악몽 같은 얘기를 듣고도 전혀 지치지 않는군요?"

노인이 말했다. "누가 듣는단 말인가?"

신은 분명 그대를 피하고 있다.
들은 얘기다.

평생을 아주 신앙심 깊게 살았고 하루에 적어도 열 시간은 신에게 줄곧 기도했던 한 남자가 죽었다. 무신론자였던 그의 한심한 형하고 다르게 그는 불행하게 죽고 파산당했다. 아내는 그를 버렸고 동업자에게는 사기당했으며 집은 불타 버리고 자식들은 모두 연소

범죄자였다. 한편, 그의 형은 일생 동안 기도라고는 단 한 번도 해본 적이 없었는데 부유하고 건강했고 아름다운 아내와 토끼 같은 자식들이 있었으며 요컨대, 환상적인 시절을 보내고 있었다.

신앙심 깊은 사람이 마침내 신의 면전에 이르자 물었다. "주님, 저는 불평하는 것이 아닙니다. 제가 불평하지 않는다는 것은 당신이 아십니다. 당신이 제 집을 빼앗아 갔을 때 당신께 감사의 기도를 올렸습니다. 무슨 좋은 이유가 있어서 그러셨음을 알았지요. 제 아내가 떠났을 때도 다시 감사의 기도를 드렸습니다. 거기에도 좋은 이유가 있어서 그러셨음을 알기 때문이었습니다. 그리고 자식들이 제게 반항했을 때도 또 감사 기도를 드렸습니다. 당신의 승인 없이는 아무 일도 일어날 수 없다는 것을 알기에 거룩한 지혜에게 절해야 했지요. 그런데 왜 그런 모든 일들이 날마다 열 시간 이상씩 기도하는 제게 일어났습니까. 무신론자인 사악한 형에게 일어나지 않구요?"

"왜냐하면," 주(主)가 진저리 치며 말했다. "너는 그토록 성가신 존재다!"

그대는 너무나 지겨운 존재다. 이 남자는 분명 신을 고문했다. 날마다 열 시간씩이나. 그 불쌍한 신을 생각해 보라!

붓다는 인간을 신으로부터 해방시켜 주었고, 신을 인간으로부터 해방시켜 주었다. 붓다의 접근 방식이 그러하니 만일 프레드릭 니체가 불교 국가에서 태어났다면, 신은 죽었으니 앞으로 인간은 자유롭다고 말할 수 없었을 것이다. 그럴 필요가 없었을 것이다.

붓다는 아무런 출혈 없이 신이 사라지도록 했다. 니체는 신을 죽여야 했다. 신은 죽었다고 니체는 말한다. 그는 자연사(自然死)한 게 아니다. 그로부터 자유로워지기 위해 우리는 그를 죽여야만 했다. 신과 함께 어떻게 인간이 자유로울 수 있는가? 만일 신이 있다면 종교는 복종에 불과해진다. 만일 신이 있다면 종교는 복종으로 전락된다.

기독교에서 자유를 이야기하지 않고 모크샤를 이야기하지 않는 건 그 때문이다. 절대 자유는 신으로부터의 자유를 포함한다! 안 그러면 어떻게 그것이 완전할 수 있는가? 만일 책임이 따르고 책임을 져야 할 누군가가 있다면 그대는 자유로울 수 없다.

프레드릭 니체의 성명인 '신은 죽었고 우리는 그를 살해해야만 했다'는 바로 기독교와 그 복종에 대한 강박 관념이 만들어 낸 반작용이다. 기독교는 세상에 노예들을 창조했다. 니체는 그 말을, 그 성명을 언급해야 했다. 만일 니체가 그렇게 하지 않았다면 다른 누군가가 했을 것이다. 그것은 필요했다. 그것은 필연적이었다.

기독교는 다른 선택의 길이 없다. 오직 양자택일만 남아 있을 뿐이다. 자살하든가 자유를 상실하든가, 신의 이름 하에 얼간이가 되든가 아니면 신을 살해하고 자유로워지든가. 자살이냐 살해냐? 양쪽 다 추하다.

불교는 그런 추한 양자 택일은 시키지 않는다. 불교는, 문제는 신이 아니라 인간이라고 말한다. 신은 문제로부터의 도피다. 내면을 들여다보라. 내면에서 그대의 근원을 찾아라. 그러면 모두 해결될 것이다.

그리고 다시 상기하라. 붓다는 무신론자가 아니라는 것을. 그는 신이 없다고 말하지 않는다. 그러나 신에 대한 그의 생각은 전혀 다르다. 그대 존재의 가장 깊은 핵심에, 근원에 이를 때 바로 그대가 신이라는 사실을 알 것이다.

기독교는 말한다. "그대는 신의 자식이다." 불교는 말한다. "자신을 알게 되면 그대는 자식이 아니라 신성 그 자체이다." 그대 외

법의 연꽃 217

에 신은 없다. 우주 외에 신은 없다. 그러므로 붓다는 결코 신을 말하지 않는 것이다. 이 외에 다른 신은 없기 때문이다. 이 외에 다른 그것은 없다. 이것이 그것이다. 존재는 신성이다.

이것을 알기 위해 기도해야 아무 소용이 없다. 이것을 알기 위해 철학은 아무 보탬도 되지 못할 것이다. 이것을 알기 위해서는 그대 자신 속으로 철저히 들어가야 한다. 심장을 꿰뚫는 화살처럼 단 하나의 질문, '나는 누구인가'를 가지고. 깊이 들어갈수록 그대는 하나의 개인으로서 존재하지 않는다는 사실을 잘 알게 될 것이다.

붓다의 아나타(anatta), 즉 무아라는 교설은 그것을 의미한다. 그대는 내면에서 어떤 자아도 보지 못할 것이다. 어떤 인격(人格)으로서의 관념은 점차 죄다 용해되어, 거기 인격이 아닌 존재의 부류가 존재할 것이다. 개체성은 사라지고 우주적인 것만 존재할 것이다. 그대는 존재와 분리되지 않을 것이다. 그대는 전체와 하나인 그대 자신을 발견할 것이다.

이제 경전.

> 열반과 상락(常樂)을 모르는 사람들
> 삶과 죽음의 덧없음을
> 통곡하며 한탄하네.

사람들은 내면 가장 깊은 곳의 무아(無我)를 잊어버렸기에 고통받는 것이다. 내면 가장 깊은 곳의 현존을 잊어버림으로써 그들은 자신이 우주와 하나라는 사실을 잊어버렸다. 어찌하여 그것을 잊었는가? 그것은 자연의 리듬이다. 이미 있는 것은 잊어버리는 것이 인지상정이다. 새로운 것은 대단히 감각적이라서 기억한다. 같은 정원을 자꾸만 지나가면 자연히 잊어버린다. 나무들이 있어도 그대는 보지 않는다. 그대는 그것들을 당연한 것으로 여긴다. 새들이 노래해도 그대는 속으로 웅얼거리면서 지나간다.

생각해 보라. 만일 그대가 사막에서 살았는데 갑자기 어느 운좋은 아침, 나무들이 있고 새들이 노래하는 아름다운 정원을 대한다면, 날마다 지나가는 정원처럼 그냥 지나쳤을까? 그대는 춤췄을 것이다. 기뻐서 소리치고 노래 부르고 폭발했을 것이다! 그것은 환상적인 체험이었을 것이다. 그대는 굉장히 민감하게 깨어 있었을 것이다. 내면의 온갖 웅얼거림은 멈췄을 것이다. 그러나 날마다 똑같은 정원을 지나간다면 쉽게 잊어버린다.

그대의 여자나 혹은 그대의 남자를 처음 보았을 때를 기억해 보라. 얼마나 매혹적이었는가! 얼마나 전율했고 얼마나 축복에 넘쳤는가! 그런데 지금은 그 여자와 함께 앉아 있으면서도 그녀의 얼굴은 보지 않는다. 남편들이 아내 얼굴을 기억하지 못한다는 것은 잘 알려진 사실이다. 시도해 보라. 아내가 어떻게 생겼는지 기억하려 해보면 무척 당혹스러울 것이다. 그대는 옆집 부인의 모습은 오늘 아침 그녀가 어떤 사리(sari-인도 여성이 두르는 의상)를 입고 있었는지 기억할 것이다. 그대의 아내가 아닌 옆집 부인을. 그대의 아내는 여러 해 동안 본 적이 없다. 만일 마술사가 그녀의 얼굴을 바꾸기라도 하면 아마 몇 달이나 몇 년 후에 알아차릴 것이다. 도대체 누가 자기 아내를 바라보는가?

전율하면서, 가슴에서 우러나오는 노래를 부르면서 그녀 손을 잡아 본 지가 얼마나 오래됐는가? 그대는 그녀의 손을 잡지만 공허한 몸짓이다. 그렇게 해야 하니까 하는 것이다.

어느 날 한 남자가 집에 돌아왔는데, 마침 그의 동업자가 그의 아내와 키스하고 있는 것을 목격했다. 동업자는 그 남자가 소동을 피울 것이라고 무척 두려워했다. 하지만 그 사람은 동업자를 옆에 앉혀 놓고 말했다. "자네, 나를 놀라게 하는군. 내가 저 여자와 키스해야 하는데 왜 자네가 대신 하지? 이유를 모르겠네. 저 여자와 키스해야 할 의무는 내게 있는데 왜 자네가 그러는 건지? 혹시 자네 미치거나 어떻게 된 거 아닌가?"

수중에 있는 것은 조만간 쉽게 잊어버린다. 그대가 얼마나 근사한 집에 살고 있는지 남들은 아는데 그대는 모른다. 그대의 자녀들이 얼마나 착한지 남들은 아는데 그대는 모른다. 남들은 그대가 복이 많고 이러 저러하다고 생각하는데 그대는 모른다.

이것이 문제이다. 우리는 우리 자신이기 때문이다. 우리는 언제나, 처음서부터 그것이었으니 까맣게 잊어버리는 것도 당연하다. 이 자연스런 경향성 때문에 인간은 자기 자신을 잊게 되었다. 그리고는 딴 것들에게, 이 오만 가지 삼사라(samsara)들에게 쏠리게 되었다.

그대는 자꾸 하나의 새로운 사건에서 다른 새로운 사건으로 돌진한다. 그대는 명상을 위해 앉을 시간이 없다. 내게 오는 사람들에게 명상하라고 말하면 그들은 말한다. "하지만 우리는 도무지 시간이 없습니다." 그들은 영화보러 갈 시간은 충분하다. 카드놀이를 할 시간은 충분하다. 그대는 소맨드라의 방에 모여서 포커놀이를 하는 그들을 볼 수 있다. 그들은 수다 떨 시간은 있다. 하지만 명상? 별안간 시간이 부족하다. 그들은 다투고 화내고 엉터리 신문을 읽을 시간은 있다. 그런 신문들은 얼마나 세세히 보는가! 그 신문들은 그들의 복음서다. 그들은 한줄 한줄 처음부터 끝까지 읽는다. 하지만 명상하라고 하면 얼른, 전혀 생각 없이 반응한다. "그렇지만 도무지 틈이 없습니다!"

진정 그들이 말하는 것은 무엇인가? 그들은 자기 자신에게 관심이 없다고 말하는 것이다. 그들은 한 시간 동안 고요히 앉아서 자신의 존재를 들여다보는 것에 관심이 없다는 것이다. 무엇 때문에? 그 시간에 돈을 벌 수 있으니까, 그 시간에 쇼핑을 할 수 있으니까. 아니면 수많은 일들을 할 수 있으니까. 왜 가만히 배꼽이나 바라보고 있는가? 무엇 때문에? 아무도 자기자신에게 관심이 없는 것 같다. "나는 이미 있는데 왜 신경 쓰는가? 나는 이미 그것인데 왜 신경 쓰는가?"

모두가 밖으로 나가고 있다……. 그러나 오직 안으로 들어올 때 비로소 사람은 진리를 알게 된다.

이뀨는 말한다.

> 열반과 상락(常樂)을 모르는 사람들
> 삶과 죽음의 덧없음을
> 통곡하며 한탄하네.

그렇다. 그들은 한탄할 수밖에 없다. 그들은 스스로 불행을 만들어 내고 있다. 그들은 스스로 번뇌와 지옥을 만들어 내고 있다. 그들은 지옥 불 속에 연료를 퍼붓고 있다. 그들은 크나큰 행복을 모르므로, 안으로 들어갈 때 일어나는 은총을 모르므로 한탄할 수밖에 없다. 어떤 축복이 그들을 기다리고 있는지 그들은 모른다. 안으로 들어갈 때 삶은 전혀 새로운 색깔과 새로운 파동, 즉 환희와 축제의 파동을 취한다는 것을 그들은 모른다.

그들은 모두 행복을 구하고 있으면서 불행을 창조하고 있다. 사람들은 줄곧 행복을 추구하면서 불행을 창조한다. 그들은 한탄할 수밖에 없다. 이뀨는 옳다.

그는 말한다.

> 열반과 상락(常樂)을 모르는 사람들
> 삶과 죽음의 덧없음을
> 통곡하며 한탄하네.

안으로 들어가라. 그러면 거기에서 가장 귀중한 보물을 만날 것이다. 그리고 그대가 오랜 세월 동안 수많은 생을 통해 찾아왔던 것이 늘 그대 안에 있었음을, 처음부터 거기에 있었음을, 그대의 본성이었음을 알게 될 것이다.

바로 그 때문에 그대는 놓치고 있는 것이다. 그대는 바깥만 보는데 그것은 안에 있기 때문이다. 그대는 바깥에서 찾고 있는데 그것은 안에 있다. 그래서 그대가 추구하는 것과 보물은 결코 만나지 못하는 것이다.

외부 세계의 끝없는 여정을 가기 전에 조금이라도 내면의 일별을 가지라. 바깥을 탐구하기 전에 내면을 바라보는 것이 아주 실용적이고 실제적인 것 같다. 누가 아는가? 아마도 붓다들이 옳을 것이다. 모든 붓다가 틀릴 수는 없다! 내면을 들여다본 사람들은 예외 없이 그것을 발견했다. 그리고 바깥을 바라본 사람들은 누구도 그것을 발견하지 못했다. 마찬가지로 예외 없이. 세상에서 찾았던 사람들은 실패하고 또 실패해 왔다. 끝에는 오직 절망과 실패만이 있었다.

이 사람들을 생각해 보라. 고타마 붓다, 크리슈나, 그리스도, 짜라투스투라, 노자, 이 사람들을 생각해 보라. 그들은 얼마나 축복스러워 보이는가! 그들이 갖고 있는 향기는 또 어떠한가! 그것은 어디에서 나오는가? 그들 곁에 가만히 앉으면 전율이 일어나며 황홀해진다. 이 사람들 주변에는 어떤 마법이, 어떤 기적 같은 것이 계속 일어나고 있다. 그것은 어디로부터 오는가? 그들은 눈에 보이는 세상의 권력을 가지고 있지 않다. 그들은 그대가 생각하는 어떤 행복의 조건도 가지고 있지 않다.

이런 기록이 있다.

붓다가 처음 바나라시에 왔을 무렵, 바나라시의 나무 아래, 울창한 뱅골 보리수 나무 아래 머물고 있었다. 저녁이 되자 석양빛이 어슴프레 스며들고 구름은 석양으로 물들고 있었다. 무성한 나뭇잎 사이로 그 붉은 광선은 붓다의 얼굴에 떨어지고 있었고, 그는 거기에 앉아서 쉬고 있었다.

바나라시의 왕이 마차를 몰고 왔다. 우연히 왕은 길가에서 참으로 우아하게 앉아 있는, 빛을 발하는 이 사람을 보았다. 그 사람, 왕은 인간이 갈구하는 모든 것을 가졌었다. 그런데 그가 어디로 가는 길이었는지 아는가? 그는 자살하러 가는 길이었다! 그는 고단하고 지치고 절망스러웠다. 그는 그 모든 것이 덧없음에 자살하려고 결심했다. "이제 그만 하면 됐다." 그래서 그는 자살을 하기 위해 산으로 마차를 몰고 있었다.

그런데 그는 길에서 석양마저 그의 아름다움에 비하면 하찮을 정도로 편안하게 앉아 있는 이 사람, 이 거지를 보았다. 그는 찬란한 황금처럼 보였다. 거대한 침묵이 나무 주위를 감싸고 있었다. 그것은 나무의 침묵이 아닌 게 확실했다. 그 왕은 수많은 나무 곁을 지나왔었다.

붓다가 앉아 있을 때면 그 자신의 공간이 창조된다. 동양의 경전들에는 이렇게 써 있다. "붓다가 사는 곳은 어디든 그 주변에 공간이 형성된다. 그 공간에 사는 사람들은 저절로 익는다. 그들은 조류를 탄다. 붓다의 파도를 타기 시작한다. 그것이 '붓다필드(Buddhafield)'의 의미이다."

그것은 절대 침묵이었다! 왕은 일찍이 그러한 침묵을, 그런 충만한 침묵을, 그런 살아 있는 침묵을 본 적이 없었다. 그는 공동묘지에 존재하는 침묵만 보아 왔다. 그는 붓다와 같은 사람을 본 적이 없었으니 무엇이 진정한 침묵인지 알 수 없었다. 처음으로 그것이 거기에 있었다. 아주 명백하게. 그것은 만질 수 있었다. 손에 쥘 수 있었다. 맛볼 수 있었다. 볼에다 부벼서 그 신선함을 느낄 수 있었다. 그토록 명백하게 그것은 있었다.

그는 마차를 세웠다. 마부에게 말했다. "멈춰라! 다시 생각해 봐야 겠다. 저 사람이 저토록 축복스럽고 고요할 수 있다면, 아직 내가 찾지 못한 무엇이 삶 속에 남아 있을지도 모른다. 내 자살에 대해서는 잊어버려라! 이 남자가 내 마음을 바꿔 놓았다. 이 사람이 내 존재를 변화시켰다. 이 사람의 현존은 삶을 다른 방식으로도 살 수 있다는 것을 증거하기에 충분하다. 그 길이 어떤 것인지는 모르지만……."

그가 붓다에게 물었다. "단 한 가지 질문이 있소. 나는 당신 주변에서 아무 것도 보지 못하오. 동냥 그릇 하나밖에는! 동냥 그릇 하나 가지고도 어찌 그토록 행복할 수 있단 말이요? 나는 거대한 왕국을 가지고도 행복하지 못하오. 당신은 참으로 행복해 보이오. 최상의 행복으로 보이오."

붓다는 눈을 떴다. 그 연꽃의 눈을……. 그러자 왕은 문득 저절로 절하며 붓다의 발을 만졌다. 그의 내면에 어떤 것이 일어났다. 그저 그 두 눈을 바라봄으로써. 그 두 눈 뒤에는 개체가 아닌 존재만이 있었다. 그저 빛만 방사되고 있었다. 그 허공의 두 눈은 존재로 가득 차 있었다. 에고는 텅 비고 존재로 충만했다. 그 지혜의 두 눈은 두 줄기 광선 같이 왕의 존재 속에 스며들었다. 그는 감동했고 마음이 움직였다.

붓다가 말했다. "그대가 처한 상황은 예전에 나 역시 겪은 상황이었오. 나는 그대를 이해할 수 있소. 나 역시 황제의 아들이었소. 나는 궁전에서 살며 사치스러운 생활을 했었소. 당신을 이해하오. 모든 것을 가졌음에도 불구하고 아무 것도 가지지 못하는 그 불행을 이해하오. 나는 그대를 이해할 수 있소. 아무도 그대를 이해할 수 없을 테지만 나는 이해할 수 있소. 나도 그대와 똑같았으므로! 나 또한 여러 번, 수도 없이 자살을 생각했었소."

"그러나 그대에게 말하건대, 내 눈을 들여다보시오. 예전엔 나도 지금의 그대와 똑같은 상황에 처했었소. 그래서 말하지만 그대도 언젠가는 나와 똑같은 상황에 있을 수 있소. 우리 두 사람은 같기 때문이오."

모든 사람은 폭발하고 개화화고 연꽃이 될 잠재력이 있다.

> 열반과 상락(常樂)을 모르는 사람들
> 삶과 죽음의 덧없음을
> 통곡하며 한탄하네.

무엇이 사람들의 깊은 슬픔인가? 무엇이 그들의 불행인가? 그들의 불행은 그들이 에고를 창조한 데 있다. 그들은 그것을 창조해야만 했다. 그들은 자신을 모르기 때문이다. 인간은 자아 없이는 살 수 없다. 인간은 자기가 누군지 모른다. 인간은 자신의 정체를 모르면서 살 수 없다. 존재할 수 없다. 그러니 어떻게 하겠는가? 인간은 거짓된 자아를 창조해야만 했다.

진리를 찾는 것은 험난해 보인다. 합성적이고 인공적이며 플라스틱 같은 자아를 창조하는 건 아주 쉬워 보인다. 우리는 대용품으로 에고를 창조해 왔다. 그것은 우리에게 우리의 정체를 안다는 느낌을 주는 거짓 근거이다. 그런데 이 거짓 자아는 줄곧 위험에 처한다. 그것은 가짜이기에 계속적인 유지가 필요하다.

늘 기억하라. 만일 그대가 어떤 것을 계속 유지해야 한다면 그것은 가짜이다. 진짜는 저절로 지속된다. 가짜는 일부러 유지해야 한다. 만일 그대가 자신을 지속적으로 상기해야 하고, 그렇게 하지 않을 경우 그것이 사라진다면 그것은 가짜라는 뜻이다.

진짜는 사라질 수 없다. 그것은 사라질 수가 없다. 진짜는 계속 남아 있다. 생각해 보라. 그대는 수만 생 동안 그대 안을 들여다보지 않았지만 그것은 여전히 있지 않은가. 그것은 그대가 지탱해 줄 필요가 없다. 그것은 곧 그대의 바탕이다. 그것이 그대를 지탱해 준다! 왜 그것이 그대의 지원을 필요로 하겠는가?

하지만 에고는 그대의 지원을 필요로 한다.

그러니 만일 은행에 예금 잔고를 가지고 있다면 자꾸 불려 나가야 한다. 안 그러면 그대의 에고는 질식할 것이다. 만일 그대가 사회적 명성을 가지고 있다면 자꾸 확장시켜 나가야 한다. 그대는 에고를 마구 칭찬해야 한다. 칭찬을 멈추면 그것은 죽어 갈 것이다. 그것은 자전거 페달과 같다. 그대는 계속해서 페달을 밟아야만 한다. 페달 밟기를 중지하면 넘어질 것이다. 그대의 에고는 지속적인 노력을 필요로 한다. 그것은 거듭 창조해야만 한다.

그 때문에 그대는 날마다 그대를 지원해 줄 사람들을 기다리는 것이다. 그대의 여자는 어제 "당신은 멋진 남자예요." 하고 말했었다. 그녀가 한번 말했으니 지금 그것을 또다시 말하는 것은 의미가 없다. 하지만 오늘 또 그대는 가장 멋진 남자 중의 한 명이라고 그녀가 말해 주길 기다리고 있다. 그것은 하나의 되뇌임이다. 지금은 그것을 말해 봐야 의미가 없다. 그건 이미 말한 것이다! 하지만 그대는 기다리고 있다. 그것은 다시 그대를 전율시킨다. 그리고 내일이면 또다시 그대는 기다릴 것이다. 그것은 다시 그대를 전율시킬 것이다.

페달 밟기이다.

누군가가 그대를 존경한다. 그는 계속 그대를 존경해야만 한다. 실은 그는 그대를 향한 존경심을 증가시켜야만 한다. 그래야 그대의 에고는 유지될 수 있다.

그런데 문제는 죽을 때는 이 에고를 지킬 수 없다는 데 있다. 죽어 가면서 무엇을 지탱할 수 있겠는가? 따라서 죽음이 올 때면 에고는 사라지기 시작한다. 그대는 더 이상 페달을 밟을 수 없다. 그대가 죽어 가는데 어떻게 페달 밟기를 계속하겠는가?

하여 죽음은 공포이다. 죽음은 그대의 에고를 무너뜨릴 터이니. 죽음은 그대를 무너뜨릴 수 없다. 그러나 죽음은 그대의 에고를 무너뜨릴 것이다. 하여 죽음은 공포이다. 누구나가 죽음을 무서워한다.

유념하라. 그대는 죽음만 두려워하는 게 아니라 생명 또한 두려워한다는 것을. 에고는 생명 또한 두려워한다. 삶의 깊은 체험 가운데서도 에고는 죽기 때문이다. 그대가 정말로 사랑에 빠질 때……. 왜 그대는 그것을 '빠진다'고 말하는가? 에고로부터 빠져나오기 때문이다. 사랑에 빠질 때 에고는 산산조각 난다. 하여 정말 에고적인 사람은 누구도 사랑하지 못하는 것이다. 그는 사랑할 수 없다. 에고의 탑에서 내려와야 하기 때문이다. 하강해야 하기 때문이다. 그는 평범한 여자나 평범한 남자의 손을 잡아야 할 터이다. 그는 평범하게 행동해야 할 터이다.

많은 사람들이 독신주의자가 되는 것은 그들이 종교적이어서가 아니라 에고이스트이기 때문이다. 자신을 아무도 필요로 하지 않는다는 것이 기분 좋게 한다. 에고는 대단히 만족해 한다. 그대는 아무에게도 절할 필요가 없는 것이다. 사랑 속에서는 절해야 하고 헌신해야 한다. 인간적으로 행동해야 하고 인간이 되어야만 한다. 에고에 있어서 사랑은 위험스럽다.

그리고 사랑은 생명이다! 만일 그대가 사랑을 두려워한다면 생명을 두려워하는 것이다. 따라서 삶의 상황에서도 에고는 끝없이 두려워한다. 에고는 안간 힘을 써서 관리하고 지탱해 온 허위적인 것이다. 에고는 수많은 버팀목이 필요하다. 그래서 그것은 끊임없이 두려운 상태로 남아 있다. 삶은 부단히 변화하고 있기 때문이다. 도무지 아무 것도 똑같은 상태로 머무르지 않는다. 삶은 강물이다.

그러니 어떻게 사람들이 오늘 그대를 존경한다고 내일도 그대를 존경하리라고 믿겠는가? 어떻게 내일도 그대의 에고를 유지할 수 있으리라고 믿겠는가? 누가 아는가? 오늘 그대는 국무총리였는데 내일은 아닐지도. 어제는 국무총리가 아니었지만 오늘은 국무총리다. 내일에 대한 확신이 없다. 바로 그대가 누군가로부터 국무총리 자리를 낚아챘듯이 다른 누구도 그대에게서 그 자리를 낚아채려 한다. 수많은 사람들이 국무총리가 되려고 노력하고 있으니 말이다. 모두 다 나름대로의 방식으로 노력하고 있다. 어떻게 그대가 안전할 수 있겠는가? 모든 사람이 국무총리가 되려고 갖은 노력을 다하고 있는 판에 어떻게 그대는 안전할 수 있겠는가? 그대는 잠들 수 없다. 그대는 쉴 수 없다. 부단히 경계해야 한다. 그대는 사람들이 움직이는 곳을, 그들이 하는 짓을 감시해야 한다. 가장 가까운 동료들마저도 그대는 감시해야 한다. 그들이야말로 가장 위험하기 때문이다. 너무 가깝기 때문에 그들은 언제라도 그대를 몰락시킬 수 있다. 심지어는 동료들도 적이다.

　마키아벨리(Machiaveli)는 말한다. "정치가들에게는 친구가 없다. 있을 수 없다." 마키아벨리는 말한다. "친구들에게도 당신의 비밀을 알리지 말라. 만일 언젠가 그들이 돌아서서 당신의 적이 되면 덜미가 잡히고 곤경에 처할 것이므로."

　만일 그대에게 돈이 있다면 그대는 끝없이 두려워해야 한다. 모든 사람이 그것을 움켜 쥐려 하고 있으니. 우선 그대 자신도 그런 식으로 그것을 획득했으니 그 방식을, 획득하는 방법을 그대는 잘 안다. 이 삶에서, 모든 것이 끊임없이 변하고 있는 이곳에서 그대는 확고하게 남아 있을 수 없다.

　하여 삶, 죽음, 무상함, 이 세 가지는 쉬임 없이 불행과 비탄을 일으키고 있다.

　그런데 아이러니한 것은 그대의 내면 깊은 곳에 영원하고 절대 변치 않는 공간이 있다는 것이다. 그대 안에 결코 시간의 변화나 시간을 통해 영향받지 않는 영원한 것, 초월적인 저 너머의 공간이 있다. 그대 안에 생명의 공간, 순수 생명, 전혀 죽음을 모르는 공간이 있다. 그대 안에 절대 사랑이 있다! 그런데 그대는 사랑을 두려워하고 삶을 두려워하고 죽음을 두려워하고 변화를 두려워한다.

　이 모든 것은 그대가 거짓된 대용품을 만들어 냈기 때문에 일어나고 있다. 거짓 대용품은 누구나가 그것을 가지고 있다는 데서 마음을 끄는 것 같다. 사람들은 모방적이다. 그것을 지켜 본 적이 있는가? 만일 옆집 사람이 그대의 것보다 더 큰 차를 갖고 있으면 갑자기 그대도 더 큰 차가 필요하다. 방금 전에는 필요치 않았다. 바로 조금 전엔 더 큰 차에 대한 생각이 없었다. 지금 어떻게, 별안간 그 필요성이 생겼을까? 옆집 사람이 갖고 있기 때문이다. 지금 그는 더 큰 에고를 갖고 그대의 에고를 위협한다. 그대는 더 큰 차를 구입해야만 한다. 설령 그만한 비용이 없더라도 그대는 구입해야 한다.

사람들은 줄곧 그런 것들로, 필요치도 않은 그런 것들로 인생을 낭비한다. 사람들은 계속 필요도 없는 것들을 쌓아 놓고 있다. 좋아하지 않는 사람들에게 영향을 주려고 전혀 필요치 않을 것들에 돈을 쏟아 붓고 있다. 이것은 특별한 것이다! 사람들은 자꾸 그들의 돈을 물건들 속에 쏟아 붓고 있다. 현재 가지고 있지 않은 돈을. 실지로는 아마 2년 후에나 그것을 소유하게 될 것이다. 그들은 할부로 차를 구입한다. 지금 당장 돈이 없는데도 싫은 사람들을 약올리려고 필요도 없는 차에 돈을 투입한다.

이런 얘기를 들었다.

두 마리의 소가 고속도로 바로 옆에 붙은 목장에서 풀을 뜯고 있었는데 우유 배달 트럭이 지나갔다. 트럭 한 면에는 다음과 같은 글귀가 적혀 있었다. "목장에서 교배함. A등급, 비타민 B 첨가." 한 소가 다른 소를 돌아보며 말했다. "어쩐지 부족한 느낌이 들지? 안 그래?"

사람들은 그처럼 큰 풍선들을, 에고의 풍선들을 가지고 있어서 부족함을 느끼는 것이다. 누구는 이것을 가지고 있고 누구는 저것을 가지고 있고, 그러면 그대는 빈곤함을 느낀다. 그대는 가난하지 않다! 비교심이 가난을 초래한다.

진정으로 부유한 사람은 비교하지 않고 사는 사람이다. 어떻게 그가 가난할 수 있는가? 비교심을 버리면 그대는 부자이다. 그러면 그대는 절대 가난하지 않을 것이다. 자꾸 비교하면 계속 가난한 채로 머물 것이다. 아무리 부유해도 마찬가지다. 그대는 항상 가난한 상태에 머무를 것이다. 항상 그대보다 더 많이 가진 자가 있을 터이기 때문이다.

세상에는 수만 가지 물질이 있고 그래서 수만 가지 빈곤이 있다. 누구에겐 아름다운 아내가 있다. 그대는 빈곤하다. 누군가는 더 큰 차를 갖고 있다. 그대는 빈곤하다. 누군가는 더 큰 집을 갖고 있다. 그대는 빈곤하다. 누군가는 그대보다 키가 더 크다. 그대는 빈곤하다. 얼마나 많은 빈곤이 있는가! 물질이 많은 만큼 빈곤함도 많다.

비교심을 버려라. 하지만 에고는 비교심을 통해 존속한다.

> 석가도 또 아미타불도
> 본래는 인간 아닌가
> 나 또한
> 인간의 형상을 하고 있거늘.

석가는 붓다의 이름이다. 그는 석가족에서 나왔다. 그러기에 그를 석가라 한다. 아미타는 또 다른 붓다인 아미타불의 이름이다. 아미타는 아미타불의 일본식 형상이다. 하지만 그들은 둘 다 인간 존재이다. 이큐는 말한다.

> 석가도 또 아미타불도
> 본래는 인간 아닌가
> 나 또한
> 인간의 형상을 하고 있거늘.

내가 불교는 신학을 파괴하고 새로운 종류의 종교, 즉 인류학적이고 인간 중심적인 종교를 창조했다고 말할 때 바로 이 뜻이다. 붓다는 그토록 전무후무한 고귀한 존엄성을 인간에게 주었다. 붓다는 인간을 가장 높은 의식의 정점으로 만들었다. 붓다는 인간을 사랑했고 인류를 존경했다.

붓다는 말한다. "그대는 곧 나와 같다! 그대는 걱정할 필요가 없다. 내가 붓다가 될 수 있다면 그대도 붓다가 될 수 있다. 깨닫는 것은 전혀 특별한 것이 아니다. 그것은 그대의 타고난 권리이다."

놀라와라,
법의 연꽃!
숱한 세월 흘러도 변함없는 그 빛깔.

불성이란 무엇인가? 누구나가 얻을 수 있는 이 불성이란 무엇인가? 그것은 내면의 개화, 그대 내면에 있는 씨앗의 개화이다. 그대 안의 씨앗이 연꽃이 되는 것이다.

놀라와라,
법의 연꽃!
숱한 세월 흘러도 변함없는 그 빛깔.

그것은 변함이 없고 무한하고 영원하다. 한번 그대가 내면의 꽃 핌을 보면 죽음은 사라진다. 한번 그대가 내면의 꽃 핌을 보면 공포는 사라진다. 한번 그대가 내면의 꽃 핌을 보면 그대의 삶은 향기로워진다. 그대의 삶은 노래가 되고 축제가 된다. 그때 삶은 축복과 매력과 지복을 지닌다.

이 내면의 연꽃은 누구나가 지니고 있지만 아무도 그것을 자각하지 않는 것 같다. 우리의 모든 인식은 물질에 사로잡히게 되었다.

물질에 대한 인식을 풀어 주라. 뒤로 돌아서라. 영원히 돌아서라는 게 아니다. 잠시만 뒤로 돌아라. 그것이 명상의 모든 것이다.

매일 한 시간씩만 세상을 잊어라. 세상이 그대에게서 사라지고 그대가 세상에서 사라지도록 내버려 두라. 뒤로 돌아서라. 180도 돌아라. 그리고 그냥 내면을 들여다보라. 처음에는 오직 구름만 보일 것이다. 그것들을 두려워하지 말아라. 그 구름들은 그대가 억눌러서 생긴 것이다. 그대는 분노, 미움, 죄의식 등 온갖 종류의 블랙홀들을 마주칠 것이다. 그것들은 그대가 억눌렀기 때문에 있는 것이다. 소위 그대의 종교들은 그대가 그것을 억누르도록 가르쳤다. 그래서 그것들은 상처처럼 남아 있다. 그대는 그것들을 감춰 왔다.

그 때문에 나는 먼저 카타르시스를 하라고 강조하는 것이다. 엄청난 카타르시스를 통과하지 않으면 수많은 구름들을 통과해야 할 것이다. 그러면 그대는 지쳐서 못 견디고 세상으로 되돌아올지도 모른다. 그리고서는 말할 것이다. "거기엔 아무 것도 없어. 연꽃도 없고 향기도 없어. 고작 악취와 잡동사니뿐이야."

그대는 그것을 안다. 눈을 감고 안으로 들어갈 때 그대는 무엇을 만나는가? 그대는 붓다가 말하던 아름다운 땅들을 만나지 못한다. 그대를 기다리고 있는 건 지옥과 고뇌와 억압된 것들뿐이다. 여러 생 동안 축적된 분노. 거기에 있는 건 혼돈뿐이다. 그래서 사람들은 계속 바깥에 머물고 싶어한다. 사람들은 극장에 가고 클럽에 가고 사람들과 만나 수다 떨기를 원한다. 사람들은 지쳐서 잠들기까지는 꽉 채워져 있기를 바란다. 그것이 그대가 살고 있는 방식이다. 그것이 그대의 삶의 형태이다.

따라서 안을 들여다보기 시작할 때 몹시 당황하는 것은 당연하다. 붓다들은 거기에 엄청난 지복과 엄청난 향기가 있어서 연꽃의 개화를 만날 것이라고, 그런 영원의 향기를 만날 것이라고 말한다.

그리고 연꽃의 빛깔은 항상 여전하다고, 그것은 변함없는 현상이라고 말한다. 그들은 그런 낙원을 말한다. 그들은 그런 신의 왕국이 그대 안에 있다고 말한다. 그런데 그대가 안으로 들어갈 때는 오직 지옥을 만날 뿐이다.

부처의 나라는 보지 못하고 아돌프 히틀러의 수용소만 볼 뿐이다. 자연히 그대는 이건 순전히 난센스라고, 바깥에 머무는 게 낫다고 생각한다. 그리고 왜 상처들을 가지고 노는가? 그것은 괴롭다. 상처에서 고름이 줄줄 흘러나온다. 그것은 더럽다.

하지만 카타르시스가 도와준다. 카타르시스를 하고 나면, 혼돈 명상을 통과하고 나면, 바깥의 이 모든 구름과 어둠을 던져 버리면 주시하기가 훨씬 수월해진다.

그래서 나는 먼저 혼돈 명상을 하고 난 다음 침묵 명상을 하라고 강조하는 것이다. 먼저 역동적인 명상을 하고 수동적인 명상을 해야 한다. 거기에 폐품처럼 있는 것들을 죄다 밖으로 쏟아 내야 수동성으로 들어갈 수 있다. 분노는 밖으로 쏟아 내야 한다. 욕심은 밖으로 쏟아 내야 한다……. 이러한 것들은 겹겹으로 쌓여 있다. 하지만 일단 그것들을 바깥으로 쏟아 내면 쉽게 안으로 미끄러질 수 있다. 아무 것도 장애될 게 없다.

그러면 문득 '부처의 나라'의 밝은 빛이 있다.

문득 그대는 별천지에 와 있다. 연꽃의 세계, 담마(法)의 세계, 도(道)의 세계에 와 있다.

> 놀라와라,
> 법의 연꽃!
> 숱한 세월 흘러도 변함없는 그 빛깔.

초승달
차고 이울고 흔적도 없어지고
그래도 다시 뜨는 밝은 달!

개인의 삶은 오고 간다. 하지만 영원의 삶은 여전히 남아 있다. 그것은 달과 같다. 그대는 보는가? 보름 동안은 점점 커져서 만월의 밤이 온다. 그런 다음 점점 작아져서 어느 날 밤은 완전히 사라져 버린다. 하지만 그대는 달이 사라지거나 혹은 생겨난다고 생각하는가? 달은 여전히 똑같다. 그것은 항상 거기에 있다. 그 나타남과 사라짐은 오직 외관상일 뿐이다. 달의 실체는 항상 거기에 있다.

놀라와라,
법의 연꽃!
숱한 세월 흘러도 변함없는 그 빛깔.

따라서 그대는 두 차원으로, 두 수준으로 살 수 있다. 우파니샤드에 이런 내용이 있다. 그것은 우화이거나 비유인데, 한 나무에 꼭 **빼닮은** 새 두 마리가 살고 있었다. 그중 한 새는 가장 높은 가지 위에 앉아서, 완전한 침묵과 고요 속에 미동도 없이 눈을 감은 채 다른 세계 속에 있었다. 다른 새는 가장 낮은 가지 위에 앉아서, 이 가지 저 가지로 날아다니며 이 꽃에 매달리고 저 과일에 매달리며 이것 저것을 비교하고 이것 저것을 시샘하며 한시도 쉬지 않고 움직이고 있었다.

서서히 그 새, 줄곧 움직이던 그 새는 부단한 움직임에 지치게 됐다. 그러다 어느 날 자기와 똑같이 생긴, 바로 복사품인 다른 새를 올려다본다. 마치 존재하지 않는 것처럼 참으로 고요하고 참으로 편안하며 참으로 차분하고 침착한 다른 새를. 거기엔 침묵밖에 없었다. 그 부단히 움직이던 새는 그 마법에 이끌리어 윗가지를 향해 움직이기 시작한다....... 제자됨의 시작이다. 가까이 가까이 더 가까이 가서 마침내는 다른 새와 하나가 된다.

이 두 마리의 새는 둘이 아닌 한 의식의 양면이라고 우파니샤드는 말한다. 사람은 저마다 이러한 양면성을 가지고 있다. 그대 내면 가장 깊은 곳의 관조는 지금 바로 생명의 나무 위에 앉아 있다. 연꽃은 그 아름다움과 고귀함과 광휘로움으로 피어나고 있다. 한편 그대는 이 가지 저 가지로 뛰어다니며 비교하고 시샘하고 성내고 미워하고 다투며 수천 가지를 하다가 절망하고 또 절망한다.......

올려다봐라! 그리고 기억하라. '올려다보라'는 말은 정확히 '안을 들여다보라'는 의미이다. '밖을 보라'는 '내려다보라'는 뜻이고, '올려다보라'는 '안을 들여다보라'는 뜻이다. 그것들은 동의어이다. 올려다보거나 들여다보라. 그러면 문득 그대 안에 존재가, 붓다가 앉아 있다. 그 카리스마에, 이 침묵의 마법에 끌려서 사람은 움직이기 시작한다. 그러다 어느 날 내면 가장 깊은 곳의 핵과 하나가 된다.

이 초승달에서 하현달로 부단히 움직이던 새에게 전적인 변화가 일어난다. 그 다른 새는 항상 똑같다. 관조, 그것은 항상 여여하다.

> 보면,
> 언제나 있는 그대로
> 버들은 푸르고
> 꽃은 붉다.

세상은 아무 것도 변하지 않는다는 것을 기억하라. 내면으로 들

어갈 때 세상은 아무 것도 변하지 않는다. 단지 그대만 변할 뿐이다. 그대의 태도만 변한다. 그대의 시각만 변한다. 세상은 여전히 똑같다. 앞으로도 여전히 똑같을 것이다. 강물은 여전히 흘러가고 새들은 여전히 노래하고 꽃들은 여전히 피어날 것이다……. 세상은 여전히 지속된다. 하지만 그대는 더 이상 같지 않다.

내면의 시각으로부터 바깥을 바라보면 사물도 이제 새로운 아름다움을 지닌다.

보면,
언제나 있는 그대로…

이제 그대는 있는 그대로 볼 수 있다. 그 전에는 도무지 있는 그대로 보지 못했다. 가령, 그대가 아름다운 장미꽃이 피어 있는 옆집 정원을 지나간다 하자. 이 장미꽃을 있는 그대로 볼 수 있는가? 그대로 볼 수 없다. 질투가 그것을 가로막을 것이다. 장미는 그대의 정원이 아닌 옆집 정원에 핀 것이다. 어떻게 그것을 좋아할 수 있는가? 사실 그대는 상처 입는다. 그대는 그것 때문에 마음이 상한다. 그대의 꽃은 아주 볼품없기 때문이다. 그대는 불쾌함을 느낀다.

그 터무니없음을 보라. 그토록 아름다운 장미이건만, '그것은 내 정원에 있는 게 아니니 내 에고를 부풀려 주지 못한다'는 생각으로 그 아름다움을 놓친다. 지금 그대는 그것을 소유하고 싶다.

그대는 아름다운 여자 곁을 지나간다. 그런데 그녀는 그대의 여자가 아니라 다른 사람의 여자이다. 그대는 이 여자를 소유하고 싶다. 그대는 소유할 수 있을 때만 그 아름다움에 감사할 수 있다. 사실, 소유하는 것은 그것을 죽이는 것이다. 사랑한다면 어떻게 소유할 수 있는가? 그것은 불가능하다. 사랑하는 것과 소유하는 것은 대립적이고 모순적이다. 그들은 공존할 수 없다. 그대가 미인을 소유하는 순간 미인은 물질로 전락되어 버린다. 그것은 상품이다.

아름다움은 오직 소유함이 없을 때만 사랑받고 즐길 수 있다. 따라서 사람이 내면의 비전에 의해 탈바꿈되면, 가장 내밀한 곳에 이르러 에고의 모든 게임이 허위임을 보고 그 영원성, 그 기쁨과 침묵에 자리잡고 오직 관조가 되면 그때 눈을 뜬다. 이제 그는 사물을 있는 그대로 볼 수 있다.

꽃은 꽃일 뿐 누구의 것이 아니다. 미인은 그저 미인일 뿐 그 누구의 소유물도 아니다. 어떻게 여성이 누구의 소유물일 수 있는가? 문득 존재는 있는 그대로 보인다. 일체의 '나-그대'는 사라진다. '나-그대'가 사라질 때 의식 안에 있는 투쟁도 사라진다.

> 버들은 푸르고
> 꽃은 붉다.

꽃이 옆집 정원에 피었다고 해서 덜 붉지 않다. 버들이 그대의 것이 아니라고 해서 덜 푸르지 않다. 그대가 슬프다고 해서 버들이 덜 푸르지는 않다. 그대는 지켜 보았는가? 물질은 그대의 기분에 따라 변한다. 그대가 행복하면 달도 아주 아름답고 행복해 보인다. 그대가 슬프면 달도 몹시 슬프고 불행해 보인다. 그대는 그대의 기분을 사물에 투사한다.

사람이 자신의 궁극적인 핵심에 도달할 때는 더 이상 투사하지 않는다. 있는 그대로 본다. 그는 결코 불행하지도 행복하지도 않다. 모든 이원성은 사라진다. 그는 불이원성에 머문다. 그는 영원히 고요하고 차분하고 잔잔한 지복에 머문다. 지금 사물은 있는 그대로이다…….

버들은 푸르고
꽃은 붉다.

불교는 사람들이 위대하고 진정한 감수성에 이르도록 도와준다. 선사가 시를 쓴 것은 우연이 아니다. 카톨릭 신부가 그림을 그렸다는 얘기는 도대체 들어 보지 못했다. 힌두교 구도자가 그림을 그렸다는 말도 들어 본 적이 없다. 불교는 세상에 위대한 창조성을 풀어 놓았다. 왜? 다른 종교들은 대단히 비창조적이었다. 다른 종교들은 너무나 둔해서 삶의 향취를 놓치고 있다. 그들은 사람들이 춤추고 노래하고 그림 그리고 연극하도록 도와주지 못했다.

선은 오늘날까지 발생했던 종교 가운데 최상으로 보인다.

종교에 대한 나의 비전도 역시 창조적이다. 그대는 창조성을 통해 더욱 신에게 가까워진다. 그대는 창조성을 통해서 보다 창조주에게 가까워진다. 창조성은 종교적인 사람의 근본 기준 중의 하나가 되어야만 한다.

창조하라! 창조성이 그대의 종교가 되게 하라. 그러면 그대는 다시는 헤매이지 않을 것이다. 창조하면 할수록 그대는 더욱 성장할 것이다. 그것은 양쪽으로 일어난다. 창조하면 할수록 더욱더 성장하고, 성장하면 할수록 더욱더 창조한다.

종교가 단지 부정적이고 삶을 거부하기만 하면 추해진다. 종교가 창조적이어서 그대가 세상의 푸르름과 장미의 붉음을 보고 이 새들의 소리를 수정처럼 투명하게 듣도록 도와줄 때, 그대가 침묵을 느끼고 민감해지도록, 존재 안에 멈춰 서서 전체와의 조화를 느낄 수 있도록 도와줄 때 비로소……. 전체와의 조화를 느끼는 것은 거룩해지는 것이다.

제7장

달마, 고양이 그리고 국자
Daruma, the Cat and the Ladle

삶의 여행은
비탄과 아픔뿐이네
그런데 왜 우리는 고향의 하늘로
돌아가기를 그토록 주저하는가?

무언가를 써서 남긴다는 것도
다만 꿈속의 일이다
깨고 나면 그 누가 있어
그 글을 읽을 것인가.

우리가 법을 이야기하지 않아도
청하지 않은 봄날의 꽃
피고 지고
흙으로 돌아가네.

태어나고 죽는 것은
모두 똑같다
석가도 달마도
고양이도 국자도.

부처가 되려고 모질어져도
부질없는 일
돌부처(石佛)만 보게 될지니.

우화에 관절염을 앓고 있던 어떤 지네가 현명한 늙은 올빼미에게 조언을 구한다는 이야기가 있다.

"지네야," 올빼미가 말했다. "네 백 개의 다리들이 모두 부어 올랐구나. 내가 만일 너라면 황새로 변신했으련만. 두 다리만 남겨 놓으면 통증의 98퍼센트는 줄어들 거야. 그리고 날개를 이용하면 다리가 없어도 버틸 수 있단다."

지네는 신이 났다. "망설일 것도 없이 당신의 제안을 받아들이겠습니다. 자, 말해 주세요. 어떻게 하면 변신할 수 있죠?"

"오," 올빼미가 말했다. "자세한 건 나도 모르지. 난 단지 일반적인 책략만 세울 뿐이니까."

불교는 일반적인 책략에는 관심이 없다. 철학적인 사색에는 흥미

달마, 고양이 그리고 국자　243

가 없다. 불교는 삶의 세밀한 부분들에, 삶의 고통과 그 원인들에 관심이 있다. 불교는 기이한 해결책들을 주지 않는다. 그대에게 새로운 꿈을 제공하지 않는다. 다만 삶을 정면으로 보여 줄 따름이다. 그것은 신이나 천국이나 지옥을 끌어들이지 않는다. 그것은 전혀 신학을 창조하지 않는다. 신학이란 모두 삶의 실제 문제들을 회피하려는 몸부림일 뿐이기 때문이다.

이따금 철학자나 신학자들이 불교는 도무지 종교 같지 않다고 하는 것은 그 때문이다. 불교는 낙원을 말하지 않고 불멸의 영혼을 말하지 않기 때문이다. 불교는 삶의 고통, 불행, 좌절, 불안, 비탄을 이야기한다.

많은 사람들이 불교는 염세적이라고 생각해 왔다. 그러나 그렇지 않다. 불교는 다만 삶을 있는 그대로 보고자 할 뿐이다. 그리고 삶은 불행이고 괴로움이다. 그것을 피하는 손쉬운 길은 추상적인 관념 속으로 도피하든지 아니면 어떤 꿈의 세계로 들어가거나 다른 특별한 것을 생각하든지 또는 학설의 파도를 타고 빙빙 돌아서 실체를, 삶의 상처인 실체들을 숨기는 것이다.

불교는 아주 실제적이고 땅에 토대를 두고 있으며 사실적이다. 그것은 그대가 삶과 맞부딪뜨리기를 원한다. 삶의 고뇌를 맞부딪뜨려서 통과해야 초월의 가능성도 있기 때문이다. 하지만 사람들은 삶을 마주하고 싶어하지 않는다. 그들은 두려워한다. 그들은 굳어 있다. 마음속 깊이 그들은 안다. 삶은 고뇌임을. 그것을 마주한다는 것은 불안스럽고 곤혹스러워지는 것을 뜻한다. 그것을 마주한다는 것은 사는 것이 힘들어진다는 뜻이다. 그것을 마주한다는 것은 공포로 마비된다는, 죽음으로 마비된다는 뜻이다. 삶은 죽음 이외에 아무 것도 아니기 때문이다.

모든 것은 매 순간 죽어간다. 모두가 죽음 속으로 사라지고 있다.

불교는 추상적인 관념 속으로 도피해야 아무 소용이 없다고 말한다. 세세한 삶 속으로 들어가는 것이 진정한 도움이 될 것이다. 그것은 어렵고 험준하고, 용기를 필요로 한다. 하지만 그것을 마주하는 것이야말로 유일한 길이다.

수 세기 동안 성직자들은 사람들을 착취해 왔다. 그들은 사람들이 쉽게 도피할 수 있는 통로를 만들어 주었다. 그들은 사람들을 속여 왔다. 성직자들은 결코 사람들이 명석하고 지성적이 되도록 돕지 않는다. 만일 사람들이 명석하고 지성적이 되면 성직자들이 세상에 벌이고 있는 온갖 게임을 볼 테니까.

성직자들은 사람들의 무지함에 의존한다. 하여 그들은 사람들이 될 수 있는 대로 무지함을 유지하도록 애쓴다. 종교적인 경전들을 읽지 못하도록 한다. 사람들이 그것들을 읽어서는 안 된다. 인도에서는 오직 브라만들만 베다를 읽도록 허용되었다. 만일 사람들이 베다를 읽도록 한다면 얼마나 오랫동안 그 안에 특별한 것이 있는 양 위장할 수 있겠는가? 그 안에는 아무 것도 없다! 사람들은 그것을 볼 것이다. 일단 그들이 보게 되면 어떻게 계속 속이겠는가? 어떻게 그들을 착취하겠는가?

성직자들과 정치가들의 권력은 사람들의 무지함에 의존하고 있었다. 불교는 전혀 다른 빛을 가져왔다.

불교는 말한다. "베다나 우파니샤드를 잊어라. 거기에 개의치 말아라. 삶은 내면으로 들어가는 것으로 충분하다. 그것이 진정한 베다이다. 읽어야 할 유일한 책은 삶이라는 책이다. 그리고 유일한 지혜는 삶이라는 책을 읽음으로써 얻을 수 있다. 지성적이 돼라."

불교는 지성적인 종교이다. '붓다(Buddha)'라는 말은 '붓디(Buddhi)'에서 비롯된다. 붓디란 지성을 의미한다. 오직 지성을 통해서 인간은 깨어날 수 있다.

성직자들은 붓다에게 몹시 반발하고 분노했다. 그들은 그의 종교를 이 나라에서 몰아냈다. 성직자들이 이 나라에서 불교를 몰아내는 데 성공하던 날, 이 나라는 지성에서 추락하여 어리석어졌다. 그 이래로 이 나라는 계속 어리석은 상태로 머물러 있다. 이 나라의 가장 위대한 개화는 불교이기 때문이다. 그것은 오랜 세월에 걸친 작업과 노력의 최고 정점이었다. 그것은 최정점이었고 절정이었다. 붓다의 시절은 이 나라의 가장 위대한 정점의 시절이었다. 이 나라는 햇살이 드는 봉우리를 알게 되었다. 한번 붓다와 그의 토대가 파괴되자 이 나라는 그 햇빛이 드는 봉우리에서 어두운 골짜기로 추락했다.

하지만 성직자들은 매우 기뻐했다. 사람들이 다시 무지해진 것이다. 사람들은 다시 그들에게 무엇을 해야 하고 무엇을 하지 말아야 하는지 묻고 있었다. 그들은 한 번도 쓰지 않았던 옛 비방들을 분배했다.

이런 얘기를 들었다.

문맹의 한 백만장자가 조그만 지방 대학에 그의 재산을 기증하기로 결심했다. 그의 아들은 유산 상속을 포기하고 싶지 않았다. 그는 아버지가 무식하면서 점잖은 체한다는 사실을 알았다. 그래서 어느 날 아버지에게 말했다. "아버지, 저는 아버지가 그 대학에 대해서 좀 알았으면 좋겠어요. 아버지가 모든 재산을 주기로 결심한 그 학교는 남학생과 여학생을 함께 머트리큐레이트(입학허가)해요!" 아버지가 깜짝 놀란 표정이었다. 그러자 아들은 말하기를 계속한다. "그것만이 아닙니다. 남학생과 여학생이 같은 커리큘럼(교과과정)을 이용해요!"

이제 아버지의 얼굴이 어두워지자 아들은 앞으로 바짝 기울이며 속삭인다. "가장 고약한 것은 여학생은 졸업하기 전에 테제(졸업논문)를 학과장에게 보여 줘야 한대요!"

"됐다." 아버지가 고함쳤다. "그 학교에는 한푼도 안 주겠다!"

성직자들은 그런 식으로 수 세기를 살아왔다. 그런 거창한 말들을 가지고. 사람들은 그런 말들을 모른다. 거창한 말들을 아주 엄숙하고 심각하게 말하면 사람들은 뭔가 대단한 일이 벌어지나 보다고 생각한다. 그러나 아무 것도 일어나지 않았다! 사람들은 무지한 상태로, 불행한 상태로 살아왔다. 신이나 천국이나 영혼 따위의 관념들을 통해서는 아무 일도 일어나지 않았다. 아무 일도 일어나지 않았다. 사람들은 비종교적으로 살아왔다. 실제론 더욱더 둔해졌다. 그런 거창한 말들을 믿을수록 사람들은 더욱 둔해졌다.

불교는 전적으로 다른 차원을 도입했다. 불교는 종교란 책 속에 있지 않다고 말한다. 종교란 위대한 말이나 거창한 말 속에, 복잡한 철학 속에 있지 않다고 말한다. 종교란 언변에 능한 사람이나 언어 전문가와 무관하다. 종교는 삶의 질(質)과 관련된 것이다. 그대의 삶에 지성을 가져온다면 종교는 활짝 피어난다.

아무도 이것을 그대에게 줄 수 없다. 오직 그대만이 그대 자신에게 이 선물을 줄 수 있다. 누구나가 스스로의 잠재력을 지니고 있다. 잠재력은 문질러서 광택을 내야 한다. 잠재력은 가동되고 협조를 받고 영양분을 섭취해야 한다. 저마다 사람은 위대한 지성의 씨앗으로서 태어난다. 저마다 사람은 붓다로서 태어난다. 지식을, 지혜를 구걸할 필요가 없다. 그대는 이미 지니고 있다. 다만 내면을 탐구하라.

하지만 성직자들은 그것에 관심이 없다. 만일 사람들이 내면을 탐구하기 시작하면 절이나 모스크나 교회에 가는 걸 중단할 터이기 때문이다. 만일 사람들이 내면을 들여다보기 시작하면 성직자나 랍비나 판디트에게 묻지 않을 것이다. 무엇 때문에? 누구에게 묻는가? 그는 스스로의 빛을 지닐 것이다. 그는 스스로의 등불이 될 것이다.

그래서 성직자들은 그토록 붓다에게 성을 낸 것이다. 그들은 마하비라에 대해서는 그렇게 성 내지 않았다. 자이나교는 아직도 인도에 존속하고 있다. 그러나 붓다에게는 몹시 반발했다. 무슨 일인가? 붓다는 분명 새로운 빛을 도입했다. 그는 분명 인류 의식에 있어 중대한 진보였다. 그의 공로는 무엇이었나? 그의 공로는 이것이다. 사람은 저마다 스스로의 등불이 될 수 있다는 것, 사람은 타인을 따르거나 모방할 필요가 없다는 것, 타인으로부터 지시받거나 명령받을 필요가 없다는 것이다. 만일 그대가 끝없이 타인으로부터 명령을 받는다면 그대는 인간 이하로 머무를 것이다. 그대는 로봇으로 머무를 것이다.

종교는 복종이 아니다. 종교는 반역이다. 복종적인 종교를 통해서 무슨 일이 일어났는가? 사람들은 더욱더 세련되어지고 문명화되고 겉치레적이고 위선적이 되었다. 하지만 마음속 깊은 곳에서는 여전히 똑같다. 정말로 일어난 것은 아무 것도 없다. 표면만 더 환해졌을 뿐이다. 장식과 같은 것이, 장식만 꾸며졌을 뿐이다. 하지만 인간의 의식은 여전히 원시적이고 개화되지 않은 상태로 남아 있다.

이런 얘기를 들었다.

전세계적인 선교사들의 집회가 있었다. 한 사람씩 돌아가면서 자신이 얼마나 열렬한 연설과 솔선적인 작업, 그리고 타의 모범이 될 품행으로 원주민들을 기독교로 개종시켰는지에 대해 보고했다.

이 보고 가운데 아프리카의 식인종 지역에서 온 선교사가 있었다. 그 또한 원주민들의 진전을 자랑했다. 모든 보고가 끝난 후에, 식인종 지역에서 온 선교사에게 직접적인 질문이 있었다. 그가 식인종들이 인육을 먹는 것을 중단시켰는지?

선교사는 식인종주의는 중단시키지 않았지만, 이전에는 손으로 음식을 먹던 것을 이제는 나이프와 포크로 먹게 하는 데 대단한 성과가 있었다고 대답했다.

그것이 종교가 성공해 온 비법이다. 사람들은 여전히 똑같은 상태로 남아 있다. 그들은 여전히 식인종이지만, 지금은 손으로 음식을 먹는 대신에 나이프와 포크로 먹는다.

불교는 바로 그대의 뿌리를 바꾸고 싶어한다. 그것은 탈바꿈이다. 그것은 별개의 의식 수준에서 사는 것이다. 이 경문들은 바로 그러한 항목의 일별을 준다.

첫 번째 경문.

> 삶의 여행은
> 비탄과 아픔뿐이네
> 그런데 왜 우리는 고향의 하늘로
> 돌아가기를 그토록 주저하는가?

삶은 무(無)에서 무(無)로의 여행이다. 삶을 통해 이룩된 건 아무 것도 없다. 그 누구도 삶을 통해 무엇에 도달하지 못했다. 사람들은 뛴다. 그들은 질주한다. 그들은 줄곧 속력을 내지만 결코 어디에도 도달하지 못한다. 그들은 고군분투하고 열심히 수고하지만 그 수고로부터 아무 것도 일어나지 않는다. 아무 것도 창조되지 못했다.

그대 이전에 수많은 사람들이 살았지만 다들 어디에 있는가? 먼지 속으로, 먼지에서 먼지로 사라졌다. 수많은 문명들이 존재했지만 흔적도 없이 사라졌다.

삶은 아무 것도 이룩하지 못한 것 같다. 그것은 헛수고이고 공연한 야단 법석이다. 격분과 소음으로써 아무 의미도 없는, 어떤 바보가 지어낸 이야기이다.

이것은 인간이 통과해야 할 첫 번째 관문이다. 그대가 붓다를 이해하고자 한다면 삶을 정면으로 바라봐야 한다. 회피하지 말아라. 샛길을 보지 말아라. 삶을 직시하라. 인생의 의미는 무엇인가? 그것은 무엇을 이룩하는가? 최종적으로 그것은 무엇에 이르는가? 어디에도 이르지 못한다. 마치 거대한 꿈과 같다. 꿈속의 아름다운 궁전, 꿈속의 거대한 왕국, 그러나 아침에 깨어나면 모든 것이 영원히 사라지고 만다. 실제, 그것은 거기에 없었다. 그것이 거기에 있었다고 그대가 믿었을 뿐이다. 그대의 성공은 그대의 믿음일 뿐이다 …….

어제 나는 어떤 사람에 관한 글을 읽었다.

그는 미친 사람이었다. 그는 병원에 수감되어 치료받고 있었다. 그의 병은 자기가 알렉산더 대왕이라고 믿고 있다는 것이었다. 3년 동안 정신분석, 정신의학, 전기 충격, 인슐린 충격 등으로 치료한 후 어느 날 의사가 환자에게 와서 말했다. "이제 당신은 완치되었습니다. 집으로 가도 좋아요."

그 남자는 울면서 말했다. "예, 나는 내가 치료되었다는 걸 압니다. 하지만 무슨 치료가 이렇습니까? 여기 올 때 나는 알렉산더 대왕이었는데 이제는 아무 것도 아닙니다. 아무 것도 아니라구요! 무슨 치료가 이래요? 여기 올 때는 꽤 의기 양양 했는데, 특별한 사람이었는데 지금은 하찮은 사람으로 전락해 버렸다구요! 그것을 당신은 '치료'라고 합니까? 다시 나를 치료해 주세요. 옛날 상태로 되돌려 달라구요. 나는 특별한 사람이었습니다."

그대의 성공은 그대의 믿음이다. 그대의 명성은 그대의 믿음이다. 그것들은 투사된 꿈들이다.

인간의 마음을 심도있게 작업해 온 사람들 사이에 일치점이 있는데, 그것은 대부분의 인간은 정신병적인 상태라는 점이다. 소수의 사람들만 정신병적 상태가 아니다. 대부분이 정신병적이다. 정도의 차이만 있을 뿐이다.

파스칼(Pascal)은 인간은 미친 동물이라고, 유일하게 미치고 광포해지고 궤도를 벗어나고 빗나갈 수 있는 동물이라고 말한 적이 있다. 그것이 원죄라고, 인간은 더 이상 자연적인 동물이 아니라고 파스칼은 말했다. 어떤 인공적인 것이 인간에게, 인간의 마음 밑바닥에 일어났다. 인간은 자기자신으로부터, 자신의 원래 근원으로부터 멀어지게 되었다.

그대가 보는, 거리를 걷고 사업을 하고 사무실과 공장에서 일하는 정상인들은 단지 명목상으로만 정상일 뿐이다. 아무도 정상이 아니다. 오직 옛날의 붓다, 그리스도, 크리슈나만 정상이다 — 어쩌다 한번. 모두가 비정상이다.

그렇다면 사람들은 왜 비정상인가? 그들은 줄곧 이 인생의 꿈을 믿는다. 그들은 줄곧 새로운 꿈을 믿는다. 하나의 꿈이 좌절되면 금세 다른 꿈을 창조한다. 그들은 틈을 주지 않는다. 하나의 욕망이 실패하면 또 다른 욕망으로 이동한다. 실은 욕망이 좌절되기 이전에 이미 새로운 욕망을 창조해서 거처할 집을 마련하고 있었다. 하나의 희망이 사라지면 다른 희망을 창조한다. 그대는 계속해서 희망한다. 죽음이 곳곳에 일어나는 것을 줄곧 보면서도 끝없이 희망한다. 모든 희망에 맞서 희망하는 것, 이것은 정신병이다. 모든 것이 먼지로 사라지는 것을 보면서도 그대는 여전히 유명해지고 성공하길 바란다.

인생은 '무'에서 '무'로의 여행이다. 악순환이며 꿈의 여행이다. 더구나 달콤한 꿈도 아니다. 악몽일 뿐이다. 바람과 슬픔, 비탄과 아픔, 고통 그리고 고통. 무엇을 얻으려는가? 한번 그대의 혀로 맛보아라. 무슨 맛을 얻었는가? 그저 고통과 고통뿐이다.

모든 기쁨은 그저 희망일 뿐이다. 고통은 현실이고 기쁨은 희망이다. 그리고 희망은 절대로 성취되지 않는다. 희망은 수평선과 같다. 그것은 어딘가에 있는 것 같은데 그대는 만날 수 없다. 그대는 줄곧 수평선을 향해 질주하지만 수평선은 자꾸만 저 멀리 달아나고 있다. 그것은 존재하지 않는다! 그것은 오직 그대의 생각 속에 존재할 뿐이다.

인생에 완전히 절망하는 것, 이것이 지혜의 시작이다. 인생의 덧없음을 보는 것, 이것이 전혀 새로운 여행인 내면 여행의 출발이다. 안 그러면 그대는 계속 이것 저것에 열중할 뿐이다.

한번 보라. 그대는 30년, 40년, 50년, 60년을 살아왔다. 무엇을 얻었는가? 그대 손을 들여다보라. 손바닥은 비어 있다.

알렉산더가 죽으면서 대신들에게 말했다. "내 육신을 거리로 운반할 때 내 손은 관 밖에 내놓아라."

그들은 당황했다. "왜 그러십니까? 그런 말은 일찍이 들어 본 적이 없습니다. 전례가 없는 일입니다."

"하지만 그래야만 한다."

"무엇 때문입니까?"

알렉산더가 대답했다. "그래서 사람들이 나 역시 빈 손으로 간다는 것을 볼 수 있게 하라. 열심히 노력하고 고군분투했지만 내 혀끝에 남은 맛은 공(호)뿐이다. 내 손은 비어 있다. 나는 사람들이 알렉산더마저 완전한 실패자로 죽는 것을 보게 하고 싶다!"

누구나가 그렇게 죽는다. 그런데 그렇게 나중에 자각한다면 의미가 없다. 생의 한가운데서 자각하는 것이 정말 중요하다. 그러면 근본적인 변화가 일어날 수 있기 때문이다. 붓다는 그것을 겨우 스물아홉 살에 자각했다. 아주 젊어서, 바로 결혼한 지 몇 년 지나지 않은, 아이가 태어난 지 겨우 한 달 후의 일이었다. 어느 날 갑자기 그는 꿈이 사라지는 걸 보았다. 어떻게 그 일이 일어났는가?

그는 거리를 지나고 있었다……. 그는 축제에, 그의 나라에서 열리는 청년들의 정기 축제에 참석하러 가던 중이었다. 그런데 도중에 한 노인을 보았다. 그는 마부에게 물었다. "이 사람에게 무슨 일이 일어났느냐?"
그러자 마부가 대답했다. "왕자님, 이것은 조만간 모든 이들에게 일어나는 일입니다. 사람은 누구나 늙게 됩니다."
"그러면 나 또한 늙는단 말이냐?"
보라. 그는 노년에 대한 철학에는 관심이 없다. '왜 노년은 오는가? 그것은 어떻게 막을 수 있는가?' 따위에는 관심이 없다. 그는 당장 자기 자신의 존재에 관심을 갖는다.
"그럼 나 또한 늙는단 말이냐?"
"말하기 어렵습니다만 왕자님, 저는 거짓말을 할 수 없습니다. 누구나가 늙어 갈 것입니다. 당신도 포함해서요. 그 누구도 예외는 없습니다."

"그럼 마차를 궁전으로 돌려라. 그렇다면 젊음의 축제에 참가하는 것이 무슨 의미가 있는가? 나는 늙을 텐데. 언젠가 늙을 것이라면 이미 늙은 것이다! 이제 나는 젊지 않다. 그 젊음은 꿈이었다. 그것이 그처럼 사라질 것이라면 그것을 생각하고 연연해 하는 것은 무의미하다."

집으로 돌아오면서 그들은 죽은 사람을 마주쳤다. 시신이 운반되고 있었다. 붓다가 물었다. "이 사람에게는 무슨 일이 일어났느냐?"

마부가 말했다. "다음 단계입니다. 노년 후에는 이것이 일어납니다. 사람은 죽습니다."

그러자 그토록 젊고 빛나던 붓다에게 어떤 생리적 변화가 일어났다. 그의 얼굴은 창백해졌다. 그는 눈을 감았다. 마부는 더럭 겁이 났다.

붓다가 말했다. "인생이 그처럼 사라질 것이라면 사라지기 전에 찾아봐야겠다. 이제는 한시도 낭비할 수가 없다."

막 그들이 궁전의 문을 들어서려고 할 때 한 오렌지색 옷을 입은 산야신을 만났다. "이 사람에게는 무슨 일이 일어났느냐? 왜 그는 황색 옷을 입었는가?"

그러자 늙은 마부가 대답했다. "이 사람은 노년을 자각하게 되었습니다. 이 사람은 죽음을 자각하게 되었습니다. 하여 그는 대부분의 사람들이 살아온 그 모든 어리석음을 포기하였습니다. 그는 산야신이 되었습니다. 그는 희망을 포기했습니다. 그는 내면을 탐구하고 있습니다. 죽음이 오기 전에 그는 이 삶이 무엇인지, 그것이 어디로부터 오는지, 그것이 어디로 가는지 알고자 합니다."

그날 밤 붓다는 궁전을 떠났다. 그는 산야신이 되었다.

산야스란 무엇인가? 산야스란 삶의 한가운데서 '삶이란 덧없는 꿈'이라는 사실을 인식하는 것이다.

> 삶의 여행은
> 비탄과 아픔뿐이네
> 그런데 왜 우리는 고향의 하늘로
> 돌아가기를 그토록 주저하는가?

삶에는 고통밖에 없음을 누구나가 안다. 우리는 그렇지 않은 척 하지만 가장(假裝)은 가장일 뿐이다. 아주 바보 같은 사람만이 오래도록 가장할 수 있다. 지성적이면 지성적일수록 곧 인생의 덧없음을, 그것은 한낱 비누 거품이라는 걸 인식하게 된다. 그것은 고통으로 가득 차 있다! 그대는 고통스럽지 않았던가? 그러면 무엇이 그대를 살아가게 하는가? 인생이 그토록 고통스럽다면 왜 함몰되지 않는가? 왜 그대는 계속 살아가는가? 무엇이 그대를 유지시켜 주는가? 희망이다.

희망이 수평선처럼 앞에서 기다리고 있다. 그것은 말한다. "오늘까지는 인생이 고통스러웠지만 영원히 그런 건 아니다. 내일이면 더 좋아지겠지. 이 여자와는 괴로웠지만 다른 여자와는 잘될 것이다. 이 일은 만족하지 못했지만 다른 직업을 가지면 만족할 것이다. 이 고물차는 나를 우울하게 만들었지만 저기 근사한 차가 있지 않은가. 더 좋은 차를 가질 수 있다. 이 돈을 가지고는 당연히 어찌 행복할 수 있겠는가? 하지만 돈은 벌 수 있다." 그저 평범한 사람으로 존재하면 그대는 인생이 무의미하다고 느낀다. 특별한 사람이 되어야 인생은 의미를 얻고 생기를 띨 것이다.

이러한 희망이 계속 그대를 끌어당기고, 어쨌거나 그대를 하나로 유지시킨다. 희망은 그대를 하나로 유지시키는 접착제이다. 안 그러면 그대는 조각으로 분열될 것이다.

나는 추론해서 말하는 게 아니다. 그대의 인생을 바라보면 그 진실을 알 것이다. 무엇이 그대를 하나로 유지시켜 주는가? 삶이 그대를 하나로 유지해 주는 게 아니다. 삶은 사방으로 그대를 세차게 쳐 왔다. 사방으로부터 그대를 마구 쳐 왔다. 그것은 희망이다. 희망은 완충 장치와 같은 작용을 한다. 인생의 충격들은 희망에 의해 사그라진다. 그래서 사람은 계속 살아가고 내일을 기다리는 것이다. 그러나 내일은 결코 오지 않는다. 오는 것은 늘 그대가 희망했던 그것이 아니다.

그대는 줄곧 그대를 제외한 남들은 모두 행복하다고 생각한다. 그것은 남들도 마찬가지이다. 그들은 그대가 행복하다고 생각한다. 그것은 공동의 속임수다. 늘 남의 잔디가 더 푸른 법이다. 그대의 이웃도 마찬가지 경우이다. 그들은 그대의 잔디가 더 푸르다고 생각한다.

사람들은 줄곧 타인들에게 자신들이 행복한 척 가장한다. 그들은 그래야만 한다. 안 그러면 한 순간도 살기 힘들 것이다. 마음속 깊이 그들은 고통받고 눈물로 가득 차 있다. 그러나 표면에는 계속 미소를 유지한다. 그 미소는 독소적인 현상이다. 그대는 타인들의 미소를 보며, 그들이 매우 행복한 것으로 알고 "나만 고통받는구나. 나도 조금만 더 노력하면, 조금만 더 열심히 일하면, 조금만 더 공격적으로 활동하면 도달하겠지. 봐! 남들은 도달했지 않은가. 누구는 국무총리가 됐고 누구는 대통령이 됐어. 나도 노력하면 할 수 있어. 아직도 남은 인생이 있으니까." 하고 생각한다.

이것이 끝없는 게임이다.

어떤 사람이 조지 버나드 쇼(George Bernard Shaw)에게 물었다.
"정치란 무엇인가?"
"누가 산꼭대기에 올라가느냐 하는 게임이다. 한 아이가 큰 쓰레기 더미 꼭대기 위로 올라가면 나머지 아이들이 그의 자리를 빼앗으려고 하는 것. 그것이 정치다."

어딘가에 도착한 사람은 뭔가를 이룬 척한다. 아무 것도 이루지 못했지만 그는 체면을 세워야 한다. 안 그러면 사람들이 "그럼 도대체 뭘 하고 있었는가? 한 나라의 대통령이 되기 위해 온 생애를 다 바쳤는데 아무 것도 이룬 게 없다면 그 얼마나 어리석었나?" 하고 말할 것이다. 그래서 한 나라의 대통령이 된 사람은 줄곧 미소지으며 자기가 원하던 것을 성취한 양하는 것이다. 이것은 단지 체면 세우기다. 마음속 깊은 곳에서는 모든 게 실패했음을 안다. 마음속 깊은 곳에서는 이제 희망이 없다는 걸 안다. 그런데 그걸 사람들에게 말할 이유가 있겠는가? 그들은 비웃으며 그대가 어리석다고 생각할 텐데. 그들은 이렇게 생각할 것이다. "당신은 온 생애를 바쳐 그 자리, 그 권력에 도달했는데 지금 아무 것도 이룬 게 없다니, 그럼 당신의 전생애는 헛수고였는가?"
아무도 그것을 보고 싶어하지 않는다. "내 전생애는 낭비였다."고. 그것은 에고에 거슬린다. 따라서 그 거대한 쓰레기 더미 위에 도착한 사람들, 꼭대기에 도착한 사람들은 자기가 뭔가를 이룩한 것처럼 가장하기 시작한다.
삶에서 성취 같은 것은 없다. 있을 수 없다. 그것은 삶의 본성이 아니다. 삶은 실패한다. 완전히 실패한다. 실패하든 성공하든 차이가 없다. 실패란 점에 있어서는 마찬가지다. 실패한 사람들, 그들의 실패는 확실하다. 하지만 성공한 사람들 또한 실패했다. 똑같은 비율로. 이것을 아는 것은 정말로 중요하다.

위대한 사색가인 러스킨(Ruskin)은 인생에는 단 두 가지의 실망이 있는데, 하나는 희망한 것을 얻지 못하는 것이고, 하나는 희망한 것을 얻는 것이라 했다. 단 두 가지의 실망만 있을 뿐이다. 만일 그것을 얻지 못하면 틀림없이 실망한다. 하지만 그것을 얻는다 해도 역시 실망한다. 그대가 진실로 희망했던 것은 그것을 통해 얻지 못하기 때문이다. 그것은 별개의 것이다. 그 희망은 그대의 투사였다. 그것은 실체가 아니었다.

그것은 마치 유색의 돌이 아침 해에 빛나는 것을 보고 "저것은 다이아몬드다!"하고 생각하며 달려가는 것과 같다. 그대만이 아니다. 수많은 사람들이 달려간다. 온 도시가 그것에 휩싸인다. 많은 사람들이 참여할수록 그대는 더욱 "저기 특별한 게 있는 것이 분명하다. 저렇게 많은 사람들이 그것을 향해 돌진할 때는 틀림없이 뭔가 있는 거야! 저렇게 많은 사람들이 틀릴 수는 없을 테니 말이다."하고 생각한다.

항상 기억하라. 그렇게 많은 사람들은 옳을 리 없다! 사람은 아주 드물게 옳다. 그렇게 많은 사람들은 옳을 리 없다. 군중들이 어딘가로 가는 것을 볼 때면, 다 잊어버려라. 그 생각은 그냥 버려라. 다수는 옳을 수 없다. 다수는 아주 우둔한 사람들의 집합이다. 하지만 사람들은 군중을 믿는다.

들은 얘기다.

미술품 대여 투기꾼이 죽어서 천국에 갔다. 자리를 찾는 군중들로 붐벼서 그는 가까스로 문 안쪽의 방을 발견할 수 있었다. 그 투기꾼은 그 북적거림에서 해방되기를 바라며 사기를 쳤다. 그는 주머니에서 종이 쪽지와 연필을 꺼내어 "지옥에서 기름이 발견됐다."

고 갈겨 적고는 그것을 바닥에 버렸다.

 곧 누군가 그 메모를 주워서 읽었다. 그것을 읽은 사람은 다른 몇몇 사람들에게 속삭이고 황급히 나갔다. 비밀을 전해 들은 사람들은 똑같이 다른 사람들에게 속삭이고 그를 따라 나섰다. 기름이 발견됐다는 곳으로 본격적인 이동이 일어났다.

 그 과정을 지켜 보면서, 처음 소문을 냈던 사람은 점점 들뜨게 되었다. 마침내 그도 더 이상 방관하고 있을 수 없었다. "거기 뭔가 있나 보다. 나도 가봐야겠다." 우르르 나가는 군중들과 합류하며 그는 말했다.

 비록 그대가 만들어 낸 소문일지라도 다수의 사람들이 믿기 시작하면 결국은 그대도 믿을 것이다. 그것은 바로 공동의 속임수다. 거짓말을 만들어 내어 사람들이 그것을 믿게 놓아 두면 결국 그대도 믿을 것이다. 수많은 사람들이 그것을 믿고 있으니 분명히 뭔가 있을 것이다. 그것이 거짓이라는 생각은 잘못이었음에 틀림없다. 그대는 우연히 진리와 마주친 게 틀림없다. 안 그러면 저렇게 많은 사람들이 믿을 리가 없다.

 수많은 사람들이 아침 해에 빛나는 거리의 유색돌을 향해 돌진한다. 그리고 모두가 그것은 다이아몬드라고, 아주 진귀한 다이아몬드라고 생각한다. 그러나 거기 당도해 보면⋯⋯.

 만일 당도하지 못한다면 당연히 괴롭다. 그대는 항상 상처를 지녀 왔다. 만일 당도했는데 그것이 한낱 유색의 돌이라면 그때도 역시 그대는 괴롭다.

 실패는 실패한다. 그리고 성공 역시 실패한다. 이것을 보면 희망이 증발하도록 내버려 둔다. 그대가 부유하게 죽든 가난하게 죽든 상관이 없다. 그대가 죄인으로 죽든 성자로 죽든 상관이 없다. 그대가 유명인사로 죽든 무명인으로 죽든, 명예롭게 혹은 악명 높게 죽든 그건 상관이 없다. 죽음이 오면 모든 것을 파괴한다.

죽음은 아주 민주적이다. 그것은 계급을 인정하지 않는다. 죽음은 그 사람이 날품팔이 노동자였는지 국무총리였는지 상관하지 않는다. 죽음은 그냥 올 뿐이다! 그러면 먼지는 먼지 속으로 사라진다. 어쨌거나 그대가 부자였다는 것도 소용이 없을 것이다. 어쨌거나 그대가 위대한 황제, 이것 저것이었다는 것도 소용이 없을 것이다.

살아 있는 동안에 그것을 볼 수 있다면 삶과 죽음을 초월할 가능성이 있다.

이런 얘기를 들었다.

남태평양에 배치된 군인이 한 명 있었는데, 예의 그 성병에 걸리게 되어 지독하고 별나게 골치를 앓고 있었다. 더구나 그것은 도대체 일반적인 성병이 아니었다. 여러 모로 완전히 상식을 벗어난 것이었다.

시초에는, 이 남자의 비밀스런 부위가 굉장히 부어올라 평상시보다 14 사이즈나 큰 칫수의 팬츠를 입어야 했다. 그 위는 아주 특이한 자주색과 오렌지색으로 변했다. 게다가 물방울 무늬와 줄무늬까지 생겨, 한마디로 큰일이었다. 모두들 어찌해야 할 바를 몰랐다. 그를 본 의사들은 어떤 치료를 해야 할지 감을 못 잡았다. 그들이 제시한 최선의 방법은 성기를 절단하는 것이었지만 환자는 그것을 절대 허락하지 않았다. 결국 그는 이 병을 얻은 섬으로 돌아가기로 결심했다. 그 섬 사람들은 이 병을 잘 알고 있으리라고 생각했기 때문이다. 그의 생각이 맞았다. 그들은 그 병을 정확히 알고 있었다. 오! 그는 안도했다.

"그러니까 성기를 절단할 필요가 없다는 말이죠?" 그가 그 섬의 의사에게 물었다.

"그렇습니다." 의사가 대답했다.

"내 이럴 줄 알았다니까요. 미국 의사들은 헛소리만 한다니까."

"그들은 하나같이 내 성기를 절단해야 한다고 했거든요." 그가 의사에게 말했다.

"아니, 그럴 필요 없습니다." 의사가 위로했다. "며칠 있으면 저절로 떨어질 테니까요."

하지만 그것이 무슨 위로란 말인가?

성공은 실패한다. 실패도 실패한다. 모두 실패한다. 그리고 마지막엔 죽는다. 부유하게 죽는다고 위안이 될 리 없다. 유명하게 죽는다고 위안이 될 리 없다. 그것은 차이가 없다. 거지든 왕이든, 가난하든 부유하든, 죽음이 오면 그대의 전생애를 간단히 지워 버린다.

그것이 이큐의 경문이 의미하는 바다.

> 삶의 여행은
> 비탄과 아픔뿐이네
> 그런데 왜 우리는 고향의 하늘로
> 돌아가기를 그토록 주저하는가?

그는 아주 적절한 의문을 제기한다. 삶은 불행하고 고통스럽고 완전한 실패인데, 그럼에도 왜 우리는 고향의 하늘로 돌아가기를 그토록 주저하는가?

인생을 그처럼 실패하면 사람들은 쉽게 내면으로 돌아올 거라고 그대는 생각할 것이다. 그러나 현실은 그렇지 않다. 이상한 메커니즘이다. 내가 직접 관찰해 본 바로는, 만일 인생이 그처럼 고통스럽지 않다면 사람들은 더 쉽게 내면으로 들어올 것이다. 인생이 너무 고통스러우면 사람들은 더욱더 희망을 갖기 때문이다. 고통을 거부하기 위해 사람들은 더 큰 희망을 창조한다. 그들은 돌아설 수 없다. 고통을 거부하기 위해, 고통을 작게 보이게 하기 위해, 그들은 보다 큰, 산더미 같은 희망을 창조한다. 그리고 그 희망들은 그들을 바깥으로 바깥으로 끌어당긴다.

이런 기묘한 현상을 이해해야 한다. 고통스러울 때마다 그대는 그것을 벗어나기 위해 거창한 꿈을 필요로 한다. 거대한 희망, 일종의 영감, 미래에 대한 비전, 어딘가 있을 낙원을 필요로 한다. 불행으로부터 벗어나 다시 도약할 수 있도록. 하지만 그 커다란 희망은 다시 커다란 불행이 될 것이다. 그런 다음 거기서 벗어나기 위해 더 큰 희망을 창조해야 할 것이다. 이렇게 해서 사람은 자꾸 자꾸 자기 자신으로부터 멀어지고 또 멀어진다.

사람들을 지켜 보라. 그리고 그대 자신을 지켜 보라. 불행을 떨쳐 버리기란 무척 어렵다. 무척 어렵다. 사람들은 그것에 달라붙는다. 그 밖에 다른 길은 없는가? 만일 양자택일이 가능하다면 한번 그대 자신을 지켜 보라. 하나는 허공이 되어 보라. 거기에는 불행도 없고 기쁨도 없을 것이다. 그리고 나머지는 허공이 되지 말아 보라. 특별한 사람, 특별한 어떤 것이 되어 보라. 그러면 고통받을 것이다. 불행할 것이다. 그런데 그대는 언제나 허공 대신에 불행을 선택한다.

허공은 불행보다 더 사람들을 무섭게 할 것이다. 내면의 가장 중심은 허공이다. '무(無)'는 사람들을 고통보다 더 무섭게 한다. 아무도 '무'가 되고 싶어하지 않는다. 그런데 우리 내면의 가장 깊은 본성은 '무'이다. 그러므로 우리는 그것을 받아들일 수 없다. 우리는 줄곧 특별한 사람이 되려고, 특별한 그 무엇이 되려고 찾고 노력한다. 만일 기쁨을 가질 수 없다면 적어도 아픔은 가질 수 있다. 즐거움을 가질 수 없다면 적어도 번뇌는 가질 수 있다. 한 가지 위안은 있는 것이다. 적어도 매달릴 어떤 것이 있다. 단순히 허공이 아닌 것이다.

그 때문에 사람들은 그토록 망설이는 것이다.

나는 날마다 본다……. 한 쌍의 남녀가 온다. 그들은 둘 다 불행하지만 기꺼이 서로를 떠나려고 하지 않는다. 최소한 뭔가로 삶이 채워져 있으니. 불행으로 차 있을 망정 그래도 차 있다. 독소(毒素)로 차 있을 망정 그래도 컵은 채워져 있다. 독소일 망정 뭔가 채우지 않고 비어 있는, 빈 컵을 인정하는 건 훨씬 어려워 보인다. 그 여자는 혼자가 되는 것이 자신에게 불행만 주는 존재에 불과한 그 남자와 함께하는 것보다 더 어렵다고 느낀다. 그리고 그 남자는 적막한 밤에 아무도 없이 혼자 있는 것은, 그를 미치게 만드는 여자의 따가운 잔소리보다 더 불행할 것이라고 생각한다. 적어도 거기 그에게 잔소리하는 사람이, 기대하는 사람이, 두려운 사람이, 도망 가고 싶은 사람이 있다……. 적어도 누군가 있는 것이다. 그 누군가와 어떤 것을 할 수 있다. 아내 때문에 늦은 밤 호텔에 앉아서 즐거운 시간을 가질 수도 있는 것이다. 그녀로부터 도망 나올 수 있는 것이다. 하지만 아무도 없다면 도망 갈 일도 없다. 도망 가는 즐거움마저도 불가능하다.

나는 그들이 불행하다는 것을 안다. 자신들은 불행하다고 그들은 말한다. 7년, 10년 동안 그들은 불행했으며 하루도 행복한 날이 없었다고 말한다. 그들은 지치고 녹초가 됐지만 내가 "그것은 아주 간단하다! 왜 서로를 불행하게 하는가?" 하고 헤어지라고 말하면 ……"안 돼요. 우린 헤어질 수 없습니다. 우리는 서로를 떠날 수 없어요." 별안간 그들은 서로를 사랑한다고 생각한다. 이상한 일이다!

　서로 사랑한다면 왜 서로에게 불행을 주는가? 하지만 누가 헤어지라고 제안하면 그 순간 갑자기 "안 돼, 나는 이 여자를 사랑하고 그녀도 나를 무척 사랑해."하고 엄청난 욕구와 이해심이 일어난다. 그들은 한 번도 없었던 나날들을, 한 번도 없었던 아름다운 나날들을 생각하기 시작한다. 그리고 내일은 또 달라지리라고 희망한다.

　10년 동안 그들은 고군분투했으나 아무 것도 일어나지 않았다. 하지만 그들은 말한다. "하루만 더 … 혹시 모르지 않습니까?" 사람들은 줄곧 희망한다. 그리고 이 희망은 최종적으로 그대를 다름 아닌 죽음으로 끌고 간다.

　희망을 버리는 것은 종교적이 되는 것이다. 이 영적인 '희망 없음'은 불행으로부터 자유로워지는 것이다. 기억하라, '희망 없음'이란 말의 무진장한 아름다움을. 그것은 단순한 희망의 부재가 아니다. 그것은 희망과 절망, 둘 다의 부재이다. 희망이 사라졌는데 어떻게 절망할 수 있겠는가? 절망하려면 희망이 필요하다. 그것은 희망의 그림자다. 희망이 완전히 사라지고 그것을 철두철미하게 보고 그것을 버렸을 때 절망 또한 저절로 사라진다. 그대는 희망 없이, 절망 없이 남겨진다. 그 순수성과 축복으로.

　그때 사람은 내면의 하늘을 알게 된다. 그것은 하늘로서의 허공이다. 그리고 우리의 고향이다. 그곳은 우리가 온 곳이고 우리가 가야 하는 곳이며 우리가 존재해야 하는 곳이다. 그 상태에 존재함은 고통과 번뇌 없이 존재하는 것이다.

　이것을 마음에 담아 두라. 기쁨은 오직 그것이 부재할 때 존재한다. 그것이 있으면 존재하지 않는다. 기쁨은 항상 사라진다. 하여 우리는 항상 그것을 찾고 있다. 그것이 원죄이다. 사과를 맛보지 말라. 당장 다른 사과를 찾아가야 할 터이므로. 거기에는 끝이 없다.

하나는 또 하나를 이끈다. 그대는 수만 가지 것들에 묶이게 되고, 그러면 집에 돌아오기가 대단히 어려워진다. 너무나 많은 것에 그대를 귀속시켜 그 속박에서 벗어나기가 불가능하다.

종교적인 사람은 어디에도 묶이지 않는 사람, 희망이 없는 사람, 미래가 없는 사람, 내일에 살지 않는 사람, 지금 여기에 사는 사람이다. 보라. 강의 시작에 나는 인생은 '무(nowhere)'에서 '무(nowhere)'로의 여행이라고 말했다. 종교적인 사람에게 있어 삶은 '무(nowhere)'에서 '지금 여기(now here)'로의 여행이 된다.

한 짤막한 이야기가 생각난다.

완고한 무신론자가 있었다. 그는 객실에다가 "신은 아무 데도 없다(God is nowhere.)."고 커다랗게 써붙였다. 그 후 아기가 태어났는데, 자라면서 서서히 말을 배우고 있었다. '아무 데도 없다'란 말은 어린 아이에게는 어려운 말이어서 그는 철자법에 공을 들였다. 그래서 'nowhere'를 now, here의 두 낱말로 만들었다. 그런데 그것이 그 아빠의 인생을 변형시켰다.

아이가 "신은 지금 여기에 있다(God is now here)."라고 읽는 걸 들으면서 그 아빠는 일종의 일별을 얻었다······. 그는 그것에 대해 일찍이 생각해 본 적이 없었다. "'아무 데도 없다'가 '지금 여기'로 바뀔 수 있다?" 문득 그는 전혀 다른 공간을 깨달았다. 그 아이의 순진무구함은 하나의 문이, 열림이 되었다.

인생은 무(nowhere)에서 무(nowhere)이다. 하지만 그것은 무(nowhere)에서 지금 여기(now here)가 될 수 있다. 무로부터 지금 여기로의 전환, 그것이 명상의 전부이다. 지금 여기에 존재하라······. 문득 그대는 시간에서 영원으로 이동된다. 그때 삶은 사라진다. 죽음은 사라진다. 그때 처음으로 그대는 존재를 안다. 그것을 아는 것은 해방되는 것이다. 모든 번뇌와 모든 고통과 모든 악몽들로부터 해방되는 것이다. 지금 여기에 존재하는 것은 깨닫는 것이다.

그 외의 다른 곳에 존재하는 것은 꿈속에 존재하는 것이다. 꿈의 일부로 존재하는 것이다. 지금 여기는 꿈의 일부가 아닌 실체, 즉 실체의 부분이며 존재의 부분이다.

> 무언가를 써서 남긴다는 것도
> 다만 꿈속의 일이다
> 깨고 나면 그 누가 있어
> 그 글을 읽을 것인가.

우리가 하는 모든 것은 그토록 부질없다. 마치 꿈속에서 아침에 깨어나면 남들에게 보일 수 있는 어떤 시를 쓰고 싶어하는 것과 같다. 사람들은 그것을 굉장히 좋아하고 즐긴다. 하지만 아침에 깨고 나면 그 시는 없을 것이다. 그리고 꿈속에서 보았던 그 사람들도 다시 볼 수 없을 것이다. 그것을 읽을 사람은 없을 것이다.

하지만 우리의 모든 삶은 그렇게 이루어져 있다.

> 무언가를 써서 남긴다는 것도
> 다만 꿈속의 일이다
> 깨고 나면 그 누가 있어
> 그 글을 읽을 것인가.

거의 모든 사람이 역사에 기억되고 이름을 얻고 후세에 이름을 남기고 싶어한다. 그것은 일종의 대리 영생(永生)이다. 그대는 타인들의 기억을 통해 살고 싶은 것이다. 죽음이 다가옴을 그대는 안다. 이제 살 수 있는 유일한 길은 타인들의 기억을 통해 사는 것이다. 특별한 것을 해서 타인들이 그대를 기억할 수 있도록 하는 것이다. 그대는 특별한 좋은 일을 할 수 있다. 아니면 악한 일을 한다. 어쨌든 특별한 걸 해서 남들이 그대를 기억하도록 해야 한다.

이것은 일종의 위안을 준다. "나는 사라진다 해도 기억될 것이다." 하지만 그게 무슨 소용인가? 설령 사람들이 오랜 세월 동안 그대를 기억한다 해도 그게 무슨 소용인가? 그대가 사라졌는데. 그대는 사라졌다! 그들의 기억이 그대를 창조할 수는 없을 것이다. 그들의 기억은 그대에게 생명을 주지 못할 것이다. 그리고 누가 남을 기억하려고 신경 쓰는가?

어느 교사가 학교에서 아담과 이브에 대해 이야기했다. 한 꼬마가 그 이야기에 몹시 흥분했다. 그것은 역사 수업이었고, 교사는 최초의, 아담과 이브의 역사부터 가르치던 중이었다. 그러자 교사가 소년에게 물었다. "조니야, 이 이야기가 재미있니?"

조니가 대답했다. "나는 무척 아담이 되고 싶었어요."

교사가 말했다. "지금의 네가 마음에 안 드는 게로구나. 왜 그렇게 아담이 되고 싶어했지?"

"만일 내가 아담이라면 적어도 역사 책은 안 읽을 테니까요."

누가 역사 책을 읽고 싶어하는가? 누가 재미있어하는가? 누가 바보 같은 왕들과 바보 같은 국무총리들에게 신경을 쓰는가? 그대가 국무총리였다 하자, 누가 그대에게 관심을 가지리라고 생각하는가? 그저 아이들에게나 억지로 읽힐 것이다. 그들은 억지로, 협박으로, 벌로, 보상으로 그렇게 해야 할 것이다. 그런 다음 한번 시험을 치르고 나면 몽땅 잊어버릴 것이다. 더구나 그들은 그대에게 화가 나서 결단코 용서하지 않을 것이다.

그냥 평범한 사람으로 살 수는 없는가? 왜 국무총리가 되려고 하는가? 아이들을 고문하려고?

하지만 누구나가 이름을 남기려는, 시간의 모래 위에 발자국을 남기려는 생각들을 품고 있다. 일체 난센스이다. 순간에 살아라. 진실 속에 살아라. 그냥 살아라. 미래는 잊어버려라. 다른 시간은 없다. 내일은 의미가 없다.

> 우리가 법을 이야기하지 않아도
> 청하지 않은 봄날의 꽃
> 피고 지고
> 흙으로 돌아가네.

붓다는 교리를 설법하지 않았다고 이큐는 말한다. 그는 단순히 보여 줬을 뿐 그것을 말하지 않았다. 왜냐면 궁극의 진리는 말로 표현할 수 없기 때문이다. 그것은 보여질 뿐 말해질 수 없다. 그것은 가르킬 수 있을 뿐이다. 그리고 그것은 모든 곳에 있다! 그것은 사방에서 일어나고 있다.

죽음, 시든 잎사귀들이 나무에서 떨어지는 것, 그것이 설법이다. 인생 전체에 관한 설법이고 죽음에 관한 설법이다. 아침 이슬이 사라지는 것, 태양 속에 증발하는 것, 그것이 삶의 설법이다! 인생도 그렇게 사라진다. 그것에 지나치게 연연해 하지 말아라. 그것을 소유하지 말아라. 그 일은 그대에게도 일어날 것이다. 그대는 풀잎 끝의 이슬 방울일 뿐, 그 이상이 아니다.

이슬 방울이 풀잎에서 미끄러지는 것을 본 적이 있는가? 가고, 가고, 가고, 또 가는 것을? 마하비라는 정확히 그 은유법을 사용했다. 그것이 인생이라고. 풀잎 끝의 이슬 방울, 서서히 서서히 서서히 서서히 미끄러지고 있는. 한 순간 거기에 있었는데 다음 순간 그것은 가버린다. 한 순간 우리는 여기에 있다. 그리고 다음 순간 우리는 가버린다.

이 한 순간을 위해 얼마나 우리는 야단법석을 떠는가? 얼마나 많은 폭력, 야망, 몸부림, 투쟁, 분노, 미움이 있는가? 단지 역 대합실에서 기차를 기다리면서 그토록 야단법석을 떨고 싸우고 서로 할퀴고 소유하려고 애쓰고, 쥐고 흔들려고 하고 지배하려고 애쓴다. 그 모든 정치적 수단들. 그러다가 기차가 오면 그대는 영원히 가버리는 것이다. 그리고는 다시는 듣지 못하고 다시는 보지 못할 것이다. 그대가 싸우고 있던 이 사람들을 다시는 보지 못할 것이다. 그대가 소유하려고 애쓰고 있는 그 여인을 다시는 보지 못할 것이다. 질릴 만큼 그대에게 잔소리해 대는 그 남자를 다시는 보지 못할 것이다.

그것을 보라.

불교는 교리가 아니다. 그것은 다만 있는 그대로의 삶을 이해하려는 노력일 따름이다. 그것은 그냥 그대가 읽도록 인생이라는 책을 펼쳐 준다. 그것은 어디에나 있다!

> 우리가 법을 이야기하지 않아도
> 청하지 않은 봄날의 꽃
> 피고 지고
> 흙으로 돌아가네.

그것이 불교의 전체이다. 불교 전반의 맛이다. 꽃들은 한 순간에 피었다가 한 순간에 가버린다. 흙으로 사라진다 — 사라져 버렸다. 우리는 지상에 도착해, 봄이 오면 피어나고 그리고 나서 사라진다. 흙 먼지만 남을 뿐이다. 모든 쓸데없는 잡담, 그 모든 불행, 그 모든 번뇌 — 우리는 불필요하게 고통받았다. 그 모든 패배와 승리, 실패와 성공의 악몽들, 그리고 그 모든 동요는… 결과가 없다.

불교는 삶을 향한 단순한 지침이다. 붓다는 말한다. "삶을 바라보라! 담마(法)가 매순간 설법되고 있다. 그것은 모든 풀잎에 있고 모든 별들 속에 있다." 다만 보라. 인생은 일시적이고 죽음은 다가온다. 죽음은 피할 수 없이 온다. 그것을 보면 어떻게 소유적이 될 수 있는가? 그것을 보면 어떻게 질투가 일어날 수 있는가? 그것을 보면 어떻게 금전지향적일 수 있는가? 그것을 보면 어떻게 구두쇠가 될 수 있는가? 그것을 보면 어떻게 계속 서로를 죽일 수 있는가?

그것을 보면 탈바꿈될 것이다. 인생은 그토록 일시적이다. 침묵이 문득 스며들 것이다. 연습된 침묵이 아니다. 연습할 필요 없다. 그저 그 핵심을 보면 그대 안에 침묵이 스며들고 평화가 올라올 것이다. 바로 그 침묵과 평화의 순간 그대는 볼 수 있을 것이다. 그대의 두 눈은 명료해질 것이다.

> 우리가 법을 이야기하지 않아도
> 청하지 않은 봄날의 꽃
> 피고 지고
> 흙으로 돌아가네.
>
> 태어나고 죽는 것은

모두 똑같다
석가도 달마도
고양이도 국자도.

　태어나고 죽는 것은 모두 똑같다. 죽음의 절대적 민주주의! 모두가 평등하다. 죽음은 절대적 공산주의자다. 삶은 구별이 있지만 죽음은 결코 없다. 삶은 사람들에게 차이를 두지만 죽음은 그들을 하나로, 동등하게 만든다. 삶은 경계와 구별과 명확한 한정에 의존한다. 죽음이 찾아오면 모든 것을 씻어 버린다.

　태어나고 죽는 것은 모두 똑같다. 거기엔 차이가 없다. 석가모니 붓다나 보디달마나 고양이나 국자나 모두 동등하다! 거기엔 차이가 없다. 개가 죽거나 붓다가 죽거나 차이가 없다.

　죽음에 대한 이 직관을 보라. 죽음은 모든 것을 제거한다. 그런데 왜 집착하는가? 집착하는 의미가 뭔가? 죽음이 모든 것을 데려갈 텐데 왜 그대를 포기하지 않는가? 그 포기 속에서 그대는 아주 귀중한 것을 볼 수 있을 것이다.

　만일 그대가 어떤 것에도 집착하지 않는다면 ― 몸, 마음, 재산, 영역, 아내, 남편, 아이들, 나라, 종교, 교회 ― 그 어떤 것에도 매달리지 않는다면 죽음이 무엇을 데려갈 수 있는가? 그대 스스로 그들을 버렸다. 그대가 자발적으로 버렸다. 그렇다면 죽음을 위해 무엇이 남겨지는가? 아무 것도 남지 않는다.

　이 죽음은 모든 것의 죽음이다. 이 무집착(無執着)이 산야스, 즉 포기의 의미이다. 죽음이 데려갈 게 아무 것도 없다. 그대가 이미 버렸다. 죽음이 해야 할 일이 남아 있지 않다. 그대는 죽음을 정복했다. 이제 죽음은 그대에게서 아무 것도 앗아 갈 수 없다. 그것이 앗아 갈 수 있는 것은 이미 포기했다. 이제 그대에게 무엇이 남는가? 오직 관조, 고요한 각성, 소유로 오염되지 않은 것, 욕망과 갈망들로 오염되지 않은 것.

이 각성이 불성이다. 이 각성이 궁극의 체험이다. 이 각성은 우리가 찾았음에도 불구하고 줄곧 그릇된 길로 찾고 있었던 것이다. 이것은 깨어남이다.

> 부처가 되려고 모질어져도
> 부질없는 일
> 돌부처(石佛)만 보게 될지니.

하지만 기억하라. 스스로를 모질게 하지 말아라. 그런 일은 종종 일어나기 때문에 반드시 기억해야 한다. 삶은 부질없고 죽음은 다가오고 아무 것도 소유할 필요가 없다는 것을 알면 그대는 모질어지기 시작한다. 모질 대로 모질어지면 포기할 수 있을 거라고 생각하기 때문이다. 그대는 이해로써 포기하려고 하지 않고 모질어져서 포기하려고 한다. 그대는 핵심을 놓친다. 그러면 다시 에고가 올라온다. 모든 완고함은 에고적이기 때문이다.

그래서 승려들은 지나치게 에고적이 된 것이다. 그들은 자신들이 세상을 포기했다고 생각한다. 마치 자신들이 엄청난 일을 한 듯이 생각한다. 그들이 특별한 일을 해 왔다고 생각하는 것은 엄청난 무지의 표시이다. 세상이 일시적이라 해서 그대가 무엇을 했는가? 그대는 단순히 그것의 무상함을 본 것이다. 그뿐이다.

아침에 이웃들에게 소리치지 말아라. "나는 꿈의 궁전을 포기했어요!"라고. 사람들은 비웃을 것이다. 그대가 미쳤다고 할 것이다. 꿈은 꿈이다! 그대는 그것을 포기할 수 없다. 그대는 그것을 붙들고 있을 수도 없지만 마찬가지로 포기할 수도 없다. 꿈은 꿈일 따름이다. 그것은 알면 사라진다. 그대가 모르고 있으면 그것은 남아 있다.

자기의 아이들, 아내, 가족, 세상, 돈, 예금 잔고를 포기했다고 하는 사람들은 아직도 그 꿈들이 그들에게 실재한다고 말하는 것이다. 그들은 그러한 꿈들로부터 도망가지만 그 꿈들은 그들을 따라 다니고 있다. 그러한 꿈들은 그들이 어디를 가든 그들을 사냥할 것이다. 그들이 히말라야 동굴에 앉아 있다 해도 그 꿈들은 자꾸 오고 또 올 것이다. 그것들은 거기에 있다. 그들은 그것들을 세상 한가운데 남겨 놓았지만 그것들은 실체로써 존재한다. 그들은 두려워한다. 왜 그런 공포가 생기는가? 도대체 꿈을 무서워하는 사람은 아무도 없다. 알고 나면 모든 공포는 사라진다.

이 혹독한 사람들, 가서 자이나교 승려들을 한번 보라. 얼마나 혹독한가! 그가 하는 노력이란 온통 몸을 오그라뜨리는 것이다. 그는 일종의 감금 상태에서 산다. 그는 스스로를 폐쇄시킨다. 그는 생명력이 너무 두려워서 여자를 쳐다보지도 못한다. 그는 생명력이 너무 두려워서 안주인이 있는 집에는 머물지도 못한다. 그는 너무 두려워서 자신의 뒤에 숨어서 산다. 그는 일체의 문과 창문을 닫는다. 그는 아주 혹독해진다. 거의 돌같이 된다.

이 혹독함은 해방이 아니다. 이 혹독함은 니르바나가 아니다. 이것은 일종의 자살이다. 죽음의 공포 때문에 자살한 것이다. 이것이 무슨 진보인가? 생명에 대한 공포, 그는 보다 높은 의식의 수준에 이르지 못했다. 생명에 대한 공포, 그는 퇴보한 것이다. 공포 때문에 그는 무감각 상태가 됐다.

그는 음식을 잘 먹고 나면 성욕이 일어날까 봐 두려워 단식할 것이다. 잘 먹으면 당연히 에너지가 생기고 생리적으로 성호르몬이 분비된다. 그는 음식이 두려워 단식한다. 그는 자기 마음을 알고 있으므로 여자 보기를 두려워한다. 어여쁜 얼굴을 보면 다시 마음이 흥분되고 뭔가가 올라올 것이기 때문이다. 그는 자기 안에 욕구가 있다는 것을 안다. 대상은 포기했지만 욕구는 그대로 있다. 대상은 포기할 수 있어도 어떻게 욕구를 포기할 수 있겠는가? 그것은 그대 존재의 일부인 것이다.

따라서 그는 두려워한다. 만일 욕구의 대상과 접촉하게 되면 욕구가 표면으로 부상할지도 모르기 때문이다. 그는 혼자서는 여자와 함께 편하게 앉아 있지도 못하고 안절부절 못할 것이다. 자, 이게 무슨 해방인가? 이것은 보다 높은 차원이 아니다. 이것은 평균 이하의 차원이다. 이것은 병리적인 상태이다. 더구나, 그가 스스로를 방어하기 위해 모질어지고 탁해지는 것은 당연하다.

그래서 소위 성자들한테는 지성을 발견할 수 없는 것이다. 그들은 둔탁해진다. 그들은 둔탁해져야만 한다. 지성도 위험스런 것이니까. 그들은 더욱 더 비지성적이 돼야 한다. 그들은 백치로 퇴보한다. 그들은 음식을 덜 먹고 더욱 단식한다. 잠을 덜 자면서 수천 가지 방식으로 몸을 고문한다. 추운 날에는 알몸으로 앉아서 피부를 단련시킬 것이다. 뜨거운 날에는 불 옆에 앉을 것이다. 그래서 서서히 모든 감수성을 상실한다. 감수성을 가지고 있으면 언제 감각이 찾아올지 몰라 두렵기 때문이다. 감수성 뒤에는 감각이 숨어 있다. 그들은 꽃이 되기보다는 오히려 돌이 된다.

붓다는 꽃처럼 존재해야 한다. 한량없고 감수성 많고 개방적으로. 붓다는 폐쇄적으로 존재할 수 없다. 폐쇄란 병적인 상태다. 붓다는 완전히 열려 있고 언제든지 개방되어 있어야 한다. 바람과 태양과 달에게 열려 있어야 한다. 열려 있어야 한다……. 전체에게로. 삶의 덧없음을 보았으니 이제 그는 공포가 없다. 그는 모든 꿈들을 속속들이 보았다. 그는 그것들을 바라보고 명상하고 넘어섰다. 붓다의 상징은 오직 부드러움, 섬세함, 순일한 섬세함에 있다. 이뀨가 옳다. 이 경문은 대단히 중요한 것이다. 기억하라.

> 부처가 되려고 모질어져도
> 부질없는 일
> 돌부처(石佛)만 보게 될지니.

이뀨에 관해 들은 얘기가 있다.

한 젊은 승려가 그를 보러 왔다. 그러자 스승이 물었다. "내게서 뭘 구하는가?"
"깨달음을 구하고자 왔습니다."
"전에 어디서 있었는가? 다른 사람을 본 적이 있는가?"
"예, 어떤 스승님과 함께 있었습니다."
"거기서 뭘 배웠는가?"
"보여드리죠. 요가 자세를 배웠습니다." 그는 눈을 감은 채, 미동도 없이 싯다산(siddhasan) 붓다 자세로 앉았다.
이뀨는 큰소리로 웃었다. 그리고는 그의 머리를 한 방 치며 말했다. "어리석은 놈! 우리는 더 이상 부처가 필요 없다. 여기에는 너무 많은 돌부처가 있다. 여기서 썩 나가거라. 돌부처는 더 이상 필요 없다!"
그것은 사실이었다. 그는 만 명의 석불이 있는 절에 살았었기 때문이다. 그가 말했다. "우리는 여기 만 명의 돌부처들을 돌보는 데 지쳤다. 이제 더 이상 원하지 않는다. 꺼지거라!"

그러나 사람들이 종교라는 이름하에 배우는 것은 고작 그것이다.

그들은 돌부처가 된다.

 내가 강조하는 것은, 그대는 부드럽고 열려 있고 여성적이고 꽃과 같고 흘러야 한다는 것이다. 흐르면 흐를수록, 감수성이 많을수록, 더욱 생기에 차 있을수록 그대는 더 지금 여기에 있을 수 있다. 그리고 지금 여기에 존재하는 것은 정말로 붓다가 되는 것이다.

 불성은 완고함의 일종이 아니다. 따라서 완고한 사람이 발견되는 곳은, 완고하기 그지없는 마하트마가 발견되는 곳은 있을 곳이 아니라는 것을 잘 알아라. 부드러움과 사랑과 자비를 찾아라. 완고한 사람은 오직 폭력만 일으킬 뿐이다.

 그런 일은 종종 일어난다. 비록 비폭력을 신앙하는 사람이라도 완고한 사람이라면 폭력밖에 나올 게 없다. 비폭력일 수가 없다. 내가 본 바로, 자이나교 승려들은 — 나는 그들을 많이 보았다 — 비폭력을 가르치지만 자기들은 대단히 폭력적이다. 물론 남을 죽이지는 않지만 자기 자신을 죽인다. 그것은 마찬가지이다. 그들은 남들에게는 공격적이지 않지만 자기 자신을 공격한다. 그들은 스스로의 적이 되었다. 그들은 스스로를 고문하며 그 고문을 즐긴다. 그들은 매저키스트들이다. 그들은 정신 치료가 필요하다.

 진정으로 깨달은 사람은 모질지 않다. 그는 굳어 있지 않다. 그는 녹아 있다. 얼음은 물 속으로 사라진다. 그리고 물은 마침내 수증기로 사라진다. 불성의 첫 단계는 얼음이 물로 녹는 것이고 다음 단계는 물로부터 수증기로 사라지는 것이다. 그때 사람은 하늘의 부분이 된다. 그때 사람은 집에 이르렀다.

> 부처가 되려고 모질어져도
> 부질없는 일
> 돌부처(石佛)만 보게 될지니.

이 경문을 기억하라. 그대는 불성을 구하기 때문에, 그래서 내게 모여든 것이다. 그 때문에 그대는 여기 있는 것이다! 알게 모르게, 고의로, 우연히, 그대는 붓다가 되려는 그 하나의 목적을 위해 여기에 있다. 모질어지지 말 것, 이것을 기억하라.

그 때문에 나는 그토록 노래하고 춤추고 사랑하는 것을 강조하는 것이다. 주안점은 바로 그대가 흐르고 녹아드는 데 있다. 에고는 완고해지고 싶어한다. 에고는 그대가 완고할 때만 존재할 수 있다. 그대가 녹으면 에고는 사라진다. 하여 녹도록 도와주는 것은 좋은 것이고, 완고하게 하는 것은 일체 나쁜 것이다.

깨어 있어라. 그대는 아주 쉽게 어떤 경향성으로, 아주 쉽게 어떤 성격으로 굳어지기 때문이다. 성격 없이 살며, 용해되는 것은 대단히 어렵지만 그것이야말로 진정한 도전이다. 참된 사람은 그 도전을 받아들인다. "나는 성격을 만들지 않겠다. 순간에서 순간으로 살리라. 성격으로가 아니라, 도의심에 의해서가 아니라 의식에 의해서 살리라."하고.

도의심으로 사는 사람은 딱딱해진다. 각성을 통해 사는 사람은 부드럽게 산다. 왜? 사는 방식에 대한 어떤 관념을 갖고 있는 사람은 자연히 딱딱해진다. 그는 그런 성격을 항상 지니고 다닌다. 그 성격은 하나의 갑옷이며 방패막이이고 안전 장치와 같다. 그의 전 생애는 그 특성에 귀속된다. 또한 그는 직접적이 아니고 항상 그 성격을 통해 상황에 반응한다. 만일 질문을 받는다면 그의 대답은 주어진 것이다. 그것은 그가 완고한 사람이라는 표시이다. 그는 둔하고 어리석고 기계적이다. 그는 좋은 컴퓨터일 수는 있지만 인간은 아니다. 누가 작용을 가하면 그는 잘 훈련된 방식으로 반응한다. 그의 반응은 예상할 수 있다. 그는 로봇이다.

참된 사람의 행위는 자발적이다. 만일 그에게 질문한다면 반응이 아닌 질문에 따른 감응을 할 것이다. 그는 그대의 질문에 마음을 연다. 그대의 질문에 자신을 드러낸다. 그것에 감응한다. 그대는 최초의 대답을 듣는 것이다. 그 또한 최초의 대답을 듣는다. 그것은 조작된 것이 아니었다. 준비된 것이 아니었다. 그것은 기성품이 아니었다. 그대의 질문이 그 대답을 유발시켰다. 그대의 질문이 그 대답이 일어나도록 상황을 창조했다······. 그의 감응들은 일체가 자발적이다. 그는 이념에 따라 살지 않는다. 아무 이념 없이 단순하게 산다. 바로 강물처럼.

강물은 안내서를 갖고 다니지 않는다. 강물은 지도를 갖고 다니지 않는다. 강물은 대양이 어디 있는지 모른다. 그저 바다를 그리워하며 항해하는 것으로 족하다. 그것은 움직이면서 서서히 자신의 길을 발견한다. 때로는 북쪽으로 갈 것이고 때로는 남쪽으로 갈 것이며 때로는 동쪽으로 때로는 서쪽으로······. 지그재그. 그것은 철로와 같지 않다. 순간순간 결정한다. 보다 낮은 공간을 발견할 때마다 그 속으로 움직인다. 그리고는 대양 가까이 가고 있음을 느낀다. 대양은 가장 낮은 공간이기 때문이다. 낮은 공간을 발견하면서 강물은 대양을 향해 나아간다. 대양은 멀리에 있으니 보일 리 없다. 하지만 강물은 대양에 이른다.

강물이 대양을 놓쳤다는 얘기를 들어 보았는가? 안내서도 없고 지도도 없으면서 놓친 적이 없다는 것은 기적이다. 강물은 놓칠 수 없다.

의식은 강물이다. 안내서를 갖고 다니지 말라. 힌두교도나 회교도가 되지 말라. 이런 것은 휴대용 안내서이다. 다만 천천히 천천히, 자연스럽게, 깨어서, 민감하게 매 순간을 살아라. 전적으로 살아라. 거기 내일은 없기 때문이다. 다음 순간은 없다. 이 길을 통해 어느 날 그대는 집에 이르고 증발하고 사라진다. 그것은 그대가 집에 도착한 날이다.

그대의 사라짐은 그대 안에 드러난 실체의 시작이다. 그대의 사라짐은 신의 나타남이다. 그것을 기억하라. 이것은 기억해야 할 무척 중요한 것이다. 안 그러면 소위 영적인 사람들은 조만간에 모질어진다. 모질어지는 순간 그들은 모든 가능성들을 파괴한다. 그러면 더 지성적이 되지도 깨어 있지도 못한다. 그들은 둔해지고 무감각해진다.

절대로 둔하고 무감각한 마하트마가 되지 말아라. 펄펄 살아 있어라. 모든 특성, 모든 이념, 모든 완벽주의적인 생각들로부터 순진해지라. 완벽주의적인 사람은 신경병에 걸릴 수밖에 없다. 모든 굳어 있는 사람들은 신경증적이다. 오직 부드러운 사람만이 신성하다. 부드러울수록 더 신성하다.

그런 까닭에 그대는 신을 볼 수 없는 것이다. 신은 너무나 부드럽고 너무나 부드러워서 눈에 보이지 않는 까닭이다. 그대는 신이 될 수 있다. 그렇지만 그대는 그를 볼 수 없다. 그를 만질 수 없다.

제8장

나지 않고 죽지 않는 약

The Medicine of Unborn Undying

홀로 와서 홀로 가는 것
이 또한 환상이다
오지도 않고 가지도 않는 길을
내 가르쳐 주리라.

세상의 일은
먹고 배설하고 잠자고 일어나는 것
그 후에는
죽는 일만 남았다.

나는 죽지 않고 어디로 가지도 않고
여기에 있으리라
그러나 내게 아무 것도 묻지 말라
대답하지 않으리니.

그것이 무엇이든 일체가
환상의 세계.
죽는다고 하는 것도
진실은 아니다.

도(道)란 다만
세간(世間)과 세외(世外) 양쪽의 일.
자비롭고 진실된 이에게 물어라.

한 승려가 선사에게 묻는다.
"누가 부처입니까?"
선사가 묻는다.
"너는 누구인가?"

모든 붓다들의 목적은 그대에게 정보를 주는 것이 아니라 그대를 변형시키는 데 있다. 그들은 그대 의식에 본질적인 변화를 주고 싶어한다. 그들은 그대의 근본을 바꾸고 싶어한다. 그들은 그대에게 새로운 시각을, 새로운 명료성을 주고 싶어한다. 그들의 목적은 정보가 아니다. 그들은 지식을 전달하기 위해서가 아니라 존재를 전수하기 위해서 거기에 있는 것이다. 그들은 그들의 빛을 그대와 나누고 싶어한다. 목적은 정보가 아니라 깨닫는 데 있다.

따라서 그들은 질문에 개의치 않는다. 그들의 대답은 때로는 아주 부적절하고 터무니없어 보인다. 그렇기는 하지만 그들은 완전히 다른 종류의 타당함을 지니고 있다. 그들은 그대의 질문이 아닌 그대 자신과 관계가 있다.

자, 승려는 선사에게 묻는다. "누가 부처입니까?" 선사는 대답한다. "너는 누구인가?"

핵심을 보라. 그는 모든 질문을 완전히 새로운 차원으로 돌려 놓고 있다. 그는 대답하지 않는다. 실은 그 승려가 질문했던 것보다 더 진지한 질문을 던지고 있다. 그는 다른 질문으로 대답하고 있다. "누가 붓다인가?" 그 대답은 쉽다. "고타마 싯다르타이다."라고 대답할 수 있었다. 하지만 그것은 당면 문제와 관계가 없다. 그는 사상(思想)의 역사에 관심이 없다. 역사에는 조금도 관심이 없다. 그는 고타마 붓다라고 하는 어떤 인물을 중요시하지 않는다. 그는 모든 사람에게 일어날 수 있는 깨달음을 더욱 중요시한다. 그것이 진정한 불성이다.

그는 질문을 질문자 자신에게 돌린다. 그는 질문에서 칼을 뽑아 핵심을 찌른다. 그는 말한다. "너는 누구인가? 붓다에 대해 묻지 말라. 하나의 질문, '나는 누구인가?'만 물어라. 그러면 붓다가 누구인지 알리라. 모든 사람은 붓다의 잠재력을 지니고 있는 까닭이다. 그대 자신 외에 밖을 볼 필요가 없다."

노자는 말한다. "진리를 찾기 위해 방에서 나갈 필요가 없다. 문을 열 필요가 없다. 눈을 뜰 필요도 없다. 진리는 그대 존재이기 때문이다." 그것을 아는 것이 불성이다.

그것을 기억하라. 선사들의 선언은 일반적인 언설이 아니다. 그 선언은 그대가 모르는 것을 전달하려는 게 아니다. 그 선언은 그대에게 충격을 주고 그대를 자극해서 의식의 새로운 차원으로 들어가게 한다.

이것을 마음에 새기고 이 경문을 들어라. 이규는 철학을 제기하는 게 아니라 제자들에게 충격을 주는 것이다. 이것들은 누구라도 충격을 받을 무한한 아름다움과 무한한 가능성을 지니고 있다. 들어 보라.

홀로 와서 홀로 가는 것…

이것은 시대를 거쳐오며 말하고 또 말해 왔다. 모든 종교적인 사람들은 이것을 말해 왔다. "우리는 이 세상에 홀로 와서 홀로 간다."고. 모든 합일은 환상이다. 그 합일의 관념은 우리가 혼자이기 때문에, 그리고 혼자라는 것은 상처를 주기 때문에 생겨난다. 우리는 관계 속에서 우리가 혼자라는 것을 잊고 싶어한다.

그런 까닭에 우리는 그토록 사랑에 열중하는 것이다. 핵심을 보려고 노력하라. 보통 그대는 그녀가 아름답기 때문에, 그가 아름다워서 사랑에 빠졌다고 생각한다. 그것은 진실이 아니다. 진실은 정반대이다. 그대는 혼자 있을 수 없어서 사랑에 빠진다. 하여 아름다운 여자가 없었더라면 못생긴 여자라도 사랑에 빠졌을 것이다. 따라서 아름다움은 이유가 아니다. 만일 여자가 없었더라면 남자라도 사랑을 했을 것이다. 따라서 여자도 이유가 아니다.

그대는 무엇에든 빠질 작정이었다. 어떻게 해서든지 그대 자신을 피할 작정이었다. 여자나 남자를 사랑하지 않는 사람들은 돈과 사랑에 빠진다. 그들은 돈이나 권력의 환각에 빠져 돌아다닌다. 그들은 정치가가 된다. 진지하게 그대 자신을 지켜 보면 그대의 모든 활동들은 단 하나의 원인으로 요약될 수 있다는 것에 놀랄 것이다. 그 원인은 그대가 홀로임을 두려워한다는 것이다. 그 외에는 일체 구실에 불과하다. 진짜 원인은 그대는 바로 혼자라는 사실을 발견한

데 있다.

그리고 혼자가 되는 것은 불행해지는 것이다. 가야 할 곳도 없고 관계할 사람도 없으며 그대를 몰입시킬 사람도 없는 것 같다. 시(詩)는 그대를 몰입시켜 줄 것이다. 음악, 섹스, 알코올은 그대를 몰입시켜 줄 것이다. 아무튼 그대가 혼자라는 걸 달래 줄, 그대가 혼자라는 걸 잊을 수 있을 무엇이 필요하다. 이것은 상처를 주는 영혼의 가시이다. 그대는 줄곧 구실을 바꾼다.

스승의 작업은 그대를 본래의 원인으로 데려다 놓는 일이다. 이른바 그대의 연애라는 것은 모두 도피에 지나지 않는다. 모든 연애가 말이다. 화가는 그의 그림과 사랑에 빠져 있다. 자기 시(詩)에 굉장히 열중해 있는 사람이 여자를 피하는 것은 우연이 아니다. 여자들은 방해가 될 터이기 때문이다. 그리고 여자들이 취미나 관심거리에 깊이 빠져 있는 남자를 의심하는 것은 당연하다. 그때 그들은 질투를 느끼며 그에게 다른 여자가 있다고 생각한다. 만일 남자가 과학에 사로잡혀 있다면 여자는 그가 마치 다른 여자를 사랑하고 있는 것처럼 분노한다. 그녀는 자신과 그와의 사이에 과학이 끼여 드는 것을 원하지 않는다.

구도자나 탐구가나 시인이나 화가였던 사람들, 그들은 언제나 독신으로 살아왔다. 그것은 그저 우연이 아니다. 그들은 다른 종류의 연애를 한 것이다. 그들은 여자를 필요로 하지 않는다. 남자를 필요로 하지 않는다.

그대 마음을 한번 지켜 보라. 오직 한 가지를 위해 그것은 수천 가지 방식으로 노력하고 있는 것이다. "어떻게 하면 내가 혼자라는 사실을 잊을 수 있을까?"

어제 나는 엘리어트(T. S. Eliot)의 이 시 구절을 읽었다.

우리 모두는 결국

사랑할 수도 없고 사랑받을 수도 없는가?

그렇다면 인간은 혼자이다…

만일 사랑이 불가능하다면 인간은 혼자이다. 사랑을 일으켜야 한다. 사랑이 일어나지 않는다면 만들어서라도 믿어야 한다. 그것이 거의 불가능하다면 환상이라도 창조해야 한다. 혼자임을 피해야 하기 때문이다.

그대 혼자일 때 그대는 두렵다. 그 공포는 유령들 때문이 아니라는 것을 기억하라. 그대는 혼자라는 사실이 두려운 것이다. 그렇지만 우리는 자꾸 원인을 감춘다. 원인을 보면 저절로 변형되기 때문이다. 숲 속을 혼자 걷고 있을 때 그대는 진짜로 유령이나 도둑이나 강도를 겁내는 게 아니다. 그들은 오히려 군중 속에 있을 테니까. 그들이 숲 속에서 뭘 하겠는가? 그들의 희생양들은 모두 여기서 얻을 수 있다.

어두운 방안에 혼자 있을 때 그대는 유령들이 무서운 것이 아니다. 유령들은 단지 투사물이다. 그대가 정말로 두려워하는 것은 혼자 있다는 것이다. 그것이 유령이다. 별안간 그대는 스스로와 마주해야 한다. 별안간 그대는 지독한 공허와 혼자라는 사실, 그리고 관계의 단절을 보았다. 그대는 소리 치고 소리 치지만 아무도 듣지 않는다. 그대는 어둠 속에서 더듬거리지만 누구 하나 손잡아 주지 않는다. 그대는 이런 시린 고독 속에 있는데 아무도 그대를 안아 주지 않는다. 그대를 안아 줄 이 아무도 없다. 그대를 따뜻하게 해줄 이 아무도 없다.

거기에 인간의 공포와 불안이 있다. 사랑이 없다면 인간은 혼자이다. 따라서 사랑을 만들어야 한다. 그것을 창조해야 한다. 설령 그것이 허위일지라도 창조해야만 하는 것이다. 인간은 끝없이 사랑해야 한다. 안 그러면 살기 힘들다.

사랑이 허위라는 사실을 알게 되면 사람들은 둘 중의 하나를 택한다. 자살하든가 산야신이 되든가. 양쪽 다 같다. 자살은 그대가 죽으면 혼자이지 않을 것이니 자신을 파괴하기 위한 일반적인 노력이다. 하지만 그래 봐야 소용이 없다. 그대는 곧 다른 육체로 태어날 것이다. 그것은 한 번도 효과가 없었다.

산야스란 궁극적인 자살이다. 만일 사람이 혼자라면 혼자인 것이다. 그것은 받아들여야 한다. 회피해서는 안 된다. 혼자라는 것이 어때서? 그것이 사실이라면 사실인 것이다. 그때는 그 속으로 들어가야 한다. 산야스란 자신의 단일성을 만나는 것, 그 속으로 들어가는 것을 의미한다. 온갖 공포 대신에 그 속으로 들어가라. 그 속에서 죽어라. 그 속에서 죽게 된다 해도 괜찮다. 하지만 진실을 피하지는 말아야 한다. 단일성이 진실이라면 그것을 받아들이고 그 안으로 들어가라. 그것이 산야스가 의미하는 바다. 그때 그대는 진정한 자살을 한다. 그대는 사라진다.

이것이 내가 말하는 변형이다. 붓다들은 정보에 관심이 없다. 그들은 변형을 중요시한다. 그대의 모든 세계는 스스로에게서 도망가려는 거대한 장치이다. 붓다들은 그대의 장치들을 파괴한다. 그들은 그대를 그대 자신에게 되돌려 준다.

그러니 붓다와 만난다는 것은 아주 희귀한 일이고 용기를 필요로 하는 일이다. 평범한 마음은 그것을 감당할 수 없다. 붓다의 현존을 감당할 수 없다. 왜? 왜 사람들은 그토록 붓다와 그리스도와 짜라투스투라와 노자를 반대하는가? 거기엔 이유가 있다. 이들은 그대에게 거짓된 호화로움과 거짓된 편리함, 환영 속의 안락함을 허락하지 않는 사람들이기 때문이다. 이들은 그대를 허용하지 않는 사람들이다. 이들은 그대를 자꾸만 진리 쪽으로 밀어 넣는 사람들이다. 그런데 진리는 위험스럽다.

체험해야 할 첫 번째 진리는 인간은 혼자라는 사실이다. 체험해야 할 첫 번째 진리는 사랑은 환상이라는 사실이다. 그것을 생각해 보라. 사랑은 환상이라는 사실을, 그 무자비함을 생각해 보라. 그대는 그러한 환상들을 통해 살아왔다.

그대는 부모와의 사랑 속에 있었고 형제 자매들과의 사랑 속에 있었으며 다음엔 남녀 간의 사랑에 빠지기 시작한다. 그대는 그대의 조국, 그대의 교회, 그대의 종교와의 사랑 속에 있었고, 그대의 차(車)나 아이스크림 따위와의 사랑 속에 있었다. 그대는 이 모든 환상들 속에 살고 있었다.

그런데 별안간 벌거벗은, 혼자 있는 자신을 발견한다. 모든 환상들은 사라졌다. 그것은 상처를 준다.

바로 오늘 아침에 비베크가 말했다. 그녀는 이 이큐 강의에 대해 여러 번 말했었다. "이 강의는 무겁고 침울해요." 그것은 그럴 수밖에 없다. 환상들이 건드려질 때마다 엄청 당혹스럽기 때문이다. 그대는 두려워진다. 어떻게 해서든 그대는 환상을 유지하고 있었다. 마음속 깊이에서는 그것이 근거 없다는 것을 알지만 그대는 외면하고 싶은 것이다. 그것을 보면 굳어질 것이다. 그대는 언제까지나 환상 속에 남고 싶어한다.

아무도 자신의 사랑이 허위라는 걸 보고 싶어하지 않는다. 사람들은 지나간 사랑들은 거짓이었다고 기꺼이 인정한다. 하지만 이번은? 이번 사랑은 진짜다. 이것이 사라지고 나면 이것 또한 거짓이었다고 그들은 말할 것이다. 그들은 닥치는 환상마다 이번은 진짜인 척한다. "다른 것들은 아마 이큐가 옳겠지. 오쇼는 아마 다른 사랑들을 말하는 거겠지. 그것들은 거짓이었다. 우리도 안다. 하지만 이번은? 이번은 완전히 다른 것이다. 이번은 보통 사랑이 아니다. 나는 영혼의 동반자를 찾았다."

지금껏 아무도 영혼의 동반자를 찾은 적이 없다. 어떻게 영혼의 동반자를 찾을 수 있겠는가? 단일성은 절대적이다. 이러한 것들은 한낱 스스로를 속이는 수고일 뿐이다. 그대는 계속 자신을 속일 수 있다. 그대는 수많은 세월을, 수많은 생 동안 그렇게 해왔던 것이다.

하지만 그대는 그것을 잊어버린다. 탄생의 정신적 충격으로 인해 잊어버린다. 태아는 기억한다. 전생에 일어났던 모든 일들을 아이는 완벽하게 기억한다. 그는 그것을 안다. 하지만 탄생의 정신적 충격은 그토록 심하다. 태어나는 고통은 그토록 크다. 그는 아홉 달 동안 자궁 안에서 편안하게 살았다. 다시는 그러한 안락함 속에 있지 못할 것이다. 황제도 그러한 안락함은 불가능하다.

그대는 따뜻한 액체 속에서 흘러다녔다. 그리고 필요한 모든 것이 충족됐다. 그대는 책임이나 걱정이 없었다. 그대는 그저 푹 자면서 꿈을, 달콤한 꿈들을 꾸고 있었다. 그대는 완전히 보호받고 안전했다. 모든 것이 저절로 일어나고 있어서 그대 쪽에서는 조금도 노력할 필요가 없었다.

그런데 아홉 달 후 어느 날 갑자기, 그 모든 세상은 파괴되었다. 그대는 뿌리 뽑힌다. 그대는 자궁 속에 뿌리를 두고 있었다. 그대는 엄마와 연결되어 있었다. 그런데 연결이 끊어진다. 그대는 아주 좁은 탄생의 통로를 통과해야만 한다.

아이는 어마어마한 고통을 느낀다. 그 고통은 그를 무의식으로 만들어 버릴 만큼 크다. 그것은 마음에 새겨진 작용 원리이다. 감당할 수 없는 것이 발생할 때마다 마음은 화제를 돌려서 그대가 그것을 느낄 필요가 없게 만든다. 실은 아픔을 감당할 수 없다고 하는 것은 본질적으로 틀렸다. 아픔을 감당할 수 없을 때면 언제나 무의식적이 되기 때문이다. 그러니 그대는 감당할 수 없을 만큼 큰 아픔은 겪었던 적이 없다. 그것을 겪었다면 그대는 의식적이다. 아직은 감당할 수 있다. 감당할 수 없는 지점에 이르게 되면 의식의 전 메커니즘은 곧 방향을 튼다. 그대는 코마(혼수 상태), 즉 자연적인 무감각증에 떨어진다.

그래서 각각의 아이는 탄생의 통로를 통과하면서 코마에 빠지고, 그것은 그의 기억을 혼란에 빠뜨린다. 다시 그는 옛날과 같이 정처 없이 헤매이며 자기가 새로운 것을 하고 있다고 생각한다.

아무 새로운 것이 없다. 그대가 하고 있는 모든 행위는 수없이 여러 번, 수만 번 해왔던 것들이다. 그것은 전혀 새로운 것이 아니다. 그 분노, 괴로움, 섹스, 야망, 소유욕, 그대가 수만 번 해왔던 것들이다. 하지만 탄생의 충격 때문에 단절과 간격이 생겼다. 그리고 그 간격으로 인해 그대는 더 이상 과거를 기억할 수 없다.

강렬한 원초적 고함을 통해서 과거를 기억할 수 있다. 탄생의 충격으로 돌아갈 수 있다면 전생(前生)을 기억할 수 있다. 하지만 탄생의 충격으로 깊이 들어가야 할 것이다. 그래서 일단 의식의 자궁 상태에 이르게 되면 문득 그대의 모든 자서전을 볼 것이다. 그것은 아득히 길다. 그것은 지겹다. 그것은 걱정과 실패와 좌절 외에 아무것도 아니다.

새로운 공동체에서 우리는 그대들이 전생을 기억하도록 노력할 것이다. 그러면 이규의 이런 말들이 억압적이라고 하지 않을 것이다. 그때는 이러한 것들이 사실이라는 걸 볼 것이다.

그대는 자신이 새로운 것을 한다고 생각하며 허위적인 인생을 살고 있다. 그것이 새롭다고 생각하기 때문에 그대는 그 마법에, 새로움의 마술에 걸려 있다. 만일 그대가 수만 번 사랑에 빠졌으나 매번 실패했었다는 사실을 알 수 있다면 또다시 함정에 빠질 리가 없다. 그대는 그 부질없음을 볼 것이다. 영혼의 동반자란 없다는 사실을. 한 번도 없었다는 사실을. 그 완벽한 고독, 누구와도 교감할 길이 없고 서로 친밀할 길이 없음을, 아무도 그대를 이해할 수 없고 그대 또한 그 누구도 이해할 수 없음을.

이 이야기들이 압박감을 주는 건 당연하다. 왜? 이 이야기들이 그대 안의 상처들을 건드려서 고름이 흘러나올 것이기 때문이다. 또한 항상 기억하라. 때로는 상처를 드러내는 것이 좋다는 것을. 그것은 치유의 조건이다. 하지만 용기가 필요하다. 확실히 용기 없이는 아무 것도 할 수 없다. 상처를 드러내려면 큰 용기가 필요하다. 하지만 그것은 치유의 조건이다.

그대는 그것을 숨기고 싶어할 것이다. 그대는 그것을 꽃들 속에 숨기고 싶어할 것이다. 그대는 상처를 잊고 싶을 것이다. 그대는 어떤 위로를 받고 싶을 것이다. "사랑은 아마 아직 일어나지 않았다. 이제 일어날 수 있다. 이번에는 할 수 있겠지."

하지만 사랑이 가능할 리 없다. 그것은 그대에게 달린 문제가 아니다. 사랑 그 자체가 하나의 불가능성이다. 그것은 그대를 이중성에 머물게 한다. 그것은 그대를 꿈의 상태에 머물게 한다.

이뀨는 말한다.

> 홀로 와서 홀로 가는 것…

'합일성'은 환상이다. '단일성'은 보다 본질적이다. 사랑은 환상이다. 명상은 보다 본질적이다. 하지만 궁극적으로는 그 또한 환상이다. 그곳이 이뀨가 한걸음 더 나아가 도약한 지점이다. 그대는 그것을 여러 번 들었다. "우리는 이 세상에 홀로 와서 홀로 간다."

하지만 이규는 말한다.

> 홀로 와서 홀로 가는 것
> 이 또한 환상이다
> 오지도 않고 가지도 않는 길을
> 내 가르쳐 주리라.

그것이 선(禪)이다. 순수 선이다. 일반적인 종교는 "사랑은 환상이다."라고 가르친다. 선은 최후의 가르침이다. "명상 또한 환상이다." 그것을 명확하게 하자. 사랑은 합일을 의미한다. 하나가 될 가능성, 서로 안으로 녹아들 가능성, 의사 전달의 가능성, 관계의 가능성을 의미한다. 사랑이 실패할 때, 철저히 실패할 때 그대는 명상을 시작한다. 명상은 홀로 존재하는 능력을 의미한다. 사랑과 명상, 그것들은 극단이다. 명상은 관계를 맺지 않는 능력을 의미한다. 거기엔 관계를 맺을 필요가 없다. 인간은 자기 자신으로 충분하다.

많은 사람들은 줄곧 사랑의 세계에 매달린다. 일부의 사람은 그것을 피해 명상이라는 세계에 매달린다. 선은 말한다. "만일 명상이라는 세계에 집착한다면, 그대의 단일성에 집착한다면 아직도 진리에서 먼 것이다. 합일성이 거짓이라면 어떻게 단일성이 진실일 수 있겠는가?"

이것은 선이 종교 세계에 가져온 위대한 혁명이다. 만일 합일성이 거짓이라면 단일성도 진실일 수 없다. 단일성은 합일성의 맥락에서만 이해될 수 있기 때문이다. 만일 사랑이 거짓이라면 명상도 진실일 수 없다. 명상을 하기로 결심한 사람들은 사랑을 반대하는데, 그들은 하나의 극성(極性)을 선택한 것이다. 그리고 그 극성은 나머지 극성에게 의존한다.

생각해 보라. 만일 어둠이 거짓이라면 어찌 빛이 진실일 수 있겠는가? 아픔이 거짓이라면 어찌 행복이 진실일 수 있겠는가? 탄생이 거짓이라면 어찌 죽음이 진실일 수 있겠는가? '나'라는 것이 거짓이라면 어찌 '너'가 진실일 수 있겠는가? 혹은 거꾸로도 마찬가지다. 그들은 한 짝으로써 존재한다. 사랑과 명상은 영원히 결혼한 한 짝이다.

그대 마음의 작용을 조용히 지켜 본다면 그것이 끊임없이 일어나고 있음을 볼 것이다…….

그대는 어떤 사람과 사랑에 빠진다. 그리고는 곧 그대의 고유한 공간을 필요로 한다. 그것이 명상의 필요성이다. 그대는 그것을 그런 식으로 보지 않을지도 모르지만 정확히 그것이다. 함께함 속에서 그대는 숨막히고 혼잡하고 압박감을 느낀다. 그대만의 고유한 공간이 필요하다는 것을 느끼게 된다. 그대는 며칠 간 혼자 있고 싶다.

바로 어제 나는 한 여자 산야신에게서 편지를 받았다. 그녀는 연인이 서양으로 떠나자 자연 몹시 걱정하고 긴장하게 됐다. 연인 없이 혼자서 여기에 있게 되기 때문이었다. 그는 몇 가지 이유 때문에, 몇 가지 책임감 때문에 떠나야만 했다. 그도 그녀와 함께 머물고 싶었을 테지만 가야만 했다. 그래서 그녀는 어쩔 줄 몰라하며 괴로워했다.

그러나 그녀가 당황한 것은, 그가 떠났을 때 어떤 짐스러운 것이 빠져 나갔다는 느낌이 든 것이다. 그녀는 아주 행복했다. 그러나 그녀는 몹시 죄의식을 느끼면서 내게 편지를 썼다. 연인이 떠났는데 행복하다니 일종의 배신 아닌가! 그대는 울어야만 한다. 통곡해야만 한다. 우울한 얼굴을 하고 돌아다니면서 모든 사람이 그대의 연인이 떠났다는 것을 알게 해야 한다. 그런데 그녀는 아주 행복감을 느꼈다. 마치 그녀의 인생에 있어서 그런 느낌은 처음인 듯이!

지금 무슨 일이 일어나고 있는가? 죄책감을 느낄 필요가 없다. 만일 사람들이 깨어 있다면 이런 일은 누구에게나 일어날 것이다. 연인이 떠날 때마다 그대는 춤출 것이다. 드디어 혼자일 수 있는 것이다! 그러나 그것은 오래 가지 못한다. 며칠 만에 그대는 혼자 있는 것에 지루해져서 연인에게 매달리게 될 것이다. 이것이 양극성이다.

사랑은 홀로 있음의 필요성을 일으킨다. 홀로 있음의 필요성은 반드시 사랑을 통해 일어난다. 또 홀로 있을 때는, 홀로 있음이 사랑의 필요성을 만들어 낸다. 그것은 홀로 있음을 통해 일어나게 되어 있다. 그들은 동반자이다. 같은 비즈니스의 동반자이다.

선은 말한다. "히말라야로 피신하여 동굴에 혼자 앉아 있는 사람들은 바로 여자나 남자를 바꾸면서 자기들의 삶을 살고 있다고 생각하는 사람들만큼 어리석다." 양쪽 다 어리석다! 양쪽 다 극단을 선택한 것이기 때문이다.

더구나 히말라야의 동굴에 앉아 있는 남자들이 오직 여자 생각밖에 안한다는 것은 수천 년의 경험에 의해 증명됐다. 당연히 그는 더욱더 여자를 두려워한다. 여자는 그곳에까지 오고 있으니까. 육체가 아니라면 심리적으로라도 말이다. 그는 여자가 거의 육체적으로 투사되기 시작하면 꼼짝 못하게 된다. 마치 그녀가 거기에 있는 것처럼. 그는 환각 상태를 일으킬 수도 있다.

인도 경전에는 히말라야에서 명상하는 위대한 리쉬(성자)들의 내용이 나온다. 어느 날 갑자기 그들을 훼방 놓기 위해 어여쁜 여인들이 하늘에서 내려온다. 왜 그녀들이 그 불쌍한 사람들을 훼방 놓고 싶어하겠는가? 뭣 때문에?

아무도 오지 않는다. 환각일 뿐이다. 이 사람들은 너무나 고독해서 혼자 있는 것에 지친 것이다. 더구나 거기에는 아무도 없다. 그들은 창조한다. 그들은 투사한다. 그들의 마음은 그처럼 말을 걸어 줄 누군가가 필요한 것이다. 그러니 마음만 먹는다면, 어여쁜 알몸의 여인이 주변을 맴돌며 춤추는 것을 창조하는 것도 당연하다. 그것은 그들이 억압해 온 것이었다. 그 때문에 그들은 세상에서 도망가야 했다. 그러나 그것은 그들 안에 있었다.

그리고 다른 핵심도 보았는가? 시장에 앉아 있는, 지치고 걱정하고 긴장된 사람들은 어떻게 하면 세상을 포기할까 생각한다. 그러한 생각만 해도 기분이 썩 좋아진다. "언젠가는 세상을 포기하리라. 그리고는 히말라야로 가서 히말라야의 정적과 평화, 그 기쁨과 함께 있으리라." 생각만으로도 그는 기분이 좋아지고 신선해진다.

특히 인도 사람들은 언젠가는 이 일체의 난센스를, 이 시장통을 포기하고 수도원에 피신해서 영원히 행복하게 살리라고 생각한다. 그들은 천국에서 찾아오는 그 여자들을 생각할 리 없지만 그녀들은 찾아올 것이다. 그녀들은 그대를 고문할 것이다.

명상과 사랑은 한 쌍이다. 한 짝이다. 그들은 함께 있다. 그들은 영원한 부부, 음양(陰陽)이다. 그들은 서로를 떠날 수 없다.

그러기에 이큐가 말한 것은 완벽한 진실이다.

    홀로 와서 홀로 가는 것
    이 또한 환상이다

사랑은 환상이다. 명상도 그러하다. 명상의 장점은 오직 그것이 그대를 사랑에서 끌어내 줄 수 있다는 점에 있다. 하지만 그것에 집착하지 말아라. 그것은 그대를 사랑에서 끌어내 주는 하나의 장치일 뿐이다. 그것은 그대를 사랑의 환상에서 끌어내 준다. 그리고 나면 즉시 그것도 버려라. 안 그러면 명상이라는 새로운 환상을 창조하게 될 것이다. 쿤달리니가 올라오고 차크라에서 빛이 일어나는 등……. '영적 체험'이라고 하는 수천 가지 현상들이 일어날 것이다. 그것들은 영적인 것도 어떤 것도 아니다. 한낱 상상일 뿐이다.

그대는 혼자서 오래 지낼 수 없다. 어여쁜 여자가 오지 않으면 쿤달리니가 올라올 것이다. 어떤 것이라도 일어날 것이다. 그대는 혼자 있을 수 없다. 아마도 그 어여쁜 여인은 그들을 잊어버렸거나 그 늙은 리쉬들에게 너무 지쳐서 더 이상 오지 않을지도 모른다. 혹은 다른 혹성에 묶여 있을지도 모르고. 그러면 다른 무엇이라도 일어나야 한다. 그대는 안에서 차크라가 움직이는 것을, 에너지가 올라오는 것을 보기 시작할 것이다. 그대의 척추는 한창 바쁘다. 머리 안에서는 연꽃들이 피고 있다. 그대는 혼자 있을 수 없다! 그대는 세상을 창조하며 이제는 그것을 영적이라고 부른다.

그것을 뭐라고 부르는가는 중요한 것이 아니다. 문제는 그대가 혼자서 오래 있을 수 없다는 그 단순한 현상이다. 그대는 타인과 함께 오래 있을 수 없고 그대 혼자서도 오래 있을 수 없다. 함께 있음은 혼자 있을, 혼자 남을 필요성을 야기시킨다. 그리고는 조만간에 누군가와 함께 있기를 갈망할 것이다.

이것은 바로 낮과 밤, 여름과 겨울이다. 그것은 끝없이 움직인다. 삶의 수레바퀴이다.

이큐가 옳다. 그는 말한다. "진리란 사랑을 넘어가고 명상을 넘어가야 하는 것이다. 인간은 관계성을 넘어가야 하고 단일성을 넘어가야 한다. 합일성과 단일성이 둘 다 사라지면 무엇이 남는가? 아무 것도 남지 않는다. 그 '무(無)'가 존재의 맛이다. 그대는 혼자 있지도 않고 함께 있지도 않는다. 실제, 그대는 존재하지 않는다.

오지도 않고 가지도 않는 길을
내 가르쳐 주리라.

그대는 어디로 갈 수 있는가? 갈 사람은 누구인가? 어디로부터 올 수 있는가? 올 사람은 누구인가? 모든 오고감이 사라지면 항상 있는 것을 알게 된다. 영원성을 알게 된다. 오가는 모든 것은 꿈이고 시간의 현상이며 비누 거품 같은 일시적인 것이다.

그러한 일시적인 것들이 모두 소멸되었을 때, 의사 소통이 불가능하고 관계가 불가능한 것을 볼 때 그대는 홀로 있음 속으로 들어간다. 그러다 어느 날 그대는 다른 현상을, 홀로 있음의 불가능을 본다. 그러면 사랑으로 되돌아가는 일반적인 길을 택하지 말고 오히려 홀로 있음에서 도약하라. 크게 도약하라.

'둘'로부터 '하나'로 들어가라. '하나'로부터 '하나도 아님'으로 들어가라. 그것이 아드바이타(advaita), 즉 불이원성이다. 그대는 그것을 '하나'라고도 부를 수 없다. 그것은 근원이다. 그것은 대양이고 우리는 그것의 파도이다. 그 대양을 보면서 그대는 태어난 적도 없고 죽지도 않으리란 사실을 알라. 그대의 모든 존재는 꿈의 존재였다. 모두 사라졌다.

붓다는 사랑에 빠지거나 홀로 있으려는 이런 성향을 에고가 머물려는 성질이라고 했다. 관계 속에서건 비관계 속에서건 에고는 머물고 싶어한다. 연인으로든 명상가로든, 현세인로든 내세인으로든 에고는 머물고 싶어한다. 붓다는 이런 성향을 아비드야(avodya), 즉 무지라고 불렀다.

기억하라. 아비드야는 비지식을 뜻하지 않는다. 비자각을 말할 뿐이다. 아비드야란 에고를 절대적 존재로 대우하려는 성질이다.

이것은 인간과 우주 사이에 틈을 야기시킨다. 그로 인해 인간은 세상과 올바른 관계에 있지 못한다. 이러한 왜곡을 붓다는 아비드야, 즉 무지, 비자각이라고 부른다.

그대는 일종의 비자각 속에서 사랑에 빠진다. 또한 일종의 비자각 속에서 명상에 들어간다. 그대가 깨어나면 사랑은 사라진다. 명상은 사라진다.

하지만 다시 상기시키겠다. 안 그러면 전체를 오해할 수도 있다. 그대가 사랑이라 부르는 것이 사라지면 다른 류의 사랑이 일어난다. 그것이 어떤 것인지 그대는 짐작도 못한다. 명상이 사라질 때는 완전히 다른 류의 명상성이 일어난다. 그것이 어떤 것인지 그대는 상상도 못한다. 그대의 명상은 노력, 즉 훈련이고 개발이고 조건이었다. 이 명상이 사라질 때, 그때 그대 존재에 순수한 명상의 질(質)이 일어난다. 그대는 그저 침묵한다. 아무 이유도 없이. 그대가 침묵하려고 해서가 아니다. 그대가 고요해지려고 애써서가 아니다. 그대가 차분하게 있으려고 노력을 해서가 아니다. 그대는 그냥 차분하다. 거기 어지럽힐 누가 없기 때문이다. 에고는 거기 없다. 유일한 원인이 사라졌다. 그대는 그냥 고요할 뿐이다. 그대가 고요하려 노력해서가 아니다. 고요해지려고 노력하는 것은 그대가 동요되고 분열되었다는, 한쪽은 그대를 침묵시키려고 노력하고 다른 한쪽은 매를 맞으며 침묵 속으로 끌려가는 두 쪽으로 나뉘어져 있다는 표시일 뿐이다. 거기엔 일종의 투쟁이 있는데 어찌 투쟁이 명상적일 수 있는가? 거기 강요와 폭력이 있는데 어찌 폭력이 평화로울 수 있는가?

그런 까닭에 나는 억지로 요가 자세나 만트라를 취하며 평화를 유지하려고 하는 사람들은 진짜 평화로운 사람들이 아니라고 하는 것이다. 그들은 단지 겉치레, 위선을 부리고 있을 뿐이다.

그대 안에 진정한 인간이 태어나면, 그대 안에 본래의 인간이 태어나면 아무 것도 노력할 필요가 없다. 단순히 존재할 뿐이다. 자연스러운 선객은 그러하다. 그가 사랑을 한다. 누구를 필요로 해서가 아니라 어찌할 수 없어서 사랑하는 것이다. 사랑이 일어났고 사랑이 흐르고 있고 그리고 거기 그것을 막을 자가 없기 때문이다. 그러니 어찌 하겠는가? 그는 명상적이다. 그가 명상을 해서가 아니라 거기 동요가 없기 때문에 명상적인 것이다. 동요의 유일한 원인자인 에고가 없어졌기 때문이다. 이제 분열은 없다. 그는 하나이다. 차분하고 조용하고 통합되었다.

이 모든 것은 자연스럽다. 하여 선가(禪家)에서는 진정한 선객들을 영적이라고 부르지 않는다. 그는 속스럽지도 영적이지도 않다. 그는 세상 속에 있지만 세상의 소유물이 아니다. 그는 시장 속에 살지만 그의 안에는 시장이 없다.

붓다의 가르침은 철저하게 부정적이다. 거기엔 이유가 있다. 사랑을 부정하고 다음엔 명상을 부정해야 한다. 지금, 이들은 세상에서 가장 고귀하고 가장 높은 것이다. 그런데 붓다는 둘 다 부정한다.

소렌 키에르케고르(Soren Kierkegaard)라는 덴마크의 사색가이자 신비가는 부정적인 가르침을 깊이 이해했다. 그는 긍정적인 가르침은 마음이 달라붙어 새로운 꿈을 창조하기 때문에 오직 부정적인 가르침만이 가능성이 있다고 말했다. 만일 신에 대해 이야기하면 마음은 신에게 달라붙는다. 신은 대상이 되고 마음은 "어떡하면 신에게 연결될까? 어떡하면 신에게 도달할 수 있을까?"하고 생각한다. 그것은 다시 연애가 된다. 만일 모크샤나 천국을 가르치면 사람들은 그것을 갈망하기 시작할 것이다. "어떡하면 그것을 손에 넣을 수 있을까?" 그 갈망은 새로운 꿈과 새로운 악몽들을 불러일으킬 것이다.

오직 부정적인 가르침만이 가능성이 있다. 진리의 가르침은 부정적일 수밖에 없다. 진리의 여정은 부정의 길(via negative)이다. 왜? 인간은 진리에 대해 반론적이어서 의도적으로 달아나기 때문이다. 부정적인 가르침의 목적은 자기로부터 달아나고 부정하는 인간을 뒤흔들어서 자신의 존재가 되도록 자극하는 것이다. 부정적인 가르침은 부정을 부정한다.

그대의 일생은 부정으로 이루어져 있다. 지금 당장도 그러하다. 그대는 그대 자신을 피하고 있다. 그것은 부정적인 생각이다. 지금 이 부정은 오직 또 다른 부정에 의해서 부정될 수 있다. 그래서 두 부정들이 만나면 서로를 절단하고 서로를 파괴하며 그 투쟁 속으로 둘 다 사라진다.

그러면 긍정만이 남는다. 그것은 긍정이라고도 말할 수 없다. 거기 부정이 없으니 긍정이라고도 말할 수 없다. 그것은 우주이고 진리이다. 영원이고 궁극이고 절대이다.

붓다의 길은 네티 네티(neti neti : 아니다, 아니다)의 길이다. 이것도 아니고 저것도 아니다. 그는 말한다. "계속 부정하라. 더 이상 부정할 것이 없을 때 그때가 니르바나의 순간이다." 부정할 것이 아무 것도 남지 않았을 때, 오직 '무'만이 남았을 때 자유가 일어난다. 그대는 자아와 그 모든 투사물로부터 자유롭다.

> 세상의 일은
> 먹고 배설하고 잠자고 일어나는 것
> 그 후에는
> 죽는 일만 남았다.

이 성명에는 두 가지 뜻이 있다. 첫째, 무지한 사람에게는 이러한 것이 삶이다. 이러한 것이 일생이다. 보라, 그대의 삶이 무엇으로 이루어져 있는지.

> 세상의 일은
> 먹고 배설하고 잠자고 일어나는 것

그것이 그대가 해온 일들이다. 마음은 확실히 어리석다. 안 그러면 단지 이 짓을 하려고 — 먹고 배설하고 잠자고 다시 일어나려고 ……. 온갖 순환을 시작하는가. 이것이 그대의 인생이다. 그대는 이런 식으로 움직인다. 밤낮없이, 끊임없이, 삶의 안팎에서 줄곧 이런 식으로 움직이고 있다.

> 그 후에는
> 죽는 일만 남았다.

순환을 통해 남는 유일한 한 가지는 죽음이다. 조만간에 죽음이 도착한다. 이것이 전체의 내용이다.

오마르 카이얌(Omar Khyyam)은 그의 '루바이야트(Rubaiyat)'에서 이렇게 말한다. "그대와 내가 있었던 잠시, 우리는 사소한 이야기를 나누었다. 그리고는 그대도 나도 없다." 그저 사소한 이야기, 되풀이되는 이야기, 그저 하찮은 수다떨기, 먹고 배설하고 잠자고 죽는 것, 이것이 그대의 일생이다.

그런데 의문이 생긴다. 이것은 깨달은 사람도 계속하는 행위인 것이다. 붓다는 깨닫고 나서 40년 동안 무엇을 했는가? 이규 그 자신은 무엇을 했는가? 그 많은 세월을 그는 깨달은 상태로 지상에 머물러 있었다. 그도 마찬가지 행위를 하고 있었다.

 그렇긴 하지만 차이가 있다. 그 차이점을 이해해야 한다. 지금, 선객들은 다른 누구나처럼 지극히 일반적으로 산다. 그래서 그대는 구별 지을 수가 없다. 가령, 자이나교 승려에게 가보면, 그는 특이하게 산다. 그도 여전히 먹고 배설하고 잠자고 일어나고 주위를 돌아다니기는 하지만 음식 먹는 방식을 특별하게 정했다. 그는 돈을 벌지 않고 보시를 빈다. 그는 특별난 방식으로 배설한다. 그는 일반 화장실에 가지 않는다. 안 간다. 그는 마을 외곽으로 가야 한다. 그는 그대의 욕실을 사용할 수 없다. 그는 보통 인간 존재가 아니다.

 자, 우리가 하고 있는 비범한 짓이 얼마나 바보스러운지 한번 보라. 그는 마을 외곽으로 가서 변을 보고 하루에 한 번만 먹는다. 어떤 자이나 학파는 더욱 심각하다. 그들은 음식을 서서 먹는다. 자이나교 승려는 서서 음식을 먹고 벌거벗고 살고 절대로 목욕하지 않고 절대로 이를 닦지 않는다. 그는 침대에서 자지 않고 밀짚을 깔고 마루에서 잔다. 그는 안식처 없이 이곳 저곳으로 이동한다. 끝없이 이동한다.

 이 차이점들을 세밀하게 보라. 마을 외곽으로 가서 배설을 하든 누구나가 사용하는 보통 화장실을 사용하든 기본적으로 무슨 차이가 있는가? 그대 스스로 돈을 벌든 남이 번 것을 구걸하든 무슨 차이가 있는가? 음식을 두 번, 세 번, 다섯 번 먹든 한 번 먹든 무슨 차이가 있는가? 그것이 무슨 차이를 만드는가? 그러한 것들은 그저 습관일 뿐이다. 그것은 훈련될 수 있다.

 아프리카에는 스물네 시간 중에 한 번만 음식을 먹는 부족이 있다. 그들은 수 세기를 그런 식으로 먹었으므로 그것에 익숙해졌다. 그들은 사람들이 음식을 두 번 먹는다는 걸 믿을 수 없다. 한 번이면 충분한데.

자, 이 차이점들은 구체적으로 '나는 특별하다'라는 관념을 불러일으키는 것이다. 이러한 것들은 에고 게임이다.

선객은 그대가 살듯이 단순하게 산다. 차이점을 알기가 매우 어렵다. 하지만 차이점은 있다. 차이점은 그는 모든 것을 일어나는 그대로 관조한다는 데 있다. 그것이 유일한 차이다. 그는 음식을 먹는다. 그러나 그는 관조이다. 지금, 이것은 내부적인 차이다. 그대는 밖에서 차이를 발견할 수 없다. 하지만 어느 정도는 밖으로도 스며 나온다. 그대는 선객이 걷는 것을 볼 수 있다. 그는 아주 의식적으로, 아주 민감하게 걷는다. 그는 의식적으로, 민감하게 음식을 먹는다. 그는 잠잘 때조차 의식적이다. 잠속에서조차 빛은 타오른다. 꿈속에서도 그는 계속 지켜 보고 있다. 그는 언제나 주시하고 있다. 깨어 있고 의식적이고 민감한 이것이 차이점이다.

그리고 그는 깨어 있기 때문에 이완되어 있다. 자신이 편안하니 세상 전체가 편안하다. 그는 같은 세상에 살지만, 장미는 더욱 붉고 신록은 더욱 푸르다. 그리고 새들의 소리는 무한한 기쁨이다.

이런 얘기를 들었다.

환자는 신경질적인 긴장을 호소하는 젊고 아름다운 쇼걸이었다. 의사는 진정제 프로그램을 처방하며 2주 후에 다시 상태를 보자고 말했다.

그녀가 다시 왔을 때, 차도가 좀 있는지 의사가 물었다. 그러자 그녀가 대답했다. "없어요, 의사 선생님. 하지만 다른 사람들은 훨씬 더 편안해 보여요!"

그대가 편안하면 문득 사람들이 훨씬 더 편안해 보일 것이다. 그대가 고요하면 온 세상이 깊은 침묵에 잠겨 있다. 그대가 명상적이면 문득 나무가 명상중임을, 바위가 명상중임을 자각할 것이다. 달은 깊은 명상 속에 있다. 태양도 그러하고 별들도 그러하다.

그대에게 사랑이 넘쳐흐를 때, 그대가 아는 사랑이 아니라 붓다가 아는 사랑이 흐르기 시작할 때, 문득 그대는 그것이 온 사방에서 흐르고 있음을 볼 것이다. 그것은 나무에서 흘러나오고 있다. 그대는 그것을 향기라 부르나 그것은 사랑이다. 그것은 태양으로부터 빛나고 있다. 그대는 그것을 빛이라 부르나 그것은 사랑이다! 그것은 지구의 중력이다. 그대는 그것을 중력이라 부르나 그것은 사랑이다.

그것은 밤의 고요이고 새들의 노래이며 강물의 흐름이고 히말라야의 침묵이다.

사랑이 흐르기 시작할 때 문득 그대는 사랑이 온 사방에 흐르고 있음을 자각한다. 생명은 사랑으로 이루어져 있음을, 존재는 사랑이라는 원료로 구성되어 있음을 자각한다. 하지만 처음에는 그대 안에서 일어나야 한다.

선객들은 그대처럼 평범하게 산다. 하지만 그의 평범성은 평범하지 않다. 그의 평범성 속에는 비범함의 특성이 있다. 그것은 기쁨과 축제를 발산한다. 그것은 관조를 방사한다.

위대한 선사인 임제가 말했다. "오, 도반들이여. 그대들은 불교의 실체에는 아무 것도 수행할 게 없다는 것을 반드시 알아야 한다. 그대들은 어떤 것을 위해 특별히 노력하지 말고 자연스러운 바램들을 이루면서, 옷 입고 음식을 만들고 피곤하면 눕고 평상시대로 살아라. 무지한 자들은 나를 보고 비웃게 놔두어라. 현명한 자는 내가 뜻하는 바를 알리라."

임제는 말하고 있다. "특별히 어떤 것을 하지 말아라. 행위자가 되지 말아라. 일이 일어나게 내버려 두고 관조하라." 그러면 무지한 자는 그대를 보고 비웃을 것이다. 그들은 말할 것이다. "무슨 종교가 이래?"

그대는 분명 그런 무지한 자들을 대해 왔다. 그들은 그대에게 말할 것이다. "무슨 종교가 이런가? 당신은 어떤 함정에 빠진 게 아닌가? 당신의 스승은 아무 특별한 것도 안 가르쳤는가?"

그렇다. 나는 그대에게 특별한 것을 가르치지 않는다. 특별함에 대한 관념은 일체 에고의 장난이기 때문이다. 나는 그대가 보통이 되기를, 평범해지기를 가르친다. 하여 일상성 속에, 평범함 속에 편안할 수 있다면 문득 그대는 비범한 빛으로 나타날 것이다. 위대한 광휘가 그대를 둘러쌀 것이다.

임제의 그 말은 옳다. "무지한 사람들은 비웃으라고 하라. 현명한 사람은 내 뜻하는 바를 알리라." 먹어라. 마셔라. 그리고 취하라. 누구나가 하는 것처럼. 어쨌든 간에 특별해지려고 애쓰지 말아라. 하지만 먹으면서 주시를 놓치지 말아라. 마시면서 주시를 놓치지 말아라. 취하면서 주시를 놓치지 말아라. 그러면 그 주시가 모든 것을 변화시킬 것이다. 그 주시가 변형이다.

오로지 그 주시만이 그대가 누구인지 깨닫게 할 것이다.

> 나는 죽지 않고 어디로 가지도 않고
> 여기에 있으리라
> 그러나 내게 아무 것도 묻지 말라
> 대답하지 않으리니.

이규의 열반송이다. 선에는 전통적으로 스승이 죽으면 제자들이 열반송을 청한다. 마지막 시적 표현, 마지막 성명, 마지막 유언이다. 죽음에 대한 마지막 성명이다.
이큐는 말한다.

> 세상의 일은
> 먹고 배설하고 잠자고 일어나는 것
> 그 후에는
> 죽는 일만 남았다.

지금 죽음이 다가오고, 제자들은 그에게 열반송을 지어 달라고 청한다. 이것은 그의 열반송이었다.

> 나는 죽지 않고 어디로 가지도 않고
> 여기에 있으리라
> 그러나 내게 아무 것도 묻지 말라
> 대답하지 않으리니.

어떤 사람이 라마나 마하리쉬에게 물었다. 그는 죽어 가고 있었다. 암으로 죽어 가고 있는데 누군가 물었다. "죽으면 어디로 가십니까?" 그러자 그는 눈을 뜨고 말했다. "내가 어디로 가겠는가? 나는 여기에 있을 것이다." 깨달은 사람은 여기 이외의 다른 공간은 모르는 까닭이다. 여기 이외의 다른 시간은 모르는 까닭이다. 일체의 시간이 여기에 있고 일체의 공간이 여기에 있다. 지금 여기에 그의 전 존재가 있다.

이큐는 말한다.

> 나는 죽지 않고…

무엇보다도 나는 태어난 적이 없는 까닭이다. 탄생은 환상이다. 하여 나는 죽지 않을 것이다. 어찌 내가 죽을 수 있는가? 태어난 적이 없는데. 죽음은 또 다른 환상이다. 때로는 파도처럼, 때로는 파도가 아닌 것으로. 하지만 나는 여기에 있다. 나는 항상 여기에 있다. 그리고 항상 여기에 있을 것이다. 거기 오는 것도 가는 것도 없다.

이큐는 말한다.

> 오지도 않고 가지도 않는 길을
> 내 가르쳐 주리라.

탄생과 죽음 둘 다 그대의 생각이다. 탄생과 죽음이 둘 다 우리의 생각이라는 것은 참 이해하기 힘들다. 인간은 죽을 때, 죽는 마지막 순간에 탄생의 관념을 투사한다. 그는 마지막 순간에 이런 생각을 시작한다. "어떻게 돌아갈까? 어떤 형상으로?" 그의 일생의 경험은 하나의 형상으로 요약된다. 즉 하나의 형상이 일어난다.

그는 하나의 정해진 방식으로 살아왔다. 다른 길로 살기를 원했지만 그럴 수 없었다. 이제 그의 마음은 다른 형상에 사로잡힌다. "다음 번엔 이렇게 되고 싶다." 죽을 때의 마지막 생각은 씨앗이 된다.

만일 어떤 생각도 없이 죽을 수 있다면 그대는 태어나지 않을 것이다. 그대의 탄생은 그대가 생각한 것이다. 생각이 그것을 창조했다. 그대가 태어난 것은 그저 우연이 아니다. 우연적인 것은 아무 것도 없다. 그대는 그러한 원인을 품고 있었다. 그대는 그에 대한 책임이 있다. 사람들은 마음속에 나름대로의 형상을 품고 죽는다. 그러한 형상들은 지표가 된다. 그들은 그 지표에 따라 자궁 안으로 들어온다. 탄생이 일어난다.

　죽음 역시 그대의 생각이라는 사실을 알면 그대는 당황할 것이다. 사람들은 그들의 생각에 따라 죽는다. 실제, 죽음의 심리학에선 각기의 죽음은 자살이 아닌가 생각한다. 그 의심은 거의 사실이다. 내가 '거의'라고 말하는 까닭은 붓다들은 거기서 제외시켜야 하기 때문이다. 하지만 그 외의 모든 사람들에 대해선 사실이다. 그대의 죽음은 그대의 생각이다.

　그대는 삶에 지쳐서 조만간 죽는 법을, 사라지는 법을 생각하기 시작한다. 너무 많이 살았다. 이제 그만하면 됐다! 그대는 몇 번이고 자살을 생각해 보지 않았는가?

　프로이드는 우연히 그것을 발견했다. 그는 그것을 '타나토(thanato)', 즉 죽음의 소망이라고 불렀다. 누구나가 그것을 마음속 깊이 간직하고 있다. 그것은 그대의 죽음을 결정한다. 설령 사고로 죽는 사람들도 사고를 저지르기 쉬운 경향이 있거나 사고로 죽고 싶어한 사람들이다.

　우리는 우리 주변에 그런 가능성들을 계속 일으키면서 막상 일이 벌어지면 당황한다. 그대의 생각들이 어떻게 그대의 인생을 창조하는지 한번 지켜 보라. 어떤 이는 자기가 별수 없는 낙오자라고 생각하며 아무 것도 하려고 하지 않는다. 그러면 그는 아무 것도 이루지 못할 것이다. 그 생각이 현실을 창조하기 때문이다. 아무래도 자신은 아무 것도 이룰 수 없다고 생각할수록 그 생각은 영양분을 얻어 더욱 강력해진다. 그는 더욱더 낙오자가 되고 있는 자신을 발견할 것이다. 그래서 악순환이 벌어진다.

　자기가 성공할 것이라고 생각하는 사람은 성공한다. 자기가 부자가 될 것이라고 생각하는 사람은 부자가 된다. 자기는 부자가 되지 못할 것이라고 생각하는 사람은 계속 가난한 상태로 머문다. 시도해 보라. 그대는 놀랄 것이다. 때로는 그것이 믿기지 않을 것이다.

자기는 결코 친해질 사람을 만나지 못하리라고 생각하는 사람은 만나지 못할 것이다. 그는 자기 주변에 만리장성을 쌓아 놓았다. 그는 이룰 수 없다. 그는 자기의 생각이 옳다는 걸 증명해야만 한다. 기억하라. 설령 누가 깊은 우정을 갖고 다가와도 그는 거부할 것이다. 그는 자신의 생각을 증명해야 하고, 자신의 생각에 대한 위대한 실행력을 갖고 있다. 그는 자신의 생각을 혼란시키고 싶지 않을 것이다. 그의 생각은 그토록 엄청난 에고의 일부이다. 그는 자기가 옳다는 것을, 아무도 자기에게는 친구가 될 수 없다는 것을, 모두가 적이라는 것을 세상에 보여 줘야 한다. 그러면 모두 돌아설 것이다. 차츰 차츰 적으로 돌아설 것이다.

그대 마음을 한번 지켜 보라. 그대는 부단히도 그대의 인생을 창조하고 있다. 그대는 부단히도 그대의 인생을 제조하고 있다.

심리학자들은 사람들이 오랜 세월에 걸쳐 인생은 70세로 되어 있다고 믿어 온 사실을 알게 되었다. 그 때문에 사람들은 70세 정도밖에 못 사는 것이다. 다른 이유가 없다. 사람들은 70년이 한계라고 믿기 때문에, 좀 일찍 죽거나 좀 늦게 죽는 약간의 변수는 있지만 보통 사람들은 70세쯤에 죽는다는 틀에 박힌 관습을 따른다. 그들은 준비하기 시작한다. 60세쯤 되면 준비를 시작한다. 그들은 은퇴하고 스스로를 세상 밖으로 끌어내기 시작한다. 그들은 준비하는 것이다. 10년 동안 그들은 생각할 것이다. "이제 그것이 오고 있다. 70세. 이제 일 년 지났으니 9년 남았구나. 이 년 지났으니 8년." 그들은 끝없이 자신에게 최면을 건다. 그러다 70세가 되면 그들은 떠난다. 그들은 그들의 생각을 증명했다. 그리고 그들의 자식들에게도 인생은 이러한 것이라고, 오직 70년뿐이라는 관념을 심어 준다.

훨씬 장수하는 부족들이 있다. 파키스탄에 있는 캐시미르의 국경에는 훈자 족이라고 있는데 그들은 상당히 오래 산다. 백 살은 아주 쉬운 거다. 백이십 살도 어렵지 않다. 백오십 살도 가능하다. 하지만 그들이 다른 사람들과 접촉하고 나서부터는 보다 일찍 죽기 시작했다. 그들이 먹는 음식물도 그렇고 모든 것은 여전하다. 공기나 모든 것이 여전하다. 하지만 그들은 그들보다 일찍 죽는 사람들을 알고부터 약간의 죄의식을 느낀 게 틀림없다. 그들은 일찍 죽기 시작했다. 인간은 군중을 따라야 한다. 30년, 40년 안에 그들은 사라질 것이다. 그들은 그 일부가 될 것이다······. 70세의······.

버나드 쇼가 거처를 구하던 때는 고령이었다······. 그는 장수했는데, 그가 50세가 됐을 때 새로운 거처를 구하고 있었다. 그는 런던을 벗어나고 싶었다. 그런데 어떻게 그가 자신의 장소를 찾았는지 아는가? 그는 아주 심리학적인 조사를 했다. 그는 비문들을 보려고 묘지로 갔다. 그리고 오래도록 장수했던 사람들의 묘지를 발견했다. 80, 95, 98, 100······. 어떤 사람은 백 세에 죽었는데 비석에 이런 비문이 써 있었다. "이 사람은 너무 일찍 죽었다." 백 살이나 살았는데도 말이다! 그는 말했다. "이곳이 내가 살 곳이다." 사람들이 백 살에 죽는 것을 너무 일찍이라고 생각하는 곳을 그는 거처로 택했다. 그리고 그도 오래도록 살았다. 생각이 효과를 발휘한 것이다.

생리학자들은 사람의 체격으로 보면 죽어야 할 내부적 필요성이 없는 것 같다고 말한다. 그렇다. 언젠가는 인간이 무척 오래, 거의 불멸의 육체로 살 가능성이 있다는 사실을 알면 그대는 놀랄 것이다. 육체는 스스로 재충전될 것이다. 실지로는 죽을 필요가 없다. 육체는 끊임없이 스스로 새로워지고 있기 때문이다. 그것은 부단히 자체적인 분해 수리를 하고 새로워지고 젊어진다. 그것은 연속체다. 육체에 있어서는 죽어야 할 내부적 필요성이 없다.

현재, 생리학자들은 그것에 동의한다. 또한 심리학자들도 사람들이 죽는 이유는 육체가 아니라 마음에 관련된 것 같다고 느끼고 있다.

탄생은 마음이고 죽음도 마음이라는 것, 이것은 가장 중요한 불교 가르침 중의 하나이다. 모두가 생각이다. 둘 다 그대가 아니다.

> 나는 죽지 않고 어디로 가지도 않고
> 여기에 있으리라
> 그러나 내게 아무 것도 묻지 말라
> 대답하지 않으리니.

왜냐하면 그것은 대답할 수 없는 것이기 때문이다. 그것은 살아야 한다. 그것은 맛보아야 한다. 다만 그대 자신 안으로 깊이 들어가라. 지켜 보라. 그대는 죽을 거라고 생각하고 있는가? 그러면 그대는 씨앗을 심고 있는 것이다. 실제, 탄생은 죽음을 창조한다.

막 얼마 전에 나는 탄생의 충격에 대해 이야기했다. 아이가 태어날 때 아이는 이것이 죽음이라고 생각한다. 당연하다. 그는 참으로 아름답게 살고 있었기 때문이다. 그는 낙원에서 내던져진다. 아담은 각기의 아이들 속에서 추방당한 상태다. 그는 에덴 동산에 있었는데 이제 추방당했다. 그것은 생명이었다. 그리고 이것은 죽음 같아 보인다.

아이는 저마다, 평생을 엄마의 자궁 속으로 돌아가고 싶어한다. 우리는 자궁의 대용품을 창조한다. 침상은 우리의 자궁이다. 밤에 짙은 커튼으로 침실을 가리고 불을 끈다. 그것은 어둠이다. 그것은 자궁 속만큼 어둡다. 그 침상, 아늑한 침상, 베개, 요, 이불, 그 속에서 그대는 아늑하다. 그대는 자궁 속에 있던 자세를 취한다. 침상의 포근함, 주변의 어두움, 안락함, 고요함……. 그대는 다시 자궁 속으로 미끄러진다.

밤마다 잠은 각 자궁의 재상연이다. 그것은 작은 죽음이다. 그래서 그대는 아침에 일어나기가 그렇게 힘든 것이다. 아침에 일어나는 것은 다시 그대의 깊은 무의식을 동요시키기 때문이다. 그것은 재탄생이다. 탄생의 충격은 여전히 그대에게 영향을 끼친다.

원시적인 사람들은 아침에 일찍 일어나는 것이 아무 문제가 아니다. 해가 뜨면 일어난다. 전혀 문제가 없다. 그들에겐 탄생의 충격이 없기 때문이다. 원시 사회에서는 아이들이 문명인들이 겪듯이 그렇게 고통스럽게 태어나지 않는다. 어머니는 큰 고통을 겪지 않는다. 그것은 아주 간단하다. 동물들처럼.

어머니는 들에서 일하다가 아이를 낳아 아이를 집에 데려갈 수도 있다. 혹은 일을 끝마치지 않은 한낮이어서 아이를 나무 곁에 내려놓고 일을 끝마친 후에 집으로 데려갈지도 모른다. 입원할 필요가 없다. 약 먹을 필요가 없다. 그녀는 통증이 없다. 거꾸로 엄청난 엑스타시를 느낀다. 아이를 낳는 것은 여느 성 체험이 줄 수 없는 훨씬 큰 오르가즘을 체험하게 한다. 아이는 너무나 쉽게 태어나기에 탄생의 충격이 없다.

그래서 원시 사회의 사람들은 아침에 일찍 일어나는 것이다. 사회가 문명화될수록 그것은 더욱 어려워진다…….

전날 나는 파드마에게 물어 봤다. 그녀가 11시에도 자고 있는 걸 보면 심한 탄생의 충격으로 고통받은 게 틀림없다. 극심한 탄생의 충격으로 고통받았다면 아침마다 일어나는 것이 무척 힘들게 느껴질 것이다. 그대의 육체는 침대 속에 머물고 싶어한다. 그것이다. 그대의 육체는 자궁 속에 머물고 싶어한다. 거기서 벗어나고 싶어하지 않는다. 그대는 억지로 몸을 끌어 내야만 한다.

탄생은 죽음을 창조한다. 각각의 잠은 작은 죽음이다. 그래서 많은 사람들이 침상에서 사랑을 나누는 걸 몹시 어려워하는 것이다. 그것은 죽음에 대한 생각을 불러일으킨다. 그들은 좀 두렵다. 그들은 차 안에서나 해변에서 사랑을 나누는 게 훨씬 좋다고 생각한다. 하지만 침상에서 사랑을 나누는 것은 좀 어렵다고 느낀다. 어떤 사람에게는 정말 불가능하다. 침상에 대한 생각이 온통 죽음의 분위기를 일으키기 때문이다.

하지만 일부의 사람들은 오직 침상에서만 사랑을 나눌 수 있다. 여자의 몸 안에 들어가면서 다시 자궁 속으로 들어간다고 생각하기 때문이다. 그것은 그대가 어떻게 생각하느냐에 달려 있다. 그대가 여자의 몸 안에 들어가면서 다시 자궁 속으로 들어간다고 생각한다면 사랑을 나누는 데 있어 침상보다 더 좋은 곳은 없을 것이다. 하지만 만일 죽음에 대한 공포가 일어나고 탄생의 충격에 대한 기억이 되살아난다면 침상에서는 오르가즘을 느끼기 어려울 것이다.

사람들은 자신의 침상에서 죽는다. 음? 99퍼센트의 사람들이 자신의 침상에서 죽는다. 자연적이다. 그것은 자연스러운 일 같다. 언젠가 그들은 침상에서 사라진다. 그리고 일생 동안 어떻게 하면 다시 자궁을 창조할까를 생각한다. 그대의 집은 자궁의 재창조이다. 자궁에 가까우면 가까울수록 그것은 더 편안하게 느껴진다.

> 나는 죽지 않고 어디로 가지도 않고
> 여기에 있으리라
> 그러나 내게 아무 것도 묻지 말라
> 대답하지 않으리니.

죽음은 허위이다. 탄생만큼 거짓이다. 그대는 탄생 너머에 있고 죽음 너머에 있다. 그대는 탄생으로 온다. 탄생의 형상을 취한 다음 죽음으로 형상을 넘어간다. 그대는 형상이 없다. 하지만 그것에 대해 아무 것도 말할 수 없다. 그것은 체험해야만 하는 것이다.

> 그것이 무엇이든 일체가
> 환상의 세계,
> 죽는다고 하는 것도
> 진실은 아니다.

죽음은 탄생에 이어 가장 거대한 환상이다. 그대는 영원이다.

이큐는 탄생과 죽음에 대한 그의 접근 방식을 '나지 않고 죽지 않는 약'이라고 했다. 그는 이렇게 말하곤 했다. "이것은 모든 병을 치유하리라." 모든 병은 탄생과 죽음 사이에 있기 때문이다. 그대가 만일 탄생과 죽음에 대한 생각을 떨쳐 버릴 수 있다면 모든 것이 소멸된다. 그러면 사랑에 대해 걱정할 필요가 없고 명상에 대해 걱정할 필요가 없다. 거기 합일성도 단일성도 없다.

그대는 전체와 하나이다. 어떻게 혼자일 수 있겠는가? 어떻게 합일될 수 있겠는가? 거기 전체 이외의 그 누구도 없는데. 전체는 전체이다. 누구도 예외는 없다. 아무 것도 그것을 벗어나 있지 않다. 따라서 그것은 누구와 함께일 수 없다. 하여 합일은 불가능한 것이다. 그렇지만 또한 혼자일 수도 없다. "나는 혼자다."라는 바로 그 생각이 그대를 전체로부터 떨어지는 느낌을 주는 것이다. 그대는 그 안에 있다. 그대가 그것이다.

> 도(道)란 다만

> 세간(世間)과 세외(世外) 양쪽의 일,
> 자비롭고 진실된 이에게 물어라.

이뀨는 말한다. "나에게 묻지 말라. 나는 대답하지 않을 것이다." 우선 체험이란 대답할 수 없는 그러한 것이다. 그렇지만 한 가지는 할 수 있다. 그것은 붓다들이 해오던 것이다. 그들은 길을 가르킨다. 그들은 무엇이 일어날지, 무엇이 일어났는지는 말하지 않지만 어떻게 하면 그것이 일어날 수 있는지 말한다.

> 도(道)란 다만

체험에 대해선 절대 묻지 말라. 그것은 표현할 수 없는 것이다. 하지만 길에 대해서 물어라. 뭔가 말할 수 있다. 어떻게 그 속으로 들어가는지, 어떤 장치를 이용해야 하는지, 어디로부터 시작하는지, 어떻게 악순환에서 벗어나는지. 어떻게 사랑을 벗어나는지 — 명상이 도와줄 것이다. 어떻게 명상을 벗어나는지 — 삶에 대한 신뢰가 도와줄 것이다.

그리고 우리가 명상에서 벗어나고 사랑에서 벗어나면 저절로 사랑이 일어날 것이고 명상이 일어날 것이다. 그것들은 그대의 빈약한 창조가 아닐 것이다. 그것들은 신의 선물이 될 것이다.

> 도(道)란 다만
> 세간(世間)과 세외(世外) 양쪽의 일,
> 자비롭고 진실된 이에게 물어라.

하지만 어떻게 붓다를 찾는가? 이뀨는 '자비와 진실' 이 두 가지를 말한다. 그의 자비심이 그대에게 좋은 아이디어를 줄 것이다. 아무 조건 없는 그의 사랑, 그의 넘쳐흐르는 사랑이.

만일 사랑이 가득한 사람을 발견할 수 있다면……. 이 말들을 기억하라. "진인을 한 번 보기만 해도 우리는 사랑에 빠지네." 그때 그대는 사랑이다. 만일 그대가 사랑이 가득한 사람을 발견할 수 있다면 그 행운을 놓치지 말아라. 그는 문(門)이다. 그에게 들어가라. 그러면 진실함을 발견하리라.

기억하라. 진실하다는 것은 심각함을 말하는 게 아니다. 그것은 정직함을 의미한다. 그것은 신뢰성을 의미한다. 그렇다면 그 사람이 신뢰성 있고 정직한지 아닌지 어떻게 판가름할 것인가? 거기 기억해야 할 한 가지가 있는데, 진리는 모순적이라는 사실이다. 오직 진리가 아닌 것만이 일관적이다. 만일 아주 일관적인 사람을 만난다면 그를 피하라. 그것은 단순히 그가 철학화되어 있다는 뜻이므로. 그는 아직 아무 것도 체험하지 못했다. 그는 진실한 사람이 아니다.

진실한 사람은 그냥 실상만 말하는 사람이다. 그것이 모순적이든, 일관적이든 비일관적이든 그에게는 차이가 없다.

선의 진리에 대한 정의를 기억하라. "진리는 그의 모순 또한 진리이다." 따라서 진실한 사람은 모순적일 수밖에 없다. 우리가 놓치는 부분이 그 지점이다. 만일 모순적인 사람을 만나면 그대는 "이 사람은 비일관적인 사람이다. 어떻게 그를 믿는단 말인가?" 하고 생각한다. 그대는 진리는 일관적이어야 한다는 관념을 갖고 있다. 그런 관념은 붓다를 발견하는 데 있어 장애물이다. 그대는 논리주의자나 철학자나 사색가들의 함정에 빠진 것이다.

붓다는 진리를 그 전체성에서 보기 때문에 기초적이고 근본적으로, 은연중에 모순적이다. 전체성은 모순이다. 전체는 밤과 낮, 사랑과 명상 양쪽 다이다. 전체는 이것과 저것, 가시적인 것과 불가시적인 것 양쪽 다이다. 전체는 탄생과 죽음 둘 다이면서 또한 양쪽 다 아니다. 전체성이란 모든 것이 너무나 복잡해서 그것에 대해 일괄적인 주장을 할 수 없다는 뜻이다. 그대는 계속 그대 자신과 모순되어야 한다.

만일 모순적인 사람을 발견한다면 아마도 진리를 아는 사람에게 다가간 것이다. 진리란 그의 모순 또한 진리이므로.

모순을 통해 진실함을 찾아라. 그는 기꺼이 비일관적이 될 만큼 너무나 진실하다. 그는 기꺼이 미치광이로 불릴 수 있을 수 있는 만큼 진실하다. 그의 진실성은 논리를 통해서 그대를 설득하려고 애쓰지 않는 그러함이다. 그는 장사꾼이 아니다. 그는 그대를 설득하려고 걱정하지 않는다. 그는 단순히 실상만을 말한다. 그대가 납득하든 안하든 그것은 그대에게 달렸다. 그는 그대에게 뭔가를 주입시키는 것에 흥미가 없다. 그는 기꺼이 돕기는 하지만 그대를 강요하지는 않는다.

그러면 자비란 무엇인가? 그것은 동정심을 말하는 게 아니다. 붓다는 그대를 동정하지 않는다. 동정이란 에고로부터 나오기 때문이다. 그들은 관대하다. 그들은 자비롭다. 그 차이는 어마어마하다.

어제 막, 누군가 내게 물어 왔다. "그룹, 즉 이곳의 심리 치료 그룹들은 굉장히 지독하고 무자비하게 활동하고 있습니다. 어떻게 당신처럼 자비로우신 분이 그들을 허용하는지요?" 그뿐 아니라 그는 며칠 전에 내가 말한 내 친구 하나가 자살하려 했다는 사건에 대해서 언급했다. 그는 그것에 대해 "그 이야기를 들으면서 나는 당신이 굉장히 무자비하다고 생각했습니다. 당신은 그 친구가 자살하지 않도록 설득하기는 커녕, 거꾸로 자진해서 그를 강으로 데리고 가 벼랑에서 뛰어내려 죽으라 했습니다. 이것이 자비란 말입니까?"

하고 말했다.

그대는 이야기 전체를 빗나갔다. 그는 구해졌다! 그대는 핵심을 놓쳤다. 그를 구한 방법이 중요한 게 아니다. 중요한 건 그를 구했다는 점이다. 결과를 보라.

자비로운 사람은 결과를 본다. 그가 사용하는 장치는 중요하지 않다. 그는 어떤 장치라도 기꺼이 사용한다. 다만 객관적인 결과만 보라. 자비로운 사람은 감상적이거나 감정적이지 않다. 그대는 내가 그를 포옹하고 울기를 바랬을 것이다……. 그랬더라면 그는 자살했을 것이다! 그것이 자비였을까? 그것은 그를 자살하도록 몰아붙인 결과가 됐을 것이다. 그것이 그의 부모, 즉 그의 어머니와 아버지, 그리고 친구들이 했던 일이었다. 그들은 그가 자살하도록 몰아붙이고 있었다. 설득하면 할수록 그는 더 '싫다'고 말했을 것이다. 실제 그는 그 사람들, 즉 그 사람들의 태도로 인해 더욱 자살에 흥분하고 있었다. 그런데 그들은 모두 그 친구를 사랑하는 사람들이었다. 그들은 그 친구를 사랑했다. 차이를 보라.

사랑에는 두 종류가 있다. 하나는 감상적이고 감정적인 것으로써 그것은 도움을 못 준다. 나머지는 객관적인 사랑으로 그것은 도움을 준다. 객관적인 사랑으로 꽉 차 있는 사람은 어떻게 움직일까를 결정한다. 그의 유일한 관심사는 어떻게 하면 사람들을 구할까에 있다.

나는 그 친구를 구하고 싶었다. 그래서 그토록 무자비했던 것이다. 그리고 나는 그대 또한 구하고 싶다. 하여 여기에 있는 심리 치료 그룹들은 죄다 무자비한 것이다. 이따금은 심지어 더 잘 알고 있어야 하는 사람들조차 오해를 한다.

그것은 기뜨 고빈드라는 한 산야신에게서 일어난 일이다. 그는 에살렌에서 왔다. 그는 에살렌의 공동 설립자이다. 그래서 그는 테라피 그룹의 모든 것을 알고 있다. 하지만 그는 나에 대해선 모른다. 그는 객관적인 자비심에 대해선 아무 것도 모른다. 이곳의 엔카운터 그룹(심리치료 그룹)을 보면서 그는 무척 충격받았다. 그리고는 내게 그것을 말할 용기조차 없었다. 엔카운터 그룹 후에 나는 특별히 그에게 물었던 것이다. "기뜨 고빈드는 어떻게 생각하는가?" 그러자 그는 "다 좋습니다. 모두 좋아요. 아주 즐거웠습니다." 이런 식으로 말했다.

그런데 집에 돌아가서는 "푸나에 가지 마라. 그 사람들은 위험하다. 그룹들은 아주 폭력적이고 무자비하다."는 소문을 주변에 퍼뜨리기 시작했다.

그는 전체의 요지를 오해했다. 하지만 그런 일은 지식적인 사람들에게 일어난다. 그는 자기가 안다고, 엔카운터 그룹을 안다고 생각하기 때문이다. 하지만 그는 자비로운 사람이 사용한 엔카운터 그룹은 전혀 별개라는 사실을 모른다. 그는 심리치료에 대해서는 알지만 붓다들에 대해서는 아무 것도 모른다.

여기의 심리치료 그룹은 그들이 에살렌에서 했던 것처럼 단순한 심리치료 그룹이 아니다. 여기에서 그것들은 어떤 것을 무너뜨리는, 그대가 깨어나도록 흔드는 장치들로써 사용된다. 요지의 전반은 그대를 잠에서 흔들어 깨우는 것이다. 그래서 온갖 종류의 장치가 사용될 것이다. 만일 어떤 때 그대의 심장에 단도를 들이대야 할 필요가 있을 때는 그렇게 해야 한다. 만일 칼이 필요하다면 그것을 사용해야 한다.

예수의 말을 기억하는가? "나는 세상에 평화를 주려고 온 것이 아니라 칼을 주려고 왔다." 그가 무슨 말을 하는가? 자비로운 사람이! 오직 칼과 같은 어떤 것만이 그대를 잠에서 깨울 수 있다. 따라서 그대가 자비로운 사람을 만나면 기억하라. 그의 모든 초점은 그대를 깨우는 데 있다는 것을. 그는 감상적이지 않다. 그는 그대를 붙들고 울지 않을 것이다. 그는 무척 객관적이고 무척 과학적일 것이다. 하지만 그는 그대를 느끼고 그대를 사랑하고 그대를 돕고 싶어한다. 그런 사람만이 그대를 도울 수 있다. 감상적인 사람들이나 감상적인 난센스들은 일체 도움이 되지 못할 것이다. 만일 그것이 도움이 된다면 그대는 이미 구원되었을 것이다.

 따라서 진실한 사람, 모순적이고 정직한 사람, 모든 관심사가 진리에 있는 사람을 만날 때면 언제나……. 설령 그가 모순적으로 보일지라도 그는 준비되어 있다. 그는 그저 일관적이 되려고 진실을 바꾸지 않을 것이다. 그의 모든 관심사는 사람들이 민감하고 깨어나도록 돕는 데 있다. 설령 때로는 무자비한 방법을 써야 한다 해도 그는 기꺼이 그것을 쓸 것이다. 그 사람은 자비롭고 진실한 사람이다.

 오로지 자비롭고 진실한 사람만이 스승이 될 수 있다. 그대를 위로하는 사람들을 피하라. 기꺼이 그대를 파괴하려 하는 사람들을 따르라. 그대가 파괴될 때 비로소 신이 태어나기 때문이다.

제9장

산울림
This Mountain Echo

사람의 마음을 거슬러 가는 것은
그 무엇도
세상법과 불법의 장애가 될 뿐이다.

무언가 그대에게 주고 싶지만
달마종에는 한 물건도 없다.

이규는 이 몸을 내 몸이라 생각하지 않네
도시도 산가(山家)도 매한가지 집일세.

소리도 없고 향도 없는
사람의 마음에는
부르면 대답하는 주인도 도적일세.

있다고 말하면
있다고 생각하는 사람의 마음
대답은 하지만
찾을 수 없는 산울림.

없다고 말하면
없다고 생각하는 사람의 마음
대답은 하지만
다만 산울림뿐.

우화 하나,

    한 왕이 신하들 가운데서 가장 현명한 사람을 재상으로 뽑고 싶어했다. 마침내 탐색이 세 사람으로 좁혀졌을 때, 왕은 그들에게 최후의 시험을 치러야겠다고 결정했다. 그래서 그들을 궁전의 한 방에 데려다 놓고 그 기계적 정교함이 최신품인 자물쇠로 문을 채웠다. 누구든 처음 그 문을 열 수 있는 사람을 영예로운 자리에 임명할 것이라고 후보자들은 전달받았다.

    그 세 사람은 즉시 과제에 임했다. 그들 중 두 사람은 적합한 자물쇠의 짝을 찾기 위해 복잡한 수학 공식을 계산하기 시작했다. 세 번째 사람은 어쩐 일인지, 아무 것도 하지 않은 채 그냥 의자에 앉아 있었다.

    마침내, 펜을 종이에 대지도 않은 채 그가 일어서서 문으로 걸어가 손잡이를 돌리자 문이 열렸다. 그것은 당초부터 잠기지 않은 상태로 있었던 것이다!

상황은 그렇다. 자물쇠가 채워지지 않은 채로 문은 열려 있다. 그런데 사람들은 자물쇠를 풀기 위해 온갖 방법과 수단을 궁리하고 있다. 사람들은 밖으로 나오려고 백방으로 노력하며 온갖 훈련을 다한다. 실제로는 나와 있는 상태이다. 이러한 생각의 비즈니스를 그만두지 않는 한 상황의 진실을 알지 못할 것이다.

인간은 속박되어 있지 않다. 다만 그렇다고 생각할 뿐이다. 인간은 속박되어 있다고 생각하기 때문에 속박되어 있는 것이다. 붓다와 일반인 사이에는 아무 차이도 없다. 하지만 일반인은 거기 차이가 있다고 생각한다. 그러면 있는 것이다.

그대가 그대의 감옥을, 그대의 자물쇠를 창조한다. 그리고 나서는 거기서 벗어나는 길을 찾아 분투한다.

불교는 한칼로 매듭을 끊는다. 불교는 말한다. "거기 가야 할 곳도 없고 해야 할 일도 없다. 그대는 이미 거기에 있고, 그대는 이미 그것이다. 다만 그대의 눈을 떠라." 그 위대한 사색가들을 생각해 보라. 그들은 분명 수학자들이었을 것이다. 그들은 분명 기술자들이었을 것이다. 당연히 그들은 심오한 수학적인 지혜로 자물쇠가 채워졌다고 추론했으니 적합한 조합을 찾아야 했을 것이다. 그들은 작업을 개시했다.

자, 그들은 한없이 작업할 수 있다. 그대는 과연 그들이 해답을 찾으리라고 생각하는가? 무엇보다도, 문제가 존재하지 않으니 답이 나올 리도 없다. 실제 그들은 점점 더 속박될 것이다. 그들은 문제에 속박되는 게 아니라 그들이 발명해 내는 해답들에 더욱 속박될 것이다. 문제는 존재하지 않기 때문이다.

사람들은 그 지점에 붙들려 있다. 누군가는 힌두교인으로서의 대답에 붙들려 있을 것이다. 누군가는 기독교인으로서의 대답에 붙들려 있을 것이다. 사람들은 철학에 꼼짝 못하지만 철학은 소용이 없다. 삶은 그 자체로 충분하다. 공들여 다듬을 필요가 없다. 설명할 필요가 없다. 분석할 필요가 없다.

하지만 그대가 분석적인 게임의 일부가 된다면 그것은 영원히 지속될 수 있다. 하나가 또 하나를 이끌고 그것이 또 다른 것을 이끌면서 그대는 사슬에 걸린다. 문제는 결코 풀릴 수 없으니, 풀어야 할 문제 자체가 없으니 그대는 한없이 해답을 찾아 헤매야 할 것이다.

불교는 그대를 지상으로 데려온다. 불교는 말한다. 먼저 자물쇠가 채워져 있는지 어떤지, 문에 자물쇠가 걸려 있는지 어떤지 보라. 거기엔 아무 것도 없다. 문은 열려 있다.

어떻게 존재의 문에 자물쇠가 채워져 있을 수 있는가? 우리는 존재의 부분이다. 누가 그것을 채울 것인가? 누가 문제를 창조할 것인가? 그리고 무엇을 위해? 우리는 존재 자체이다. 우리는 그 안에 있고 그것은 우리 안에 있다. 이것을 안 사람은 편안하다. 그 편안함 속에 비전이 일어난다.

세 번째 사람에게 그것이 일어난 것이다. 그는 심사숙고하고 생각하고 분석하고 발명하고 추론하지 않았다. 그는 아무 것도 하지 않고 그냥 의자에 앉아 있었다. 그것이 명상에 관한 모든 것이다.

영어의 '명상'이란 낱말은 적합한 말이 아니다. 영어의 '명상'이란 '어떤 것에 관하여 생각하는 것, 어떤 것에 관하여 명상하는 것'을 의미하기 때문이다. 영어에는 드야나(dhyana)를 번역할 적당한 낱말이 없다. 드야나는 정확히 '어떤 것도 명상하지 않는 것'을 의미하기 때문이다. 드야나는 정확히 '어떤 것도 생각하지 않는 것'을 의미하기 때문이다. 드야나는 어떤 것도 하지 않고 다만 휴식하며 존재하는 것을 의미한다.

아무 것도 하지 않고 그저 고요히 앉아 있을 때 사물을 바라보는 시각은 무한하다. 지각력이 명료해진다. 그대는 속속들이 볼 수 있다. 아무 것도 하지 않고 고요히 앉아 있으면서 그 사람은 문에 자물쇠가 채워져 있지 않은 것을 볼 수 있었다. 그는 그냥 다가가서 손잡이를 돌리고 나갔다.

이것은 또한 나의 체험이기도 하다. 이 우화는 단순한 우화, 사람들이 만들어 낸 우화가 아니다. 그것은 모든 붓다들의 우화이다. 그것은 이런 식으로 존재한다. 이는 단지 지어 낸 이야기에 그치지 않는다. 이것은 모든 붓다들이 체험한 ─ 문에 자물쇠가 채워져 있지 않다는 ─ 최상의 정수를 압축하고 있다. 다만 고요하게 앉아 있을 때 그대는 견성(見性)의 상태, 순수하고 생각의 동요가 없는, 의식의 주변에 사념의 안개가 끼이지 않은, 사념의 티끌이 끼이지 않은 맑은 거울의 상태에 이른다. 그러면 문득 자물쇠도 없고 문도 없고 적도 없고 죽음도 없으며 탄생도 없다는 것을 보게 될 것이다. 그때 그대는 어디에도 가지 않는다. 그대는 그 누구도 되지 않는다.

그대는 있는 그대로 완벽하다. 그대는 이미 그 낙원의 공간에 존재한다. 그것을 즐기기 시작하라. 거기서 문제를 만들지 말아라. 문제를 만드는 순간에 그대는 즐기기를 멈춘다. 문제를 풀지 않고서 어떻게 즐길 수 있겠는가? 그리고 하나의 문제는 열 가지의 문제를 창조한다…….

처음의 문제를 끊어 버려라! 삶은 문제가 없다. 붓다는 말한다. "삶은 단순하다"고.

이런 얘기를 들었다.

어느 왕이 정원으로 갔을 때 시들어 죽어 가는 나무와 관목과 꽃들을 발견했다. 참나무는 소나무처럼 키가 클 수가 없어서 죽고 있다고 말했다. 소나무에게 돌아서자, 그것은 포도나무처럼 포도를 생산할 수 없어서 시들어 가고 있음을 알았다. 또한 포도나무는 장미꽃처럼 꽃을 피울 수 없어서 죽어 가고 있었다. 그때 그는 싱싱하게 피어나고 있는 오랑캐꽃을 발견했다. 그런 싱싱함은 일찍이 본 적이 없었다. 그 이유를 물어 본 바, 이런 대답을 들었다.

"당신이 나를 심었을 때 당연히 오랑캐꽃을 원했다고 생각했어요. 만일 당신이 참나무나 포도나무나 장미를 바랬다면 그들을 심었을 거예요. 그래서 난 생각했죠. 당신이 나를 여기에 심었으니, 내가 할 수 있는 최선을 다해 당신이 원하는 것을 해드려야겠다고요. 나는 나일 수밖에 없어요. 그래서 나는 내 능력의 최선을 다하려고 노력하고 있답니다."

오랑캐꽃은 붓다가 말한 것을 말하고 있다. 그대가 여기 있음은 존재에게 지금의 그대가 필요한 까닭이다. 그렇지 않았더라면 다른 누군가가 여기에 있었을 것이다! 존재는 그대가 존재토록 하지도, 그대를 창조하지도 않았을 것이다. 그대는 있는 그대로 아주 본질적인 것을, 아주 근본적인 것을 실현하고 있는 것이다.

그런데 소위 마하트마들은 줄곧 가르친다. "붓다가 돼라. 그리스도가 돼라. 크리슈나가 돼라." 그저 그대 자신이 돼라고는 아무도 말하지 않는다. 왜 그대는 붓다가 되어야만 하는가? 만일 신이 붓다를 원했다면 원하는 만큼 많은 붓다를 만들어 냈을 것이다. 그는 오직 한 명의 붓다만 창조했다. 그것으로 충분했다. 그는 흡족했다. 절대 만족이었다. 그 후로는 다른 붓다나 다른 그리스도를 만들지 않았다. 대신에 그대를 창조했다. 우주가 그대에게 준 경이로움을 생각해 보라. 그대가 선택됐다! 붓다도 아니고 그리스도도 아니고 크리슈나도 아니고.

그대가 더 필요했을 것이다. 그 때문일 것이다. 지금은 그대가 더 알맞다. 그들의 역할은 완수되었다. 그들은 그들의 향기를 존재에 기여했다. 지금은 그대가 그대의 향기를 기여해야 한다.

하지만 도덕주의자들이나 청교도들, 성직자들은 줄곧 가르친다. 그들은 그대가 미치도록 몰아 간다. 그들은 장미에게 말한다. "연꽃이 돼라." 그리고 연꽃에겐 말한다. "여기서 뭘 하고 있는가? 그대는 다른 무엇이 되어야 한다."

그들은 온 정원을 미치도록, 모든 것이 죽어 가도록 몰아간다. 아무도 다른 무엇이 될 수 없기 때문이다. 그것은 불가능하다. 장미는 장미이고 연꽃은 연꽃이다. 연꽃은 연꽃으로서 족하다. 그것은 오직 연꽃으로서만 살 수 있다. 만일 연꽃이 장미이고자 한다면 연꽃은 죽을 것이다. 그것은 무력해질 것이다. 그것은 연꽃의 본질이 아니므로 불가능하다. 그것은 일어날 수 없는 일이다.

만일 연꽃이 성직자들의 제물이 되어 정말로 장미가 되려고 노력하거나, 혹은 장미가 연꽃이 되려고 노력한다면 어떻게 되겠는가? 연꽃은 가짜가 될 것이다. 그것은 장미로서 죽어 갈 것이다. 장미로 위장할 것이다.

그와 같은 일이 인류에게 일어난 것이다. 모든 사람들이 위장하고 있다. 진실성이 상실됐다. 정직함이 상실됐다. 모두가 자신을 딴 사람으로 보여 주려고 분투한다. 그대는 오직 그대 자신일 수 있을 뿐이다. 그 외에 다른 길은 없다. 그대는 다른 무엇이 될 수 없다. 그런 것은 존재한 적이 없다. 그대는 그대 자신으로 남을 것이다. 그대는 그것을 즐기고 꽃을 피울 수도 있지만 그것을 비난한다면 시들어 떨어질 수도 있다. 이런 까닭에 인류는 너무나 추해 보인다.

어느 젊은 예술가가 자기에게 어울리는 짝을 중매쟁이에게 부탁했다. "당신처럼 창조적인 남자에게 꼭 어울리는 숙녀를 알고 있지요!" 중매쟁이가 큰 소리쳤다.

다음날 중매쟁이는 숙녀를 데리고 그 예술가의 집을 찾았다. 그녀의 외모에 충격을 받은 청년은 얼른 중매쟁이를 한쪽으로 데리고 갔다.

"어떻게 저런 괴물을 불렀나요?" 그는 그녀를 질타했다. "한쪽 눈은 위로 째지고 한쪽 눈은 처지고, 왼쪽 귀는 이쪽에 붙고 오른쪽 귀는 저쪽에 붙은 짱구 같은 여자를…"

"봐요. 당신은 예술가지요?" 중매쟁이가 말을 가로막았다. "당신은 다른 사람보다는 좀 나아야지요. 피카소 정도는 되어야지요."

이 지상의 사람들은 하나같이 피카소가, 이상(異常) 형태가 되었다. 아름다움을 상실했다. 아름다움은 언제나 통합에 있기 때문이다. 아름다움이란 통합된 현존의 그림자이다. 그대는 분해되었다. 그대는 스스로에 맞서 분열되었다. 그대는 장미이면서 연꽃이려고 노력한다. 금잔화이면서 장미이려고 노력한다. 참나무가 소나무가 되려고 노력한다. 그대는 분열되었다. 그대는 그대 자신과 투쟁한다.

이 투쟁은 그대의 기쁨을 파괴한다. 이 투쟁은 그대의 에너지를 소진시키고 있다. 이 투쟁은 자살 행위다. 더 이상 그대 자신을 죽이지 말아라! 투쟁을 버리고 그냥 살아가라. 바로 이 순간 그것을 버릴 수 있다.

왜 그것을 버릴 수 없는가? 왜 그 성직자들에게 그렇게 영향을 받는가? 틀림없이 그대 안에도 원인이 있을 것이다. 그 원인은 그대는 꼭 이러 저러한 것이 되어야 한다는 그들의 생각이 그대의 에고를 거들어 주는 데 있다. 붓다나 내 말을 들으면 에고에게는 아무 도움이 안 될 것이다. 그대는 다만 그대일 뿐이다 — 편안하고 살아 있는. 그러면 그대는 평범하다. 그럼 어떻게 특별한 사람이 되는

산울림 331

가?

에고는 특별남에 집착한다. 에고는 항상 특별한 사람이 되려고 노력한다. 선사들은 말한다. 배고프면 밥먹으라고. 이것은 너무나 평범해 보인다. 그런데 성직자들은 말한다. 배고프면 단식하라고. 그것은 특별해 보인다. 뭔가 하는 것 같고, 특별한 사람이라도 되는 듯 비범해 보인다. 모든 사람이 그저 평범하게 먹을 때 그대는 단식한다. 그것은 그대가 도도해지고 에고가 위대해지는 느낌을 준다. 그대는 특별하다. 평범하지 않은 것이다.

모든 사람이 즐기고 있을 때 성직자들은 말한다. "인생을 심각하게 살아라. 그때만 신에게 이를 수 있다." 그것은 그대의 마음을 끈다. 모든 사람이 춤추고 노래할 때는 춤추고 노래하는 그게 인생이다. 그러면 성직자들은 말한다. "히말라야로 가서 동굴에 고요히 앉아 눈을 감고 배꼽을 주시하라." 그것은 그대의 마음을 끈다.

그저 지켜 봐라! 그대는 색다르고 인위적인 것들에 이끌린다. 색다르고 인위적인 것들, 기이한 것들은 그대가 특별하다는 느낌을 줄 수 있기 때문이다. 특별해지려고 노력하면 절대 있는 그대로를 알 수 없을 것이다. 그대는 특별해지고 특별한 사람이 되는 것에 급급한 나머지, 살고 사랑하고 보고 이해하며 존재할 수 없을 것이다.

어느 유명한 성자가 깊은 잠이 든 것 같았다. 옆에는 그의 몇몇 추종자들이 앉아 있다. 그들은 그 성자의 전대 미문(前代未聞)의 미덕에 관해 속삭이고 있었다.

"얼마나 관대하신가!" 한 사람이 설명했다. "그런 분은 세상에 다시 없으시네."

"게다가 그는 무한정한 연민심을 지니셨지!" 두 번째 사람이 말했다.

"그의 학식은 또 어떠신가!" 세 번째 사람은 울먹거렸다. "그분은 정말 천재야."

"그리고 그 인내심! 그는 흥분한 적이 없으시네."

그들은 잠시 침묵에 잠겼다. 그때 성자가 슬며시 한쪽 눈을 뜨더니 말했다. "그런데 내 겸손함에 대해서는 말하지 않는구만?"

일은 그런 식으로 돌아간다. 누구나가 특별해지기를 바란다. 종교라는 이름으로 온갖 난센스들이 계속되고 있다. 특별함이란 에고의 장식물에 지나지 않는다.

진정으로 종교적인 사람은 아주 평범할 수밖에 없다. 이것은 오늘 경전 이규의 후렴이다.

> 사람의 마음을 거슬러 가는 것은
> 그 무엇도
> 세상법과 불법의 장애가 될 뿐이다.

위대한 성명이다. 희귀한 성명이다. 오직 아는 사람만이 그러한 말을 할 수 있다. 판디트[8]나 학자들은 그렇게 말할 수 없다. 오직 진리를 본 사람만이 그렇게 말할 수 있다. 그것은 진리를 안, 진리를 산, 체험한 사람의 맛을 지니고 있다. 그것은 반역적인 성명이다. 그것이 암시하는 바를 생각해 보라.

> 사람의 마음을 거슬러 가는 것은
> 그 무엇도

---

8) 판디트(pundit): 힌두교 학자를 말함.

세상법과 불법의 장애가 될 뿐이다.

따라서 평범한 마음, 평범한 사람에게 조율되어 있는 일체는 불법에 조율되어 있는 것이다.

그것이 암시하는 무한함을 보라. 특별해지려고 애쓰지 말아라. 특별해지는 유일한 길은 평범함을 거슬러 가는 것이기 때문이다. 만일 평범한 사람이 섹스에 관심이 있다면 그대는 금욕에 관심을 가질 것이다. 평범한 사람이 먹고 마시고 취하는 데 관심이 있다면 그대는 그것을 버린다. 평범한 사람이 사소한 것에 관심을 가지면 그대는 신, 니르바나, 모크샤, 진리 등 거창한 것에 관심을 갖는다. 평범한 사람이 시장에서 산다면 그대는 수도원에 간다.

정 반대로 하는 것, 그것이 특별해지는 유일한 길이다. 만일 평범한 사람이 두 발로 서 있다면 그대는 머리로 선다. 즉 물구나무서기를 한다. 평범한 사람이 편안한 침대에 눕는 것을 즐겨하면 그대는 가시로 된 침대를 만든다. 평범한 사람이 아름다운 몸매를 원하면 그대는 몸을 추하게 만든다. 그 우아함을 파괴해 버린다. 평범한 사람이 하고 있는 것에 역행하는 것, 그것에 반대하는 것, 그것이 그대의 종교이다. 축제가 아닌 고행, 그것이 종교이다. 종교는 그렇게 되었다.

하지만 그것은 진정한 종교가 아니다. 붓다의 종교가 아니며 진리를 안 사람의 종교가 아니다. 이규는 말한다.

> 사람의 마음을 거슬러 가는 것은
> 그 무엇도
> 세상법과 불법의 장애가 될 뿐이다.

세상법은 무엇이고 불법은 무엇인가? 도는 무엇이고 담마는 무엇인가? 자연스럽고 편안해지는 것이다. 특별한 사람이 되는 것에 연연해 하지 않고 있는 그대로의 그대가 되는 것이다. 다만 핵심을 보라. 무진장한 기쁨이 올라올 것이다. 물론 아무도 그대를, 아무도 그대가 위대한 역사적 인물이라는 것을 모를 것이다. 아무도 그대가 역사를 흥하게도 하고 망하게도 한 소수의 사람이라는 사실을 모를 것이다. 그대의 아내, 혹은 그대의 남편도 모르고 자식들도 모를 것이다. 그대는 소박하고 자연스럽게 그대 인생을 살 터이므로.

누가 장미꽃의 개화를 아는가? 아무도 그것을 역사적으로 주목하지 않을 것이다. 아무도 그대를 주목하지 않을 것이다. 그럴 필요가 없다. 역사는 바보들의 관심사이다. 명성은 바보들의 관심사이다. 명예는 바보들의 관심사이다.

참으로 지혜로운 사람은 명예나 이름 따위에 관심이 없다. 그는 그냥 순간을 살 뿐이다. 때로는 유명해지기도 하지만 그것은 별개의 문제다. 붓다는 유명해졌지만 노력하거나 바래서 유명해진 것이 아니다. 그렇게 되면 좋고 안 되도 좋다. 둘 다 좋다. 항상 좋다. 그런 오케이(O.K.), 일체의 오케이는 그의 취향이다.

음식을 즐기고 목욕을 즐기고 태양을 즐기고 바람과 비를 즐기고, 그대에게 일어나는 모든 것을 즐기라. 그리고 그대 있는 그대로 머물러라. 진실함으로, 기만하지 말고, 위장하지 말고, 겉치레를 꾸미지 말고, 체면을 차리지 말고. 그러면 최상의 기쁨이 그대 것이다. 신은 그대 것이다. 신은 자신의 존재로 가장 편안하게 있는 사람에게만 찾아온다. 뭔가를 갈망하는 사람은 편안할 수 없다. 그 갈망이 긴장을 만들기 때문이다.

사람의 마음을 거슬러 가는 것은

그 무엇도…

한번 평범한 사람들을 보라. 하지만 평범한 사람들을 찾기란 아주 어렵다. 아주 어렵다. 모두가 비범해지려고 하기 때문이다. 제정신인 사람을 찾기란 아주 어렵다. 모두가 무분별해지기 때문이다. 수 세기 동안 성직자들과 마하트마들과 성자들은 모든 사람을 영혼 밖으로, 그의 집 밖으로 몰고 갔다.

지구상에는 오직 신경증적인 사람들만 있을 뿐이다. 프레드릭 니체가 모든 사람들은 신경증적이라고 말했다는 기록이 있다. 만일 그대는 예외라고 생각한다면 그건 또 다른 신경병의 일종임에 틀림없다. 대부분의 사람은 노이로제에 걸려 있다.

노이로제란 무엇인가? 그대 스스로 행복하지 못하다는 것은 노이로제다. 그대 스스로 만족하지 못한다는 것은 노이로제다. 그때 그대는 동요되며 곤경에 처한다. 마음의 모든 평화와 삶의 모든 기쁨을 잃어버린다. 그대는 걱정 속에서 살며 스스로에게 지옥을 창조한다.

평범해지라. 그것은 또한 나의 가르침이다. 그것을 가르침이라고 칭할 수 있다면. 왜냐하면 지금까지의 가르침이란 어떤 특별한 목적을 향해 사람들을 몰고 갔었다. 그러나 깨달은 사람에게 묻는다면 언제나 이렇게 대답할 것이다. "그저 평범해지라. 너무 애쓰지 말아라. 애쓰지 말고 살아라. 내맡김 속에서 살아라. 그러면 자연성이 그대를 품어 줄 것이다." 그대의 삶은 자발적이 될 것이다. 그대, 따라야 할 이념 없이 결론 없이 순간에서 순간을 살아라. 그대, 결론 없이 살아라. 매 순간 그 실체에 감응하라. 그리고 전체적 존재로 감응하라. 그대 몸과 마음과 영혼의 모든 세포는 전체 안에 포함되어 있다.

그러면 그대는 결코 후회하지 않는다. 어떻게 후회할 수 있겠는가? 그대는 전체적으로 감응했으니 무엇이 일어나든 좋은 것이다. 달리 뭐가 가능했겠는가? 그대는 최선을 다했다. 전적으로 감응했고 도전을 받아들였다. 자발적으로 사는 사람은 후회할 수가 없다. 후회하는 사람들은 결론을 의지해서 사는 사람들이다. 한 마음은 "이것을 하라."고 하고 나머지 마음은 "저것을 하라."고 한다. 그들은 너무나 많은 마하트마들의 얘기를 들어 왔고 너무나 많은 책들을 읽어 왔고 너무나 많은 이념과 가르침들을 들어 왔다. 그 모든 것들이 마음을 떠돌면서 부담을 주고 있다.

그대가 다른 것들을 제껴 두고 한 가지를 선택했는데, 그것이 실패하면 거부했던 다른 것들이 앙갚음을 하려고 할 것이다. 그것은 그대가 후회하도록 시킬 것이다. 그것은 "내가 말하지 않았는가? 나를 선택하라고. 다른 것을 선택한 건 어리석은 일이었다. 지금이라도 장래를 생각하라."하고 말할 것이다. 그러면 그대는 맹세한다. "지금부터는 당신의 말을 듣겠습니다." 그대는 후회하는 것이다.

하지만 그대는 아직 이해하지 못했다. 후회란 항상 결심이 부분적일 때 오는 것이다. 무릇 결론으로부터 나온 결심이란 전체적일 수 없다. 결론이란 과거로부터 초래된 것이며 지금의 상황은 새로운 것이기 때문이다. 어떻게 그것이 전체에 맞을 수 있겠는가? 그대는 지금 이 순간의 새로움에 다시 감응해야 한다. 그때의 감응이 전적이다. 그리고 전적인 감응은 기쁨이다. 실패하든가 성공하든가 그건 상관이 없다. 그 전체성 속에서 이미 성공한 것이다. 거기엔 후회가 없을 것이다.

월트 휘트만(Walt Whitman)은 말한다. "아무도 부정하지 않는 것만이 진실이다."

다만 그대 마음의 가장 깊은 중심, 평범한 본성의 소리를 들으면 진실을 알 것이다. 기독교인은 힌두교인을 거부하고 힌두교인은 회교인을 거부하고 회교인은 기독교인을 거부하며, 서로 싸우고 논쟁하고 있다. 하지만 평범한 자연인을 보면 그는 기독교인도 아니거니와 힌두교인도 아니다. 그는 배고프면 밥먹는다. 그것은 기독교인에게도 진실이고 힌두교인에게도 진실이며 회교인에게도 진실이다. 아무도 이것을 부정할 수 없다. 이것이 진실이다.

그대는 졸리면 잠을 잔다. 아무도 이것을 부정할 수 없다. 이것이 진실이다. 진리는 단순한 것이다. 이론은 복잡하고 까다롭다. 이론가들은 줄곧 논쟁만 하는데 진리는 논쟁의 대상이 아니다.

사람들이 말하는 것을 듣지 말고 사람들 그대로를 봐라. 그러면 힌두교인이나 회교인이나 기독교인이나 유태교인 사이에 차이가 없다는 것에, 아무 차이가 없다는 것에 놀랄 것이다. 분명히 그들은 서로 다른 교회에 간다. 확실히 그들은 서로 다른 책을 읽는다. 하지만 그들의 본성을 보라. 더울 때는 힌두교인도 회교인처럼 많은 땀을 흘린다. 그것은 자연적이다. 회교인이라 해서 이렇게 말할 수는 없다. "나는 힌두교인이 아니다. 힌두교인은 땀을 흘리지만 나는 땀을 흘릴 수가 없다. 적어도 지금은 아니다. 그것은 힌두교인에게 동의한다는 뜻이니까." 추울 때는 몸이 덜덜 떨린다. 몸은 자기가 기독교인인지 유태교인인지 아니면 자이나교인인지 모른다. 그것은 그냥 떨 뿐이다. 그저 자연적인 것들을 지켜 보라. 본성을 바라보라. 그러면 차츰 차츰 진정한 종교와 불성과 담마를 이해할 것이다.

이규는 말한다.

세상법과 불법의 장애가 될 뿐이다.

이 또한 대단히 중요하다. 그는 그것을 동등하게 만든다. 세상법과 불법은 서로 다르지 않다. 이규에게는 다른 세계가 없다. 이 세계가 유일한 세계이다. 다른 세계는 그 안에 숨어 있다. 그 안에서 그것을 발견하기 위해 탐구하라. 그것을 부정하지 말아라. 그것을 부정하는 것은 둘 다를 부정하는 것이다.

선객들은 엄청난 가르침을 전해 왔다. "삼사라가 니르바나이다." 라고. 이 세상이 그 세상이다. 이것과 저것 사이에 차별이 없다. 그것이 더 높고 이것이 더 낮지 않다. 인간의 법과 붓다의 법은 다른 각도에서 바라본 동일한 법이다. 그대에게 있어 붓다의 법은 이해하기 어려울지 몰라도 인간의 법은 이해할 수 있다. 그 법을 따르라. 그것과 조율하라.

단 며칠이라도 자연스럽게 살아라. 그러면 저 멀리에 있다고 생각해 왔던 모든 것들이 바로 가까이에 있음을 보고 놀랄 것이다. 너무나 멀리 있어서 도달하려면 수만 생이 걸릴 거라고 생각해 왔던 신을 그대의 호흡 속에서, 그대 심장의 고동 속에서 발견하고는 놀랄 것이다. 신은 그대의 핏속에서 고동 치고 있다. 그는 이미 거기에서 고동 치고 있었다. 그대가 저 먼 곳에 있었던 것이다. 그대는 바로 곁에 있는 것은 전혀 주목하지 않는다.

자연성이란 여기에 있는 것을 의미한다. 그것과 조율하라. 그대와 본성을 양분시키는 것의 소리는 절대 듣지 말아라. 이것이 결정의 요인, 즉 기준이 되게 하라. 항상 이것을 기준으로 사물을 판단하라. 이것이 시금석이다. 이 시금석이 증명하는 것은 금이다. 그렇지 않다면 그것을 던져 버려라. 만일 그대에게 부자연스러워지라고 말하려 하는 사람이 있다면 그를 피하라! 그는 그대의 에고에게 어필한다. 그는 그대를 노이로제로 몰고 간다. 그는 분명 그대의 노이로제의 원인이다.

사람들의 노이로제에 빌붙어 사는 사람들이 있다. 타인들의 광기에 빌붙어 사는 사람들이 있다. 성직자는 거기에 빌붙어 산다. 성직자는 시대를 거쳐오며 사람들의 무력함을 미묘하게 착취하며 살아왔다. 그는 사람이 무력해야만 손 안에 넣을 수 있다는 것을 알기 때문에 더욱 사람을 무력하게 만든다.

그대가 본성을 두려워하게 만드는 것을 피하라. 그대가 본성을 비난하게 만드는 것이나 그런 사람은 죄다 피하라. 인간의 법은 붓다의 법이기 때문이다. 하여 그대 안에 있는 자연성의 책을 읽을 수 있다면 모든 성경과 코란과 베다들을 가진 것이다. 그대의 자연성 외에 다른 것들은 고려할 필요가 없다. 그대의 진정한 스승은 거기에 있다. 참된 스승은 그대를 항상 거기로 밀어 넣는다.

그것이 이규가 하고 있는 일이다.

인간의 진리는 존재의 유일한 진리이다. 그 진리를 찾음으로써 그대는 나무와 바위와 강물의 진리 또한 알 것이다. 진리는 다수가 아니다. 진리는 오직 하나이다. 하지만 그 진리는 오직 자연성을 통해 접근할 수 있다. 부자연스럽고 인위적이고 플라스틱 같은 것을 통해서는 접근할 길이 없다.

한 속물이 진료실로 걸어들어와 말했다. "선생님, 괴로워 죽겠습니다. 철저히 진단해 주시고 뭐가 문제인지 말씀해 주십시오."

"좋아요. 먼저 몇 가지 물어 봅시다. 술을 많이 드십니까?"

"그런 부도덕한 물건은 손도 대지 않습니다." 남자는 분개하며 대답했다.

"담배는 피십니까?"

"그런 불결한 담배는 손도 대지 않습니다."

"밤에 많이 돌아다니십니까?"

"물론 아니지요! 밤에 푹 쉬기 위해 10시 전에는 꼭 잠자리에 들죠."

"말해 보세요. 머리 속이 심하게 아픕니까?"

"바로 그겁니다!" 속물이 대답했다.

"머리 속이 심하게 아파요."

"그것이 문제군요. 당신의 후광은 너무 빡빡합니다!" 의사가 충고했다.

이런 빡빡한 후광을 갖고 있는 사람들을 조심하라. 그대보다 더 거룩해 보이는 후광을 갖고 있는 사람들을 조심하라. 그들에겐 독이 있다. 그들은 진짜 적들이다. 하지만 그들은 매우 영향력이 있다. 그들의 영향력은 그대의 에고를 새로이 지지해 주는 데 있다. 만일 그대를 부자연스럽게 만드는 것들을 피할 수 있다면 조만간에 진리에 맞닥뜨릴 것이다. 문은 열려 있다! 하지만 이 사람들은 그대에게 자물쇠에 대한 복잡한 이론과 정확한 짝을 찾는 법에 대해 이야기한다. 그들은 서로 서로 논쟁한다. 모두 자기가 발견한 생각이 정확한 짝이기 때문이다.

아무도 문을 열지 못했다. 그들은 모두 안에 있다. 논쟁하고 서로를 설득하고 서로를 개종시키면서. 그 무모함이란……. 기독교 선교사들은 스스로를 열지 못한 것은 걱정 안하고 힌두교인을 기독교인으로 개종시킨다. 힌두교인은 기독교인을 힌두교인으로 개종시키려고 노력한다. 자신이 시간 낭비를 하고 있다고, 자신이 아직도 구속된 사람이라는 생각은 도대체 하지 않는다. 그들의 기쁨이란 무엇인가? 그 기쁨 역시 에고적이다. "내가 얼마나 많은 추종자들을 손에 넣었는가? 얼마나 많은 사람들이 기독교를 믿는가?" 숫자가 늘수록 에고도 더불어 커진다. 그의 에고는 숫자에 연루되어 있다.

본성을 역행함으로써 그대의 에고는 강력해지고 영양분을 얻는다.

그대는 한 번이라도 자연스럽게 존재하는 사람을 존경한 적이 있는가? 그대는 항상 인위적인 사람을 존경한다. 그 무분별함을 보라.

어떤 사람이 몇몇 추종자들과 함께 와서는 말했다. "우리의 스승님은 위대한 분입니다. 그는 3일에 한 번 음식을 드십니다." 그럼 그가 매일 두 끼씩 음식을 먹어도 존경할 것인가? 내가 그 사람들에게 물었다. "그대들의 스승이 매일 두 끼씩 음식을 먹어도 존경하겠는가?"

그 스승은 굶어서 거의 죽어 가고 있었다. 하지만 그들은 뭔가 특별한 것을 좋아한다. 그들의 스승은 특별하다. 겨우 3일에 한번 음식을 먹는다.

나는 우연히 어떤 사람을 만났는데, 그는 10년 간 잠을 안 잤다는 이유로 수천 명의 추종자들이 있었다. 그는 미치광이처럼 날뛰고 있었다. 그건 그럴 수밖에 없다. 10년이나 잠자지 않았다면 알 만하지 않은가? 더구나 만일 앉거나 눕게 되면 잠들어 버릴 테니 그는 10년을 서 있었다. 그를 지탱해 줄 버팀목이 필요했다. 그래서 사람들은 밤에 그가 버틸 수 있도록 밤새도록 키르탄[9]을 하며 그가 깨어 있도록 했다. 확성기를 최고로 틀어 놓고. 그들은 이 사람을 죽이고 있었다! 하지만 그들은 진정한 스승을 찾았다고 행복해 한다. 그도 진실한 추종자들을 찾아서 행복해 한다. 양쪽 다 어리석기 그지없다. 그의 얼굴은 지성이라곤 찾아 볼 수 없다. 어떻게 지성인이 그런 함정에 떨어질 수 있겠는가? 하지만 에고는 충족된다. 지금은 그 짓을 그만두면 추종자들이 사라질까 봐 두렵다. 그들은 진정으

---

9) 키르탄 : (Kirtan) : 종교적인 의식의 춤과 노래.

로 그를 따르는 게 아니다. 그가 인위적인 어떤 것을 하고 있기 때문에 따르는 것이다.

오랜 세월 동안 사람들은 인위적인 일들을 해왔다. 그리고 인위적인 일들을 존경해 왔다. 그대는 항상 인위적인 것들을 존경한다. 인위적인 것을 존경한다는 것은 조만간에 그대 자신도 그렇게 할 것이란 뜻이다. 그렇게 하지 않으면서 오랫동안 존경할 수는 없기 때문이다. 그것은 그대에게 스며들고 있다. 그대 가슴속에 스며들고 있다.

결코 인위적인 것을 존경하지 말아라! 자연성을 존경하라. 자연성을 예배하라. 그대의 존경심이나 예배나 사랑은 마땅히 자연성을 위한 것임을 항상 기억하라. 그때 그것은 신을 위한 것이다. 그 외에는 모두 에고 게임이다.

그러나 마음은 이런 식으로 돌아간다. 만일 누가 물 위에서만 산다는 것을 들으면 그대는 흥분하기 시작한다. 사람들은 줄곧 이러한 부자연스럽고 인위적이고 왜곡된 사람들에게 영향받고 있다. 자연스런 성자를 찾기란 아주 드문 일이다. 자연스러운 사람은 아무도 성자로 인정하지 않으니까 말이다. 성자가 되려면 부자연스러워야 한다.

어떤 기독교 성인은 37년 간을 30피트 높이의 대들보 위에 앉아 있었다. 그는 전세계 사람으로부터 숭배받았다. 사람들은 단지 그에게 경의를 표하려고 수천 마일의 먼 곳에서 찾아왔다. 그리고 그는 그냥 거기에 앉아 있을 뿐이었다. 아무튼 어찌 어찌 해서 37년을 유지해 왔다. 그는 거기서 죽었다. 만일 그가 평범하고 단순한 사람이었다면 누가 어려움을 무릅쓰고 그곳까지 가서 그에게 경의를 표할 것인가? 무엇을 위해서?

마음이란 그토록 사도(邪道)에 이끌리는 것이다. 기독교인들은 예수가 평범하게 태어났다는 것을 인정할 수 없다. 그는 동정녀에게서 태어나야 한다. 그래야 특별하다. 그것은 자연의 섭리를 거스른 것이다! 그러나 그래야 비범하다. 붓다는 동정녀에게서 태어나지 않았다. 따라서 그는 평범해진다. 그리스도는 특별해졌다. 불교인들도 그들의 붓다를 특별하게 만든 내용이 있다. 붓다는 그의 엄마가 서 있는 다리 사이에서 태어났다. 그리고는 자궁에서 떨어지자마자, 자궁에서 튀어나오자마자 불쑥 걸었다. 일곱 걸음을! 그는 걸어야 했다. 안 그러면 자연스런 보통 아이일 테니까. 일곱 걸음 걷고 나서 그는 선언했다. "천상천하 유아독존."

자, 이 어리석은 이야기들은 그대의 왜곡된 마음을 위해 발명되어야 했다. 그래야 그대는 흥미를 갖는다. 만일 예수가 갈릴레아 호수를 그냥 배를 타고 건넜다면 그대는 존경하지 않을 것이다. 그를 존경하지 않을 것이다. "그래서 어쨌다고? 그건 누구나가 하는 거야."라고 그대는 말할 것이다. 그러나 그는 물 위를 걷는다. 거기에 특별함이 있다. 핵심을 보라. 부자연스러운 것은 그대에게 기적으로 보인다.

이규가 말하고 내가 거듭 강조하는 것은, 이 삶과 지상에서 가장 위대한 기적은 자연성 속에서 휴식하는 것이다. 그것은 에고에게 가장 어려운 것이기에 가장 위대한 기적인 것이다.

그대 또한 물 위를 걷고 싶었다. 그렇지 않았는가? 지금 내가 물 위를 걷는 법을 가르친다면 잠자던 사람들이 얼른 일어날 것이다. 그러면 그들은 빗나갈 것이다. 누가 깨달음을 신경 쓰는가? 그대는 잠잘 수 있고 내일은 항상 있다. 하지만 물 위를 걷는다? 그러면 그대는 얼른 일어날 것이다. 그대는 "이건 놓치면 안 돼. 이건 극히 드물게 일어나는 일이니까."하고 말한다.

그대가 얼마나 인위적인 것에 관심이 많은지 보라. 그대는 그것을 기적이라 부른다. 기적이란 없다. 기적은 일어난 적이 없다. 일어나지 않는다. 일어날 수 없다. 자연법이란 절대적이기 때문이다. 거기엔 예외가 없다. 말에 기만당하거나 속지 마라.

그러나 하나의 기적은 가능하다. 그것은 자연법을 거스르지 않는다. 그럼에도 그것은 극히 드물게 일어나기 때문에 기적이다. 그 때문에 그것은 기적인 것이다. 그대는 자연과 조율될 수 있다. 그러면 곧 본연의 그대가 된다. 별안간 모든 불행과 모든 지옥이 사라진다. 모든 악몽들은 사라진다. 그대는 초롱초롱 깨어 있다. 하여 삶은 새로운 색깔과 새로운 향취를 갖는다. 그 향취는 신성이다. 그것은 자연법에서 나온다.

나의 산야신들을 위한 나의 메시지는 이렇다. "자연스럽게 살아라. 가능한 한 자연스럽게 살아라. 인위적인 것에 대한 흥미를 피하라. 특별해지려는 욕망, 특별한 사람이 되려는 것은 병이다. 만일 특별해지길 원한다면 자연의 섭리를 거슬러가야 할 것이다. 자연의 섭리를 거스르는 것은 신을 거스르는 것이다. 신은 자연이기 때문이다."

조지 구제프는 모든 마하트마들은 신을 거스르고 있다고 말하곤 했다. 나는 그에게 전적으로 동의한다. 그들은 모두 그대가 자연의 섭리를 거스르도록, 자연의 섭리를 비난하도록 가르치기 때문이다. 자연스러운 것은 죄다 즉각 비난받았다. 그들은 본성과는 정반대의 신을 만들어 왔다.

신은 본성의 반대가 아니다. 본성은 신으로부터 나왔다. 본성은 신의 파도이다. 그것은 다시 신 속으로 사라질 것이다. 그것은 반대하지 않는다. 그것은 신에게 반대될 리 없다.

사람들은 내게 와서 묻는다. "당신은 삶을 거부하지 않는 산야신들을 창조하고 계십니까?"

나는 말한다. "그들은 삶의 부자연스러운 방식을 거부한다. 그들은 삶을 거부하지 않는다. 왜 그들이 삶을 거부해야 하는가? 신은 삶을 거부하지 않는다. 아니라면 그가 모든 일을 중지했을 것이다. 그는 아직도 사람들을 창조하고 있다. 그는 여전히 새로운 꽃, 새로운 나무, 새로운 동물, 새로운 새, 새로운 혹성들을 창조하고 있다. 그는 지치지 않는다. 그는 이른바 종교인들이 말하는 것에 개의치 않아 왔다. 그는 조금도 개의치 않는다. 만일 그가 마하트마들이 하는 말들을 들었더라면 세상을 그만 창조했을 것이다. 의미가 없지 않은가? 그는 세상을 창조하고 마하트마들은 사람들이 그것을 거부하도록 설득하고!"

그는 계속 창조한다. 그는 생명이기 때문이다. 그도 어쩔 수 없다. 그것은 그가 창조하는 게 아니다. 그는 창조성 자체이다. 그것은 자발적으로, 자연스럽게 일어난다. 그것은 계속될 것이다.

삶은 거부되어선 안 된다. 그리고 사람들에게 삶을 거부하라고 가르친 산야스는 삶에 어긋나고 신에 어긋나며 불법과 세상 법에 어긋난 것이었다.

나는 그대들에게 새로운 산야스를 가르친다.

삶을 사랑하고 삶을 살고 삶이 되라.

인위적인 방법이나 길을 거부하고 자연스러워지라.

지금껏 그대들은 정반대로 들어 왔다. 그들은 말한다.

"본성적인 것을 거부하고 인위적이 돼라."

그 때문에 그들이 나를 반대하고 나로 인해 매우 걱정한다면 그건 당연한 것 같다. 그들이 나를 반대하는 것은 아주 논리적으로 보인다. 그들이 볼 때 나는 상황을 완전히 전도시켜 버린다. 나는 "삶을 살아라. 그것이 진정한 산야스이다."라고 말한다. 그들은 "삶을 거부하라."고 말한다. 지금 그들이 말하는 산야스와 내가 말하는 산야스는 전혀 동의어가 아닌, 극단이며 정반대이다.

이 나라의 성직자들은 수 세기 동안 아주 중요하고 아주 지배적인 위치에 있었다. 그들은 아직도 권위적이다. 이 나라는 아직도 성직자의 손아귀에서 벗어나지 못하고 있다. 그들은 나를 반대한다. 그들은 끝없이 내 작업을 방해하고 있다. 만일 내가 성공하면 그들의 장사가 끝내 파멸되리라는 것을 그들은 알기 때문이다. 성직자들은 두려워한다. 정치가들은 두려워한다.

그대는 내가 아쉬람을 옮길 자리를 찾고 있다는 것을 계속해서 들어왔다. 그러나 델리[10]는 그것을 결사 반대한다. 그들은 내가 보다 큰 장소를, 보다 큰 공간을 갖는 걸 원치 않는다. 그들은 끝없이 새로운 방해물들을 만들어 내고 있다. 그들은 법률과 이런 저런 것으로 그것들을 만들어 낼 수 있다. 적어도 늦추거나 연기시킬 수 있다. 그들은 전력을 다해 어떻게 해서든 내가 세상에 알려지지 못하게 하려 한다. 호주의 TV에서 아쉬람을 촬영하러 오려 했었지만 중지당했다. BBC 사람들도 왔었다. 그들은 영화의 반을 제작했지만 정부에 제지당해서 영화를 완성할 수 없게 되었다. 사람들은 이것을 세상에서 가장 훌륭한 민주주의라 부른다.

언론인들은 여기 오는 것을 저지당하고 있다. 세상은 여기서 일어나는 일을 알아선 안 되는 것이다. 사람들은 여기 와서는 안 되는 것이다. 이유는 명확하고 분명하다. 이유는 이렇다. 그들이 종교라고 생각해 온 일체의 것을 나는 종교가 아니라고 말하고 있는 것이다. 실제 그들이 종교라 하는 것은 정확히 반(反)종교적이다.

지금껏 성직자들이 그대가 알지 못하게 금했다는 점에서 나는 새로운 종교, 새로운 율법을 가르친다. 그러나 또 다른 의미에서는 그

---

10) 델리(Delhi) : 인도 북부의 연방 정부 직할지

것은 오래되고 가장 고대의 것이다. 깨달은 사람들은 항상 같은 것을 가르쳐 왔기 때문이다.

이큐의 이 경문들을 기억하라. 참으로 중요한 경문들이다. 만일 그대가 특별해지려고 결심한다면 자연의 섭리를 거스를 테니, 그대의 의식은 병적으로 되고 왜곡될 것이다.

가톨릭 수녀에 관한 이야기를 들었다······. 그들은 독신 생활을 강요당해 왔다. 독신은 저절로 일어나는 것이지 강제로 할 수 있는 게 아니다. 그것은 자연스러운 현상이다. 그대가 바르게 생활해 왔다면 독신은 저절로 일어난다. 그대가 열 네 살 때 성(性)이 자연스럽게 찾아온 것처럼, 정상적으로 살아왔다면 약 마흔 두 살이면 자연스럽게 독신이 찾아오게 된다. 독신은 가르침을 받거나 훈련받을 성질이 아니다. 그것은 마치 일곱 살 난 아이에게 성을 훈련시키는 것만큼이나 분별없는 짓이다. 그것은 분별없고 어리석다. 아이에게 성을 연습하라고 가르칠 필요는 없다. 그것은 때가 되면 저절로 올 것이다. 봄이 오듯이.

하지만 봄은 영원히 지속되지 않는다. 열 네 살에 찾아온 봄은 마흔 두 살이면 사라질 것이다. 그대가 자연스럽게 살았다면 자연스럽게 사라진다. 하지만 그대는 자연스럽게 못 살고 성을 억압해 왔다. 그러면 그것은 여든 두 살까지도 계속될 수 있다. 죽어 가면서도 섹스를 생각할 것이다.

죽어 가는 대부분의 사람들이 마지막으로 생각하는 것은 다름 아닌 섹스이다. 그것은 그럴 수밖에 없다. 그것은 그들이 가장 억눌러 왔던 것이기 때문이다. 죽어 가면서 그들은 섹스에 매달린다. 섹스는 바로 죽음의 반대이다. 섹스와 함께 생명은 시작되고 죽음과 함께 생명은 끝난다. 따라서 죽어 갈 때는 죽음을 피하기 위해 섹스를 생각하게 된다.

섹스를 생각하지 않으면서 죽는 사람은 극히 드물다. 이것은 왜곡이다. 우주적 왜곡이다. 독신은 저절로 온다. 때가 무르익으면, 꿈과 환상들을 다 살고 나서 그것들이 환상임을 보면 어느 날 문득 뭔가가 사라진 것을 본다. 그것은 지금껏 무척 중요한 것이었다. 그것은 그대 인생의 중심이었다. 그대의 회전축이었다. 그런데 별안간 더 이상 없다. 독신이 찾아온다. 연습으로 인한 것이 아니다.

다만 자연스럽고 진실되게 살면 모든 것은 때가 되면 찾아온다. 알맞은 때가 되면 독신은 찾아온다. 명상은 찾아온다. 신은 찾아온다.

모든 것은 찾아온다. 바로 그대가 태어나고 죽는 것처럼 다른 모든 것도 찾아온다. 하지만 뭔가 그대는 왜곡되어 있어서 그 자연스런 일이 일어나지 않는다. 그때 그대는 유보된 상태로 남는다.

가톨릭 수녀들은 독신 생활이 강요되었다. 그래서 어찌 되었는가? 그대는 중세 시대의 이야기를 아는가? 그때 그 수녀들은 예수가 와서 그녀들의 가슴을 쓰다듬는다는 환각 증세를 일으키기 시작했다. 이 얼마나 난센스인가. 예수가 와서 그들의 가슴을 쓰다듬는다? 이것은 왜곡된 것이다. 예수가 밤에 그들을 찾아와 사랑을 나눈다. 그뿐 아니라 수녀들은 상상 임신을 하기 시작했다. 상상에 불과할 뿐인데 그들의 배는 부풀어오르곤 했다.

교회는 심히 불안해졌다. 어떻게 하겠는가? 지금 이 가여운 여인들은 강제로 독신 생활을 해왔기 때문에 환각을 일으키고 있는 것이다. 본능적인 욕구가 짓눌려지자 이제 그 욕구가 뒷문에서 찾아오고 있는 것이다. 그것은 금기시되어 있다. 예수로 보면 가슴을 쓰다듬는 것은 비도덕적이다. 그것은 좋아 보이지 않는다. 게다가 밤에 와서 사랑을 나누게 되면 그들을 임신시킬 것이다. 예수로 보면 이것은 건전한 일이 아니다. 그래서 그것은 금기시되었다.

산울림

그러면 수녀들은 이제 악마가 찾아온다고 생각하게 된다. 마침내 아무도 그대를 지원해 줄 사람이 없게 되면 악마가 항상 대기하고 있다. 악마는 그런 좋은 친구다. 마지막 의지처다. 그대가 어디에서도 의지처를 구할 수 없을 때는 악마에게 의지할 수 있는 것이다. 그때 악마가 다가오게 된다. 그리고 악마가 올 때는 그의 고유한 방식이 있다. 음? 예수는 반드시 온유하게 와야 한다. 축복받은 자는 온유하니까. 악마가 올 때는 팡파르를 울리면서 온다. 그는 두 갈래로 갈린 성기를 갖고 있다. 과연 악마는 악마다.

지금 이 환각은 추하고 부자연스럽다. 하지만 기억하라. 이것은 수녀들이 만든 것이 아니라 그 가여운 처녀들을 억지로 수녀로 만든 사람들이 야기시킨 것임을. 그것은 하나의 부자연스러운 짐이었다.

그러면 왜 그토록 오랜 세월을 종교인들은 성을 억압하려고 애써 왔는가? 그대는 놀라겠지만 아주 근본적인 확실한 이유는 그것이 하나의 사업 수단이기 때문이다. 그들은 언제나 성을 반대해 왔다. 왜? 성에너지를 억압하면 쉽게 신에게 관심을 쏟기 때문이다. 다른 배출구를 남겨 놓지 않으면 모든 상상력과 모든 꿈꾸는 능력은 신에게 집중된다.

자, 이것은 기만이다. 신을 기만하는 것이다. 사람들은 정말로는 신에 관심이 없다. 단지 다른 관심거리가 없으니 모든 관심이 신에게 흘러가게 된 것이다. 그들은 환각을 보기 시작한다. 예수나 크리슈나의 비전이 일어난다. 이 비전들은 순전히 상상이다. 그들에게 자연스러운 성을 허용한다면 이 비전들은 금세 사라질 것이다.

그것은 마치 며칠 간 단식하고 나면 음식에 대한 환각을 일으키는 것과 같다. 만일 음식에 대한 환각마저 허용하지 않는다면, 환각은 다른 집중의 대상을 찾아야 할 것이다. 이것은 속임수다.

만일 사람들에게 연애를 못하게 한다면 그들은 신을 사랑하기 시작할 것이다. 달리 뭘 하겠는가? 그러면 신을 사랑하는 것이 거의 필연적이다. 따라서 종교는 이 속임수적이고 환각적인 장치를 이용해 왔다. 사람들에게 성에 대한 상상을 중지시키면 상상력은 나름대로의 출구를 찾을 것이다. 그때 하나의 배출구인 신만 개방시키고 다른 문들은 모두 폐쇄시킨다.

그것은 마치 모든 문들이 닫혀 있는데 하나의 창문만 열려 있는 것과 같다. 그대는 그 창문을 통해서 나가야 할 것이다. 만일 나가고자 한다면, 질식할 것 같으면 어떻게 하겠는가? 그 창문을 통해서 나가야 할 것이다. 그것은 아마 험난할 것이다. 아마 끔찍할 것이다. 위험할지도 모른다. 실패할지도 모른다. 다리를 부러뜨릴지도 모른다. 하지만 그 창문을 통해 나가야 한다.

성을 억압하면 사람들이 자동적으로 신을 생각하는 것. 이것은 너무나 교활한 장치이다. 이는 진정한 신이 아니다. 단지 성의 대용품일 뿐이다.

진정한 신은 대용품이 아니다. 진정한 신은 그대가 환상의 삶을 끝마쳤을 때, 그것들을 철두철미하게 보고 나서 떨쳐 버렸을 때 일어난다. 환상이 없는 의식의 상태에서 그대는 신을 본다. 그때 신은 마음의 투사가 아니다.

> 무언가 그대에게 주고 싶지만
> 달마종에는 한 물건도 없다.

이규는 말한다. "우리는 그대에게 어떤 특별한 것을 줄 수 없다. 오직 자연의 섭리만 줄 수 있을 뿐이다. 하지만 그것은 주는 게 아니다. 그것은 이미 그대와 함께 있으므로. 그대는 그것을 지니고 있다."

무언가 그대에게 주고 싶지만…

그는 사랑과 자비로움으로 그대에게 뭔가 주고 싶어한다. 나는 그대에게 뭔가 주고 싶다. 하지만 나 역시 아무 것도 줄 게 없다. 거꾸로, 진정한 스승은 모든 것을 그대에게서 제거해야 한다. 차츰 차츰, 하지만 확실하게 그는 그대로부터 물질들을 제거한다. 그는 그대가 지니고 다니는 모든 쓰레기들을 버리라고 설득한다. 그는 그대를 완전한 허공으로 남게 한다.

그 허공 속에 신이 태어난다. 하지만 신은 주어질 수 없다. 진리는 전달될 수 없다. 그것은 전달할 수 없는 것이다.

무언가 그대에게 주고 싶지만
달마종에는 한 물건도 없다.

아름다운 말이다. 전혀 아무 것도 없다. 그렇다. 무(無), 이것이 참 스승이 주는 것이다. 그는 그대에게서 일체를 제거하고 아무 것도 남겨 두지 않는다. 그 무(無)로부터 그대의 본성은 흘러나온다. 거기의 모든 것들이 그대 본성의 소리를 방해하고 있었다. 그대 본성의 노래에 있어 그것들은 장애물이다.

이규는 이 몸을 내 몸이라 생각하지 않네
도시도 산가(山家)도 매한가지 집일세.

또한 이규는 말한다. 산속의 수도원으로 갈 필요 없이 시장 속에서 살아도 된다고. 신은 어디에나 있다. 자연 법은 모든 곳에 작용하고 있기 때문이다. 그리고 이곳 저곳으로 자리를 바꿔가는 사람들은 처음부터 잘못 가고 있는 것이다. 문제는 자리를 바꾸는 데 있는 것이 아니라 의식을 바꾸는 데 있기 때문이다.

만일 육체가 그대라고 생각한다면 시장에 살지 않는 것이 마땅한 것 같다. 그러면 히말라야 동굴에 가서 살아라. 하지만 육체는 그대가 아니다. 따라서 장소를 바꾼다고 해도, 육체를 시장에서 히말라야 동굴로 이동시킨다고 해도 변화는 일어나지 않을 것이다. 그대는 여전히 마찬가지일 것이다. 그대는 어디에도 그대 자신을 남겨놓을 수 없다. 그대는 그대와 함께 다닐 것이다! 그대는 의식(意識)이다.

> 이규는 이 몸을 내 몸이라 생각하지 않네
> 도시도 산가(山家)도 매한가지 집일세.

그는 세상 속에 산다. 하지만 그는 육체가 아니다. 그는 육체에 한정되지 않는다. 그는 그의 무한성과 불멸성을 안다. 그는 그의 '태어나지 않음'과 '죽지 않음'을 안다. 그는 파괴되거나 변질될 수 없는 그의 절대적 공(空)을 안다. 그는 하늘에 구름들이 오가지만 아무 흔적도 남기지 않듯 자연과 같은 그의 하늘을 안다. 하늘은 손대어지지 않은 채 평정하게 남아 있다.

> 도시도 산가(山家)도 매한가지 집일세.

그때는 차이가 없다. 그대는 있는 그 자리에서 살아갈 수 있다. 한번 그대가 자연의 섭리 안에서 쉬게 되면, 한번 그대의 자연스런 의식 안에서 쉬게 되면, 특별한 누군가가 되려고 더 이상 노력하지 않는다면 그대는 어디든지 있는 그 자리에서 살 수 있다. 모두가 한 가지 법, 즉 사람의 법이자 붓다의 법이기 때문이다. 그 법에 그대는 당도했다. 그대는 신전(神殿)에 들어왔다.

> 소리도 없고 향도 없는
> 사람의 마음에는
> 부르면 대답하는 주인도 도적일세.

    그대 내면의 의식은 냄새가 없고 향이 없고 소리가 없다. 그것은 손댈 수 없는 것이며 볼 수 없는 것이다. 그것을 자각하라. 자연스러워지는 최상의 길은 그것을 자각하는 것이다. 자연스러운 가운데 그대는 이완되고, 이완될 때 본연의 그대를 볼 수 있다. 긴장하고, 어떤 것에 열심히 분발할 때는 이완될 수 없기에 본연의 그대를 볼 수 없다. 그대는 그대의 이상형(理想型)에 더욱 집중되어 있다. 그대는 그것에 집중되어 있다. 그렇게 집중된 까닭에 이미 존재하는 본연의 그대를 놓친다.
    그대가 다른 무엇이 되고자 애쓰지 않는다면, 갑이 을이 되고자 애쓰지 않는다면 "나는 갑이다."라는 사실을 오래 피할 수 없을 것이다. 만일 갑이 을이 되려 노력한다면 끝없이 "나는 갑이다."라는 사실을 피할 수 있을 것이다. 갑은 절대로 을이 될 수 없을 것이다. 그것은 불가능하다. 갑은 갑이고, 을은 을이다.
    그대는 자연의 섭리 안에 휴식하는 가운데 그대의 존재를 자각하게 된다.

> 소리도 없고 향도 없는

사람의 마음에는
부르면 대답하는 주인도 도적일세.

그대가 "나는 누구인가?"를 알 때, 물음에 대답할 수 있으리라고 생각하지 말아라. 만일 누가 "당신은 누구인가?"라고 물을 때, 대답할 수 있으리라고 생각하지 말아라.

중국의 우황제가 보리달마에게 물었다. "당신은 누구인가?" 보리달마가 대답했다. "나는 모르오. 폐하." 그는 알고 있는 사람이었다. 그는 알고 있는 몇몇 사람 가운데 한 명이었다. 하지만 그는 말했다. "나는 모르오."

우는 그를 이해할 수 없었다. 그대 역시 오해했을 것이다. 그대 역시 만일 그가 안다면 "나는 누구다."하고 대답해야 했다고 생각할 것이다. 만일 그대가 전통적인 산야신이나 마하트마에게 가서 "당신은 누구인가?"라고 묻는다면 그는 이렇게 대답할 것이다. "시보홈!(Shivohum), 나는 신이다. 아함 브라마스미(Aham Brahmasmi), 나는 절대자다. 나는 지고의 영혼이다."라고.

이큐는 말한다.

부르면 대답하는 주인도 도적일세.

아함 브라마스미(나는 절대자다)라고 말하는 사람들은 바로 도적이다. 그들은 타인들에게서 그 말을 빌려 왔다. 아는 사람은 말할 수 없다. 그는 허공 같은 눈으로 그대의 눈을 들여다볼 것이다. 그는 그대의 손을 잡거나 그대와 함께 조용히 앉을지도 모른다. 하지만 그 질문, "당신은 누구인가?"에 대한 대답은 할 수 없다. 그래도 그대가 고집한다면 "나는 모르오."하고 말할 것이다. 그것은 너

산울림 355

무나 광대하기 때문이다. 그것은 지식의 일부가 될 수 없다. 그것은 모든 말이 사라질 때 비로소 알게 된다. 따라서 거기에 말을 사용하는 것은 도적이 되는 것이다. 그러한 말들은 세상에서는 중요하지만 의식에 있어서는 중요하지 않다. 그것은 설명을 위해 세상에서 훔쳐온 것이다.

있다고 말하면
있다고 생각하는 사람의 마음
대답은 하지만
찾을 수 없는 산울림.

이규는 말한다. 문제는 만일 우리가 "내 안에 누군가, 즉 자아, 신, 혹은 다른 어떤 것이 있다고 말하면……."

있다고 말하면
있다고 생각하는 사람의 마음
대답은 하지만
찾을 수 없는 산울림.

무엇을 말하든 그것은 다만 산울림일 뿐 진실은 아니다. 그것은 언어의 메아리, 즉 언어로 반향된 침묵, 언어로 반향된 소리 없음이다. 그것은 하나의 반향, 산울림이다. 이 구절, 산울림을 기억하라.
하지만 사람들은 그것을 믿기 시작한다. 그러니 "나는 초자아이다."하고 말하는 것은 위험하다. 그러면 그들은 자신이 초자아라고 믿기 시작한다. 믿음이 창조된다. 그 믿음 주변에 성직자들이 생겨나고 사원들이 세워진다. 믿음 주변에 교회가 생겨나고 믿음 주변에 정치가 발생한다.

> 없다고 말하면
> 없다고 생각하는 사람의 마음
> 대답은 하지만
> 다만 산울림뿐.

만일 우리가 "그것은 있다."라고 말하면 사람들은 그것이 있다고 믿기 시작한다. 만일 "그것은 없다."고 말하면 사람들은 그것이 없다고 믿기 시작한다. 둘 다 거짓이다. 진리란 말할 수 없는, 긍정을 통해서도 부정을 통해서도 말할 수 없는 그러한 것이다. 모든 말들은 진리를 그르고 거짓되게 한다.

그리고 세상에는 두 부류가 있다. 러시아에서는 신은 없다고 믿는다. 중국에서도 지금은 신이 없다고 믿는다. 인도에서나 미국에서나 독일에서는 신이 있다고 믿는다. 하지만 무엇을 믿는가? 만일 진지하게 지켜 본다면 인도인이나 러시아인이나 아무 차이가 없음을 볼 것이다. 러시아인들은 '신은 없다'고 들어서 "신은 없다."고 되풀이하는 것이고, 인도인들은 '신은 있다'고 들어서 "신은 있다."고 되풀이하는 것이다. 거기 무슨 차이가 있다고 생각하는가? 표면적으로는 엄청난 차이가 있는 것 같이 보인다. 하나는 유신론자이고 하나는 무신론자이다. 하나는 믿고 하나는 의심한다. 하지만 거기 정말 차이가 있다고 생각하는가? 둘 다 들은 얘기이다. 둘 다 그렇게 믿고 있을 뿐이다.

1917년 이전, 즉 러시아 혁명 전에는 러시아 사람들도 인도인만큼 종교적이었다. 실제 러시아는 세상에서 가장 종교적인 나라 가운데 하나였다. 그런데 무슨 일이 일어났는가? 10년 만에 모든 종교가, 수 세기에 걸친 오랜 역사의 종교가 증기처럼 사라졌다. 마치 존재한 적이 없었던 것처럼.

무슨 일인가? 권력을 거머쥔 사람들이 "신은 없다."고 말하기 시작했다. 그리고 군중들은 따라서 되풀이했다. 군중들은 그저 맹목적으로 따를 뿐이다. 종교는 10년 만에 사라졌다. 수 세기에 걸친 작업이, 아마도 일만 년은 됐을 이 작업이 10년 만에 사라져 버렸다! 무슨 종교가 이런가?

그리고 이 일은 중국에서도 일어났다. 중국은 고대의 국가 가운데 하나였다. 아마도 가장 역사가 깊은, 유교와 도교와 불교 등 고대의 경전과 오랜 전통을 지닌 종교적인 나라였다. 가장 위대한 각자(覺者)들을 낳았고 항상 종교적으로 살아왔다.

그런데 무슨 일인가? 별안간 모든 성경책과 코란과 법구경과 베다, 도덕경, 공자의 어록들이 사라졌다. 그리고서 사람들은 마오쩌둥이 쓴 작은 붉은 책을 들고 다닌다. 그것은 그들의 바이블이 되었다. 별안간 신은 이제 존재치 않고 영혼은 헛소리이고 명상은 시간 낭비이며 기도는 우스꽝스러운 것이 되어 버렸다. 사원들은 무너지고 수도원들은 증발해 버렸다. 몇 년 사이에 모두 소멸되어 버렸다.

만일 공산주의가 인도에 들어온다면 사정이 다르리라 생각하는가? 그렇지 않다. 사람들의 눈을 보면 이들의 종교도 러시아에서 그랬던 것처럼, 중국에서 그랬던 것처럼 엉터리다. 만일 권위 있고 힘있는 사람들이 신은 없다고 하며 TV나 라디오에서 "신은 없다."고 외쳐 대기 시작하면 사람들은 그것을 반복할 것이다. 사람들은 늘 남의 말을 반복해 왔다.

이큐가 옳다. 그는 말한다.

있다고 말하면

있다고 생각하는 사람의 마음
대답은 하지만
찾을 수 없는 산울림.

비록 우리가 "그것은 있다."고 말할지라도 다만 메아리일 뿐이다. 메아리를 믿지 말아라. 메아리는 메아리일 뿐이다. 그대는 스스로 가서 사실을 봐야 할 것이다.

없다고 말하면
없다고 생각하는 사람의 마음
대답은 하지만
다만 산울림뿐.

그것이 그대, 메아리를 믿는 자이다. 그것이 그대의 종교가 주장해 온 것이다. 그대는 스스로를 속이고 있다. 그 모든 속임수들을 떨쳐 버려라. 그가 누구이든 간에, 그리스도건 붓다이건 나이건 믿음을 통한 길은 없다. 신에게 갈 수 있는 유일한 길은 체험을 통해서이다. 믿음을 통해서가 아니다. 믿으면 놓칠 것이다.

믿음을 버려라. 이것이든 저것이든. 신을 찬성하든 반대하든. 그리고 나는 "나는 신을 믿지 않는다."고 하는 사람을 옳다고 하는 게 아님을 기억하라. 그는 신이 없다는 것을 믿는 것이다. 그것은 그의 믿음이다. 공산주의는 신이 없다고 믿는다. 그것은 안 믿는 게 아니다.

진정한 사람은 찬성하거나 반대하는 신조가 없다. 그는 신이 있다고도 말하지 않고 신이 없다고도 말하지 않는다. 어떻게 모르면서 "신은 없다."고 말할 수 있는가? 어떻게 모르면서 "신은 있다."고 말할 수 있는가? 둘 다 부질없는 말이다. 그대는 다만 "나는 모른다."고 말할 수 있을 뿐이다. 그것이 참되고 진실하고 정직할 것이다. "나는 모른다." 오직 여기서부터 출발은 가능하다.

그 멋을 보라. "나는 모른다."라고 말함으로써 출발은 시작된다. 그는 진정으로 모르기 때문이다. 그러면 점점 더 깊이 들어가게 되어 어느 날 알게 된다. 그때 우황제가 보리달마에게 "당신은 누구인가?"라고 물으면 보리달마는 "폐하, 나는 모르오."라고 대답한다.

그것은 '나는 모르오'에서 시작되고 '나는 모르오'로 끝난다. 하지만 차이는 무진장 크다. 처음의 '나는 모른다'는 정말 모르고 있는 사실을 진술한 것이었다. 어떻게 '그렇다'라고 혹은 '아니다'라고 말할 수 있겠는가? 하지만 최후의 '나는 모른다'는 사실적이 아닌 진리의 성명이다. 그대는 안다. 하지만 그 앎은 너무나 광대하다. 언어는 그것을 담을 수 없다. 오직 그대의 존재만이 그것을 말할 수 있다. 그대의 현존만이 그것을 말할 수 있다.

이큐의 경전을 읽으면서, 보리달마의 말을 읽으면서, 혹은 내 얘기를 들으면서 항상 기억하라. 우리는 그대가 사용하는 것과 같은 말들을 사용하지만 의미는 다르다는 것을. 그 때문에 그대는 아주 깨어 있어야 한다. 그렇지 않으면 오해가 생긴다.

들은 얘기다.

미국에서 주최한 국제 TV회의에서였는데, 대표자들이 회의의 환송 저녁식사를 하고 있었다.

한 일본 신사가 오레곤 주의 포틀랜드에서 온 대표 옆에 앉아 있었다. 일본인이 수프를 다 먹자 미국인이 물었다. "시프 좋아하슈?" 그 일본 신사는 머리를 끄덕였다.

식사를 다 마치자 그 미국인은 또 그런 식으로 "생신 좋아하슈?", "실 좋아하슈?"하고 물었다.

식사를 끝마쳤을 때, 회의의 회장이 일어서서 그 일본인 신사를 모임의 객원 연사로 소개했다.

동양의 신사는 방송의 장래에 대해 재치있고 탁월한 연설을 했다. 여태껏 어떤 미국인이 말했던 것보다도 훨씬 더 유창한 영어를 구사했다.

연설을 끝낸 후, 일본 신사는 자리로 돌아와 그의 미국인 합석자에게 물었다. "연실 좋아하슈?"

의사 전달은 문제다. 큰 문제다.

이규와 같은 사람들은 같은 언어를 말함에도 불구하고 이미 같은 언어가 아니다. 그대는 아주 인내심을 가지고 사랑을 가지고 가슴을 열고 이해에 공명해야 할 것이다. 오직 그때 이 경전의 심오함을 알 수 있을 것이다. 이 경전은 결코 닫힌 적이 없는 그 '문'을 열 수 있다.

제10장

물에 빠진 사람의 불가사의

The Secret of the Drowned Man

물 위에 쓴 숫자보다도
더 덧없는 환상은
부처에게 구하는
내세의 행복.

이미 마음에는
구름 한점 걸려 있지 않고
달이 숨을 산도 없다.

이 세상 생사의 길에는
동행이 없다 다만 외로이
홀로 오고
홀로 죽는다.

큰 물은 앞으로 흘러가지만
그대 스스로를 포기하면
물은 그대를 실어 나르리라.

아무 것도 보지 않고
말하지 않고
듣지 않는 자,
간단히 부처를 넘어서리라.

생각하는 사람에게 그의 생각은 창조를 일으킨다. 이것은 이해해야 할 가장 근본적인 진실 가운데 하나이다. 그대가 경험하는 모든 것은 그대가 창조한 것이다. 먼저 창조하고, 다음 그것을 체험한다. 그리고 나서는 그 체험에 붙잡힌다. 그 원천이 그대 안에 있음을 모르기 때문이다.

유명한 일화가 있다.

옛날에 한 남자가 여행을 하고 있었는데, 우연히 낙원에 들어갔다. 인도에는 낙원에 칼파타루스라고 하는 소원을 들어 주는 나무들이 있다는 관념이 있다. 그 나무 밑에만 앉으면 어떤 소원이라도 금세 이루어진다는 것이다. 조금의 틈새도 없이 소원이 이루어지는 것이다.

생각이 실현되는 데 조금의 틈새도 없다. 생각하면 곧 물질이 된다. 그 생각은 자동적으로 실현된다. 이 칼파타루스는 마음의 상징에 불과하다. 마음은 창조적이다. 생각들을 가지고 창조한다.

그 사람은 피곤했다. 그래서 어떤 칼파타루스, 즉 소원을 들어주는 나무 아래에서 잠이 들었다. 잠에서 깨어났을 때 그는 몹시 허기짐을 느꼈다. 그래서 무심코 "배고프다. 어딘가 먹을 것이 있었으면…" 하고 말하자 금세 음식이 나타났다. 바로 허공 속에서 맛있는 음식이 날아왔다.

그는 너무 배가 고팠기 때문에 그것이 어디서 왔는지는 별로 염두에 두지 않았다. 그대도 배가 고프면 철학적이지 않다. 그는 얼른 먹기 시작했다. 음식은 너무나 맛이 있어서 그는 정신없이 먹었다. 일단 허기가 가시자 그는 주위를 둘러봤다. 이제 아주 흡족한 마음이 들자 다른 생각이 떠올랐다.

"마실 것만 있다면…" 낙원에는 아직도 금기사항이 없다. 그래서 금세 신선한 포도주가 나타났다.

느긋하게 포도주를 마시고 있노라니 낙원의 시원한 산들바람이 나무 그늘 아래로 불어 왔다. 그는 의아해지기 시작했다. "무슨 일이지? 무슨 일이 일어나고 있는 거야? 내가 꿈을 꾸고 있나? 아니면 유령들이 나를 갖고 시험하고 있는 건 아닐까?"

그러자 유령들이 나타났다. 그들은 무시무시하고 끔찍하고 혐오스러웠다. 그러자 그는 벌벌 떨면서 또 다른 생각을 떠올렸다. "이제 난 죽겠구나. 유령들이 나를 죽일 거야."

그래서 그는 죽었다.

이 우화는 아주 오래된 우화로 굉장히 의미심장하다. 그것은 그대의 일생을 묘사하고 있다. 그대의 마음은 소원을 들어주는 나무

칼파타루스이다. 그대가 생각하는 것은 무엇이나 조만간에 이루어진다. 때로는 그대가 그것을 바랬다는 것을 까마득히 잊어버릴 만큼 큰 틈새가 있다. 때로는 여러 해, 때로는 여러 생의 틈새가 있다. 그래서 그대는 그것을 원천과 결부시켜 생각할 수 없었다.

하지만 주의깊게 지켜 본다면 그대와 그대의 인생은 그대의 생각들이 창조하고 있다는 것을 발견할 것이다. 그것들이 그대의 지옥을 창조하고 그대의 천국을 창조한다. 그것들이 그대의 불행을 창조하고 그대의 행복을 창조한다. 그것들이 부정을 창조하고 긍정을 창조한다. 둘 다 환영(幻影)이다. 아픔도 즐거움도, 달콤한 꿈도 악몽도 일체가 환영이다.

이러한 것들을 환영이라 하는 것은 무슨 까닭인가? 그것들은 오직 그대의 창조물일 뿐이라는 뜻이다. 그대는 그대 주변에 마술의 세계를 창조하고 있다. 그것이 마야(maya)의 의미이다. 여기 있는 모두가 마술사이다. 그리고 모두가 자기 주변에 마술 세계를 돌리고 엮고 있다. 그리고는 그것에 붙잡힌다. 거미 자신이 자기의 거미줄에 잡히는 것처럼.

그대 자신 외에는 아무도 그대를 괴롭히지 않는다. 그대 자신 외에는 아무도 없다. 그대의 전생애는 그대의 작품이며 그대의 창조물이다.

불교는 이 사실을 단호히 강조한다. 한번 이것을 이해하면 상황은 변한다. 그대는 주변 상황을 유희할 수 있다. 그대는 지옥을 천국으로 바꿀 수 있다. 그것은 곧 다른 시각으로 그림 그리는 문제이다. 혹은 그대가 그토록 불행을 사랑한다면 원하는 만큼, 마음이 흡족할 만큼 불행을 창조할 수 있다. 그러나 그때는 절대 불평하지 않는다. 그것은 그대의 창조이며 그대의 그림이라는 걸 아니까 타인의 책임으로 돌릴 수 없기 때문이다. 그때는 모든 책임이 그대에게 있다.
 그때 새로운 가능성이 일어난다. 그대는 세상의 창조를 떨쳐 버릴 수 있다. 그대는 창조를 멈출 수 있다. 천국이나 지옥을 창조할 필요가 없다. 아무 것도 창조할 필요가 없다. 창조자는 휴식하고 은퇴할 수 있다.
 그 마음의 은퇴가 명상이다. 그대는 이것 저것, 일체를 보아 왔다. 그대는 행복과 고통을 보았고 고뇌와 열락(悅樂)을 보았으며 사랑과 미움, 분노와 자비, 실패와 성공, 그 일체를 보았다. 그대는 영고 성쇠(榮枯 盛衰)의 삶을 살았다. 이 체험은 서서히 그대가 창조자라는 사실을 자각하게 한다.
 만일 그대가 약물의 환각 증세를 경험했다면 그것을 알 것이다. 약물이 마음의 에너지를 풀어 주면 상황이 벌어지는 것이다. 그대는 다른 세계로 이동된다. 만일 편집병으로 고통받는 사람이 LSD 환각 증세를 일으키면 그 환각 증세는 굉장히 무시무시할 것이다. 그는 몹시 시달리고 적들에게 에워싸일 것이다. 그는 심히 고통받을 것이다. 만일 두려움 없이 살고 사랑과 기쁨 속에서 살고 있는 사람이라면 아름다운 체험을 할 것이다.
 알더스 헉슬리는 LSD를 통해서 굉장히 아름다운 체험을 했다고 말한다. 하지만 칼 라이너는 지옥을 통과했다고 말한다. 둘 다 옳다. 그들은 서로 비난하면서 반대 입장을 취한다. 라이너는 약물은 지옥을 창조한다고 생각한다. 그러나 약물은 아무 것도 창조하지 못한다. 모두 그대의 마음이 창조한 것이다. 약물은 오직 그것을 확대할 수 있을 뿐이다. 약물은 사물을 과대시하고 크게 확대한 형태로, 실물보다 천 배로 크게 보이게 할 수 있을 뿐이다.
 그대의 전생애는 일종의 약물의 환각 증세와 같다. 약물의 영향력 아래서는 상황이 빨리 일어난다. 그것들은 금세 일어나기 시작한다. 그대가 보통의 평범한 인생을 살고 있다면 조금 오랜 시간, 일반적인 시간이 걸릴 것이다. 그러나 그것은 매한가지 환각 증세이다. 그대의 인생과 약물 체험은 분리된 게 아니다. 둘 다 마음에서 나온 것이기 때문이다. 어떻게 그것들이 분리될 수 있겠는가?

불교는 말한다. "이 핵심을 알면 그대는 깨어날 것이다. 그러면 둘 다 사라질 수 있다. 다만 사물들이 사라지도록 내버려 두라. 그대 자신은 협조하지 말고 뒤로 물러나 단순히 관조자, 주시자가 돼라."

사람에겐 평균 매일 스물 네 시간 동안 오만 개의 생각들이 지나간다고 과학자들은 말한다. 오만 개의 생각들이 끊임없이 지나간다. 그대는 모든 생각들이 현실화되도록 하지는 않는다. 그대는 선택한다. 거기엔 좋은 생각도 있고 나쁜 생각도 있으며 아름다운 생각도 있고 추한 생각도 있다. 그대는 선택한다.

그것은 마치 그대가 라디오를 가지고 있어서 라디오의 모든 방송을 이용할 수 있는 것과 같다. 세상의 온갖 소음과 정치가들을 라디오에서 접할 수 있다. 하지만 그대는 방송국을 선택한다. 그 선택은 그대의 것이다. 아니면 라디오를 켜지 않는 선택도 있다. 라디오를 끄는 선택을 할 수도 있다. 그러면 그 모든 소음은 사라진다.

정확히 그 상태이다. 명상가는 어떤 방송국도 선택하지 않기로 선택한다. 그는 그냥 라디오를 꺼버리거나 전원을 접속시키지 않는다. 모든 소음과 모든 정치가들과 모든 난센스들은 사라진다.

하지만 그대가 원한다면 선택할 수 있다. 그대는 어떤 방송이라도 선택할 수 있다. 사람들은 방송국에 중독된다. 그 사람의 방에 들어가면 그의 라디오를 볼 수 있다. 그가 중독되어 있는 방송국의 주파수나, 혹은 그가 라디오를 켰는지 아닌지를 볼 것이다. 마침내 그 라디오는 항상 그가 좋아하는 방송국에 고정되어 있다.

그것이 그대 마음의 상태이다. 그대를 볼 때 나는 그대의 고정된 주파수를 본다. 어떤 이는 지옥에 살기로 결정했다. 그의 주파수는 고정되어 있다. 그것은 너무나 오랫동안 고정되어 있어서 이제 다른 방송국으로 바꾸려 해도 어렵게 됐다. 그것은 녹이 슬었다. 아마도 그것은 여기 저기로 이동할 능력을 상실했을 것이다. 그것은 고정되어 버렸을 것이다. 그대는 수만 생 동안 그래 놨을지도 모른다. 다른 방송도 들을 수 있다는 걸 그댄 잊어버렸다. 그리고는 이 소음을 들어야 하는 고통을 겪고 있다고 생각한다. 그대는 조금도 그것을 좋아하지 않는다. 하지만 어찌 하겠는가? 그대는 그것을 들어야만 한다.

사람들은 자신의 생각들에 중독되었다. 그러면 그 생각들은 더 자주 찾아오고 더 자주 되풀이되고 머리 속에, 뇌세포 속에 각인되어 그대의 실체가 된다. 자연히 그대는 어쩔 수 없다고 생각한다. 그대는 무기력한 희생물이다.

불교는 말한다. "그대는 전혀 희생물이 아니다. 운명의 희생물이 아니다. 신의 희생물이 아니다. 이른바 까르마(karama, 業)라고 하는 학설의 희생물이 아니다. 그것들은 바로 속임수이고 계략이며 근본적인 생명의 법칙을 보지 않는 것이다."

고통스러울 때면 사람들은 구실을 대려고 애쓴다. 그럴 듯한 구실을 찾을 수 있을 것이다. 어떤 이는 말한다. "이것은 신이 원하는 것이다. 당신이 어쩌겠는가? 당신은 그렇게 살아야 한다. 그것은 당신의 소관이 아니다. 인간은 무력하고 신은 전능하다. 당신이 어쩔 수 있겠는가? 당신에게 가능한 건 기쁘게 고통을 받든가 불쾌하게 고통을 받든가 둘 중 하나이다. 고통이 일어나면 그냥 고통을 겪어라. 될 수 있는 대로 행복하게, 될 수 있는 대로 성심 성의껏, 불평하지 말고, 수용성을 가지고 고통을 겪어라. 그것이 당신이 할 수 있는 전부이다. 아니면 울며 통곡할 수 있겠지만 그래 봐야 아무 것도 바뀌지 않는다. 그것은 당신 너머에 있다."

이 구실은 사람들을 도와준다. 그러면 그들은 틀에 안주하여 머물 수 있는 것이다. 그들은 자신들이 뭐든지 바꿀 수 있다는 걸 잊어버린다.

불교는 인간은 자유롭다고 선언한다. 인간은 완전히 자유롭다는 것, 인간은 자유라는 것, 그것은 불교가 인간의 의식과 그것의 역사에 준 가장 위대한 공헌이다. 그대의 예정된 계획표를 짜는 신(神)은 존재하지 않는다. 예정된 계획표란 결코 없다. 그대가 그대 스스로를 기획하고 있다. 그대는 스스로의 기획자이다.

또 다른 변명이 있다. 신을 믿지 않는 사람들은 까르마를 믿는다. 괴롭고 불안할 때면 "난들 어떻게 하겠는가? 이것은 내 전생의 카르마인 걸. 나는 이것을 통과해야 한다."고 말한다. 이것은 수용성을 돕는다. 이것은 위안이다. 이것은 일종의 휴식을 주고 인생을 약간 쉽게 해준다. 아니면 인생은 너무나 고단하고 살기 힘들고 견디기 힘들 것이다.

일단 신이건 까르마건 그것은 선입견이며 다름 아닌 전략이라는 것을, 말만 다를 뿐 까르마란 또 다른 신이라는 핵심을 알게 되면, 지금 할 수 있는 건 아무 것도 없다. 전생에 잘못을 저질렀다 해도 지금 그것을 되물릴 수는 없다. 유일한 길은 그것을 통과해 가는 것이다. 최악의 것을 통과해서 최상의 것을 희망하라! 그것은 조만간에 뭔가 좋은 결과가 있으리라는 위안 속에 머무는 것이다.

이 때문에 사람들은 그토록 불행하게 사는 것이다. 그 변명들 때문에! 변명한다면 어떻게 불행을 변화시키겠는가? 그것을 그대로 수용하도록 거들어 주는 변명을 갖고 있다면 변화의 가망성은 없다.

불교는 모든 이론과 위안을 제거하고 싶어한다. 그것들은 모두 진정제, 지독한 독소이다. 불교가 그대와 나누고 싶어하는 직관은 그대가 유일한 행위자이며 그대 인생의 창조자라는 사실이다. 그대 이외에 아무도 그대 인생을 결정하지 못한다. 매 순간 그대는 통제 하에 있다. 그대는 그것을 그냥 보면서 좀 변화를 시도해야 한다. 그 변화들은 그대를 좀더 깨어 있게 도와줄 것이다.

어느 날 그대는 굉장히 불행하다고 느낀다. 그때 그냥 조용히 의자에 앉아 쉬면서 즐기기 시작하라. 그냥 반대로 하라. 불행의 덫에 말려 들지 말아라. 웃기 시작하라. 처음에는 기만적으로 보일 것이다. 그냥 비현실적인 행복감을, 더없는 행복감을 발산해 내라. 몸을 흔들흔들해라. 마치 거대한 에너지가 그대 안에서 춤추고 있듯이. 그러면 놀랍게도 서서히, 거의 가장으로 시작했던 것이 실재가 된다. 불행은 사라진다. 그것은 이제 그대를 붙들지 못한다. 뭔가 바뀌었다. 그대 안에 웃음이 일어난다.

그대의 옛날 습관은 이렇게 말할 것이다. "지금 뭘 하고 있는가? 까르마는 어쩌고? 이래서는 안 된다. 이런 짓을 해서는 안 된다. 그것은 모든 철학과 형이상학들을 거스르는 짓이다. 옛날 습관으로 돌아가라. 이것은 옳지 않다. 그대는 속고 있다. 불행할 땐 불행해야 한다. 이것은 진실하지 않다. 거짓이다."

마음은 다시 방해물을 만들어 내려고 온갖 것들을 가져올 것이다. 하지만 고집하라. "이번에는 카르마의 이론을 버리련다. 나는 윤회의 수레바퀴를 벗어나련다. 이번에는 정반대를 선택하련다." 춤추고 노래하기 시작하라. 그리고 보라. 그대는 놀랄 것이다. 그대는 그것이 바뀌는, 분위기가 바뀌는, 구름들이 사라지는, 그것이 맑게 개이는, 그대가 달라지는 위대한 진실을 체험할 것이다.

때때로 그대는 아주 행복하다. 반대로 해보라. 불행해지라. 아무 이유 없이 그냥 불행해지라. 처음에는 그냥 연기(演技)에 불과할 것이다. 하지만 곧 그대는 그 역할에 빠지게 된다. 그대가 하는 모든 것은 연기에 지나지 않기 때문이다. 따라서 그것은 바뀔 수 있다.

그대의 진정한 인생이라는 것 또한 하나의 연기일 뿐이다. 아마도 그대는 그것을 오랜 동안 훈련했을 것이다. 그게 전부다. 그것은 하나의 연기이다. 따라서 그것은 다른 연기로 변화될 수 있다. 그리고 일단 하나의 행위를 다른 행위로 바꾸는 게임을 배우게 되면 그대는 자유로울 수 있다. 그대는 행위를 넘어선 그 무엇이다.

스승의 임무는 그대의 모든 행위를 소멸하여 그대가 자유로이 존재할 수 있게 하는 것이다. 그대는 자유롭다고, 절대적으로 자유롭다고 불교는 말한다. 그대의 자유를 체험하라. 그러면 서서히 케케묵은 수레바퀴에서 벗어난다.

한 영문학 교수가 인생 철학에 대한 강의를 부탁받았다. 그는 잘 알려진 은퇴한 교수였다. 그러나 그는 강의의 제목을 약간 수정하고 싶어했다. 그는 그것을 '인생의 문법'이라고 해달라 했다. 그가 영문학 교수인 만큼 그를 초청한 사람들은 "그러지요. 인생 철학이나 인생 문법이나 매일반이니까요." 하고 말했다.

그런데 그 교수가 뭐라 말했는지 아는가? 그는 이렇게 말했다. "능동태로 살라. 수동태가 아닌. 그대에게 무엇이 일어났는가보다는 그대가 무엇을 할까를 더 생각하라. 직설법으로 살으라. 간접법이 아닌. 당위성이 아닌 본연으로서의 그것들을 중요시하라. 현재 시제에 살아라. 과거를 후회하거나 미래를 염려함이 없이 바로 가까운 곳의 임무를 충실히 하면서. 1인칭으로 살으라. 타인들의 결점을 찾기보다는 그대 자신을 비평하면서. 단수로 살으라. 군중의 박수 갈채보다는 그대 스스로의 양심의 인정에 더욱 주의하면서. 그리고 만일 동사를 활용하고 싶다면, '사랑하다'는 동사의 선택이 최상이다."

이것은 삶의 문법이다. 그는 분명 한평생 문법, 문법, 문법만 가르쳐 왔을 것이다. 지금 그것은 거의 무의식적인 습관이 되었다. 다른 말투로는 생각할 수 없다.

이런 식으로 그대는 붙들린다. 그대는 습관들에 붙들린다. 그대를 붙잡고 있는 카르마란 없다. 만일 있다면 그것은 습관에 불과한 것이다. 그대가 반복해서 해왔던 것들은 거의 그대의 생활에 결정적 요소가 된다. 결정적이 된다.

하지만 습관은 버릴 수 있다. 그대는 아마 30년 동안 담배를 피워 왔을지도 모르지만, 반쯤 피우다 만 담배를 바닥에 버리고 다시는 담배를 집지 않을 수도 있다. 그대는 자유롭다. 만일 그것을 그만둘 수 없다면 쉽게 말해 그대가 그만두지 않기로 선택했다는 뜻이다. 사람들이 "어떻게 우리는 불행을 벗어날 수 있나요?"하고 말하는 것은 "우리는 불행에서 벗어나고 싶지 않아요."하고 말하는 것이다. 그들은 스스로를 속이고 있다.

사람들은 내게 와 줄곧 묻는다. "어떻게 이것을 벗어날 수 있습니까?" 그러면 난 난처할 따름이다. 왜냐하면 그들은 스스로 붙잡혀 있기 때문이다. 거기 다른 사람은 없다. 그들은 그냥 쉽게 벗어날 수 있다. 그들은 많은 에너지를 그 안에 주입하고 있다. 그것을 벗어나기 위해서는 훨씬 적은 양의 에너지만 있어도 된다. 그렇지만 그들은 한 가지, 그들의 자유를 잊어버렸다.

불교의 메시지는 자유이다. 신으로부터의 자유. 천국과 지옥으로부터의 자유. 공포로부터의 자유. 미래로부터의 자유. 오랜 세월을 통해 창조한, 압박받고 짓눌려 온 그 모든 변명들로부터의 자유.
　이런 얘기를 들었다.

　한 능률 전문가가 죽어서 여섯 명의 관지기에 의해 무덤으로 옮겨지고 있었다. 그들이 목적지에 근접했을 때 느닷없이 관 뚜껑이 열리며 능률 전문가가 일어나 소리쳤다. "이것을 수레에 실으면 네 명은 쉴 수 있지 않소?"

　바로 일생의 습관이다. 능률 전문가는 능률 전문가다. 그걸 보고 비웃지 말아라. 그대가 하고 있는 것이 바로 그렇다. 그대는 습관 속에서 살고 있고 습관 속에서 죽을 것이다. 이 습관들 때문에 그대는 진정한 삶을 놓칠 것이다. 진정한 삶이란 자유로 이루어져 있다. 그리고 한번 그대는 자유롭다는 것을 알게 되면 이런 저런 선택의 강박 관념을 갖지 않는다. 그대는 선택하지 않음을 선택할 수 있다.
　그 상태를 불성이라 한다.

> 물 위에 쓴 숫자보다도
> 더 덧없는 환상은
> 부처에게 구하는
> 내세의 행복.

이것은 중요한 경문이다. 천천히 그 속으로 들어가라. 먼저, 붓다에게 우리를 도와달라고 부탁하는 것이 부질없음은 다음 세 가지 이유 때문이다. 첫째, 그는 도와줄 수 없다. 둘째, 설령 그가 도와줄 수 있다 해도 그는 도와주지 않을 것이다. 셋째, 우리는 모두 이미 붓다이기에 도움이 필요치 않은 것이다.

선가에서는 말한다. "이 세 가지 이유로 붓다에게 도움을 구하는 것은 부질없는 일이다. 첫째 그는 도울 수 없다. 왜 그는 도울 수 없는가? 그의 견지에서 본다면 그대는 전혀 도움이 필요치 않은 것이다. 그의 견지에서 본다면 그대의 상황은 전체가 터무니없는 것이다. 그대의 불행은 모두 허위이다! 그는 그대에게 친절히 대하기는 커녕 오히려 그대를 비웃어 주고 싶을 것이다. 비록 그는 비웃지 않지만. 그는 쓸데없이 그대를 화나게 하지 않으려고 그대에게 친절히 하는 것뿐이다."

하지만 붓다의 입장에선 기본적으로 그대의 불행이 정말 어리석은 것이다. 그것은 마치 그대가 불난 집에 있는 것과 같다. 문은 열려 있다. 창문은 열려 있다. 그대는 아무 데로나 뛰어나올 수 있다. 그런데 그대는 거기 그냥 앉아서 소리 치고 있다. "도와줘! 어떻게 이 집에서 나갈 수 있는가? 내 집은 불타고 있다! 내게 지도를, 안내서를 갖다 달라. 나갈 수 있는 기술과 방법들을 가르쳐 달라." 집은 불타고 있고 그대는 바로 그 한가운데 앉아 있다. 그리고 문은 열려 있다. 창문도 열려 있다. 그대는 즉시 벗어날 수 있다. 한시도 지체할 필요가 없다. 상황 전체가 터무니없다.

그대들 모두가 붓다임을 붓다는 안다. 한 사람이 깨닫는 날, 그에게는 세상 전체가 깨닫는다. 그때 그는 철두철미하게 볼 수 있다. 그는 그대의 영원성을 볼 수 있다. 그는 그대의 궁극의 순수함을 볼 수 있다. 그는 그대 안에 숨은 근원인 신을 볼 수 있다. 그대는 소리 치고 울지만 그는 그대의 보물과 왕국을 볼 수 있다. 그런데 그대는 구걸하고 있다. 도움을 청하고 있다.

붓다는 그대를 도울 수 없다. 그대의 불행이란 자아가 창조한 환상임을 그는 보기 때문이다. 다른 이유 때문에도 그는 도울 수 없는데 에고로서의, 자아로서의 그는 사라져 버렸기 때문이다. 내면에

는 아무도 없다. 붓다는 순수 허공이다. 거기 누가 있어 그대를 돕
겠는가?

 그대는 필요로 하는 모든 도움을 받을 수 있지만 그대를 돕는 사
람은 아무도 없다. 그것을 아주 명확히 하자. 그대는 붓다의 에너지
를 함께 나눌 수 있다. 그대는 마음껏 그의 에너지를 마실 수 있다.
그대는 그를 마시고 그에게 취할 수 있다. 그렇지만 붓다 자신은 아
무 것도 할 수 없다. 행위자는 더 이상 존재하지 않는 까닭이다.

 붓다는 단순히 열려 있을 따름이다. 스승은 사트상가(satsanga)[11]
속에서 그의 현존이나 혹은 부재를 이용할 수 있도록 존재한다. 그
대는 원하는 만큼 스승을 취할 수 있다. 그의 현존은 그대가 열려
있는 만큼 깊이 스며들 수 있다. 하지만 모든 것은 그대에게 달려
있다. 그렇다. 그대는 붓다를 통해 스스로 도울 수 있다. 그렇지만
붓다는 그대를 도울 수 없다. 붓다의 쪽에서는 행위가 불가능하다.

 이따금 그대는 내게 와서 부탁한다. "오쇼, 저를 도와주십시오."

 그대는 나를 난처하게 한다. 만일 내가 그러겠다고 대답한다면
나는 거짓이다. 만일 내가 그러지 못하겠다고 하면 내가 불친절하
고 사랑이 없다고 그대는 상처받는다. 상황은 이렇다. 나는 열려 있
다. 그대는 나의 현존을 통해서 스스로 도울 수 있다. 나는 아무 것
도 할 수 없다.

 스승은 하나의 촉매자이다. 그의 현존이 그대를 자극할 수는 있
지만 그는 행위자가 될 수 없다. 그는 어떤 것도 선도할 수 없다.
그는 조련사가 될 수 없다. 그는 그대에게 훈련이나 특성을 부과할
수 없다. 억지로 그대를 변화시킬 수 없다. 그 모든 폭력성은 사라
졌다. 폭력성은 에고의 그림자이다. 에고가 사라지는 날 일체의 폭

---

11) 사트상가(satsanga) : 실재와의 교감, 실재와 함께한다는 뜻의 산스크리트어로써 스승과의
    교감, 친견을 말한다.

력도 함께 사라진다.

때문에 나는 사회 개선가는 좋은 사람이 아니라고 하는 것이다. 그리고 따라다니면서 그대를 바꾸려고 노력하는 사람은 함께할 만한 사람이 아니다. 그대를 바꾸는 것에 강박 관념적인 사람은 에고이스트이다. 그는 그대를 자기 생각대로 만들려고 한다. 그는 위험하다. 그는 그대를 파괴할 것이다. 그는 그대에게 도움이 안 될 것이다. 그는 그대의 여기 저기를 절단할 것이다. 그는 그대 안의 것들을 바꿀 것이다. 그는 청사진을 가지고 있다. 실행해야 할 확고한 생각을 가지고 있다. 그는 그대를 염려하지 않을 것이다. 그의 모든 관심사는 자기의 생각에 있다. 그대는 그저 노리개일 뿐이다.

그것이 이른바 마하트마들이 줄곧 해온 짓이다. 그들은 줄곧 그대에게 일정한 삶의 형식을 부과한다. 그들은 줄곧 그대를 강요해 왔다. "이것은 하라. 저것은 하지 마라. 이것을 하면 보상받을 것이다. 저것을 하지 않으면 보상받을 것이다. 복종하면 천국에 가게 되고 불복종하면 지옥으로 떨어지리라."

이 사람들은 위험한 사람들이다. 이들은 정치가들이다. 결코 종교가들이 아니다. 그들의 모든 노력은 사람들을 바꾸는 데 있다. 그들은 그것을 즐긴다. 하지만 사람들은 물건이 아니다. 사람은 도화지가 아니다. 그대가 원하는 방식으로 사람을 그림 그릴 수 없다. 남자는 신이다. 여자는 신이다. 사람은 저마다 신성하다. 누가 사람을 바꿀 수 있는가? 사람을 바꾸려는 생각은 바로 신성을 침해하는 죄악이다.

많은 사람들이 내게 와 말한다. "왜 당신은 산야신들을 훈련시키지 않습니까?" 산야신들을 훈련시킬 나는 누구인가? 나는 열려 있다. 그들이 원하면 무엇이든지 가질 수 있다. 그것은 그들의 선택이며 자유이다. 나는 단 한 가지, 자유를 가르치기 위해 여기에 있다.

거기 갈등은 없다. 그들이 세상에 남아 있음을 선택해도 좋고 세상에서 벗어남을 선택해도 좋은 것이다. 내게는 전부 좋다. 하지만 가장 위대한 가치는 자유에 있다.

붓다는 그대를 돕겠다고 대답할 수 없다. 물론 그는 도와준다. 하지만 수동적인 도움이다. 단지 현존으로서, 하나의 문으로서의 도움이다. 그대는 그것을 통과해 지나갈 수 있다. 하지만 문 자체가 그대를 끌고 갈 수는 없다. 그 사실에 깨어 있어라. 만일 진정한 스승이라면 그대를 어디로 끌고 가지 않을 것이다. 그는 그대에게 그의 현존을 쏟아 부어 줄 것이다. 그는 수많은 길로 자신을 이용할 수 있도록 남아 있지만 그대에게 선택의 자유를, 존재의 자유를 줄 것이다. 그의 현존은 능동적이지 않다. 그럴 수 없다. 행동은 죄다 폭력적이기 때문이다. 그의 현존은 수동적이다. 그 세 가지 이유로 붓다는 그대를 도울 수 없는 것이다.

이뀨는 말한다.

> 물 위에 쓴 숫자보다도
> 더 덧없는 환상은
> 부처에게 구하는
> 내세의 행복.

둘째로, 외부로부터 주어진 것은 궁극적인 자연의 섭리가 될 수 없는 까닭에 그는 그대를 돕지 않을 것이다. 아무리 붓다라 해도 진리를 줄 수는 없다. 진리는 주고받을 수 있는 물건이 아니기 때문이다. 그것은 그대 안에 일어나는 하나의 체험이다. 붓다는 그대가 꽃필 수 있는 하나의 기회이다. 하지만 아무 것도 그대에게 줄 수 없다. 아무 것도 그대에게 전달할 수 없다.

거기 전달할 수 없는 것들이 있다. 그것들은 다만 일어날 수 있을 뿐이다. 그것들은 자라난다. 그것들은 상품이 아니다. 그것들은 꽃에서 향기가 퍼져 나오듯이 퍼져 나온다.

진리는 그대의 향기이다. 하여 붓다는 돕고 싶어도 그대를 돕지 못할 것이다. 외부에서 주어진 것은, 그것이 외부에서 주어졌다는 이유로 거짓이 되기 때문이다. 그것은 더 이상 진정한 선물이 아니다. 진정한 선물은 그대 안에서 일어나야 한다. 그것은 그대에 의해, 그대를 통해 태어나야 한다. 스승은 기껏해야 산파가 될 수 있을 뿐이다.

소크라테스가 자신이 산파라고 한 말은 그 말이다. 아기가 엄마의 자궁 안에서 자라난다. 산파는 아기가 더욱 편안하고 안전하게 자궁 밖으로 나올 수 있는 분위기를 만들어 준다. 그것이 스승의 역할이다. 신은 그대의 자궁 안에서 자라고 있다. 스승은 그 탄생이 가능하면 덜 아프게, 가능하면 더욱 기쁨과 축복 속에서 일어나도록 분위기를 만들어 줄 수 있다.

세 번째로, 그는 도울 수 없다. 우리는 어떤 도움도 필요치 않음을 그는 보기 때문이다. 우리에게 필요한 모든 것은 우리 자유에 대한 자각이며, 생각이 현실을 창조한다는 근본적인 법칙, 즉 저마다 자신의 창조자라는 사실을 자각하는 것이다.

신이 세상을 창조했다고는 단 한 순간도 생각하지 말아라. 그대가 그대의 세상을 창조했다. 그리고 세상은 하나만 있는 게 아니다. 세상은 사람들의 존재 숫자만큼 많다. 그대는 그대의 세상에 살고 있고 그대의 아내는 그녀의 세상에 살고 있다. 그래서 충돌하는 것이다. 그 두 개의 세상은 끊임없이 충돌하고 있다. 그들은 충돌할 수밖에 없다. 그들은 중복된다.

그대가 어떤 것을 좋아하는데 그대의 여자는 다른 것을 좋아한다. 이렇게든 저렇게든 서로를 설득할 길이 없다. 좋은 건 좋은 거니까. 그대는 이 영화를 보러 이 극장에 가고 싶고 그녀는 다른 영화를 보러 다른 극장에 가고 싶어한다. 좋은 건 좋은 것이다. 두 세계가 공존하면 서로 중복되고 간섭한다. 그래서 충돌한다. 우리는 단일한 세계에 살지 못한다. 세상은 사람들 숫자만큼 많다.

붓다는 그러한 사실, 즉 자신이 자기 세계의 창조자임을 안 사람이다. 그래서 그는 그것으로부터 물러났다. 더 이상 창조하지 않는다. 붓다는 여기 세상 속에서 세계 없이 산다. 그것이 붓다가 된다는 뜻이다. 그는 세상 속에서 살지만 자신의 세계가 없다. 그는 세상에 살지만 그의 안에는 세상이 없다. 그 자신의 창조는 완전히 사라졌다. 그의 도화지는 비어 있다. 그는 이제 창조하지 않는다. 그는 이제 어떤 꿈도 투사하지 않는다.

붓다에게 가까이 간다는 것은 허공에 접근한다는 뜻이다. 따라서 공포가 일어난다. 두려움을 느낀다. 만일 붓다의 눈을 들여다본다면 그대는 순수한 허공을, 심연을 느낄 것이다. 마치 그대가 그 안에 떨어진다면 결코 바닥에 이르지 않을 것만 같을 것이다. 없다. 거기엔 바닥이 없다. 그곳은 영원한 허공이다. 그대는 떨어지고 떨어지고 또 떨어진다. 그대는 사라질 뿐 결코 바닥에 닿지 않는다.

붓다는 그대를 도울 수 없다. 그는 그대의 꿈들을 알기 때문이다. 그것은 마치 그대가 잠들어서 아주 위험한 꿈을 꾸고 있는 것과 같다. 호랑이가 그대를 쫓아오고 있고 그대는 소리친다. 꿈속에서 "도와줘! 도와줘!"하고 소리치는데 곁에 있는 누군가가 그대를 깨운다. 그대는 그가 어떻게 해줘야 한다고 생각하는가? 그가 그대를 도우려고 노력해야 하는가? 그러면 그는 그대처럼 어리석다. 그대처럼 잠들어 있거나, 아니면 더 깊이 잠들어 있을 것이다.

그는 웃을 것이다. 그는 거기에 호랑이가 없다는 걸 안다. 그것은 그대의 창조물이고 그대의 상상이다. 그는 아마 통쾌히 웃을 것이다. 하지만 그대는 괴롭다. 그 호랑이는 상상일 테지만 그 순간 그대의 고통은 사실 같다. 눈물이 나오고 그대는 몸을 떨며 진저리 친다.

깨어 있는 사람이 어떻게 하는가? 그는 그대를 호랑이에게서 구해 줄 수 없다. 무엇보다도 호랑이는 존재하지 않기 때문이다. 그가 할 수 있는 한 가지는, 그대를 깨우는 것이다.

그래서 이 경전은 그토록 우울한 것이다. 그대는 슬픔을 느낀다. 프라디파가 내게 편지를 썼다. 그녀의 오빠와 올케가 여기에 있을 때 그녀는 편지를 썼다. "오쇼, 지난번 그들이 여기 있었을 때는 수피 강의를 하셨습니다. 그들은 그 말씀에 전율했고 그래서 다시 온 것입니다. 그런데 지금 이 이큐의 경전은 그들을 슬프게 합니다. 이 경전은 슬픔을 불러일으킵니다." 그녀는 그녀의 오빠와 올케가 여기서 슬픔을 느끼지 않도록 어떻게 해달라고 부탁했다. 난 아무것도 할 수 없다. 이큐를 이야기할 땐 나도 이큐이다.

하지만 이 슬픔은 무진장한 가치가 있다. 그대는 그저 오락으로 여기 있는 게 아니다. 그대는 깨닫기 위해 여기 있는 것이다. 오락으로 있다고 해도 나쁠 건 없다. 만일 그대가 그러기로 결정했다면, 그대로 좋다. 그렇지만 그대는 엄청난 기회를 놓치는 것이다. 그대는 깨달아야 한다. 그리고 깨달으려면 먼저 존재에 쌓여 있는 수많은 슬픔의 층들을 통과해야 할 것이다. 거기엔 그대가 그것을 원치 않아서, 그것을 정면으로 맞닥뜨리지 않아서 억눌린 슬픔의 층들이 겹겹이 쌓여 있다.

붓다는 그대의 모든 슬픔을 그대 앞에 가져온다. 그의 역할은 그대를 잠들거나 꿈꾸지 않게 하는 것이기 때문이다. 아마도 가끔은 달콤한 꿈일 것이다. 하지만 꿈은 꿈이다. 달콤하건 쓰건. 설혹 그것이 대단히 즐거울지라도 꿈인 것이다. 시간의 낭비다.

진리는 어쩌면 그다지 즐겁지 않을지도 모른다. 하지만 그것은 깨닫는 것이다. 한번 그대가 진리를 보게 되면 삶은 전혀 새로운 차원으로 움직인다. 그것은 지복의 차원이다. 다시 상기하라. 지복은 행복을 의미하는 게 아니라는 것을. 왜냐하면 그대가 말하는 행복이란 또다시 오락이기 때문이다. 그대가 말하는 행복이란 쾌락이나 감각이나 흥분에 지나지 않기 때문이다.

지복스러움은 그 안에 평화와 침묵과 여여함, 평온함의 특성을 지니고 있다. 거기엔 고통도 없고 쾌락도 없다. 그것은 비이중성의 상태이다. 붓다는 그것을 중요시 여긴다. 거기에 이르기 위해 슬픔을 통과해야 한다면 가치있는 일이다. 어떠한 대가를 치루어도 좋은 것이다. 그대가 깨달으려고 하는 것은 모든 가치를 넘어서 있기 때문이다. 그것은 모든 이해력을 넘어서 있다.

붓다의 길은 깨어남의 길이다. 그러나 슬픔이 확연해져야 그대는 깨어날 수 있다. 안 그러면 누가 깨어나고 싶겠는가? 그대는 그대의 슬픔, 그대의 지옥을 민감하게 느껴야 한다. 그대는 그대의 죽음, 그대의 병듦을 자각해야 한다. 그대는 그대가 통과해 왔고 지금 통과하고 있는, 그리고 앞으로 통과해야 할 모든 번뇌들을 자각해야 한다. 그 전체의 것이 확연해져야 한다.

들은 얘기다.

한 브로드웨이 제작자가 수많은 쇼들의 과대 허위 광고에 신물이 났다. 그는 계약서에 자신이 제작하고 있는 새로운 공연을 위해 모든 광고의 승인권을 달라는 조항을 끼워 넣어야겠다고 결심했다.

많은 카피라이터들은 그가 원하는 대로 정직하고 진실한 광고 문안을 작성했지만 전부 퇴짜 맞았다. 마침내 다음과 같은 문안이 제출되었다.
"여기 셰익스피어의 희곡과 로스탄드의 재치, 테네시 윌리암스의 힘과 마로우의 지성, 그리고 디킨스의 추리 기법을 결합시킨 공연이 있습니다. 햄릿보다 위대하고 성서보다 감동적인 이 작품은 길이 남을 공연입니다."
"바로 그거야!" 제작자가 흥분하여 소리쳤다. "과장하지 않는 것! 가장 단순한 진리!"

그대는 일종의 과장된 희망 속에 살고 있다. 그것은 바로 과장된 슬픔에 의해서만 소멸될 수 있다. 정반대의 극성을 끌어와야 한다. 그대는 모든 상처들을 숨기고 있다. 붓다는 그것들을 열어젖히고 싶어한다. 당연히 그대는 그것을 좋아하지 않는다. 자신의 상처들을 보는 것은 고통스럽다. 인생이 너무나 괴로워 보이기 시작한다. 그대는 자살을 생각한다.

붓다는 그대가 그 지점에 도달하길 바란다. 자살을 생각하는 시점에서, 오직 거기에서 산야스는 가능하다. 그 이전에는 아니다. 인생 전체가 무의미하다고 생각할 때, 오직 그때 그대의 에너지는 이제 다른 의미를 찾아봐야겠다는 하나의 초점에 집중되기 시작한다. "이 인생은 완전히 실패했다. 이제 다른 인생을 찾아야 한다. 나는 내 자신의 바깥에서 살아왔고 그것은 슬픔과 번뇌뿐임을 알았다. 이제 나는 내면으로 돌아서야 한다. 180도 돌아서야 한다."

그 때문에 이 경문들이 그토록 슬퍼 보이는 것이다. 이 경문들은 그대 인생의 진실에 초점을 맞춘다.

물 위에 쓴 숫자보다도
더 덧없는 환상은

부처에게 구하는
내세의 행복.

사람들은 미래를 모르는, 과거를 모르는, 궁극의 순간에 사는 붓다에게조차 내세를 부탁할 만큼 어리석다. 그들은 내세의 행복을 원한다. 그들은 지금 여기에서 깨닫는 데 관심이 없다. 그들은 죽음 후의 아름다운 세상을 만드는 데만 관심이 있다.

붓다의 관심은 철저하게 지금 여기에 있다. 그는 그대가 지금 여기에 깨어 있기를 바란다. 하지만 그대는 그에게 가서 묻는다. "영혼은 영원합니까? 죽고 나서도 저는 살까요? 죽은 다음에는 무슨 일이 일어납니까? 죽은 후에는 어떻게 됩니까? 사람들은 어디로 가나요?"

그러면 붓다는 이 모든 질문들을 우스워하며 모두 옆으로 내려놓곤 했다. 실제 이것은 붓다가 평상시 사용한 방법이었는데, 그가 마을에 들어갈 때면 언제나 제자들을 시켜 마을을 돌아다니며 사람들에게 일일이 "이 열한 가지 사항은 묻지 마시오." 하고 선언하게 했다. 그 열한 가지 질문은 죄다 형이상학적인 것으로써 내세, 신, 천국, 지옥, 카르마 따위의 온갖 잡동사니들이었다.

붓다는 말하곤 했다. "지금 당면한 문제, 지금 당장의 문제만 물어라. 나의 현존이 그것의 대답이 되게 하라."

사람들은 그것을 묻고 싶어하지 않는다. 그들은 그것을 피하고 싶어한다. 그대는 불행할 때 이렇게 묻는다. "내세에는 무슨 일이 일어납니까?" 사람들은 내게 와서도 묻는다. "내세에는 무슨 일이 일어납니까?" 나는 말한다. "먼저, 죽음 이전의 일을 보라." 그들은 그것에는 관심이 없다. 죽음 이전? 누가 죽기 전을 염려한단 말인가? 진짜 문제는 내세에 있는데.

만일 현재의 일을 볼 수 없다면 – 그대는 그것을 보고 싶어하지 않는다 – 나중에도 매일반일 것이다. 누군가 물어 왔다. "이 질문은 저의 아주 어린 시절부터 따라다니던 것입니다. 돌은 내면을 어떻게 느끼나요? 돌의 내면은 어떠합니까?"

먼저 인간으로서의 그대는 어떻게 느끼는가를 물어라. 언젠가는 그대 역시 돌이었다. 하지만 그때도 그대는 걱정했었다. 인간이 되면 어떻게 느낄까 그대는 걱정했었다. 지금 그대는 인간이고 돌이 되면 어떻게 느낄까를 염려한다. 그대는 그 모든 기회들을 놓칠 작정인가?

그리고 기억하라. 그것은 똑같이 느낀다는 것을. 바로 지금 그대가 내면을 느낄 수 있다면, 다른 모든 곳에서도 느낄 수 있을 것이다. 내면은 동일하다. 오직 외면만 다를 뿐이다. 한 사람은 외면적인 여자이고 한 사람은 외면적인 남자이다. 내면적으로는 아무도 남자가 아니고 아무도 여자가 아니다. 남자는 끝없이 여자에게 당황한다. 그대의 가장 위대한 남자마저도, 이른바 가장 위대하다는 남자마저도 끝없이 여자의 신비에 당황한다.

그것은 어떤 식으로 느끼는가? 내면에선 매일반이다. 심지어는 돌도. 내면은 언제나 동일하다. 오직 바깥 테두리만, 모양과 형태만 다르다. 내면은 신이다. 신은 모든 것의 내면이다.

하지만 이러한 질문들! 자, 한번 생각해 보라. 어떤 사람이 어린 시절부터 지금껏 끝없이 생각해 왔다. 그것은 분명 강박관념이 되었을 것이다. 돌은 자기 내면을 어떤 식으로 느끼는지. 그 사람은 아직도 이렇게 묻지 않는다. "지금 당장, 지금 내 내면은 어떻습니까?"

붓다는 당면 문제, 지금 임박한 것을 중요시한다. 당장 지금 여기로 들어오라. 그대의 실체 속으로 들어가서, 그리고 보라. 거기서 그대가 알게 되는 것이 모든 문제들을 풀어 줄 것이다. 형이상학은 의미가 없다. 명상 하나면 충분하다.

하지만 사람들은 그에게 부탁하곤 했다.

"내생을 위해 우리를 도와주십시오."

그는 지금 그대를 변형시킬 준비가 되어 있다. 여기에서 이용할 수 있다. 하지만 그대는 여기서의 변형에 흥미가 없다. 그대는 다른 해야 할 일이 무수히 많으므로. 그대는 삶이 끝나고 인생의 모든 좋은 것들을 다하고 나면 무덤에서 쉬리라고 생각한다. 그렇다. 그때 명상해도 된다. 그때 중대한 것들을 생각해도 된다. 왜 지금 염려하는가? 지금 당장은 해야 할 일이 너무나 많다. 해야 할 흥미거리가 너무나 많다.

붓다는 미래를 위해 그대를 도와줄 수 없다. 붓다에게는 미래가 없기 때문이다. 붓다에게 존재하는 시간은 현재뿐이다. 그는 과거에 대해서도 그대를 도울 수 없다. 과거는 없기 때문이다. 그것은 일체 '지금'뿐이다.

> 이미 마음에는
> 구름 한점 걸려 있지 않고
> 달이 숨을 산도 없다.

그것을 볼 수 있다면, 이 순간 그대 내면에 있는 바로 지금의 것들로 들어갈 수 있다면, 그대는 놀라리라…….

> 이미 마음에는
> 구름 한점 걸려 있지 않고
> 달이 숨을 산도 없다.

물에 빠진 사람의 불가사의

거기 모든 것은 명백하다! 지금 이 순간! 그대는 거기에 없다.

거기 모든 것은 명백하다. 다만 명료함, 투명함, 수정 같은 명료함. 그것은 태초 이래로 그래 왔다. 그대 내면의 순수성은 절대적이다. 그것은 오염될 수 없다.

그것은 마치 잠들어 있는 사람을 깨우면 그가 깨어나는 것과 같다. 그가 잠들어 있는 동안에도 그의 깨어나는 능력은 훼손되지 않았다. 그것은 거기 있다. 그것은 토대와 같았다. 표면에는 잠과 꿈의 껍질이 있지만 내면 깊숙이에서 그는 깨어 있다. 안 그러면 어떻게 그대가 흔든다고 해서 그가 깨어날 수 있는가? 단지 알람 종소리에, 단지 밖에서 누가 부른다고 눈을 뜨고 "누가 나를 부르지?"하고 물을 수 있는가? 그는 잠들어서 수만 가지 꿈을 꾸며 그 속에 푹 빠져 있었다. 그럼에도 불구하고 그 무엇이 여전히 깨어 있었다.

그 무엇은 항상 깨어 있다. 그 무엇은 결코 '깨어 있음'을 잃은 적이 없다.

그대는 생각들 속에 빠져 있다. 생각들은 꿈이다. 그대는 머리 속에 빠져 있는데, 그 명료성은 가슴속에 존재한다. 머리는 혼돈이다. 오만 개의 생각들이 날마다 머리 속을 지나다니니 당연한 일이다. 그것은 정말로 스물 네 시간 내내 분주하기 이를 데 없다. 게다가 그 오만 개의 생각이란 아주 보통 사람의 평균치를 얘기하는 것이다. 신경증에 걸린 사람이나 철학자, 사색가들, 광인들은 제외한 얘기다. 그들에 대해서는 말하지 않았다. 이것은 단지 평균치이다.

수많은 생각들이 머리 속을 지나가고 있다. 어떻게 그대가 명료하게 존재할 수 있는가? 수많은 구름들, 어떻게 그대가 태양을 볼 수 있겠는가?

하지만 그대 안에는 공간이 있다. 그대의 가슴에는 맑은 샘물이 있다. 머리 속에서 미끄러져 나와 가슴속으로 떨어지라. 그러면 홀연히 깨닫는다.

> 이미 마음에는
> 구름 한점 걸려 있지 않고…

왜냐하면 가슴에는 어떠한 생각도 스쳐가지 않기 때문이다. 생각의 메커니즘은 머리 속에 있고 각성의 메커니즘은 가슴속에 있다. 가슴은 항상 깨어 있다. 하여 가슴적인 일은 언제나 아름다움을, 초월적인 아름다움을, 우아함을 지닌다. 그것은 신성의 어떤 것이다. 작은 일 하나, 사소한 몸짓일지도 모르지만 그 몸짓 속에 신이 드러난다. 그리고 머리적인 일은 죄다 항상 계산적이고 교활하고 영악하고 비속하고 추하다.

> 이미 마음에는
> 구름 한점 걸려 있지 않고
> 달이 숨을 산도 없다.

그것은 항상 명료하다. 그대는 그 양 공간에 이를 수 있다. 하지만 웬일인지 그대는 교통과 소음으로 혼잡한 길가에 서 있다.

머리를 벗어나 가슴으로 들어오라. 덜 생각하고 더욱 느껴라. 너무 생각에 집착하지 말고 느낌의 세계로 더 깊이 들어오라. 다만 변화함을 보라. 그것은 다만 형태의 변화일 뿐이다. 그대는 생각들에 빠져 있어서 새들이 노래하는 가슴에 귀기울일 수 없다. 그때 형태만 바꿔라. 그냥 초점을 바꿔라. 그것은 하나의 방향 전환이다. 그러면 그대는 더 이상 생각들로 걱정하지 않는다. 별안간 온갖 새들이 노래하고 꽃들이 피어나고 햇살이 나무들 사이로 비추고 바람이 시든 나뭇잎들을 희롱한다. 단지 방향의 전환으로…….

그리고 정확히 그래야 한다. 그러기에 진정으로 깨어나고자 하는 사람은 최대한의 감수성을 배울 필요가 있다. 더욱 느끼고 더욱 만지고 더욱 보고 더욱 맛보라. 그대의 마하트마들은 그대의 감수성을 아주 무디게 만들었다. 그들은 "맛보지 말라. 맛은 위험하다."고 말해 왔다. 그들은 "음악을 듣지 말라. 감각을 잊어라."하고 말해 왔다. 그래서 모든 감각들이 닫혀져 느낌이 사라진 것이다. 느낌은 오로지 감각의 영양분을 통해서 살 수 있다.

따라서 새로운 사람이 여기에 와서 사람들이 서로 끌어안고 손잡고 춤추고 노래하는 것을 보면 당황한다. 그는 사람들이 그저 나무 아래 맥없이 앉아 있고 정체되어 있는, 아무 느낌도 없이 그저 "라마, 라마, 라마…"나 암송하는 무덤 같은 아쉬람[12]만 알고 있기 때문이다. 그러한 암송은 감각을 잠재우기 위한 일종의 자장가이다.

그대가 깨어나길 원한다면 감수성이 있어야 한다. 그대의 모든 감각들이 불꽃이 되도록 허락해야 한다. 그러면 가슴은 살아 움직이기 시작한다. 가슴의 연꽃이 피어난다. 그곳에는 아무 혼돈이 없다.

> 이 세상 생사의 길에는
> 동행이 없다 다만 외로이
> 홀로 오고
> 홀로 죽는다.

모든 관계는 꿈이니 너무 관계의 세계에 빠지지 말아라. 그대의

---

[12] 아쉬람(Ashram) : 산스크리트어로 종교적인 수련처 또는 휴식처를 말한다.

절대적 단일성을 기억하라.

> 다만 외로이
> 홀로 오고
> 홀로 죽는다.

그리고 이 인생은 하룻밤 머무는 여인숙이다. 너무 그곳에 의존하지 말아라. 너무 그곳에 얽매이지 말아라. 여인숙에 하룻밤 머물면서 얽매이지는 않는다. 밤 사이 머물다가 아침이면 떠나야 함을 그대는 안다. 그러니 지나가는 숙소는 걱정거리가 못 된다.

이 인생은 그저 하나의 여행이다. 이 인생은 하나의 다리일 뿐이다. 그것을 통과해 지나가되 너무 얽매이지는 말아라. 초연하게, 객관적인 상태로 머물러라. 그 초연함과 객관성은 억지적인 것이어서는 안 된다. 만일 그것이 억지로 된 것이라면 요지를 놓친 것이다. 그것은 그대의 이해 속에서 나와야 한다. 그것이 만일 억지로 된 것이라면 그것은 그대의 감각을 죽일 터이고, 이해로부터 나온 것이라면 그대의 감각은 더욱 살아나게 될 것이다.

> 큰 물은 앞으로 흘러가지만
> 그대 스스로를 포기하면
> 물은 그대를 실어 나르리라.

그리고 기억하라. 그대가 얽매이지 않으면 다툴 필요도 없고 투쟁할 필요도 없다는 것을. 치열한 투쟁에 휘말리는 것은 자기가 무엇을 해야 한다는 확고한 생각을 가지고 있기 때문이다. 그대는 세상이 정해진 방식으로 있어 주길 바라지만 세상은 변할 수밖에 없다. 그대는 너무나 휘말려들어서 잠도 잘 수가 없다. 그대는 지나가는 숙소의 벽에다 칠을 해야 한다. 벽을 장식하고 침대를 바꾸고 가구들을 배치해야 한다. 그리고 아침이면 떠나야 한다. 그런데 밤새도록 물건을 정리하고 다투고 바꾸는 데 시간을 보낸다.

억지된 훈련이 아닌 이해를 통해 삶과 함께 흘러가라. 그때는 모든 것이 좋다. 그대는 강물을 떠밀지 않는다…….

> 큰 물은 앞으로 흘러가지만
> 그대 스스로를 포기하면
> 물은 그대를 실어 나르리라.

그것과 싸우는 것은 다름 아닌 그대 자신과 싸우는 것이다. 삶과 투쟁하면 그대는 더욱더 닫혀지고 자연히 방어적이 될 것이다. 삶과 투쟁하면 그대는 실패할 것이다. 싸우는 데 에너지가 소진돼 버릴 테니까.

삶과 투쟁하지 않는다면 그대는 흐름에 따라 흘러갈 것이다. 그대는 강물과 함께 갈 것이다. 흐름을 따라가며, 역류하려고 애쓰지 않을 것이다. 그대는 관념 없이, 다만 삶에 헌신할 따름이다. 이것이 신뢰이고 헌신이다. 그리고 이것이 '그것'이다! 그때 기적이 일어난다. 그대가 삶과 투쟁하지 않는다면 삶이 그대를 돕는다. 삶은 그대를 어깨 위에 앉혀 데려간다.

그대는 시체가 강물을 떠다니는 걸 보았는가? 그대는 죽은 사람의 불가사의를 본 적이 있는가? 그는 살아서는 강물에 익사했다. 아마 투쟁하는 법이나 수영하는 법을 몰라서 익사했을 것이다. 어쩌면 분명 투쟁했을 것이다. 분명 그것을 벗어나려고 몸부림쳤을 테지만, 그는 익사했다.

지금 그는 죽어 있다. 그리고는 물의 표면을 떠다니고 있다. 무슨 일인가? 그는 살아서는 그 비밀을 몰랐던 것 같다. 지금 그는 안다. 지금 강물은 그를 물에 빠뜨리지 않는다. 수영을 가장 잘하는 사람은 죽은 듯이 — 마치 죽은 듯이 — 강물과 함께 흐르는 법을 아는 자이다. 그러면 강물이 그대를 데려간다.

이것이 내맡김이다. 마치 죽은 것처럼 사는 것, 집착 없이 사는 것, 소유함 없이 사는 것, 매달리지 않고 사는 것. 기쁨과 함께 사는 것.

> 아무 것도 보지 않고
> 말하지 않고
> 듣지 않는 자,
> 간단히 부처를 넘어서리라.

하여 그대가 그 위에 집을 짓지 않고 강물과 함께 흘러갈 수 있다면 이 기적이 일어나리라.

> 아무 것도 보지 않고…

그대는 볼 수 없는 것을 볼 수 있을 것이다. 그대가 그 일이 일어날 때 그 보는 자 또한 사라짐을 볼 수 있을 것이다. 그대는 보았다고 말할 수 없는 그것을 볼 것이다.

이것은 체험의 삼위일체이다. 아는 자와 앎과 지식, 이것은 체험의 삼위일체이다. 그대가 완전히 휴식할 때 이 삼위일체는 사라진다. 거기엔 아는 자도 없고 앎의 대상도 없다. 다만 알 뿐이다. 그 아는 자와 앎의 대상은 앎 속으로 녹아든다. 모든 명사(名詞)들은 삶의 동사(動詞) 속으로 녹아들었다.

  아무 것도 보지 않고
  말하지 않고…

거기 체험 아닌 체험이, 체험이라 부를 수 없는 체험이 있다. 하여 붓다는 결코 신을 말하지 않은 것이다. 신에 대해 말하는 것은 잘못이며 거짓이며 허위이며 기만이기 때문이다. 그것은 아무도 본 적이 없는 어떤 것이다. 그것은 보는 자가 사라졌을 때만 볼 수 있는 어떤 것이다. 그것은 그대가 부재할 때만 보여질 수 있는 어떤 것이다. 그것은 완전한 결합이다. 거기엔 체험하는 자와 체험되는 대상, 지켜 보는 대상과 지켜 보는 자의 구별이 없다. 모든 차별, 모든 이중성은 사라졌다. 어떻게 그것에 대해 뭐라고 말할 수 있는가?

  아무 것도 보지 않고…

하여 성자들은 오만 가지에 대해서는 오만 가지 말을 하지만 진리에 대해서는 아무 말도 하지 않는다. 그것에 대해서는 아무 말도 할 수 없다. 성자의 현존이 그 진리이다. 그대는 그와 함께할 수 있다. 그대가 원하는 만큼 그를 마실 수 있고 그에게 가까워질 수 있으며, 그에게 다가감으로써 변형될 수 있다. 하지만 진리에 대해서는 아무 말도 할 수 없다.
  말해질 수 있는 도(道)는 진실된 도(道)가 아니다. 말로 표현되는 진리는 금세 거짓이 된다.

아무 것도 보지 않고

말하지 않고

듣지 않는 자,

간단히 부처를 넘어서리라.

불성은 그 모든 것의 절대적 초월이다. 그 모든 것에는 심지어 붓다도 포함된다. 사람은 심지어 불성마저 넘어섰을 때 비로소 붓다가 된다. 그것을 잘 보라. 만일 누가 "나는 불성을 이루었다."고 말하며 그 체험에 집착한다면 그는 아직 이루지 못했다. 그것은 아직 체험된 세계의 일부이다. 아직 에고가 남아 있다. 아마도 아주 미세한 것일 테지만 아직 에고가 있다.

진정한 붓다는 사라진 자, 즉 체험자로서의 그가 사라진 자이다. 그것은 완벽한 넘어섬이다. 그 넘어섬 속에서 그대는 신이다.

우리가 아주 익숙해진 그 신은 우리 자신의 상상물이다. 그것은 실제의 신이 아니다. 기독교나 힌두교나 불교의 신은 실제의 신이 아니다. 실제의 신은 결코 한마디도 언급된 적이 없는 신이다. 바이블이나 베다나 코란의 신은 실제의 신이 아니다. 실제의 신은 항상 절대 침묵으로 남아 왔던 자이다. 우리의 신들은 우리의 창조물이다.

이런 얘기를 들었다.

맨하탄에서 한 여자가 죽었는데 그녀의 유산을 신(神)에게 상속했다. 유산을 정리하기 위해 신이 당사자가 된 소송이 제기되었다. 소환장이 발급됐고 법정은 그것을 해결하려는 움직임을 보였다. 최종적 공표 상황는 다음과 같았다.

"열심히 조사해 보았으나 뉴욕 시에서는 신을 찾을 수 없음."

하지만 사람들이 찾고 있는 신은 그런 류의 신이다. 그대는 어떤 부류의 신을 찾고 있는가? 그대는 마음속에 어떤 상(想)을 갖고 있다. 신은 피리를 불고 있거나 크리슈나와 같을 거라는, 아니면 바로 예수 그리스도의 확대된 모습이거나 이러저러할 것이라는…….

그대는 그저 공허한 몸짓의 종교를 경험하고 있을 뿐이다. 진정한 종교는 아직 그대의 삶에 스며들지 못했다. 진정한 신은 상상할 수 없다. 진정한 신은 모든 상상이 멈춰졌을 때 일어난다. 진정한 신은 볼 수 없다. 진정한 신은 오직 보는 자가 존재하지 않을 때 볼 수 있다. 진정한 신은 대상이 될 수 없다. 신을 하나의 대상으로 전락시키는 것은 신을 파괴하는 것이고 죽이는 것이며 그를 살해하는 것이다. 진정한 신은 언제나 그대 주체성의 가장 깊은 중심으로서 일어난다. 여기에 있을 뿐 거기에는 없다. 지금 있을 뿐 다음엔 없다. 안에 있을 뿐 밖에는 없다. 그 '안'이란 것 역시 오직 찰나적인 것이다. 한번 신이 일어나면 그 '안' 역시 사라진다. 그때는 아무 것도 바깥이 아니고 아무 것도 안이 아니다. 모두 하나이다.

말로 할 수 없는 것, 묘사할 수 없는 것을 자각하게 하는 것, 그것이 스승의 역할이다. 그러러면 스승을 향한 커다란 사랑이 필요하다. 커다란 공명이 필요하다. 오직 그때 이 상상할 수 없는 것들, 묘사할 수 없는 것들, 정의할 수 없는 것들을 이해할 수 있다.

스승은 그대에게 신(神)을 줄 수 없다. 하지만 그대 가슴의 불꽃이 그를 열망하도록 만들 수 있다.

젊은 세일즈맨은 마음이 편치 않았다. 그는 틀림없다고 생각했던 중요한 판매를 놓쳤다. 그의 관리자와 문제를 토론하고 있는 동안, 세일즈맨은 어깨를 으쓱하며 말했다.

"말을 물 쪽으로 끌고갈 수는 있지만, 물을 마시게 할 수는 없습니다."

"맙소사!" 관리인이 소리쳤다.

"누가 물을 마시게 하라고 했나? 자네의 임무는 그를 갈증나게 만드는 거야!"

그대를 보이지 않는 것에 갈증나게 하는 것, 그것이 스승의 일이다. 그것은 일종의 광적인 갈증이다. 이성적으로는 어떤 것도 그것을 증명할 수 없다. 그것은 일종의 전염이다. 그러므로 사트상(satsang)이 필요하다. 즉 스승과의 깊은 교감이 필요하다. 점차로 어떤 것이 그대의 존재에 전염된다. 그대가 지극히 고요하고 마음의 왕래가 더 이상 없을 때, 다만 정지, 침묵, 마침표의 순간에 스승의 눈을 바라보면 그대 안에 감동 같은 것이 일어난다.

스승은 그대 바깥에 있다. 그의 현존은 오랫동안 잠들어 있는 그 무엇을 부르는 힘이다. 그대는 깨어나기 시작한다. 그대는 눈을 뜬다.

스승과 함께하는 것은 아주 묘한, 제일 묘한 관계이다. 스승은 없는데 제자는 과도(過度)하게 존재하기 때문이다. 서서히 스승의 '무'는 제자를 압도한다. '무'의 아름다움을 보면서 제자는 자신이 어떤 사람임을 떨쳐 버리게 된다.

그것은 집에 불이 난 것과 같은 이치다. 안에는 사람이 잠들어 있다. 그들은 그를 창 밖으로 끌어내려고 애쓰지만 할 수가 없다. 그 남자는 무겁고 덩치가 크고 몸무게가 대단하다. 그들은 문을 통해서 끌어내려고 하지만 할 수 없었다. 그는 정말로 깊이 잠들어 있다.

사람이 깊은 잠 속에 있을 때는 굉장히 무거워진다는 걸 그대도 알 것이다. 깨어 있는 사람이라면 쉽게 운반할 수 있다. 그 사실을 지켜 본 적이 있는가? 깨어 있는 아이를 운반할 때는 가볍다. 같은 아이라도 깊이 잠들어 있을 때는 무겁다. 잠은 무게의 성질을 지니고 있다. 아마도 잠은 땅의 중력에 더 조율되어 있고 각성은 하늘의 부양에 더 조율되어 있는지도 모른다. 이 말은 과학적으로는 사용할 수 없고 단지 은유적으로 사용할 수 있을 뿐이다. 하지만 사람이 깨어 있을 때는 아주 가볍게 된다. 그래서 그대도 알 듯이 혼수 상태에 빠져 있는 사람은 운반하기가 힘들다.

그들은 창문으로 시도했지만 할 수 없었다. 그들은 문을 통과하려고 시도했지만 할 수 없었다.
한 현자가 말했다.
"그를 깨워라. 스스로 벗어날 것이다."

그것이 스승의 의도이다. 그의 각성으로, 그의 각성의 영향으로 그대의 잠은 마침내 소멸된다. 사라진다. 그의 빛은 그대의 빛을 자극한다. 그의 침묵은 그대의 침묵을 부른다.
그리고 스승은 특별히 아무 것도 하지 않는다는 것을 기억하라. 다만 여기 존재할 뿐이다. 그것은 저절로 사라진다. 하지만 제자는 아주 주의 깊게 지켜 봐야 한다. 제자는 굉장히 진지해야 하고 빈틈없이 초점을 맞추고 집중해야 한다. 제자는 눈도 깜빡거리지 않은 채 있어야 한다. 제자는 거의 맹목적으로 열중해 있고 전적으로 민감해야 한다. 마치 사랑에 빠지면 세상은 사라지고 그대의 가장 사랑하는 이만 남는 것처럼.
스승이 그대의 가장 사랑하는 이, 그대의 연인이 되지 않고서는,

그대의 모든 에너지가 그를 향해 움직이지 않고서는 변형은 일어나지 않을 것이다. 그대는 그의 모든 몸짓과 모든 미묘한 차이를 지켜봐야 할 것이다.

비엔나의 외과의사가 학생들에게 의사가 필요로 하는 두 가지 재능 — 구역질로부터의 자유와 관찰력의 힘 — 을 이야기했다. 그는 구역질 나는 고약한 액체 속에 손가락을 담갔다가 그것을 핥아 없앴다. 그리고는 그들에게 똑같이 해보라고 일렀다. 그들은 주저없이 그대로 했다. 빙긋이 웃으며 빌로쓰가 말했다. "여러분은 처음 시험은 잘 통과했습니다만, 두번 째는 아닙니다. 여러분들 모두 내가 첫째 손가락을 담갔다가 둘째 손가락을 핥은 것은 주목하지 못했습니다."

그렇다. 스승의 모든 몸짓을 보려면 아주 주의 깊어야 한다. 그 모든 몸짓 속에 참 메시지가 들어 있기 때문이다. 그가 걷는 방식, 앉는 방식, 그대를 바라보는 방식, 그가 존재하는 방식. 그가 말하는 것은 두 번째다. 그의 현존이 으뜸이고 아주 근본적인 것이다. 따라서 논쟁이나 말이나 학설이나 기대에 빠져 있는 사람들은 계속해서 빗나간다.

> 물 위에 쓴 숫자보다도
> 더 덧없는 환상은
> 부처에게 구하는
> 내세의 행복.

이미 마음에는
구름 한점 걸려 있지 않고
달이 숨을 산도 없다.

이 세상 생사의 길에는
동행이 없다 다만 외로이
홀로 오고
홀로 죽는다.

큰 물은 앞으로 흘러가지만
그대 스스로를 포기하면
물은 그대를 실어 나르리라.

아무 것도 보지 않고
말하지 않고
듣지 않는 자,
간단히 부처를 넘어서리라.

 붓다를 넘어서라! 그것에 마음을 기울여라. 내가 말하는 건 그것이다! 붓다를 넘어서라. 붓다마저 넘어서는 것, 그것이 진정한 불성이기 때문이다.
 그 영원한 근원은 그대에게 열려 있다. 그대는 행운아다. 그것을 놓치지 말아라.

제11장

밑바닥이 빠지다

Breaking Through the Bottom

유(有)와 무(無)로 나아가는
생사의 바다 위에
해녀의 작은 배
밑바닥이 빠지고 나면 유와 무도 사라진다.

마음은 부처가 될 수 없다
몸도 부처가 될 수 없다
부처가 될 수 없는 그것만이
부처가 될 수 있다.

그대 자신을
이슬처럼 사라지는
그림자처럼 사라지는
빛으로 여겨라.

부처를 찾아
다른 곳을 찾아 다니는 마음이여.
망집 중에 망집이로다.

더러움에 물들지 않는
연잎의 이슬방울
그냥 그대로 진여(眞如)의 본 모습.

한 나이 든 여자가 박사의 사무실(Dr. office)에 와서 하소연했다. "박사님, 위가 아파요!"
박사가 말했다. "그런데 부인, 난 철학과 박사입니다."
잠시 그녀는 통증을 잊었다. 그리고서 당황하는 것 같았다.
"철학이라구요? 그게 무슨 병인데요?"

그렇다. 철학은 하나의 병이다. 더구나 일반적인 병이 아니다. 평범한 감기가 아니다. 그것은 암이다. 영혼의 암. 사람이 한번 철학의 정글에 빠지게 되면 더욱더 말과 관념과 추상적인 관념에 묶이게 된다. 거기엔 끝이 없다. 여러 생을 끝없이 끝없이 이어 갈 수 있다.

철학은 일체 마음의 장난이다. 마음은 그것을 통해 영속한다. 그러나 진리는 오로지 무심의 상태에서만 알 수 있다. 하여 철학자는 결코 진리를 알 수 없다. 철학을 완전히 버리지 않는 한은 진리가 무엇인지 혹은 신이 무엇인지 알 수 없다.

철학은 신에 대해 생각함으로써 줄곧 신을 놓친다. 그것은 계속 주변을 맴돌며 학설만 만들어 낼 뿐 결코 과녁을 맞히지 못한다. 그것은 빙빙 돈다. 신에 대한 관념을 하나 만들어 내면 그 관념이 또 다른 관념을 창조한다……. 관념은 산아제한을 인정하지 않는다. 그들은 끝없이 스스로를 재생산한다.

마음이 존재하는 비결은 철학에 있다. 마음은 철학을 창조하고, 철학을 통해서 산다. 철학 없이는 단 한 순간도 존재할 수 없다. 마음은 힌두교도이거나 회교도, 기독교도거나 공산주의자이어야만 한다. 마음은 힌두교도나 회교도가 아니고서는, 자이나교도나 기독교도가 아니고서는 단 한 순간도 존재 안에 머물 수 없다. 마음은 기댈 철학이 없으면 기아로 죽는다. 지탱해 줄 버팀목이 없으면, 생각할 수 있는 영양분을 부단히 주지 않으면 그 일련의 과정은 중지된다. 철학은 마음을 유지해 준다.

불교는 철학이 아니다. 적어도 붓다나 이규의 존재에 있어서는. 깨달은 사람들은 진리란 절대적으로 비(非)철학적인 상태에서 일어날 수 있다는 것을 알게 된다. 진리는 모르는 상태에서 일어난다. 진리는 순진무구함 속에서 일어난다. 진리는 의식 속에 사념의 구름이 없을 때, 하늘이 순수하게 맑을 때, 추상적인 관념이 없을 때, 신이 있다, 없다의 관념이 없을 때, 신을 믿지도 않고 신이 없음을 믿지도 않을 때, 단순히 모르는 상태에 있을 때 일어난다. 그대는 아무런 지식도 요구하지 않는다. 그 요구하지 않는 의식은 개화의 시작이다. 모든 지식들은 하나의 짐덩어리이며 그대를 폐쇄시킨다.

선(禪)은 철학이라는 병에서 벗어나기 위한 하나의 의학이다. 다른 학파에서는 철학의 세계를 벗어나기 위해 선만큼 강력한 의학을 생각할 수 없었다.

붓다는 어떤 믿음도 가르치지 않았다. 그런 점에서 그는 교사가 아니었다. 그는 가르치지 않았기 때문이다. 거꾸로 그는 안티(anti) 교사였다. 그는 사람들이 지니고 다녔던 모든 가르침들을 제거했다. 그는 그의 제자들이 점차로 완전히 벌거벗도록, 알몸이 되도록 도왔다.

철학은 마음이 걸치고 있는 아름다운 드레스이다. 철학이 사라지고 나면 마음은 추하다. 사람들은 그것을 좋아하지 않을 것이다. 그것은 혐오스럽다. 그때는 마음을 버리기가 아주 쉽다. 사실 그것을 붙들고 있는 것이 더 힘들다. 인간은 그것을 버려야만 한다. 그것을 버려야 할 때가 필연적으로 찾아온다.

철학이란 정확히 무엇인가? 그것은 아무 것도 모르면서 안다고 가장하는 것이다. 그것은 생각이다. 생각은 항상 무지(無知) 위에 무엇을 덧칠하려는 노력이다. 무엇에 대해 생각한다는 것은 그대가 그것을 모르고 있다는 표시이다. 그대는 알거나 모르거나 둘 중의 하나이다. 어떻게 생각으로 알 수 있는가? 그리고 무엇을 생각할 수 있는가?

만일 내가 "신은 존재하는가 아닌가?" 하고 물으면 그대는 "그것에 대해 생각해 보겠습니다." 하고 말할 것이다. 뭘 생각하려 하는가? 그대는 알거나 모르거나 둘 중의 하나이다. 그것은 그처럼 단순한 것이다. 무엇에 대해 생각한단 말인가? 무엇을 생각하든 생각은 그대의 조작이며 거짓이 될 것이다. 생각이란 거짓들로 이루어져 있다.

하지만 사람들은 그 거짓이 진실이라고 스스로에게 증명할 수 있다. 그것을 위해 논쟁도 한다. 그러나 진리는 논쟁이 필요없다. 진리는 그 자체로 명백하다. 오직 거짓만이 논쟁을 필요로 한다. 거짓은 자체의 명백함이 없다. 그것은 증거를 필요로 한다. 진리는 그냥 진리일 뿐이다. 논쟁이 필요없다.

하여 진리에 대한 가장 위대한 성명은 논쟁의 여지 없이 완벽하다. 구약성서에는 신에 대한 논쟁이 없다. 단순히 신은 존재한다고 공표할 따름이다. 논쟁거리를 주지도 않고 증거를 꾸미지도 않는다.

우파니샤드는 단순히 선언할 뿐이다. 그것은 세상에 대고 크게 외치는 선언이며 공표이다. 그 뒤에는 논쟁의 여지가 없다. 그것은 3단 논법이 아닌 그냥 시적으로 표현한 단언일 따름이다. 누군가 진리를 알았다 하여 그는 선언한다. 만일 그대가 증거를 묻는다면 "당신도 알 수 있다."고 그는 말한다.

비베카난다가 라마크리슈나에게 갔을 때 이런 질문을 했다. "신이 존재한다는 것을 제게 증명할 수 있습니까?" 그러자 라마크리슈나 말했다. "신이 존재한다는 증명은 할 수 없지만 지금 그대가 알게 할 수는 있다. 그대는 준비됐는가? 지금 이 순간!"

비베카난다는 뿌리째 흔들렸다. 이 사람은 거기 서서 묻고 있다. "그대는 준비됐는가? 지금 이 순간 나는 그대에게 신을 보여 줄 수 있다. 그러나 거기 증거는 없다."

비베카난다가 예상치 못한 것이었다. 그는 이전에 다른 많은 철학자들을 만났었다. 그는 다른 사람들처럼 라마크리슈나가 여러 가지 증거를 대고 신에 대해 토론하며 신의 부재에 대한 증거들을 깨부술 것이라고 기대하고 있었다. 그는 진정으로 아는 이를 만난 적이 없었다. 이번이 처음이었다.

그는 목이 탔고 한마디도 꺼낼 수 없었다. 그는 그냥 벙어리가 되었다. 잠시 모든 것이 정지됐다. 그런 다음 라마크리슈나가 그의 가슴에 발을 대자 그는 깊은 황홀경 속으로 떨어졌다. 그가 정상으로 돌아왔을 때는 떨고 있었다. 그는 자신이 보았던 것을 믿기 힘들었다. 그는 한동안 마음 밖으로 떨어졌다. 라마크리슈나의 발이 닿자 그는 한동안 마음을 벗어났었다.

지난밤에 똑같은 일이 일어났다. 사르자노가 거기에 있었다. 비베카난다도 분명 지난밤 사르자노와 똑같은 상태에 있었을 것이다. 나는 잠시 그에게 손으로 내 발을 잡고 있으라고 말했다. 그러자 그 일이 일어났다. 잠시 그는 마음을 미끄러져 나갔다.

무심의 충격, 그대가 준비되어 있다면 무심의 상태에 들어갈 수 있다. 그리고 거기에 앎이 있다. 앎은 항상 마음을 통하지 않고 무심을 통한다. 그것은 아는 자를 통하지 않고 오직 아는 자가 부재할 때 존재한다.

그러나 철학가는 아는 자를 인정하며 부단히 믿음의 이론이나 교리 같은 장난감들을 만들어서 자기 자신을 속일 수 있게 만든다. 하여 그대는 계속해서, 끝없이 끝없이 그럴 수 있다.

들은 얘기다.

한 일짜 무식꾼이 용케도 세계적인 명성의 과학자들이 모인 파티에 초대받았다. 그들 중에는 알버트 아인슈타인도 있었다. 그 무식한 손님은 얼른 그 저명한 물리학자의 뒤에 바싹 따라붙어 자기 생각에 아주 심오한 견해들을 끄집어 내어 그를 성가시게 했다.

"아인슈타인 박사님, 얘기해 보세요." 그 성가신 사람이 물었다. "시간과 영원의 차이점에 대해 당신의 의견은 어떻습니까?"

"선생," 아인슈타인이 대답했다. "그 차이점을 설명하려면 영원한 시간이 필요할 거요."

사실 아인슈타인은 아주 온화하고 원만하며 관대한 거다. 아무리 긴 시간을 들인다 해도 그 차이점은 설명할 수 없다. 설령 영원한 시간을 들인다 해도 끝없이 "시간이란 무엇인가?", "영원이란 무엇인가?" 하고 토론만 한다면 아무 결론에도 이르지 못할 것이다.

오천 년의 세월 동안 철학은 단 하나의 결론도 손에 쥐지 못했다. 그렇다. 단 하나의 결론도 없다. 단 두 명의 철학자 사이에도 일치점이 없다. 그들은 오직 일치하지 않는다는 점에 있어서만 일치할 뿐이다. 그들은 서로 논쟁만 한다. 두 개의 거짓은 일치될 수 없는 까닭에 서로 일치할 가능성이 없다. 그러나 두 개의 진실은 깊이 일치하여 하나의 진실이 된다. 그때 그들은 둘이 아니다. 그 일치는 아주 전적이다. 하여 진리는 오직 하나뿐이라는 말이 있는 것이다. 진리는 여럿일 수가 없다. 그 일치는 그토록 무한하고 총체적이며 전일하여 두 개의 진실이 있을 때면 언제나 곧 하나로 도약하여 하나의 불꽃이 된다.

모든 붓다들은 일치한다. 하지만 무엇에? 그들은 말할 수 없다. 만일 그것을 말한다면 그것은 철학의 일부가 된다. 그것은 말해지지 않은 채 남아 있지만 체험은 가능하다.

철학은 가장(假裝)이다. 철학은 거창한 말들을 좋아한다. 철학은 미사여구에 능한 사람을 믿는다. 철학은 사람들이 감동할 수 있는 거창한 만들을 만들어 내고 날조한다.

예술 비평가 1 : 나는 추상적인 디자인 분야에서 신(新)조형주의는 추상의 객관적 관념에 대한 신비적이고 형이상학적이며 비인간적인 접근이라고 생각한다.

예술 비평가 2 : 그렇다. 당신은 핵심을 안다! 실제, 대충 보아도 이 그림은 편집병적 행위와 즉흥적 충동의 소산으로 때때로 몽유병적 성향의 종치기들이 이런 그림을 그렸는데 그들은 내면의 느낌을 큐비즘의 방식으로 표현하기 위해 곡선과 직선의 도형으로 구성된 추상화를 그렸다.

 예술 비평가 3: 나는 당신들 두 분의 의견에 전적으로 동의한다. 그것은 쓰레기 같은 그림이다!

 철학은 그런 과장된 말들을 창조해 낸다. 그것은 결코 단순치가 않다. 그럴 수가 없다. 만일 단순하다면 거짓이 알려지므로 단순할 여유가 없는 것이다. 그것은 한없이 주변만 빙빙 돌고 지그재그로 우회해야 한다. 절대로 똑바로 가지 않는다. 절대로 핵심에 이르지 못한다. 그것의 모든 노력은 사물의 핵심에 이르지 못하게 하는 것, 사방으로 뻗치기만 하고 절대로 집에 이르지 못하게 하는 것이다. 그리고는 그토록 허황된 말들을 만들어 내어 백치들을 감동시키는 것이다. 오직 백치들만 그런 허황된 말들에 감동한다.

 진리는 단순하다. 아주 단순하다. 너무 단순해서 아이들도 이해할 수 있다. 실제, 그것은 너무 단순해서 오직 아이들만 이해할 수 있다. 그대가 다시 어린아이가 되지 않고는 그것을 이해할 수 없을 것이다. 그것은 하나의 체험이지 사색이 아니다.

 하지만 한번 거창한 말들에 중독되면 현실로 돌아오기가 굉장히 어렵다. 한번 사람의 마음이 거창한 말이나 거창한 관념, 그리고 복잡한 이론들을 즐기기 시작하면 땅으로 내려오기가 아주 어렵다. 그는 하늘을 난다. 그는 마음의 높은 탑 위에서 산다. 그는 결코 실체와 진리에 이르지 못한다. 진리는 단순하기 때문이다. 그리고 철학에는 어떤 현상이 일어나는가?

 사만타는 여섯 살로서 자기가 본 것이나 행한 것들을 과장하기를 좋아했다. 어느 날 사만타는 창 밖을 내다보다가 엄마를 불렀다. "엄마, 엄마! 빨리 와 봐요! 우리 집 밖에 저기 길에서 사자가 걸어가고 있어요!"

사만타의 엄마는 창 밖을 내다보았지만 조그맣고 누런 고양이가 한 마리 있을 뿐이었다.

"사만타! 너 또 거짓말하는구나!" 엄마가 꾸짖었다. "당장 이 층의 네 방에 가서 행실이 나쁜 어린 소녀를 용서해 달라고 하느님께 기도하고, 다시는 그런 거짓말을 하지 않게 해달라고 빌어라."

사만타는 방으로 올라가서 슬피 울었다. 잠시 후에 그녀는 엄마에게 내려와 말했다. "엄마, 엄마가 말한 대로 하느님께 기도했어요. 그랬더니 하느님도 누런 고양이가 사자처럼 보였다고 말했어요."

한번 그런 과장을, 거창한 말들이나 허황된 이론들을 즐기기 시작하면 그대는 곤란해질 것이다. 그대는 스스로와 타인들에게 자신이 옳은 궤도 위에 있음을 설득하려고 온갖 증거들을 수집할 것이다. 한번 알고 있다는 환상이 ― 그대가 알고 있다는 그 환상은 철학이 부여한 것이다 ― 일어나면 그 환상을 떨쳐 버리기가 아주 곤란하다. 그때 그대는 다시 무지해지기 때문이다.

그것은 그대가 나와 함께 있으면서 겪는 가장 어려운 일 중의 하나이다. 그대는 내게 올 때 지식을 들고 온다. 그러나 여기서 하는 작업은 그대가 지식을 버리도록 도와주는 것이다. 그대는 갖고 있는 지식을 버리려고 오는 게 아니라 좀더 많은 지식을 획득하려고 여기에 온다. 더 많이 축적하려고 온다. 그대가 이미 믿고 있는 것에 대해 좀더 논지를 모으려고 온다. 그런데 나는 그대가 알고 있는 일체를 버리라고 말한다. 그대는 진정으로 아는 것이 아니기 때문이다. 그것은 하나의 거짓된 환각 증세이다. 그대는 자신이 안다는 생각을 창조했다. 그렇다. 그것을 버린다는 것은 상처이다. 그러면 그대는 다시 무지해지기 때문이다. 그것은 평생 동안 그대가 여기 저기서 조금씩 획득한 지식이다. 학교와 성직자와 책들로부터 공부하고 탐구하며 힘들여서 축적해 온 지식이다. 그러면서 그대는 진리를 완전히는 모르나 진리를 향해 나아갈 만큼은 안다고 생각한다.

내게 와서 그대는 충격받는다. 나는 그대가 아는 것은 한낱 난센스일 뿐이라고, 그것을 버리라고 말하기 때문이다. 그대가 믿는 신은 허구에 불과하다. 그대의 기도는 그대의 공포에 불과하며 그대의 사랑은 그대의 겉치레일 뿐이다. 그대는 하나에서 열까지 가짜이며 허위에 지나지 않는다.

그 모든 것을 버려라! 그리고 다시 순진해지라. 그 순진함으로부터 그대는 성장할 수 있기 때문이다. 불교의 명상 방법은 하나의 방편, 즉 지식의 환각 상태에서 벗어나는 것을 도와주는 방법일 뿐 다른 무엇이 아니다. 그 모든 환각 상태는 쓰레기이다.

그리고 지식과 앎은 동의어가 아님을 기억하라. 앎은 존재적인 것이고, 지식은 단지 지적인 능력에 불과하다. 앎은 지성에서 나오고 지식은 지성이 없어도 되는 기억에 불과하다. 실제 사람들은 지성을 피하기 위해 지식에 중독된다. 지식적이 되는 것은 값싼 것이다. 그러나 사람들은 쓸모없는 것들에 흥분한다.

수 년 전의 언젠가 아트 부크발트(Art Buchwald)는 '뉴욕 헤럴드 트리뷴'이라는 잡지에 희귀한 책 수집이 취미였던 한 허리우드의 제작자에 관해 글을 쓴 적이 있다. 그는 그 취미를 너무나 좋아하여 끊임없이 그 얘기를 함으로써 듣고 있는 친구들을 지치게 했다. 어느 날 친구들은 그를 골려 주기로 마음먹었다. 그들은 임시 배우를 고용해 놓고 그를 점심에 초대했다. 예의 그 주제가 튀어나오자 배우는 자신이 집 어딘 가에 오래된 독일어 성경책을 여러 해 갖고 있었는데, 고약한 냄새가 나서 결국은 산타 바바라에 있는 숙모 집에 갖다 줬다고 말했다.

"누가 그것을 인쇄했습니까?" 희귀본 수집가가 물었다.

"모르겠습니다. '구텐' 뭐라고 하던데……." 고용된 배우가 말했다.

제작자는 포크를 떨어뜨렸다. "구텐 베르크가 아니오?" 그런 이름 같다고 배우가 말했다. 제작자는 식탁 위로 뛰어 올랐다.

"갑시다!" 그가 흥분하여 소리쳤다. "비행기를 전세 내겠소!"

"어디로 가자구요?" 배우가 물었다.

"이 사람아, 성경책을 가지러 가야지! 당신은 최초로 인쇄된 책을 가졌다는 걸 몰랐소? 그것은 삼백만 달러짜리요."

배우는 흥분하여 일어섰다. 그리고는 돌연 다시 앉았다. "그건 아무 가치도 없습니다."

"왜 그렇단 말이오?" 신경질적이 된 제작자가 물었다.

"왜냐하면," 배우가 대답했다. "마틴 루터라고 하는 사람이 그 위에다 온갖 낙서를 해놨단 말이오."

지금 그 제작자는 틀림없이 미쳐 버렸을 것이다. 졸도해 버렸을 것이다. 사람들은 하찮은 것들에게 흥분한다. 그러면서 자신들이 대단한 일을 하고 있다고 생각한다. 그대의 모든 취미나 모든 탐구, 이른바 영적인 작업들은 이 한 가지 — 에고의 장식물로 집약할 수 있다. 에고는 단지 있는 그대로의 앎을 가로막고 있는 장애물일 뿐이다.

이규의 이 경문들은 아주 실제적이다. 그것은 붓다의 최정점이다. 붓다는 아주 실제적인 사람이다. 하여 그는 비철학적이고 실용적이고 사실과 진실을 원한다. 그는 직접적으로 들어가길 원한다. 이곳저곳 사방을 기웃거리고 싶어하지 않는다. 그는 둘러서 말하지 않고 직접적으로 말하고 싶어한다.

첫 번째 경전.

>유(有)와 무(無)로 나아가는
>생사의 바다 위에
>해녀의 작은 배
>밑바닥이 빠지고 나면 유와 무도 사라진다.

그것이 철학이 사라지게 하는 방식이다. 철학이란 무엇인가? 그것은 두 가지 입장, 즉 '있음'을 믿는 입장과 '없음'을 믿는 입장 사이의 끝없는 마찰이다. 어떤 이가 '신이 있다'고 말하면 나머지는 '신이 없다'고 한다. 어떤 이가 이것이라 말하면 나머지는 정반대를 말한다. 어떤 이가 유신론을 제기하면 다른 이가 즉각 무신론을 제기한다. 이 유신론과 무신론 사이의 게임을 철학이라 부른다.

이 모든 게임은 하나의 간단한 공식 '유무(有無)'로 집약할 수 있다. 유신론자들은 '유'를 말하고 무신론자들은 '무'를 말한다. 어떤 사람은 영혼이 존재한다고 말하고 나머지는 영혼이 없다고 말한다. 어떤 사람은 인생은 목적이 있다고 말하고 나머지는 목적이 없다고 한다. 어떤 사람은 '영혼은 불멸한다'고 말하고 나머지는 '그건 난센스'라고 말한다. 이것은 오랜 세월 동안 시대를 거쳐오며 계속되어 왔다. 결론이 없는 채로.

붓다는 말한다. "그 모든 게임은 부질없다. 그 게임이 부질없는 데는 확실하고 근본적인 이유가 있다. 인생은 그 구조 자체가 변증법적이다. 그것은 유신론과 무신론의 양극의 대립물에 의존한다. 모든 것이 자동적으로 그 반대로 돌아선다. 탄생은 죽음으로 돌아서고 낮은 밤으로, 사랑은 미움으로, 희망은 절망으로 돌아선다. 그리고 거꾸로 절망은 희망으로 돌아서고 밤은 낮으로 미움은 사랑으로 죽음은 다시 탄생으로 돌아선다. 수레바퀴 전체가 양극의 대립물로 이루어져 있다."

붓다는 말한다. "이 양극 중에 하나를 선택하는 것은 그릇된 것이다. 그것의 전체를 보라. '있다'거나 혹은 '없다'고 말하지 말아라. 어느 입장의 부분이 되지 말아라. 어떤 학파나 교리의 부분이 되지 말아라. 교리는 죄다 부분적이면서 각기의 교리마다 그 교리가 전체인 양하기 때문이다. 이것은 철학의 함정이다.

그대가 '신은 빛이다'라고 생각한다면 어찌 '신은 어둠이다'고 하는 다른 사람의 말을 인정하겠는가? 그가 그대를 부인함이 확실한데 말이다. 그대들은 서로 적의를 갖는다.

하지만 붓다는 말한다. "그저 보라. 빛은 날마다 어둠으로 돌아가고 어둠은 날마다 빛으로 돌아간다. 그러니 실지로는 서로 모순되지 않는다. 그대들은 상호보완적이다. 양극의 대립물은 반대가 아니다. 실은 상호 보완물이다. 따라서 거기엔 선택의 여지가 없다. 선택한다면 곤경에 처할 것이다……."

그대가 사랑을 선택했는데, 사랑은 미움과 노여움으로 돌아선다. 그러면 그대는 난처해진다. 그대는 사랑은 영원하리라고 생각했기 때문이다. 그대는 사랑에 영원히 매달려 있을 수 없다. 그 선택 속에는 미움도 포함되어 있기 때문이다. 사랑과 미움은 한 짝이다. 실제 우리는 '사랑'과 '미움'을 두 낱말로 사용하지 말아야 한다. 우리는 '사랑미움'이란 한 낱말로 만들어야 한다. 우리는 '낮'과 '밤'

이라는 두 낱말로 사용하지 말아야 한다. 우리는 '밤낮'이라는 한 낱말로 만들어야 한다. '탄생죽음'이라고 하는 것이 더 진실하고 실체에 가까울 것이다. 분리는 거짓이다.

사랑에 빠졌을 때 그대는 생각한다. "이제 나는 영원히, 영원히 사랑하리라." 그대는 삶의 방식을 잊어버린 것이다. 저녁이 되면 사랑은 없어지고 분노가 올라온다. 그것은 그럴 수밖에 없다. 그대도 어찌할 수가 없다. 사랑을 선택함으로써 미움 또한 선택한 것이기 때문이다. 그것은 한 동전의 다른 면이다. 하지만 이제 그대는 불행하다. 그대는 배신당하고 있다고 생각한다. "어떻게 이럴 수가 있지? 무슨 일이 일어나고 있는 거야? 왜 내게? 왜 나는 영원히 사랑할 수 없는가? 왜 나의 연인은 영원히 나를 사랑할 수 없는가? 아침에 그는 그토록 내게 몰두해 있었는데 지금은 혼자 있고 싶다고, 혼자 남아 있고 싶다고 한다. 무슨 일이 일어난 건가? 내가 뭘 잘못한 걸까?"

아무도 잘못하지 않았다. 그것은 특별한 일이 아니다. 당연히 일어날 것이 일어난 것이다. 그리고 그 노여움도 곧 사라질 것이다. 다시 서로를 포옹하며 사랑하게 될 것이다. 그대는 다시 잊어버릴 것이다.

삶을 이해하려면 사물은 각각 그 반대의 것을 내포하고 있으며 서로 자동적으로 그 반대로 돌아간다는 것, 이것은 아주 기본적으로 알아야 한다. 만일 적을 만들고 싶지 않다면 친구도 만들지 못한다. 친구를 사귄다는 것은 적을 만들고 있는 것이다. 오직 친구만이 적이 될 수 있다. 그대가 결코 불행하고 싶지 않다면 행복을 구하지 말아라. 행복을 구하는 것은 또한 불행을 구하는 것이다. 불행은 그 속에서 온다. 그것은 행복의 게임의 일부이다. 행복은 불행 없이 존재할 수 없다.

삶은 죽음의 한가운데 존재한다.

이것은 붓다의 위대한 직관 가운데 하나이다. 따라서 붓다는 말한다. 선택함은 의미가 없다고. 어떤 이는 신이 있다고 말하고 어떤 이는 신이 없다고 말한다. 그들은 쉽게 말해 실체의 한 면을 선택하는 것이다. 신은 전체이다. '있음' 더하기 '없음'이다. 따라서 붓다에게 "신에 대해 당신은 뭐라고 생각하는가?"라고 묻는다면 그는 이렇게 말할 것이다. "내가 뭐라고 말할 수 있는가? 만일 '있다'고 말한다면 어긋난 것이다. '없다'고 말해도 어긋난 것이다. 만일 내가 양쪽 모두라고 말한다면 그대는 당황할 것이다. 내가 그대를 혼란시키고 있다고 말할 것이다. 그러니 나는 침묵을 지키는 게 낫다. 나는 한마디도 안할 것이다. 나는 침묵할 것이고 그대에게도 침묵을 가르칠 것이다. 신을 알고 싶다면 침묵하라. 이러 저러한 길을 선택하지 말아라."

철학은 하나의 선택이다. '나는 힌두교도다'라고 말할 때 그대는 선택한 것이다. 그 속에는 '나는 회교도가 아니다'라고 말하는 것이다. 신은 힌두교인이고 회교인이고 기독교인이고 자이나교인이며 공산주의자이다. 신은 그 모두이며, 또한 그 어떤 것도 아니다.

왜 모든 것은 그 반대로 돌아가는가? 누가 원하지 않아도 사물은 그런 식으로 돌아간다. 그것은 존재의 방식이고 도(道)이고 담마이다. 그것은 사물의 운동 방식이다. 마치 불이 타오르는 것이 불의 본성이듯이 자동적으로 반대로 돌아가는 것, 그것은 존재의 본성이다. 왜 그것은 반대로 돌아가는가? 그것은 표면만 반대로 보일 뿐 실체의 핵심을 깊이 들여다보면 반대가 아니라 상호보완적이다.

미움이 존재하지 않는 세상을 한번 생각해 보라. 거기 사랑이 있으리라고 생각하는가? 철학은 그렇다고 말할 것이다. 사랑의 철학자들이나 평화의 철학자들은 세상에 전쟁이 없으면 평화로워질 것이라고 말할 것이다. 만일 전쟁이 없다면 틀림없이 평화가 있으리라는 것, 전쟁이 사라지면 평화, 평화, 평화만 있으리라는 것은 꽤 논리적이고 수학적이고 매력적인 얘기로 보이나 그것은 진실이 아니다.

붓다의 말을 들어 보라. 붓다는 말한다. "전쟁과 평화는 공존한다. 전쟁이 사라지면 평화도 자동적으로 사라질 것이다. 거기엔 전쟁도 평화도 없을 것이다. 어떻게 그것이 평화라는 걸 알겠는가? 평화에 대해선 일체 생각지 않을 것이다."

생각해 보라. 만일 세상에서 죽음이 사라진다면 살아 있음을 알 수 있겠는가? 불가능하다. 어떻게 살아 있다는 걸 알겠는가? 삶을 정의하기 위해선 죽음이 필요하다. 평화를 정의하기 위해선 전쟁이 필요하다. 우정을 정의하기 위해선 증오가 필요하다. 사랑을 정의하려면 미움이 필요하다. 하여 서로는 떨어져 있지 않다. 그들은 서로를 규정한다. 그들은 서로에게 의존한다. 만일 하나가 사라지면 나머지도 사라질 수밖에 없다.

철학은 선택한다. 전쟁은 사라지고 오로지 평화만 존재해야 하며, 그러면 평화만 존재할 거라고 생각하는 평화주의자 철학자들이 있다. 버틀란드 러셀도 그것을 말했다. 그것은 불가능하다. 때로는 평화가 있고 때로는 전쟁이 있다고 말하는 크리슈나가 훨씬 진리에 가깝다. 양자(兩者)는 공존한다.

우리의 마음은 논리적인 선택을 한다. 논리는 절대로 반대를 선택하지 못한다. 존재는 반대적인 것에 의존한다. 그러므로 논리와 존재는 결코 만나지 못한다. 철학은 논리적이려고 노력한다. 논리적이면 논리적일수록 진리를 알 가망성은 적다.

붓다는 말한다. '존재하느냐, 마느냐' 이것은 인간의 딜레마이며 궁지이다. 하지만 양자는 공존한다. 그대는 결정할 수 없다. 만일 존재하기로 결정하면, 또한 거꾸로 존재하지 않기로 결정한 것이다. 선택하지 않음이 옳은 선택인 것 같다. 선택하면 항상 뭔가 그릇되게 된다. 그냥 선택하지 않음이 옳다. 선택하지 말아라. 있는 그대로 있게 하라. 그것이 전쟁이라면 전쟁이 있게 하라. 그것이 평화라면 평화가 있게 하라. 그것이 사랑이라면 사랑이 있게 하고 사랑이 아니라면 사랑 아닌 채로 있어라. 그대는 떨어져서 지켜 보는 관조의 상태로 남아 있어라.

다만 이해하라. 그대는 오직 관조이다. 상황은 저절로 그 반대로 돌아간다. 정상은 계곡의 결과이고 높은 것은 낮은 것의 결과이며 등등. 그대가 할 건 아무 것도 없다. 선택하지 않는다면 행위자는 사라진다. 증발하기 시작한다. 그때는 어떤 경우이든 다만 의식할 따름이다.

이것이 '밑바닥이 빠지는 것'이다.

> 유(有)와 무(無)로 나아가는
> 생사의 바다 위에
> 해녀의 작은 배
> 밑바닥이 빠지고 나면 유와 무도 사라진다.

이 모든 집착에서 벗어나는 유일한 길은 선택하지 않는 것이다. 이 세상을 벗어나는 길은 선택하지 않는 것이다. 마음은 항상 선택한다.

물라 나수르딘이 아들과 당나귀를 데리고 시골길을 걸어가고 있었다. 당나귀는 길 따라 난 풀을 만족스럽게 조금씩 뜯어먹고 있었다. 한 사람이 물라와 그의 아들이 땀을 뻘뻘 흘리며 걷고 있는 것을 보고서 한마디 했다. "저들은 참으로 어리석군. 말을 안 타고 걷고 있다니."

그 말을 들은 물라와 아들이 당나귀를 타고 다음 마을까지 왔다. 그때 한 노인이 힐책하는 것을 들었다. "저들은 부끄러운 줄을 알아야지. 불쌍한 당나귀에게 두 사람이나 실어나르게 하다니."

그의 아들이 다음 마을까지 당나귀를 타고 가는 동안 물라는 걸어갔다. 거기에서 물라는 이런 훈계를 들었다. "불쌍한 노인, 저 소년은 부끄러운 줄을 알아야 해. 자기 아버지를 걷게 하다니."

그래서 아들이 내려서 잠시 걷는 사이에, 물라가 당나귀를 타고 갔다.

마침내 그것을 지켜 보던 마을 사람이 말했다. "저 노인, 말을 타고 있는 것 좀 봐. 그 동안에 아들은 걸어야 하다니. 잔혹하기 이를 데 없군!"

물라는 인내심을 잃고 머리를 흔들며 속으로 생각했다. '모든 사람을 항상 만족시킬 수는 없어.'

이 이야기에서 무슨 일이 벌어지고 있는가? 그것은 가장 유명한 수피 이야기 가운데 하나이다. 무슨 일이 벌어지고 있는가? 물라가 어떤 일을 하고 있는데, 사람들은 그 반대의 것을 제안한다. 그는 늘 선택하고 또 선택하고 있다.

사람들은 그런 식으로 움직인다. 그것은 마음의 길이다. 그대는 항상 선택한다. 그대가 어떤 것을 선택하면 조만간에 어딘가에서 다른 것을 선택하라는 제안이 들어올 것이다. 그대는 이미 선택했던 것에 싫증이 났기 때문이다. 더구나 다른 나머지도 이만큼 중요하지 않은가. 싫증이 나면 자연히 그 반대의 것을 생각하기 시작한다.

그대가 지나치게 단식을 해왔다면 자연히 음식을 생각하게 된다. 지나치게 많이 먹고 있을 때는 단식을 생각한다. 지나치게 돈을 추구해 왔을 때는 어느 날 세상으로부터, 돈과 그 일체의 세상으로부터 달아나 히말라야로 갈 결심을 한다. 히말라야에 도착하면, 히말라야에 도착하여 동굴 속에 앉아 있으면 그대는 안정하지 못하고 세상과 돈과 그 모든 것들을 생각하기 시작한다. 동굴에 앉아 있으니 앞으로 닥칠 일들이 무서워진다. 이제 한푼도 없는데 내일이면 어떻게 음식을 구할 것인가. 그리고 밤이면 아무 보호도 없이 혼자 숲 속에 있다는 것이 무섭다.

이제 그대는 집에서 좋았던 점들을 생각해 본다. 그대는 보호되고 편안하고 안전했다. 자, 집에 있을 때는 그런 보호와 안전에 대해서 생각해 본 적이 없었다. 그것은 적응된 것이었으므로 당연한 것으로 여겼었다. 그대는 다른 것들을 생각하고 있었다. 그대는 거의 감옥에 갇혀 있는 것 같았다. 그래서 열린 하늘과 햇빛의 절정과 아름다운 숲과 침묵, 히말라야 최초의 침묵, 그리고 눈 덮인 정상과 그 불멸의 아름다움을 생각하고 있었다. 그대는 이러한 것들을 생각하고 있었다.

그런데 그 불멸의 아름다움 한가운데서는 그것을 모두 잊어버릴 것이다. 그대는 오로지 그대가 갖고 있지 않은 것, 그대의 지각에서 사라진 것들만 감지한다. 지각 작용은 오직 새로운 어떤 것이 발생할 때만 일어난다. 그대는 오직 새것만 본다. 마음은 옛것을 보지 않으려는 경향이 있다. 무슨 의미가 있는가? 그것은 이미 본 것이다. 난생 처음 그대는 집과 그 안락함을 생각한다. 거기에는 공포가 없었다. 지금 여기에는 공포뿐이다. 밤에는 잠도 잘 수 없다. 최초의 침묵이 있기는 하지만 너무 적막하다. 그것은 무겁다. 그대는 그 침묵을 견딜 수 없다. 그것은 그대에게 공포를 불러일으킨다.

최초의 침묵을 대할 때면 항상 몹시 두려워진다. 그대는 언어의 세계에서 살아왔고 그것에 익숙해졌기 때문이다. 그대는 그 불안함을 보지 못하였는가? 기차나 버스에서 낯선 사람을 만나면 그대는 안절부절하게 된다. 상대도 안절부절한다. 서로가 인사를 나누기 전까지는, 말을 나누기 전까지는 그 침묵은 서로를 불쾌하게 한다. 그대는 초조하다. 그도 초조하다. 마침내는 누군가가 얼음을 깨뜨려야 한다. 침묵은 얼음이다. 누군가가 물어야 한다. "어디 가십니까?" 누군가 말을 끌어들여야 한다. 일단 말을 나누고 나면 의사 접촉이 일어난다. 그러면 그대는 인간 세계의 일부인 것이다.

유명한 선 이야기를 들어 본 적이 있는가?

네 사람이 일 주일 간 침묵에 들어가기로 결정했다. 몇 시간이 지나자 한 사람이 말했다. "집에 불을 끄고 왔는지, 그대로 놔두고 왔는지 걱정이네."

다음 사람이 말한다. "어리석은 사람, 자넨 말을 했네. 우리는 말을 하지 않기로 결정하지 않았나."

세 번째 사람이 말했다. "자네가 하고 있는 행동에 대해서는 어떻게 생각하나? 자네 역시 말을 했네!"

그러자 네 번째 사람이 말했다. "나만 아직 말을 하지 않은 유일한 사람이군."

침묵한다는 것은 어려운 일이다. 언어는 우리의 핏속에, 뼈 속에, 척수 속에 박혀 있다. 인간은 언어의 홍수 속에서 살고 있다.

끊임없이 일어나고 있는 그 사실을 그대는 보지 못하는가? 언변이 좋은 사람은 굉장히 중요해진다. 재치있는 언어를 사용할 줄 아는 사람은 사람들에게 존경받는 지도자가 된다. 언어에 별로 민완

하지 않은 사람은 삼류로 남는다. 이 사회는 언어를 통해 살고 있기 때문이다.

조세프 스탈린은 대화 도중에 새로운 이름, 즉 특별한 사람, 작가, 시인, 철학자, 사색가 등의 이름이 대두될 때면 늘 친구에게 묻곤 했다고 한다. 늘 똑같은 질문을 하곤 했다. "그는 천재인가?" 만일 그렇다는 대답이면 그 천재는 수일 내로 사라지곤 했다. 그는 그 후로 보이지 않게 되었다. 그는 살해당했을 것이다. 왜? 왜 스탈린은 그토록 천재를 겁냈는가? 그런 사람은 위험하기 때문이다. '천재'란 언어를 아주 잘 다룬다는 뜻이다. 글 재주가 좋은 사람, 말 솜씨가 좋은 사람, 언설이 뛰어난 사람은 위험한 사람이다. 그들은 반역이나 혁명을 일으킨다. 그들은 대중의 지도자가 된다.

만일 천재가 아니라고 하면, 그것은 그가 이류의 작가나 시인이라는 말로써 문제시되지 않는다.

인간은 언어를 통해 살아간다. 히말라야를 갔을 때 비로소 그대는 그대에게 언어가 얼마나 본질적인 것인지 알 것이다. 그 전에는 결코 모른다. 여기에서는 그것이 당연하게 취급된다. 여기, 가끔 방에 혼자 앉아 있을 때는 혼자라는 것이 아주 기분 좋게 느껴진다. 아주 고요하다. 그러나 그것은 주변이 온통 소음으로 가득 차 있기 때문이다. 대비(對比)로 인해 아름다운 것이다. 히말라야에 간다면 수일 내로 겁에 질릴 것이다. 거기에는 대비할 것이 없다.

몇 시간 조용한 것은 좋다. 그것은 언어로부터 휴식을 주니까. 하지만 그대는 다시 말할 준비를, 의사 전달의 준비를 한다.

세상 사람들은 세상을 포기하고 수도원으로 들어간 사람들을 부러워하며 살아간다. 그리고 수도원에서 살고 있는 사람들은 자기들이 살 기회를 놓쳤다고, 인생은 즐기고 기뻐하고 탐닉하고 먹고 사랑하는 바깥 세상에 있다고 느끼며 살아간다. 승려들은 세상을 생각하며 곧잘 우울해진다. 이것은 마음에 대해 근본적으로 알아야 할 것 중의 하나이다.

붓다는 말한다. 한번 어떤 것을 선택하면 조만간에 그 반대의 것을 선택해야 하리라고. 그대는 그것에 싫증날 것이다. 그것을 잊기 시작할 것이다. 더 이상 그것을 느끼지 못하고 반대 것의 근사함을 생각하게 될 것이다. 그대가 선택한 각각의 것은 단지 부분일 뿐 결코 전체가 아니다. 그것이 전체라면 선택할 필요가 없다. 선택은 부분의 것이며, 또한 부분적일 수밖에 없다. 전체는 선택의 여지가 없다. 전체에는 선택의 초점이 없기 때문이다.

그대가 "나는 생명을 선택한다. 혹은 나는 죽음을 선택한다."고 말한다면, 그것은 "나는 조금도 개의치 않는다. 그것이 생명이든 죽음이든 내게는 다 마찬가지이다. 나는 선택하지 않는다."라고 말하는 것이다.

선택하지 않음은 전체를 가져다 준다. 선택은 항상 부분적이다. 그것은 필연적이다. 사람들은 하나의 선택에서 또 하나로 가며 이 기슭에서 저 기슭으로, 저 기슭에서 이 기슭으로 떠다니는 부목(浮木)이 된다. 이런 식으로 그대는 수많은 세월 동안 수많은 생을 지나왔다.

> 유(有)와 무(無)로 나아가는
> 생사의 바다 위에
> 해녀의 작은 배
> 밑바닥이 빠지고 나면 유와 무도 사라진다.

도약하라! 정확히 중도로. 중도를 통해서.

선택하지 말아라. 깨어 있되 선택하지 말아라.

그대가 선택하지 말고 그냥 삶이 일어나도록 하라.

마치 그대가 극장에 앉아 있는 것처럼. 그것은 그대의 선택에 의존하지 않는다. 필름은 돌아가고 화면들은 오고갈 것이다. 이야기는 전개될 것이다. 그것은 그대의 선택에 의존하지 않는다.

하지만 영화를 볼 때조차 그대는 선택한다. "이 사람이 조금만 더 인격을 갖추었더라면, 이 남자가 조금만 더 도덕적이었더라면……." 하고 그대는 생각한다. 그대는 선택하기 시작한 것이다. 그러나 그것은 그대의 선택에 의한 게 아님을 안다. 그것은 이미 거기에 있다. 그것은 예정대로 일어날 것이었다. 그대는 단지 휴식하며 일어나는 모든 것을 즐기면 된다.

그렇다. 그대가 선택하지 않아도 영화는 정지되지 않을 것이다. 영화는 계속될 것이다. 하지만 이제는 그대에게 영향을 주지 못할 것이다. 그대는 방해받거나 동요되지 않은 채 머무를 것이다. 그대는 중심에 머무를 것이다.

그것이 선택하지 않음의 아름다움이다. 크리슈나무르티가 거듭해서 선택하지 않음을 강조한 것은 옳다. 그것은 또한 선의 맛이기도 하다.

선은 그대가 선택과 이중성과 대립으로부터 벗어날 수 있도록 밑바닥이 빠지게 하는 수많은 방편들을 만들었다. 가장 중요한 방편 중의 하나는 공안(公案)이다. 스승이 어떤 수수께끼를 낸다. 그것은 제자가 그것에 대해 명상하게 하기 위한 것으로 일반적인 수수께끼가 아니다. 그것은 풀릴 수 없다는 점에서 비범하다. 그것은 마음이 어떤 대답도 할 수 없도록 모든 점을 고려해서 만들어졌다. 그것은 대답이 불가능한 어떤 것이다.

가령 '한 손바닥이 내는 소리'가 있다. 제자는 한 손바닥이 내는 소리에 대해 명상해야 한다. 지금 거기엔 소리가 날 리 없다. 논리적으로는 불가능하다. 소리를 내려면 두 손바닥이 필요하다. 두 개가 부딪치지 않고는 소리가 날 수 없다. 소리는 그때만 날 수 있다. 한 손바닥은 소리를 낼 수 없다. 그것은 불가능하다. 이제 그것에 대해 명상해야 한다.

제자는 그것이 불가능하다는 걸 안다. 스승도 그것이 불가능하다는 걸 안다. 밤낮으로 제자는 한 손바닥이 내는 소리에 대해 명상할 것이다. 그는 그것이 불가능하다는 걸 알지만 스승은 말한다. "계속 명상하라. 그것은 불가능하기 때문에 중요한 것이다."

그는 계속해서 명상하고 또 명상한다. 그는 거의 미칠 지경으로 자신을 몰고 간다. 그것을 생각하면 당연히 서서히 미칠 것이다. 그대의 마음은 이렇게 말할 것이다. "지금 뭘 하고 있는가? 그것은 소리가 날 수 없다!" 하지만 스승은 말한다. "계속 명상하라. 그대는 그것을 찾아내야만 한다. 거기엔 소리가 있다.", "두 손바닥으로 내지 않은 소리. 가서 그것을 찾아내라."

때로는 수 개월이, 때로는 수 년이 지나간다. 그런 어느 날 마음은 최정점에 이른다. 마음은 정말로 미쳐 간다. 그것은 빙빙 되풀이해서 돌고 또 돈다. 그것은 어떤 대답도 만들어 낼 수 없다. 그러다 궁극의 한계점에 이른다. 그 한계점으로부터 마음이 무너지고 끊어진다.

돌연 모든 것이 침묵한다. 질문은 사라졌다. 질문자는 사라졌다. 이제 마음은 없다. 사념은 없다. 전체가 순수한 침묵이다.

그것이 한 손바닥이 내는 소리이다.

이것이 견성이다. 이것이 '밑바닥이 빠지는 것'이다. 그때 거기엔 '유'와 '무'가 없다. 그때 그대는 '신은 있다'고 말할 수 없으며, 동시에 '신은 없다'고도 말할 수 없다. 그때 전체만이 존재한다. 분리되지 않은 하나만이 있다. 이 전체가 신이다. 혹은 니르바나 혹은 도이다.

마음은 부처가 될 수 없다

지금 이것은 공안이다.

마음은 부처가 될 수 없다
몸도 부처가 될 수 없다
부처가 될 수 없는 그것만이
부처가 될 수 있다.

지금 이것은 전체가 난센스이다. 하지만 선은 난센스를 아주 현명하게 이용한다. 그 난센스 속에 의미가 있다. 지금 이 성명으로부터는 아무 것도 만들 수 없다.

마음은 부처가 될 수 없다
몸도 부처가 될 수 없다
부처가 될 수 없는 그것만이
부처가 될 수 있다.

때문에 아더 쾨슬러(Arthur Koestler) 같은 사람은 선은 모두 난센스라고 생각하는 것이다. 표면적으로는 그렇지만 가장 깊은 중심부에서는 선은 이 지상에 발생했던 것 가운데 가장 지혜로운 것이다. 그것은 난센스의 센스이다! 이것들은 철학적인 진술이 아니다.

그 지점에서 아더 쾨슬러는 놓치고 있다. 이것들은 철학적인 진술이 아니다. 이것들은 장치이다. 이것들은 그대가 완전히 미쳐서 그 광기로부터 마음이 멈추도록 몰고가는 장치들이다.

얼마나 오래 그대는 이 경문을 반복할 수 있겠는가?

> 마음은 부처가 될 수 없다
> 몸도 부처가 될 수 없다
> 부처가 될 수 없는 그것만이
> 부처가 될 수 있다.

얼마나 오래? 이것에 대해 명상해야 한다. 이것은 공안이다. 스승은 말할 것이다. "그 의미를 찾아내라." 하지만 거기엔 의미가 없다. 아무도 그 의미를 찾아낼 수 없다! 하지만 그대는 의미를 찾으려고 노력한다. 하여 의미는 찾을 수 없을 테지만 그 노력은 그대를 어떤 상태로 끌고 갈 것이다.

이런 일이 있었다고 들었다.

한 여자가 몹시 비만해졌다. 그녀는 의사에게 갔다. 의사는 그녀에게 예쁘게 생긴 빨간 알약을 한 병 주며 말했다. "한 달 내에 최소한 15파운드는 빠질 거요. 그리고 점차로 일 년 내에 정상으로 돌아올 것입니다."

그녀는 아주 만족해서 집으로 갔다. 그녀의 다섯 살과 일곱 살 난 두 딸은 그 약병과 빨간 알약을 너무 좋아한 나머지 알약을 몽땅 삼켜 버렸다. 이제 여자는 몹시 걱정스러웠다. 그녀는 의사에게 전화를 걸었다. 의사는 "걱정하시 마세요. 며칠 간 아이들이 광란할 것입니다. 도무지 잠도 못 자고 거의 깨어 있을 것입니다. 그리고 에너지가 너무 많아져서 안절부절 할 것입니다. 뛰고 소리지르며 온 집 안을 뛰어다닐 것입니다. 하지만 정말로 해로운 건 아니고 칠 일 안에 가라앉을 테니 걱정하지 마십시오."

그 칠 일 동안은 지옥이었다. 딸들은 전혀 잠자지 않았다. 그들은 밤새도록 소리치고 울부짖고 껑충껑충 뛰어다녔다. 그들의 에너지가 지나치게 많아져서 여자는 그들을 통제할 수 없었다. 여자는 미치는 지경까지 갔다. 칠 일 만에 아이들은 차분해졌지만 여자는 완전히 지쳐 버렸다. 하지만 한 가지, 그녀는 15파운드의 몸무게가 줄었다.

지금 이것은 전적으로 다른 것이다. 논리적인 해결이 아니다. 약 자체로 해결이 된 건 아닐지 모르나 진짜로 효과가 일어난 것이다. 의사는 한 달 내에 15파운드가 빠질 것이라고 했는데 그녀는 한 주만에 빠졌다.

이것이 공안이라는 것이다. 그대는 대답을 얻지 못할 테지만 다른 어떤 것이 발생할 것이다. 이것이 난센스의 센스이다. 그대는 의미를 생각할 테지만 의미는 발견할 수 없을 것이다. 없는데 어떻게 찾을 수 있겠는가?

그것이 터무니없는 성명이라고 한 아더 쾨슬러는 옳다. 그러나 그는 아직 전체의 핵심을 놓치고 있다. 그것이 터무니없는 성명이라서 그것을 분별하려고 애쓰는 가운데 그대의 마음은 미쳐 갈 것이다. 그대는 굉장히 초조하고 동요되고 흔들리는 정점에 다다를 것이다. 그대는 100도로 끓기 시작할 것이다. 그 지점에서 증발이 발생한다. 그것이 하나의 소산(所產)이다.

홀연히 마음 전체가, 그 모든 문제가, 그 모든 철학과 대답과 질문들이 사라진다. 모든 것이 송두리째 사라져 버렸다. 그대는 그냥 주위를 둘러보지만 마음은 없다! 그대는 밖을 내다보지만 그것은 없다. 안을 들여다봐도 그것은 없다. 그대는 그대 자신을 찾을 수 없다.

그대 자신을 발견할 수 없는 순간, 그것이 깨달음의 순간이다. 그대 자신을 찾을 수 없을 때, 그대는 찾은 것이다. 이제 에고는 없다. 위대한 침묵만이 존재한다.

마음은 부처가 될 수 없다
몸도 부처가 될 수 없다

분명 그렇다. 마음은 하나의 반쪽이고 나머지 반쪽은 몸이기 때문이다. 사람들은 그 둘을 믿어 왔다. 많은 종교들은 마음을 믿는다. 대다수의 종교는 마음을 믿고 몸을 반대한다. 그들은 대부분 반육체적 훈련을 가르친다. 기독교는 반육체적이다. 자이나교는 반육체적이다. 그들은 고의로 육체를 망가뜨리는 법을 가르친다. 그들은 육체의 에너지를 전멸시키는 법을 가르친다. "육체는 그대의 적이니 육체를 파괴할 수 있다면 신을 알리라. 혹은 진리를, 혹은 그 무엇이든 알리라." 이들은 마음속에서 살고 있다. 이들은 마음을 선택한 것이다.

극소수이지만, 육체를 선택한 종교들이 있다. 그들은 종교라고 불리지도 못한다. 인도에 있는 차르바카는 기독교나 자이나교만큼 종교적이지만 그들의 종교는 육체를 주장한다. 때문에 대부분의 종교들은 그들을 비종교적이라고, 반종교적이라고 할 것이다. 그러나 그렇지 않다. 그들의 종교는 전혀 딴판이고 정반대인 것이다. 그들은 육체를 믿는다. 그들은 마음도 없고 영혼도 없으며 일체가 난센스라고 말한다. "그저 육체적으로 살아라. 먹고 마시고 탐닉하라."

이 에피쿠로스의 종교는 육체의 종교이다.

이규에 따르면, 붓다에 따르면, 역시 나에 있어서도 양쪽 다 틀렸다. 인간은 마음과 육체가 함께 있는 전체이며 유기체이기 때문이다. 사실 인간은 마음도 몸도 아닌 '마음몸'이다. 몸은 곧 마음의 가시적인 부분이고 마음은 몸의 불가시적인 부분이다. 그들은 하나의 에너지이다.

마음은 부처가 될 수 없다

사실이다. 그럴 수 없다. 몸을 반대하면 마음은 붓다가 될 수 없다.

몸도 부처가 될 수 없다

마음을 반대하면 몸은 붓다가 될 수 없다. 만일 전자(前者)를 믿는다면 영적주의자가 될 것이다. 후자(後者)를 믿는다면 물질주의자가 될 것이다. 그렇지만 양쪽 다 참 종교에서는 빗나갈 것이다.

부처가 될 수 없는 그것만이
부처가 될 수 있다.

지금 이것은 이상한 경문이다.

마음은 부처가 될 수 없다
몸도 부처가 될 수 없다

양쪽 다 분리된 상태로는, 따로 떨어져서는 붓다가 될 수 없다. 하지만 양쪽이 합쳐 있을 땐 붓다가 될 수 있다. 양쪽이 합쳐 있을 땐 이미 붓다이다.

> 그대 자신을
> 이슬처럼 사라지는
> 그림자처럼 사라지는
> 빛으로 여겨라.

이것은 또 다른 명상이다.

> 그대 자신을
> 이슬처럼 사라지는
> 그림자처럼 사라지는
> 빛으로 여겨라.

모든 것은 일시적이다. 아침 이슬처럼 순간적이다. 태양이 떠오르면 그것은 사라질 것이다. 구름이 빛나도 그것은 볼 수 없다. 그것은 사라졌다. 모든 것은 순간적이다. 아무 것도 머무르지 않는다. 모든 것은 왔다가 사라진다. 사라질 뿐만 아니라 그 반대로 돌아간다.

이것을 볼 때 붙잡을 건 아무 것도 없다. 이것을 생각할 때 사람은 집착하지 않게 된다. 사람은 일종의 내맡김 속에서 존재하며 무엇이 일어나든지 허용한다. 꼭 그래야만 한다는 강박관념이 없다. 존재에게 요구하지 않는다. 그냥 신뢰하면서 존재와 함께 흘러간다. 그것이 어디로 데려가든 무슨 일이 일어나고 있든, 혹은 무슨 일이 일어날 예정이든 간에. 미리 정해 놓은 목적이 없다.

> 그대 자신을
> 이슬처럼 사라지는
> 그림자처럼 사라지는
> 빛으로 여겨라.

> 부처를 찾아
> 다른 곳을 찾아 다니는 마음이여,
> 망집 중에 망집이로다.

붓다를 찾는 것, 이것이야말로 최고의 어리석음이다. 그대는 이미 그것이기 때문이다. 이것은 또다시 반복해야 한다. 이것은 가장 위대한 성명이며 최상의 가능성이다. 언젠가는 그대가 그것을 들을 것이다. 언젠가는 그것이 그대를 칠 것이다. 언젠가는 아마 그것이 화살처럼 그대의 심장을 뜨겁게 관통할 것이다. 바로 그 순간에 그대는 변용될 것이다. 그러므로 그것은 다시 또다시 들어야 한다.

> 부처를 찾아
> 다른 곳을 찾아 다니는 마음이여,
> 망집 중에 망집이로다.

가장 중요한 어리석음은 단 한 가지, 다른 어리석음은 모두 그 안에서 일어난다. 그것은 나머지 어리석음의 어머니이다. 그것은 무엇인가? 붓다를 찾는 것이다. 그대는 결코 어디에서도 붓다를 찾을 수 없을 것이다. 그는 이미 그대이기에. 만일 찾는다면 그대는 빗나갈 것이다. 찾는 자는 결코 찾지 못한다. 찾는 걸 멈춘 자, 그는 찾은 자이다.

다시 거기엔 두 부류, 두 가지 철학이 있다. 어떤 사람들은 말한다. "외부에서 구하라."고. 음? "신은 천국에, 그대 외부에 있다. 신을 숭배하라. 절을 지어라. 상을, 성상을 만들어라. 올바른 기도와 올바른 의식을 배우고 신에게 봉사하라. 그러면 외부 어딘가에서 그를 발견할 것이다."라고 말하는 종교가 있다. 이것은 종교의 한 부류이다. 그 종교는, 힌두교나 기독교나 회교는 외부를 추구한다.

내면을 추구하는 다른 류의 종교가 있다. 자이나교는 말한다. "내면을 들여다보라. 신은 밖에 없다. 그대의 자아는 초자아이다. 신은 그대 안에 거주한다. 따라서 안으로 들어가서 찾아라."

일부는 바깥에서 찾고 일부는 안에서 찾는다.

선은 말한다. "조금도 찾지 말아라! 바깥에서 찾는 것이나 안에서 찾는 것이나 차이가 없다. 우리가 모든 것은 꿈이라는 것을 알 때까지, 사물이든 자아든 무슨 일이 일어나건 집착하지 않을 때까지는 아무 차이가 없다. 사물이나 자아에 초연해질수록 그대는 안과 밖이라는 관념에서 벗어난다. 안과 밖, 그 차별은 다시 마찬가지 이중성이다. 아무 것도 안이 아니고 아무 것도 밖이 아니다. 모든 것은 하나이다. 우리의 잘못은 진리를 밖에서 구하거나 또는 안에서 구한다는 데 있다. 최고의 잘못은 애당초 찾는다는 데 있다. 그러면 어찌 해야 할까?

전통적인 선의 방식은 단순하다. 그것은 비행위, 무위(無爲)이다. 고요히 앉아서 아무 것도 하지 않는다. 밖에서도 찾지 않고 안에서도 찾지 않는다. 아무 것도 구하지 않는다. 다만 그대 자신으로 존재할 뿐이다. 그 순간에 붓다를 알게 된다. 붓다는 바로 그대의

존재이다. 불교에서의 '붓다'는 정확히 다른 종교에서 말하는 '신'
을 의미한다.

> 더러움에 물들지 않는
> 연잎의 이슬방울
> 그냥 그대로 진여(眞如)의 본 모습.

항상 기억해야 할 위대하고 혁명적인 성명이다. 하여간에 그대의 마음속 깊은 곳에는 붓다가 특별한 사람이라는, 붓다가 되면 특별한 사람이 되리라는 관념이 존속되고 있다. 그것은 다시 있는 그대로를 인정하지 못하고 늘 없는 것에 매달리는 옛 구도자의 마음이다.

이 선언을 들으라.

> 더러움에 물들지 않는
> 연잎의 이슬방울
> 그냥 그대로 진여(眞如)의 본 모습.

깨어 있어라! 그리고 들으라! 반복하건대, 그대는 있는 그대로, 있는 그대로 붓다이다. 더 첨가해야 할 것도 없고 삭제해야 할 것도 없다. 바로 그대 있는 그대로, 정확히 그대로, 그 평범함 그대로 그대는 붓다이다.

이것을 깨닫는 날 그대는 놀랄 것이다. 그대는 웃을 것이다. 그 모든 탐구는 얼마나 어처구니 없었는가, 그 문제들은 얼마나 어처구니 없었는가!

이 두 이야기를 들어 보라.

한 승려가 선사에게 물었다. "개에게도 불성이 있습니까?"
"그렇다. 있다."
"스님도 불성을 가지고 계십니까?"
"없다. 내게는 없다."
"하지만 전 누구나가 불성을 가지고 있다고 생각했는데요!"
"그렇다. 하지만 난 그 누구나가 아니다! 실은 나는 하찮은 자이다. 어떻게 내가 불성을 가질 수 있겠는가?"

그는 불성을 가지고 있다! 이것은 선객들이 자신을 표현하는 방식이다. 하지만 그는 핵심을 아주 명확하게 했다. 그대의 하찮음 속에, 그대의 평범함 속에⋯⋯. 그 평범함은 그대가 붓다임을 주장하지 않을 만큼 지극한 것이다. 만일 주장한다면 그대는 붓다가 아니다. 하여 그는 말한다. "그렇다. 나는 그 누구나가 아니다. 실은 나는 하찮은 자이다. 어떻게 내가 불성을 가질 수 있겠는가?"

아는 자는 주장하지 않는다.

다른 이야기.

선사가 불상에 불공드리고 있었다.
한 행자가 와서 물었다. "왜 스님은 부처를 숭배합니까? 선은 우리에게 그러지 말라고 가르쳤습니다. 어떤 선사들은 부처에게 침을 뱉기도 하지 않습니까?"
그 선사가 대답했다. "어떤 이들은 부처에게 침을 뱉고 어떤 이들은 부처를 숭배한다. 나는 후자 쪽을 좋아한다."

그것은 매한가지이다. 삶은 있는 그대로 지속된다. 어떤 사람들은 붓다에게 침을 뱉고 어떤 사람들은 붓다를 숭배한다. 삶은 있는 그대로 지속된다.

선객들에겐 선택이 없다. 오직 선호(選好)만이 있을 뿐이다. 그리고 선택과 선호의 차이를 명확히 알아라. 선택이란 "나는 그것에 대해 아주 심각하다."고 하는 것이다. 선택은 말한다. "이것은 내가 살고 싶은 방식이고 나머지는 전혀 살고 싶지 않은 방식이다. 이것은 살아야 할 길이고 저것은 가치 없는 길이다."

선호한다는 것은 단순히 "나는 이것이 좋다. 하지만 그 일이 일어나지 않는다면 나머지도 좋은 것이다." 하는 것이다. 그 속엔 심각함이 없다. 당연히 선사들 역시 기호를 갖고 있다. 그는 잠잘 때 가시나무 위에서 자지 않는다. 침대 위에서 잔다. 이것은 선택이 아닌 선호이다. 그러나 만일 가시나무 위에서 자야 한다면 거기에서 잘 것이다. 만일 침대가 여의치 않은데 잠이 온다면 가시나무 위에서라도 잘 것이다.

하지만 다시, 이것은 선택이 아니다. 다만 그 처지에서는 그것만이 유일하게 가능한 일이었다.

그는 음식을 먹는다. 돌을 먹지 않는다. 그것은 선호이지 선택이 아니다. 기억하라. 선사들 또한 걷는다는 것을. 벽을 통해서가 아니라 문을 통해서 나간다는 것을. 그것은 다만 선호일 뿐이다. 이 선사는 그것을 말하고 있다. "그렇다. 어떤 이는 부처에게 침을 뱉고 어떤 이는 부처를 숭배한다. 나는 숭배하는 쪽을 좋아한다."

하지만 그는 그것에 대해 심각하지 않다. 기독교인이라면 그런 일에 편안할 리 없다. 만일 누군가가 그리스도에게 침을 뱉는다면 그는 미칠 것이다. 그는 그 사람을 죽일 것이다! 그는 그것을 참을 수 없을 것이다. 비록 기독교인들이 인내와 사랑과 용서를, 원수를 사랑하고 용서하라고 말하고 있지만 이 원수는 용서하지 못할 것이다. 그는 이 원수를 죽일 것이다.

또 "선택하지 말아라."하고 말할 때 일부의 어리석은 사람들은 이제 선호할 수 없다고 생각한다. 그들은 선호는 선택이라고 생각하기 때문이다. 그들은 이제 그들이 선호할 수 없다고 생각한다.

그런 일이 인도에서 일어났다. 인도에는 선호하지 않는다는 이유로 온갖 명예를 누리며 많은 이들에게 숭배받는 유명한 마하트마들과 성자들이 있다. 그들이 음식을 먹고 있는데 그대가 바로 그 앞에 앉아 오줌을 눈다 해도 괜찮다. 어쩌면 그들은 오물 속에 앉아 있을지도 모른다. 괜찮다. 그들은 이것이 선택 없음이라고 생각하기 때문이다. 이 관념 때문에 인도는 그렇게 더러워진 것이다. 마하트마들이 그런 위대한 일을 하고 있으니 추종자들도 그렇게 위대하지는 못하더라도 조금은 따라야 한다. 그들 역시 선택해서는 안 된다.

그대는 이런 실수를 할 필요가 없다. 만일 부유해질 수 있다면 부유해지는 쪽을 택하라! 가난한 쪽을 택하지 말아라. 하지만 이것은 선택이 아닌 선호일 뿐이라는 것을 기억하라. 만일 어느 날 부가 사라진다면 모든 것이 덧없는 까닭이다. 연꽃 잎에 달린 이슬방울처럼. 그때 그것은 완벽하게 좋다. 그러면 가난해지라.

가난함을 선택하지 말아라. 부유함을 선택하지 말아라. 하지만 선호한다는 건 완벽하게 좋은 것이며 정상인 것이다.

만일 그대가 건강할 수 있다면 건강한 쪽을 선호하라. 만일 그럴 수 없다면 그때는 그것도 좋다. 그럼 질병을 받아들여라. 하지만 나는 질병을 선택하라고 말하지 않는다.

그 재난은 이 나라에서 일어났다. 최소한 4천 내지 5천 년 동안 이 나라는 그토록 터무니없는 철학 — 선택하지 말아라 — 속에서 살아왔다. 그 때문에 이 나라는 계속 빈곤한 상태로 남아 있는 것이다. "선호하지도 말아라." 그러니 무슨 일이든지 좋다이다. 사람들은 굶주려 죽어 갔다. 사람들은 추해지고 병들었다. 그들의 삶은 개들의 삶이다. 하지만 그들은 계속 그렇게 살고 있다. 그들은 생생하게 살아 있고 변화되고 자신을 변형시킬 에너지를 상실했다.

　인도에서 종교는 아주 독소적이 되었다. 이것은 되풀이되어선 안 된다! 나는 가난하게도 살아 봤고 부유하게도 살아 봤다. 솔직히 말하건대, 부유함이 더 낫다. 건강도 그렇고 인생의 모든 좋은 것들이 다 그러하다. 하지만 이것은 다만 선호일 뿐이다.

　선호함이란 단순히 그것에 대해 심각하지 않다는 의미이다. 만일 그것이 장난스러울 수 있다면 좋다. 그대는 필사적으로 구하지 않을 것이다. 만일 그 일이 일어나지 않으면 자살할 것이라면, 만일 세상에서 가장 부자가 되지 않으면 살고 싶지 않다고 한다면 그것은 어리석다.

　선객들은 선택하지 않는다. 그들은 세상을 선택하지 않고 세상의 포기를 선택하지도 않는다. 하지만 그들은 세상에서 살고 있다. 그들은 그쪽을 선호하는 것이다. 그들은 이것이 더욱 자연스러워 보인다고 말한다. 그들은 보통 사람들처럼, 바로 그대가 사는 것처럼 산다. 하지만 그들은 비범한 지성을 갖고 산다. 그들은 엄청난 각성을 지니고 산다.

　선택이 사라지고 선호가 자리를 잡을수록 그대는 더욱더 지성적이고 깨어 있고 의식적이 된다. 그대는 명쾌하고 우아해진다.

　　　　　더러움에 물들지 않는
　　　　　연잎의 이슬방울
　　　　　그냥 그대로 진여(眞如)의 본 모습.

　이규는 말하고 있다. "꽃잎에 매달린 이슬이 돼라. 비록 바깥에서 보면 이슬이 연잎에 물든 것처럼 보이지만—연잎이 초록이라면 이슬도 초록으로, 에메랄드빛으로 보일 것이다 — 여전히 그것은 물들지 않은 상태이다. 그것은 물들지 않은 상태로 남아 있다. 그것은 오직 겉보기일 뿐 연잎에 영향받지 않는다.

선객은 세상 속에 살지만 물들지 않는다. 그는 아내가 있거나 자식이 있을지도 모르지만 물들지 않은 채 남아 있다.

> 더러움에 물들지 않는
> 연잎의 이슬방울…

그는 세상을 통해서 살지만 물들거나 오염되지 않는다. 세상은 결코 그의 존재에 들어올 수 없다. 하여 그는 그것을 벗어나려고 염려하지 않는다. 그는 히말라야로 가는 것에 흥미가 없다. 왜? 무엇을 위해? 그는 세상은 그에게 존재하지 않는다는 것을 안다. 그러니 딴 곳으로 갈 이유가 무엇인가? 세상에서 도망가는 사람은 세상을 두려워한다. 세상에 있게 되어 세상이 그를 점유하면 저항할 수 없기 때문이다. 그는 능력이 없다. 그는 무력하다. 그는 세상에 점유되지 않을 만큼 충분히 각성되어 있지 않다. 이것을 피하려고 그는 산으로 도망간다. 하지만 히말라야라고 어떻게 더 의식적이 될 수 있겠는가?

세상이 그대를 의식적으로 만들 수 없는데 히말라야라고 그대를 의식적으로 만들겠는가? 히말라야는 분명 그럴 수 없다. 세상은 하나의 도전이다! 그리고 지성은 오직 도전이 있을 때만 존재한다. 그것은 도전에 의해 예리해진다. 커다란 도전과 함께 커다란 지성이 생겨난다.

> 더러움에 물들지 않는

연잎의 이슬방울
그냥 그대로 진여(眞如)의 본 모습.

  상점의 점원과 공장의 일꾼, 그리고 농장의 농부는 연잎에 매달린 이슬방울이다. 잎사귀에 물들지 않는다면 아무 문제가 없다. 그대는 농부일 수도 있고 상점의 점원이거나 주인일 수도 있다. 그대는 그 누구라도 될 수 있다. 그것은 오로지 형상일 뿐이다. 깊은 내면은 주변에 일어나는 그 어떤 것에도 집착함 없이 남아 있다. 선호는 좋다. 그러나 선택하지는 말아라. 그러면 그대는 붓다이다.
  이 몸은 바로 붓다이다. 이 땅은 바로 연꽃 낙원이다.

제12장

보살들의 자비로운 서원

The Boddhisattvas' merciful vow

물질에 집착하지 않는
그 마음이여!
생각함도 느낌도
머무름도 없어라.

모든 부처와 보살들이 성취한
보리와 열반.
다름 아닌 비원(悲願)의 공이도다.

불법은
나지도 멸하지도 않는 것
생사윤회는
환상임을 알라.

착한 일을 수행해도
나쁜 일 일어남을
마다하지 말라 그리하면
선세(先世)의 죄업은 소멸되리라.

둘이 아닌 것과 같이
하나도 없으면
묵화의 바람은
실로 시원하네.

왜 사람들은 죽은 후에
부처를 부르는가?
이제 그는 불평도 하지 않고
사람들을 성가시게 하지 않기 때문이라네.

붓다의 메시지는 한마디로 요약할 수 있다. 그것은 자유이다. 자유, 절대적이고 무조건적인. 외부의 속박뿐 아니라 또한 내부로부터의 자유. 타인뿐 아니라 또한 자기 자신으로부터의 자유.

타 종교에서도 자유를 말하기는 하지만 붓다가 말하는 그런 직관의 차원은 아니다. 타 종교들은 자아를 위한 자유를 말하지만 붓다는 정반대의 의미에서, 새로운 차원의 자유를 말한다.

붓다는 말한다. 인간은 자아 그 자체로부터 자유로워야 한다고.

자아는 속박이다. 그대는 타인들에게 속박되어 있는 것이 아니라 그대 자신에게 속박되어 있다. 그대가 사라지지 않는 한 속박은 계속된다. 그것은 아마 형태를 바꾸고 여기 저기 일부 수정되어 더욱 편리하고 안락하게 될지는 모르지만 그러나 여전히 남아 있을 것이다.

그대가 사라진다면, 그대 자신을 절대 허공으로 본다면 누가 그대를 노예로 만들 수 있는가? 허공이 어떻게 노예로 전락될 수 있는가? 그대가 존재하지 않는데 어떻게 갇혀 있을 수 있는가?

그대가 부재함으로써 자유는 완벽하다.

진정한 자유는 자아로부터의 자유이다.

이 경문들은 무한한 가치가 있다. 기억하라. 붓다가 말하는 자유는 정치가나 성직자나 사람들이 말하는 일반적인 자유를 뜻하는 게 아니라는 것을.

사회적이고 정치적인 자유는 이렇다. 대부분의 사람들은 생각하고 행동하고 꾸미고 돈을 벌고 말하고 물건을 사는 동안에는 완전히 자유롭다. 그 동안 만큼은 자유롭다. 그러나 조건이 많은 자유는 가짜로 남는다.

내면에서 자연히 발생하는 일들이 완전히 허용되고 받아들여지지 않고는 그대는 자유로워질 수 없다. 인간은 무엇이 되어야 한다, 어떻게 되어야 한다, 무엇은 수용하고 무엇은 수용하지 말아야 한다는 따위로 프로그램되어 왔다. 이 프로그램들은 너무나 존재 깊숙이 심어져서 그대는 그것들을 의식하지 못하게 되었다. 그대는 마치 자유로이 행동하고 있는 것처럼 보인다. 그대는 엄청나게 속아 왔다.

비록 그대는 자유롭게 행동하고 있다고 생각해도, 그대 자신의 양심에 따라 행동하고 있다고 생각해도 그대는 자유롭지 않다. 사회는 아주 교묘한 방식으로 그대를 조종하고 있다. 아이가 태어나는 순간부터 사회는 아이에게 프로그램을 입력하기 시작한다. 사회는 그대를 하나의 컴퓨터처럼 대우한다. 사회는 계속 자료를 공급하며 그대를 기획하고 있다. 하여 그대가 약간 깨일 때쯤이면 그대는 이미 기독교인이거나 힌두교인, 또는 자이나교인으로 프로그램화되어 있다. 그대는 이미 고정된 상태에 있다. 그대는 이제 유연하지 않고 흐르지 않는다. 그대는 이러한 고정성 속에서, 이 강박관념 속에서 행동하게 될 것이다. 그것은 사회가 주입한 것이다.

그것은 그대의 뇌 속에 전극을 주입하는 것과 같다. 그대는 전혀 모를 테지만 그것은 그대를 조종할 것이다. 그것이 양심이라는 것이다.

붓다는 결단코 양심에 반대한다. 그는 오직 의식만을 중요시할 뿐 결코 양심을 중요시하지 않는다. 그것은 그의 혁명이다. 그의 종교는 이제껏 세상에 발생했던 가장 혁명적인 종교이다. 그는 그대를 양심으로부터 자유롭게 한다. 양심으로부터 자유로워지는 것은 정치, 사회, 종교, 도덕의 통념으로부터 자유로워지는 것이다.

하지만 인간은 몹시 두려워한다. 그렇게 많은 자유를? 안에서 엄청난 공포가 올라온다. 그대는 기본적으로 그대가 악하다고 배워왔기 때문이다. 바르게 되도록 교육받지 않는 한, 강제로 바르게 되지 않는 한 그대는 악할 것이다. 이러한 난센스가 수 세기를 내려오며 사람들의 머리 속에 주입되어 왔다. "인간은 천성적으로 악하며 선해지려면 훈련을 받고 수양이 되어야 한다. 성자의 성품은 자연스런 현상이 아닌, 고된 노력을 통해서 이룰 수 있다. 악은 자연스럽고 선은 부자연스럽다. 선을 위해서는 열심히 노력해야 한다. 악은 전연 애쓸 필요가 없다. 악이 그대를 점유할 것이다. 선은 엄청난 기도나 요가나 명상의 수양을 통해서 성취해야 한다. 그리고 악마는, 악마? 그는 항상 그대 곁에 있다."

이것은 인간의 본성에 대한 순전히 그릇된 그림이다. 진실은 정반대이다. 신은 본질적이고 악마는 인위적이다.

이것은 붓다가 인류에게 가져다 준 거룩함이다. 이것은 붓다가 또다시 그대에게 알려 주는 심원한 직관이다. 이것은 그대의 유산, 본연의 유산이다.

붓다는 말한다. 인간은 천성적으로 선하다고. 그 누구도 악하고 싶어하지 않는다. 설령 악한 사람일지라도 그들은 어쩔 수 없이 악해진 것이다.

사랑은 본질적이다. 자비는 본질적이다. 연민은 본질적이다. 미움이나 살인의 충동은 본질이 아니다. 그것들은 타락한 것이고 강요된 것이며 강제적인 것이다. 사람은 강요되면 악해진다. 바로 살아남기 위해서 악해져야 하는 것이다. 그렇지 않으면 본질적인 자연스러움은 저절로 꽃핀다.

양심은 그대를 착하게 만들려는 사회의 노력이나, 의식은 그런 노력이 아니다. 의식은 다만 그대의 착함이 개화되도록 허용하는 것이다.

첫 번째 경문.

> 물질에 집착하지 않는
> 그 마음이여!
> 생각함도 느낌도
> 머무름도 없어라.

유동적이고 유연한 마음, 이것이 자유이다. 기독교인의 마음이 어찌 유동적이고 유연할 수 있겠는가? 힌두교인이 어찌 유동적이고 유연할 수 있겠는가? 그들은 이미 실체에 대하여, 자기 자신에 대하여, 인생에 대하여 고정관념을 갖고 있다. 그들은 유동적일 수 없다. 그들은 자유로울 수 없다. 그들은 정해진 이념의 속박을 인정한 것이다. 그들은 감옥에서 살기 시작한 것이다. 그들은 아마 그 감옥을 교회나 절이라고 부를 것이다. 어쩌면 그 감옥을 신성한 베다나 거룩한 바이블이라고 부를지도 모른다. 그것을 뭐라고 부르든 부르고 싶은 대로 불러라. 그것들은 훌륭한 이름이다. 좋은 이름 뒤로 추한 실체를 감춘다.

진실로 살아 있는 사람은 힌두교도가 될 수 없다. 회교도가 될 수 없다. 불교도가 될 수 없다. 참으로 살아 있는 사람은 그냥 살아가고 흘러가고 열려 있고 감응적이며 자연스럽다. 그는 여여하게 산다. 그는 거울과 같다. 그는 고정관념이 없다. 무엇을 조우하든 그 전체성 속에, 그 진실성 속에, 그 신뢰성 속에 반영된다.

어찌하면 그러한 마음에 도달하는가? 아이들은 저마다 그러한 마음을 세상에 가져온다. 아이들은 아무 이념 없이 태어난다. 이념을 갖지 않고 태어난다. 모든 아이들은 순진무구하게, 순수하게, 물들지 않은 채, 거울처럼 맑게 태어난다. 하지만 사회는 금세 그들에게 뛰어들어 그들을 움켜 쥐고 그들의 깨끗한 의식 위에 기록하기 시작한다. 양심을 창조한다. 어떤 정해진 것들은 집착하고 나머지 다른 것들은 반대하도록 만들며 그들에게 어떤 형태를 부여한다.

자유는 무상(無相)의 일종이다. 상은 속박이다. 속박은 한정 지을 수 있기 때문에 명료하다는 것을 기억하라. 자유는 막연하고 불명료하고 정해진 형태를 지닐 수 없다. 그것은 변화한다. 상황에 따라 변한다. 그것은 쉽게 움직이는 상태로 있다. 그것은 하나의 과정이지 물건이 아니다. 또한 그것은 넘치는 활력이다. 죽어 있는 한정된 현상이 아니다.

자유는 정의 내릴 수 없고 예견할 수 없는 것이다. 감옥수의 인생은 예견할 수 있지만 자유인의 인생은 예견할 수 없다. 내일 무엇이 일어날지 도무지 알 수 없다. 내일 그가 어떻게 행동할지, 어떻게 감응할지 그대는 모른다. 그는 결코 과거로부터 감응하지 않기 때문이다. 그리고 우리는 오직 과거만을 알 수 있다. 오직 과거로부터 판단할 수 있다. 자유인의 미래는 결단코 과거의 연속이 아니다.

감옥수는 과거에 의거하여 산다. 그는 특성을 가지고 있다. 그의 미래는 과거의 연장에 지나지 않을 것이다. 그는 예견할 수 있다.

동양의 고대 경전에는 점성학은 아직 무의식인 사람에게는 의미가 있지만 붓다에게는 조금도 의미가 없다고 쓰여 있다. 기계적인 사람은 예견할 수 있다. 그의 과거는 손 안에 있고 그의 미래는 거기서 많이 다르지 않을 것이다. 아마 부분적으로 미세한 면에서는 약간 다를지도 모르지만 일반적인 경향성은 고정되어 있다.

하지만 깨어 있는 사람은 전연 예측 불가능하다. 그가 어떻게 행동하고 감응할지 아무도 모른다. 그 자신도 그것을 모른다. 그것을 기억하라. 어찌 그가 알 수 있겠는가? 어찌 거울이 다음 순간 무엇이 반영될지 알겠는가? 구름이 지나갈지 남자 혹은 여자, 혹은 아이가 지나갈지 누가 아는가? 그리고 어쩌면 아무도 지나가지 않을지 모른다. 빈 채로 남아 있을지도 모른다. 그러면 그것은 허공을 반영할 것이다.

무의식적인 사람은 그려진 그림처럼 고정되어 있다.

의식적인 사람은 거울일 뿐이다.

아주 아름다운 수피 우화가 있다.

한 대왕의 궁정에 도인(道人) 화가가 도착했다. 그는 다른 누구도 할 수 없는 것을 자신이 할 수 있다고 말했다. 왕실의 화가는 비위가 거슬렸다. 그는 "저는 기꺼이 도전을 수락하겠습니다. 저희 둘이 그림을 그릴 테니 폐하가 심판하십시오."

왕 역시 흥미가 돋았다. 왕은 그의 화가가 국내의 보기 드문 최고의 화가라고 알고 있었다. 왕은 그의 화가가 이 중국인을 패배시키리라고 믿었다. 6개월의 시간이 주어졌다.

그들은 그림을 그리기 시작했다. 중국인은 자신의 벽을 커튼으로 덮어서 그림 그릴 때 아무도 들여다보지 못하도록 했다. 그리고 바로 맞은편의 또 다른 벽에는 궁정의 화가가 걸작의 그림을 그리고 있었다.

6개월이 지나가자 온 도성 사람들이 그들의 화가가 이기리라고 생각했다. 그는 한 번도 그와 같은 것을 그림을 그린 적이 없었다. 그것은 독특했고 생생하게 살아 있었다.

드디어 마지막 날이 왔고 왕이 당도했다. 그는 그의 화가의 그림을 보았다. 그것은 독특했다. "아무도 그대를 이길 수 없다. 그 중국인이 이보다 더 나은 그림을 그릴 리는 없다. 그건 불가능하다. 인간적으로 불가능하다. 그대는 최후의 것을 해냈다." 하고 왕은 말했다. 그것은 그토록 살아 움직이고 있었다.

그리고 다음 커튼을 열었을 때, 왕은 당황했다. 그 중국인은 아무 그림도 그리지 않았다. 그는 단순히 벽을 문지르고 또 문질러서 거울을 만들었다. 그 6개월 동안 그는 벽을 거울로 만들려고 노력해왔다. 이제 그것은 거울이었다. 그리고 그것은 다른 화가의 그림을 비추고 있었다. 벽에는 그림이 없었지만 깊이가 있었다. 다른 화가의 그림은 빛을 바랬다. 이 그림은 3차원적으로 벽 속 깊이 반사되고 있었다. 그것은 신비스러웠다. 우아함을 지니고 있었다.

그러자 왕이 말했다. "그대가 나의 사람을 이겼다. 하지만 그대는 우리를 속였다. 그대는 아무 그림도 그리지 않았으니 말이다."

중국인이 말했다. "거울을 만드는 것, 우리는 이것을 참다운 그림이라 합니다. 그의 그림은 죽어 있습니다! 나의 그림은 역동적인 상태로 머무를 것입니다. 그것은 계절이 바뀌듯이 변할 것입니다. 그것은 살아 있는 하나의 현상이며, 여러 가지 분위기를 지닐 것입니다. 저녁에 오십시오. 그것은 다른 빛깔을 띨 것입니다. 아침에 오십시오. 해가 떠오르면 또 다른 빛깔을 띨 것입니다. 그리고 밤에 오면……. 나의 그림은 죽은 물건이 아닙니다. 나는 살아 있는 것을 만든 것입니다."

그 중국인 화가는 도인이었다. 그는 오직 거울만이 살아 있을 수 있음을 알았다. 그대는 근사한 그림을 그릴 수 있다. 그러나 아무리 근사할지라도 그 그림은 여전히 죽어 있다. 정체되어 있다. 오직 거울만이 유연한 상태로 남을 수 있다.

아이들은 저마다 이 거울로 태어난다. 하지만 금세 아이들의 거울 위로 그림들이 그려지기 시작한다. 우리는 그의 자유를 인정하지 않는다. 인류의 역사는 아직 아이들이 세상에 가져오는 자유를 받아들일 수 있는 행운의 순간이 없었다. 아이는 신의 자유를 가져온다. 아이는 불성을 다시 또다시 가져온다. 하지만 우리는 불성을 짓밟는다. 우리는 금세 그를 규정하고 그를 고정된 현상으로 만들기 시작한다. 우리는 예측할 수 있는 사람을 원하기 때문이다.

우리는 예측할 수 없는 사람을 두려워하여 인격을 창조하기 시작한다. 우리는 의식을 두려워하여 양심을 창조한다. 우리는 아름다움과 심원함과 광휘를 파괴한다. 그런 다음 전세계 곳곳에서 그런 보통 사람들을 본다. 그런 밋밋하고 어리석은 세상을 본다.

그런데 각기의 밋밋한 마음 뒤에는 붓다가 있다. 각기의 어리석은 마음 뒤에는 거울 같은 현상이 있다. 그것은 재발견될 수 있다. 어찌하면 그것을 재발견하는가?

> 물질에 집착하지 않는
> 그 마음이여!

생각함도 느낌도
머무름도 없어라.

이것은 그것을 재발견하는 경문이다. 만일 어떤 것에 집착한다면 그대는 고착된다. 거울은 집착할 수가 없다. 그대가 거울 앞에 서 있다. 거울 앞에 서 있는 동안 그대는 거울에 비추인 존재이다. 일체가 반사될 것이다. 거울은 그대를 비추는 것을 기뻐한다. 거울은 그대를, 그대의 현존을 축복한다. 하지만 그대가 가면 가는 것이다. 거울은 그대의 모습에 연연해 하지 않는다. 거울은 그대에 대한 기억을 불러일으키지 않는다. 거울은 결코 그대를 다시 생각하지 않을 것이다. 거울은 조금도 향수에 젖지 않을 것이다. "그는 얼마나 아름다운 사람이었던가! 언제 그는 다시 오려나?" 하고 생각하지 않을 것이다. 거울은 그대를 따라가지 않을 것이다. 심지어는 생각이나 꿈속에서도. 그대가 사라지는 순간 그대는 사라진 것이다.

이것이 무착(無着)이다. 그대가 거기 있으면 거기 있는 것이다. 거울은 그대를 살고 그대를 사랑하고 그대를 환영하며 아주 가슴적으로 그대를 대한다. 하지만 그대가 떠나는 순간이면 그대는 떠난 것이다. 거울은 다시 허공이다. 이것이 무착의 모든 비밀이다. 세상에 살되 세상의 소유물이 되지 않는다. 사람들을 사랑하되 연연해 하지 않는다. 사람들을 비추고 세상을 비추고 수많은 것들을 비추지만 연연해 하지 않는다. 연연해 하는 마음은 거울의 성품을 상실하는 것이다.

거울의 성품은 불성이다.

신선하게 비추는 특성을 끊임없이 지킴으로써 젊고 순수하고 순진무구한 상태로 남게 된다. 알되 지식을 만들지 말아라. 사랑하되 욕망을 일으키지 말아라. 살되 아름답게 살아라. 최대한으로 살아

라. 순간을 거침없이 살아라. 하지만 뒤돌아보지 말아라. 이것이 무착의 예술이다.

우리가 줄곧 놓치고 있는 곳은 그 지점이다. 그대는 어떤 여자를 사랑한다. 그런데 어느 날 그녀가 떠나간다. 다른 누구와 함께. 혹은 다른 사람과 떠나지 않고 여전히 그대와 함께 있지만, 이제 그대와 있지 않다. 그녀의 가슴은 더 이상 그대를 향해 고동치지 않는다. 그 다리는 끊어졌다. 아니면 그녀가 죽든가 수만 가지 일들이 일어날 수 있다. 어쩌면 그녀는 여전히 그대를 사랑하고 죽지도 않고 그대를 떠나지 않았지만, 이제는 그대의 가슴이 그녀의 가슴과 더불어 고동치지 않을지도 모른다. 그녀의 존재로 인한 기쁨이 별안간 사라졌다.

그것은 하늘로부터 왔었다. 출처도 없이 왔었다. 어느 날 갑자기 그것이 거기 있었다. 그러다 어느 날 갑자기 그것은 떠나간다. 그것은 바람처럼 왔었다. 그대는 그 새로운 산들바람에 전율했었다. 그런데 지금 그 바람은 더 이상 불지 않는다. 그 여자는 거기에 없다. 그녀는 여전히 그대를 사랑하지만 그대의 가슴은 이제 감응하지 않는다.

어찌 할까? 계속 매달린다? 계속 과거를 생각한다? 계속 미래를 상상한다? 다시 어떤 일이 일어나리라고 희망한다? 어느 날 그 바람이 다시 불어오리라고, 어느 날 구름은 사라지고 태양이 빛나리라고?

그러면 그대는 구속된다. 그대는 거울이 되는 순수성을 상실한다. 하여 온갖 불행이 일어나는 것이다.

불행은 집착의 그림자에 불과하다. 하여 정체된다. 집착하는 사람은 물이 괴어 있는 웅덩이가 된다. 조만간에 그는 악취를 풍길 것이다. 이제 그는 흐르지 않는다.

흐름은 그대를 신선하게 유지시켜 준다. 그렇다. 그 기슭들은 아름답다. 하지만 강물은 계속 흘러가야 한다. 그렇다. 그 나무들은 아름답다. 새들은 아름답다. 하지만 강물은 계속 흘러가야 한다. 강물은 진심으로 감사하고 고마워하지만 멈추지 않는다. 그것은 괴어 있는 웅덩이가 되지 않는다.

그러니 반드시 의식의 강물이 되어라.

물질에 집착하지 않는…

그리고 상기하라. 그대는 "나는 그러한 것들에 집착하지 않으리라. 나는 오로지 이러한 것들에만 집착하리라."고 선택할 수 없음을. 설령 단 하나에만 집착한다고 해도 그 집착은 충분히 그대의 거울 같은 특질을 파괴하고도 남는다. 그것이면 충분히 그대를 흐르지 못하게 할 수 있다. 그것이면 충분히 그 흐름을 파괴할 수 있다.

그리고 기억하라. 이 세상의 물질만이 아니라 이른바 내세의 물질 또한 장애물이며, 그대의 자연성을 파괴하리라는 사실을.

절대로 집착하지 말 것을 기억하라.

지금, 이른바 종교인들이라는 사람들도 대단히 집착적인 상태이다. 힌두교인은 교회 곁을 지나가도 교회에 절하지 않는다. 그의 신은 거기에 살지 않으니까. 그러나 힌두교 사원을 지나가면 굉장히 경건한 마음으로 얼른 절한다. 그의 존경심은 거짓이고 기만이다. 그의 존경심은 무력하다. 만일 그 존경심이 진짜라면 왜 모스크나 교회나 구루다와르를 지나갈 땐 존경심이 일지 않는가?

신은 모든 곳에 있다. 왜 그렇게 제한하는가? 신은 힌두교 사원에만 존재하는가? 그렇다면 신은 포로이다. 왜냐하면 사람들이 포로이기 때문이다. 그들의 신 또한 포로가 되어야 한다. 그 존경심은 진실이 아니다. 존경심은 아직 일어나지 않았다. 그것은 한낱 공허한 몸짓일 뿐이다. 만일 그가 그 아름다움을, 즉 신의 존재를 보았다면 모든 곳에 절할 것이다. 기회가 닿을 때마다 절할 것이다. 행운을 놓치지 않을 것이다. 그는 장미덤불에다 절할 것이다. 신이 장미로 피어났기 때문이다. 그리고 깔깔거리는 아이들에게 절할 것이다. 깔깔거리며 웃고 있는 아이는 다름 아닌 신이기 때문이다.

진정한 존경심은 존경의 대상과는 아무 관련이 없다. 진정한 존경심은 그대 안의 어떤 것, 흘러넘침이다.

세상의 물질에 집착하지 말아라. 그리고 내세의 물질에 대해서도 집착하지 말아라. 물질은 물질이므로. 현세의 것이든 내세의 것이든 차이가 없다. 집착이 문제이다.

나는 이상한 이야기를 들었다. 나는 그것이 사실이 아니길 바라지만 사실일 거라고 여긴다.

툴시다스라고 하는 아주 유명한 힌두성자가 크리슈나 사원에 안내되었다. 당시 그는 라마의 추종자였다. 그는 크리슈나 사원 안에 들어갔을 때 절하지 않았다. 그를 거기에 데려갔던 친구가 "자네는 크리슈나에게 절을 안하는가?"하고 물었다. 그가 말했다. "내가 어떻게 할 수 있나? 나는 오직 라마에게만 절하네. 나의 신은 크리슈나가 아니라 라마야. 만일 크리슈나의 상이 라마의 상으로 바뀐다면 절을 하겠네."

이야기는 계속되어, 크리슈나의 상이 라마의 상으로 바뀌었다고 전해진다. 그러자 툴시다스는 절을 했다고 한다.

처음 부분은 역사적인 사실이고 나머지 부분은 허구 같다. 허구일 뿐 아니라 터무니없기까지 하다. 신은 그런 물물교환에, 그런 거래에 양보하거나 동의하지 않기 때문이다. 하지만 그것은 이른바 마하트마들의 마음을 보여 준다. 툴시다스 같은 사람조차, 세상에서 가장 훌륭한 시를 써 왔던 그조차……. 그는 확실히 훌륭한 시인이었지만 신비가는 아니다. 위대한 지식의 소유자였지만 깨달은 사람은 아니다. 아니면 어떻게 그런 바보 같은 짓을 할 수 있었겠나? "신은 반드시 내 신의 형상을 취해야 한다."고 말이다.

그는 무슨 요구를 하고 있는 건가? 그는 이렇게 말하고 있는 것이다. "나는 오직 나의 신에 대한 관념에만 절할 수 있다. 신은 상관이 없다. 나의 관념이 더 중요하다." 이것은 하나의 에고의 유희이다. 그는 신에게 절하는 것이 아니다. 그 자신의 에고에게 절하는 것이다.

이 모든 것들은 집착이다.

붓다는 말한다.

> 물질에 집착하지 않는
> 그 마음이여!
> 생각함도 느낌도
> 머무름도 없어라.

이규는 불교의 메시지를 이 경문 속에 아름답게 담았다.

그대의 존재에는 세 개의 층이 있다. 하나는 생각이다. 그보다 더 깊은 것은 느낌이고, 그보다 더 깊은 것은 존재이다. 생각은 가장 피상적이고 존재는 가장 심오한 것이다. 그 둘 사이에 느낌이 있다.

생각 중심적인 종교들이 있는데, 그들은 이론을 만들어 낸다. 그들은 위대한 철학을 만들어 낸다. 그들은 신에 대한 증거물을 발명한다. 마치 신에게 증거가 필요하기라도 한 듯이. 마치 신이 증명되거나 증명되지 않을 수도 있다는 듯이.

또한 가슴의 종교, 느낌의 종교들이 있다. 그들은 이론을 만들어 내지 않는다. 헌신을 창조한다. 그들은 먼저 것보다는 나은 것들을 추구한다. 그들의 기도는 훨씬 진실하다. 그들은 보다 눈물로 가득 차 있기 때문이다. 그들의 표현은 훨씬 참되다. 그들은 말을 덜 사용하기 때문이다. 그들은 춤추고 노래하고 울고 눈물을 흘린다. 그들은 느낌을 통해서, 가슴을 통해서 산다.

그러나 붓다는 더욱 깊이 들어간다. 머리는 피상적이고 가슴은 약간 더 깊이가 있지만 충분하지 않다. 생각은 말과 생각과 삼단 논법 속에 있다. 느낌은 감정과 감상이다. 하지만 둘 다 장애물이다.

이것을 이해하려고 노력하라. 마음이 생각들로 가득 차 있다면 그대는 산만하고 동요되고 흩어진 상태다. 그리고 마음에 생각은 없지만 가슴이 커다란 느낌으로 고동 치고 있다면 그때도 역시 그대는 흥분된 상태다. 그때도 마찬가지로 그대는 열에 들떠 있는 상태다. 사랑은 하나의 열병이다. 심지어는 신을 사랑할 때도 커다란 열정이 일어나 그대를 흥분시킨다. 그대는 차분하지 못하다.

붓다는 말한다. "생각은 산란하다. 느낌은 산란하다. 그대 존재의 가장 깊은 중심에 이르면 생각이 사라지고 느낌이 사라진다. 그러면 무엇이 남는가? 단순히 존재함만이 남는다. 다만 존재할 따름이다. 그것이 타타타(tathata), 여여(如如)이다. 단순히 존재할 따름이다. 아무 미동도 없다. 생각도 느낌도 없는 다만 순수 존재일 따름이다. 그 순수한 존재는 열로 들뜨지 않는다. 열정이 없고 동요가 없다. 그것은 어디로도 가지 않을 것이고 아무 것도 하지 않을 것이다.

그 순간, 시간은 사라진다. 그대는 시간을 초월한다. 그것은 초월적인 순간이다. 그 순간, 그대는 있는 그대로의 실체를 알게 된다.

생각할 때는 실체를 있는 그대로 볼 수 없다. 그대의 생각이 벽이 되기 때문이다. 생각은 실체를 덧칠한다. 느낄 때는 실체를 있는 그대로 볼 수 없다. 그대의 눈이 눈물로 가득하고 그대의 가슴이 정으로 가득 차 있기 때문이다.

생각과 느낌이 둘 다 사라질 때, 오직 그때 진리와의 접촉이 일어난다.

> 물질에 집착하지 않는
> 그 마음이여!
> 생각함도 느낌도
> 머무름도 없어라.

그때 그대는 자유에, 무상 무심에, 자연스러움에 이른다.
그때 그대는 과거에 살지 않고 미래에 살지도 않는다.
그때 그대는 아무런 계획이 없다.
그때 그대는 로봇이 아니다. 그대는 순간에서 순간을 산다. 삶이 그 자신을 드러내는 대로 그것을 산다.
또한 그대는 항상 삶에 진실하다. 그대와 삶 사이에 아무 것도 끼지 않기 때문이다.

그대의 감응은 언제나 전체적이다. 결코 반응하지 않는다. 그대는 주어진 대답을 지니지 않는다. 질문이 일어나면 질문의 발생과 동시에 대답이 창조된다. 그것은 이미 가지고 있던 대답이 아니다. 그 질문이 그대의 기억 속에 남아 있던 죽은 대답을 자극한 것이 아니다.

그대 안에 대답은 없다. 그대는 그냥 거기에 있다. 하나의 질문이 찾아오면 하나의 대답이 일어난다. 신선하고 새것이고 지금 여기의 대답이. 그 대답이 진리이다. 대답 자체로는 어떤 대답도 진실이 아니다. 대답의 특성은 그 대답이 자연 발생적일 때 진실함을 지닌다. 차이점을 보라.

어느 기독교 선교사가 나를 보러 와서 말했다. "당신은 지속적으로 많은 것들을 가르치고 있습니다. 우리는 혼란스럽습니다. 작은 책을 만들어 내면 어떨까요? 핵심적인 질문과 대답들만 담겨 있는, 기독교의 교리문답서 같은 것 말입니다. 그러면 우리가 당신이 말하는 것을 확실히 알 텐데요."

내가 말했다. "그것은 불가능하다. 책이 준비될 때쯤이면 내 대답은 이미 바뀌어 있을 것이다. 내게는 고정된 대답이 없다."

대답은 감응에 따라 일어난다. 그것은 질문에 달려 있다. 더욱이 그것은 질문자에게 달려 있다. 가끔 그런 일이 일어난다. 어느 산야신이 질문을 해서 내가 대답을 했다. 또 다른 산야신이 정확히 동일한 질문을 하는데 나는 전연 다른 대답을 한다. 그것은 질문보다 질문자가 더 중요하기 때문이다. 질문은 배경을 갖고 있는데, 그 배경은 질문자와 관련된 것이다. 두 사람이 같은 질문을 한다 해도 그들은 정말로 같은 질문을 할 수 없다. 어떻게 그들이 똑같은 질문을 할 수 있겠는가? 그들은 그토록 다른데. 그들의 바탕은 아주 다르다. 그들의 체험은 아주 다르다. 수만 생 동안 그들은 다르게 살아왔다. 질문 뒤에는 그들의 모든 과거가, 그들이 겪은 온갖 체험이, 그들의 온갖 불행과 고난과 지복과 실패와 성공이 들어 있다. 보기에는 같을지 모르나 그 질문은 같을 수 없다. 말 뒤에 있는 존재들은 서로 다르다.

이미 정해진 대답을 갖고 있지 않을 때는 그냥 감응할 뿐이다. 그 질문에, 그 질문자에게, 그 순간에. 그대는 그 순간에 진실하다. 다음 순간 상황은 같지 않을 것이다. 그것은 아침의 일이었고 저녁에는 다른 문제이다. 그것은 오늘의 일이다. 어떻게 그것이 내일도 똑같을 수 있겠는가? 교리문답은 있을 수 없다.

모든 교리문답은 거짓이다. 그러면 질문은 상관없이 대답이 중요해지고 고정된 실체가 되기 때문이다. 그 대답은 죽어 있다. 그것은 숨쉬고 있지 않다. 그것은 심장이 없다. 영혼이 없다. 그것은 송장이다.

마음은 유동적이어야 한다. 유동적일 때 마음은 빛이 나고 무진장한 우아함을 지닌다. 마음은 자유로워야 한다. 자유로울 때의 마음은 조금도 협소한 마음이 아니다. 그것은 우주적이다. 완전히 자유로울 때 마음은 그대의 마음이나 나의 마음이 아니다. 어찌 그것이 그대의 것일 수 있는가? 어찌 그것이 나의 것일 수 있는가? 자유로운 마음은 그냥 마음일 따름이다. 모두의 마음, 나무와 바위와 별과 그대와 나의 마음이다. 그것은 우주적이다.

마음이 유동적일 때, 그것은 신이다.

마음이 유연할 때, 그 마음은 속박이 없다.

> 모든 부처와 보살들이 성취한
> 보리와 열반,
> 다름 아닌 비원(悲願)의 공이도다.

붓다는 명상가들에 있는 가장 큰 함정은 자기 중심적인 데 있다고 거듭 거듭 강조했다. 그것을 이해해야 한다. 특히 산야신으로서 내게 온 사람들에게는 무진장 중요한 얘기다.

명상가는 무의식적으로, 자기도 모르는 사이에 굉장히 자기 중심적이 된다. 그는 오직 자기자신만을 생각한다. 자신의 명상, 자신의 기쁨, 자신의 침묵, 자신의 평화, 자신의 체험, 자신의 환희, 자신의 진리와 신. 그런데 문제는 자의식이 강할수록 명상이 일어날 가능성은 적다는 것이다. 이것은 딜레마이다. 모든 명상가는 그것을 직면해야만 한다.

명상은 오직 자아가 없을 때 일어난다. 의식은 좋은 것이나 자의식은 전혀 좋은 게 아니다. 그렇지만 의식적이려고 애쓸 때마다 자의식이 강해진다. 그대는 자의식은 강해지지 않으면서 자신을 의식적으로 만드는 법을 모른다. 그대에게는 자의식이 늘 의식으로써 존재해 왔다. 자의식은 의식이 아니다. 의식 속에는 자아가 없다. 그리고 자의식 속에는 의식이 담겨 있지 않다.

자의식은 에고일 뿐이다. 의식은 '에고 없음'이다.

붓다는 이 딜레마를 깨뜨리기 위해 특별한 장치를 했다. 그 장치는 자비와 너그러움이었다. 그의 제자들은 각각 서원을 해야만 했다. "세상의 모든 존재들이 열반하기 전까지는 나도 열반에 들지 않겠습니다."라고. 그것은 거의 불가능해 보인다.

붓다가 열반의 문턱에 이르렀을 때 그 문이 활짝 열렸었다는 이야기가 전해져 온다. 그 일은 드물게 일어난다. 수백만 년이 지나야 한 사람이 그 문에 이른다. 수백만 년 동안 문지기는 누군가 오기를 기다리고 또 기다릴 뿐이다. 그것은 그토록 오랜 동안, 수백만 년 동안 열려 있지 않았다. 문지기는 행복했다. 그는 문을 열었다. 하지만 붓다는 문 안에 들어가지 않았다. 문지기가 말했다. "왜 밖에 서 계십니까? 들어오십시오. 당신을 환영합니다. 당신은 그것을 얻으셨습니다."

붓다는 말했다. "나는 들어갈 수 없소. 나는 서원을 했소. 모든 생명 있는 존재가 열반하기 전까지는 들어갈 수 없소. 나는 마지막

이 될 것이오. 그러니 나는 기다려야 하오. 문을 닫아도 좋소. 나는 무한정 기다려야 할 것이오. 수백만, 수천만의 존재들이 고통과 어둠 속에서 헤매이며 열반에 이르려고 노력하고 있기 때문이오. 그들이 모두 통과하고 뒤에 아무도 남지 않은 걸 보았을 때 나는 들어갈 것이오."

 이것은 다만 우화이지만 어마어마하게 깊은 의미가 있다. 그 뜻은 이렇다. 명상을 시작할 때 너무 자의식적이 되지 말아라. 도와라. 자비로워지라. 타인들이 명상하도록 도와라. 그리고 명상에서 얻은 일체를 타인들에게 뿌려 주라. 그것을 나누라. 나누는 가운데 그것은 무르익을 것이다.

 명상을 해서 아름다운 공간에 이를 때마다 얼른 존재에게 기도하라. "나의 기쁨이 모든 존재 위에 뿌려지게 하소서. 의식적이든 무의식적이든 나는 그것에 대한 개인적인 권리를 주장하고 싶지 않습니다." 그대가 깨달음에 이르게 되면 나누라. 그것을 붙들고 있지 말아라. 소유하지 말아라. 소유하게 되면 그것들은 죽게 될 것이다.

 소유되는 순간에 금세 죽어 버리는 것들이 있다. 그대의 체험 중에 소유되면 금세 죽어 버리는 한 가지가 있는데, 그것은 사랑이다. 깨달음은 더욱 그러하다. 고요한 침묵에 이를 때, 내면에서 명상의 체험이 일어날 때 그것을 소유하지 말아라! 이것은 서원이다. "이것은 나의 것이다." 하고 말하지 말아라. 그것에 대해 이기적이 되지 말아라. 자랑하지 말아라. 특별한 길로 걷지 말아라. 사람들을 비웃으며 '이 딱한 인간들, 아직도 도착하지 않았다니.' 하고 생각하지 말아라. 그대가 붓다인 양하지 말아라.

 그대가 깨달음을 얻게 되면 더욱 겸허해지고 더욱 감사함을 느껴라. 그것을 나누고 타인들에게 뿌려 주라. 그것을 붙들고 있지 말아라. 그것은 수호해야 할 보물이 아니다. 나눠야 할 보물이다. 나누면 나눌수록 더 많이 찾아올 것이다. 그것을 쌓아 놓다가는 어느 날 빈 주먹을 발견하고 당황할 것이다.

그것은 사랑과 같다. 그대는 사랑에 빠진다. 사랑이 거기서 춤추고 있다. 그것은 거의 실체적이어서 그대는 만질 수 있다. 얼른 그대는 그것을 움켜 쥐고 소유하기 시작한다. 그리고는 그것을 죽여 버린다! 지금 당장엔 그것을 인지하지 못할지 모르지만 조만간에 그대가 그것을 죽였다는 사실을 알게 될 것이다.

사랑은 날개 달린 새이다. 새장에 가두지 말아라. 사마디는 더욱 그러하다. 그대는 그것을 붙들고 있을 수 없다. 그것을 즐기라.

하여 산야신들이 자기 나라로 돌아갈 때 나는 항상 강조하는 것이다. "가서 그대의 집이 작은 센터가 되게 하라. 그대의 명상을 사람들과 나눌 수 있도록." 남을 염려할수록 그대의 자의식은 적어진다. 그리고 타인들의 문제를 해결하는 속에서 그대 자신을 완전히 잊을 수 있다면 명상은 불시에 찾아올 것이다. 어느 날 문득 그대는 놀라서 뒤로 물러설 것이다. 그대는 기대하지 않았는데 그것이 온갖 축복을 뿌리며 거기에 있다.

또한 그 반대도 진실이다. 그것을 기대할수록 그것이 찾아올 가망성은 희박하다. 그것은 반복되는 일이다. 처음에는 명상이 쉽게 일어난다. 어느 날 그냥 명상하던 중에……. 거기엔 기대가 없었다. 어떻게 뭔가를 기대할 수 있겠는가? 그것에 대한 아무 체험도 없는데. 무언가를 기대하려면 먼저 체험이 있어야 한다. 따라서 사람들이 여기에 처음 와서 명상할 때는 실험적이고 가상적으로 한다. 그들은 어쩌면 일이 일어나고, 아니면 아무 것도 안 일어날 수 있다고 생각하며 그냥 즐길 뿐이다. 그러면 일어난다. 즐기는 가운데 어느 날 알 수 없는 어떤 에너지에 점유된다.

그런데 문제는 그때 일어난다. 이제는 날마다 그것을 기다린다.

그러면 오지 않는다. 그들은 몹시 동요되고 고민하고 조바심 내며 분노한다. "왜 지금은 일어나지 않는가? 전에는 일어났었는데, 왜 지금은 일어나지 않는가?" 고민하면 할수록 그것이 일어날 가망성은 더 적다. 그들은 핵심 하나를 놓친 것이다. 무엇보다도 그것이 일어났던 것은 그들이 기대하지 않았기 때문이다. 이제는 그것을 기대하고 있다. 이 새로운 기대의 요소는 장애물이다.

기대하면 놓칠 것이다. 기대하지 않으면 그것은 찾아온다. 그것은 항상 스스로 찾아온다. 신은 관대하다. 그의 관대함을 원한다면 그대 또한 관대해야 한다. 이것이 서원의 의미이다.

모든 부처와 보살들이 성취한
보리와 열반,
다름 아닌 비원(悲願)의 공이도다.

불법은
나지도 멸하지도 않는 것
생사윤회는
환상임을 알라.

불법은 나지도 멸하지도 않는다. 한번도 태어난 적이 없기에 결코 죽을 수 없는 그대의 내면을 아는 것, 이 불멸의 상태를 아는 것은 붓다를 아는 것이다. 붓다는 역사책 속에서 찾을 수 없다. 이 사람, 고타마 붓다를 찾으려고 25세기를 거슬러 올라가서는 찾을 수 없다. 그가 거기 있었건 아니건 그건 관련이 없다. 그가 역사적인 인물로서 존재했건 아니건 그건 관련이 없다.

동양은 그런 역사를 중요하게 여긴 적이 없었다. 동양의 관심사는 한층 더 심도가 있고 한층 더 가치가 있다. 기독교인들은 굉장히 염려한다. 만일 누가 그리스도는 역사적인 인물이 아니라고 말하기라도 하면 그들은 싸우기 시작한다. 그가 역사적인 인물임을 증명하려고 애쓴다. 2천 년 동안 그들은 그가 역사적인 인물임을 증명하려고 더욱 많은 증거물들을 축적해 왔다. 그런데 왜 이런 강박 관념이 필요한가? 그리스도가 역사적인 인물이든 아니든 무슨 차이가 있는가? 그것은 진짜 중요한 게 아니다.

동양에서는 그런 데 대해 신경 쓴 적이 없다. 붓다가 역사적인 인물인가 아닌가는 중요하지 않다. 붓다가 실존했는가 아닌가는 핵심이 아니다. 그대는 그대의 존재를 관통해서 불성을 알겠는가? 그렇다면 된 것이다. 그대가 알 수 있다면 왜 고타마 싯다르타는 알 수 없겠는가? 그대의 내면에서 불성과 같은 어떤 것을 알 수 있다면, 고타마 싯타르타로 알려진 그에게도 분명히 이 일이 일어났을 것이다.

그것은 분명 더 많은 사람들에게' 일어났을 것이다. 그 자체는 고타마 싯다르타와 관련된 것이 아니다. 그것은 한 인물과 관련된 것이 아니다. 그것은 그대 내면의 가장 깊은 본질이다.

> 불법은
> 나지도 멸하지도 않는 것

그대 내면에서 불생불멸을 볼 수 있다면 그대는 붓다를 만난 것이다. 이것은 불성이다. 그대는 사원이고 붓다는 그대 안에 거주한다.

안으로 들어가라. 그것은 시간 속에서 25세기를 거슬러 가는 문제가 아니다. 그것은 지금 당장 안으로 들어가는 문제이다. 바로 지금 불성을 찾을 수 있다. 그것은 즉각적이다. 그것은 역사적으로 조사할 문제가 아니다. 고대사가 아닌 것이다. 그것은 바로 그대 자신의 존재에 관한 내적인 통찰이다.

> 생사윤회는
> 환상임을 알라.

그대는 태어난 적이 없다는 것, 그리고 태어난 적이 없기에 죽을 수 없다는 것을 한번 알게 되면 ─ 그것은 참으로 자연스러운 일이라서 그것을 알기는 아주 쉽다 ─ 탄생은 환상이다. 그것은 그대가 꾸어 온 꿈이다. 죽음은 환상이다. 첫 번째 꿈이 만들어 낸 또 다른 꿈이다. 꿈속의 꿈이다.

바로 며칠 전 누가 물었다. "전생에 대한 의의와 중요성은 무엇입니까? 그것들을 기억하는 것이 도움이 될까요?"

심지어는 현재의 생도 의미가 없다. 그 과거의 생들은 거의 똑같이 되풀이되어 온 되풀이에 지나지 않는다. 무슨 의미가 있겠는가?
현생의 꿈들을 보라. 그러면 이전에 살았던 모든 꿈들을 볼 것이다. 꿈은 의미가 없다.
차이점을 보라. 서양의 정신 분석은 꿈이 갖고 있는 상징을 아주 중요시 여긴다. 동양에서는 꿈은 의미가 없다고 한다. 오직 꿈꾸는 사람만이 중요하다. 꿈은 대상이다. 꿈꾸는 사람은 주체이다. 꿈은 계속 바뀌지만 꿈꾸는 사람은 동일한 상태로 남아 있다. 장면은 계속 바뀌지만 보는 자는 동일하게 남아 있다. 그 보는 자가 중요하다.
그 지점에서 서양 심리학자들과 동양 심리학자들은 나뉘어진다.

그들의 방법은 확실히 달라진다. 반대의 차원이 된다. 동양의 신비가들에게 있어서 정신 분석이나 그 학파, 창시자들이 끝없이 유희하는 대부분의 게임은 아이들에게나 좋은, 아이들을 사로잡을 수 있는 조각 그림 맞추기 장난감이다. 하지만 그 이상은 가치가 없다.

진정 중요한 것은 전환이다. 꿈으로부터 꿈꾸는 자로 의식을 전환하는 것이다. 대상을 보지 않고 주체를 들여다보는 심리 형태의 전환이다. 그때는 일체가 꿈이 된다. 화신, 죽음, 탄생, 선과 악, 왕으로 존재하든 거지로 존재하든, 살인자로 존재하든 마하트마로서 존재하든 일체가 꿈이다.

그렇지만 한 가지 확실한 건, 꿈이 존재하려면 관조자가 있어야 한다는 것이다. 그 관조자가 진리이다. 그 관조자를 안다는 것은 그대 안의 불성을 안다는 것이다.

> 착한 일을 수행해도
> 나쁜 일 일어남을
> 마다하지 말라 그리하면
> 선세(先世)의 죄업은 소멸되리라.

이 질문은 종교에서 인생의 진리를 찾는 사람들에게 자꾸 자꾸 일어난다. 그대는 도처에서 그것을 본다. 덕 있는 사람은 고통받고 아주 사악한 사람은 성공하는 것을 본다. 그렇다면 과연 세상에 정의가 있는 것인지 의문이 일어난다. 그것이 공정한 세상인가?

아무 잘못도 한 적이 없는 사람이 극심한 고통과 온갖 재난을 겪는다. 그런데 좋을 일은 한 번도 한 적이 없다고 알려진 사람이, 항상 악하기만 했던 사람이 성공하고 있다. 온갖 명예와 존경과 쾌락과 인생의 안락을 성취한다. 그게 바로 세상인가? 그것이 공정한 세상인가? 아니면 그저 혼돈뿐인가? 그에 대해 어떤 태도를 취해야 하는가?

가능성은 두 가지뿐이다. 하나는 공산주의적인 접근 방식, 사회주의적인 접근 방식이다. 그들은 그것은 불공평한 사회이며 우리가 사회를 바꿔야 한다고 말한다. 계급이 사라지면 경제 구조도 바뀌고 평등 사회가 되어 불공평은 사라진다고 말한다.

세상엔 늘 이런 류의 생각이 존재해 왔다. 그것은 새롭지 않다. 그러나 그것으로부터는 아무 변화도 일어나지 않았다. 공산주의 사회에도 똑같은 불공평이 지속된다. 형태는 바뀌지만 내용물은 동일한 상태로 남아 있다. 그렇다. 소련은 옛날의 계급 제도는 사라졌지만 새로운 계급 제도가 등장했다. 이제 자본가나 프롤레타리아는 없지만 지배자와 피지배자가 있다. 똑같은 게임과 똑같은 난센스와 똑같은 불행이 존재한다.

또 하나의 접근 방식은 종교적인 의식(意識)이다.

붓다는 말한다.

> 착한 일을 수행해도
> 나쁜 일 일어남을
> 마다하지 말라 그리하면
> 선세(先世)의 죄업은 소멸되리라.

그는 말한다. 그대의 마음은 조건을 통해서 산다. 그대가 한 행위들은 마음속에 낱낱이 뿌리를 내리고 남아 있다. 그대가 한 행위는 그대 마음속에 뿌리 박혀 있는 상태다. 오늘은 아무 잘못도 안했을지 모르지만 어제는 어땠는가? 오늘은 아마 아주 착하고 선량했을 것이다. 하지만 어제는 어땠는가? 그 행위들이 거기에 있다. 그대가 어제 뿌려 놓은 수많은 씨앗들이 오늘이나 내일이면 싹을 틔울 것이다. 만일 그 씨앗들이 독소를 지니고 있다면 그대는 고통받을 것이다.

그러면 그것을 과거에 행한 까르마(karama, 業)로 받아들여라. 만일 그대가 착한 일을 하는데도 여전히 결과가 나쁘다면 그냥 냉정하게, 사마타(samata)— 즉 침착하게 받아들여라. "그것은 필시 나의 과거와 관련이 있다. 나는 그것을 수용해야 한다. 내가 뿌린 씨앗을 거두어야 한다."고.

불평해도 소용이 없다. 소리 치며 불평을 터뜨려도 소용이 없다. 그대는 냉정함을 잃어선 안 된다.

> 착한 일을 수행해도
> 나쁜 일 일어남을
> 마다하지 말라 그리하면
> 선세(先世)의 죄업은 소멸되리라.

기분좋게 느껴라! 그대 주변에 붙어 있는 좋지 않는 것들이 소멸 되어 가고 있다고.

어떤 사람이 붓다에게 와서 침을 뱉았다. 붓다는 손수건으로 얼굴을 닦았다. 그의 제자인 아난다가 몹시 흥분하여 말했다. "지시만 해주십시오. 이 사람에게 자신이 한 짓을 보여 주겠습니다."

붓다가 말했다. "흥분하지 마라. 분명 전생에 내가 그에게 잘못한 일이 있을 것이다. 이제 셈은 치뤄졌다. 그는 그것을 되돌려주었다. 이 사람과의 일은 끝났다." 그리고는 말했다. "감사하오, 선생. 내가 당신에게 뭔가 잘못한 게 틀림없소. 원인이 없는 결과는 없기 때문이오. 내가 기억을 하든 못하든 뭔가 당신에게 잘못을 한 것이 틀림없소. 당신은 그것을 되돌려준 것이오. 이제 우리는 평등하오. 우리는 셈을 치룬 것이오. 나는 지금 반응하지 않을 것이오. 안 그러면 다시 거래가 계속될 것이오. 감사합니다. 더 할 말이 있으십니까?"

그 사람은 몹시 당황했다. 그것은 무척 의외였다! 그는 두들겨 맞을 거라고 생각했다. 그는 제자들이 그에게 달려들 것이라고 예상했었다. 그는 특별한 것을 예상하고 있었는데 아무 일도 일어나지 않았다. 그는 붓다가 그렇게 말하리라고 생각지 못했을 것이다. 그는 집으로 돌아가서 한숨도 잠을 잘 수 없었다.

아침에 그는 다시 왔다. 그리고는 붓다의 발 밑에 쓰러져 말했다. "죄송합니다, 선생님. 잘못했습니다."

붓다가 말했다. "죄다 잊어버리시오. 어제 일은 다시 생각하지 마시오. 그것은 이미 지나갔소!"

그들은 갠지스 강둑에 앉았다.

그리고 붓다가 말했다. "그 이래 얼마나 많은 물이 갠지스강으로 흘러 왔소! 이제는 동일한 갠지스가 아니오! 나는 지금 같은 사람이 아니오. 당신도 이제 같은 사람이 아니오. 생각해 보시오. 어제 당신은 노여움으로 꽉 차 있었는데 오늘은 그처럼 겸허하게 내 발 밑에 엎드렸소. 당신은 이제 같은 사람이 아니고 나도 같은 사람이 아니오. 스물 네 시간이 지나갔소. 다 잊으시오. 더 이상 그것을 생각하지 마시오. 그것은 끝났소. 영원히 끝났소! 나도 당신으로부터 자유롭고 당신도 나로부터 자유롭소. 안 그러면 우리는 서로의 사슬에 걸려 있는 것이오."

이것이 불교적 태도이다. 만일 누군가 그대를 욕하면 그에게 고

마워하라. 이것이 사슬에서 해방되는 길이다. 그에게 말하라. "좋습니다. 그래서 당신이 오셨군요. 나는 당신을 기다리고 있었습니다." 그대는 이 불행의 세계에서 사라지기 전에 그대가 오랜 세월 동안 해왔던 모든 셈을 마감해야 한다.

> 둘이 아닌 것과 같이
> 하나도 없으면
> 묵화의 바람은
> 실로 시원하네.

이 평안, 이 침묵, 이 사마타, 침착함 – 균형에 이르게 되면 아무것도 그대를 어지럽힐 수 없다……. 누가 그대에게 침을 뱉아도 그대는 동요되지 않는, 파도치지 않는 상태에 머문다. 누가 그대를 욕해도 아무렇지 않다. 그대는 마치 아무 일도 없었던 것처럼 존재한다. 그대가 거울이 되면 사물들이 비쳤다가 사라지나 그대는 그 반영들에 손상되지 않은 채 남는다. 그대가 세상의 모든 것들에 집착하거나 연연해 하지 않게 되면 그대의 순수성은 절대적인 상태로 남는다. 그대는 처녀의 상태로 남는다. 그러면 세상, 신, 실체가 둘이다 여럿이다 혹은 하나다, 그렇게 말할 수 없다.

그때는 아무 말도 할 수 없다. 그 모든 언어는 불충분하다.

> 둘이 아닌 것과 같이

한 가지 확실한 건, 그대는 '둘'이라고 말할 수 없다는 것이다. 모든 이중성은 마음의 창조이고 집착이 만들어 낸 것이며 집착된 마음이기 때문이다. 집착이 없으면 이중성도 없다.

뭔가를 바랬는데 그 일이 일어나지 않았다면 이중성이 생겨난다. 모든 것을 일어나는 그대로 편안히 맞이할 수 있다면 어디 이중성이 있는가? 누가 그대를 욕해도 고맙다고 한다. 그대의 여인이 떠나가면 그녀를 기쁘게 배웅한다. 어디 이중성이 있는가? 풍요가 찾아오면 풍요를 즐기고, 어느 날 가난해지면 가난을 즐긴다. 어디 이중성이 있는가?

만일 그대가 일어나는 일체를 즐길 수 있다면, 장미를 즐기면서 가시를 문제 삼지 않는다면 어디에 이중성이 있는가? 그때 마음은 비이중성이 된다. 그때 내면에는 일체의 조각들이 사라지고 광대한 '하나'가 일어난다. 그렇지만 그것은 '하나'라고도 부를 수 없다.

> 둘이 아닌 것과 같이
> 하나도 없으면
> 묵화의 바람은
> 실로 시원하네.

왜? 그것을 '하나'라고 부르면 다시 숫자를 개입시키는 것이기 때문이다. 그것은 다만 존재할 뿐이다. 둘도 아니고 하나도 아니다. 거기엔 이것이다, 저것이다라고 한계 지을 길이 없다.

> 묵화의 바람은
> 실로 시원하네.

이것은 아름다운 성명이다. 모든 것이 하나일 때, 즉 적과 친구, 사랑하는 사람과 미워하는 사람, 풍요와 빈곤, 실패와 성공, 존경심과 무례함 모두가 하나일 때……. 젊음과 늙음, 탄생과 죽음, 모두가 하나일 때 '위대한 서늘함'이 일어난다. 그 서늘함은 붓다의 특성이다. 그 서늘함은 동요되지 않는다. 그 안에는 열이 발생할 수 없다.

붓다 가까이에 가면 서늘함을 느낄 것이다. 그것은 항상 거기에 있다. 그것은 붓다의 내면에만 있는 게 아니라 그의 주변에 공간을 창조한다. 그 공간 속으로 들어가면 — 그대는 오직 공명과 신뢰와 사랑을 통해서만 그곳에 들어갈 수 있다 — 그 서늘함의 영역 속에 들어가면 그대는 놀랄 것이다. 상기하라. 그것은 차가움이 아니라 서늘함이라는 것을.

서양에서 온 사람들은 그것을 이해하기 어렵다. 언어는 환경에서 나온다. 때문에 이따금 번역은 매우 어려운 것이다. 가령, 서양에서 '따스함'이란 낱말은 아름다운 낱말이다. 그대는 '따스한 사랑'이라고 말한다. '서늘한 사랑'이라고 말할 리 없다. 인도에서는 '서늘한 사랑'이라고 말하는 것이 좋다.

서양에서는 '따뜻한 환영'이라고 말하는데, 인도에서는 너무 따뜻하다면 전혀 환영하는 것으로 보이지 않을 것이다. 그것은 서늘해야 한다. 하지만 서늘함은 차가움이 아니다. 차가움은 죽어 있다. 서늘함은 살아 있다. 그러나 고요하게, 열에 들뜨지 않고, 비열정적으로, 뜨거운 여름날 오후에 불어오는 시원한 산들바람처럼. 히말라야 산속에 있는 시원한 샘물처럼. 그리고 그대는 목마른 여행자, 고단하고 지친 목마른 여행자이다. 그런데 수정처럼 맑은 시원한 물웅덩이를 만난다.

그렇다. 바로 그것이 붓다이다 — 모든 지친 이들, 고단하고 목마른 이들을 위한.

왜 사람들은 죽은 후에

부처를 부르는가?

이제 그는 불평도 하지 않고

사람들을 성가시게 하지 않기 때문이라네.

약간의 문제가 있는데, 붓다는 떠난 후라야 더욱 많은 대중들에게 받아들여진다는 점이다. 그가 살아 있을 때는 선택된 극소수의 사람들만이 그를 받아들인다. 살아 있는 붓다를 접하려면 용기가 필요하다. 오직 앞뒤 가리지 않는 참으로 용기있는 자만이 살아 있는 붓다에게 가까이 올 수 있다. 살아 있는 붓다는 그대를 변용시키려 하기 때문이다. 사람들은 변용을 얘기하지만 아무도 변용되고 싶어하지 않는다.

사람들은 변용에 대해 이야기하지만 실제로는 원하지 않는다. 그들이 정말로 원하는 건 약간 더 장식을, 약간 더 깃털을, 약간 더 금메달을 첨가하는 것이다. 그들은 변용을 이야기하지만 그 낱말의 의미를 이해하지는 못한다.

변용이란 십자가에 못박힘과 부활을 의미한다. 변용이란 지금의 그대는 죽고 무엇이 일어날지도 모르며 누가 태어나고 어떤 식으로 존재할지도 모르는 그대가 태어나는 것을 의미한다. 한 가지 분명한 건 지금의 그대와는 같지 않을 것이라는 사실이다. 누가 그것을 자진해서 준비하는가?

그리고 붓다에게 가까이 끌리게 되면 수만 가지 문제들이 발생한다. 첫째, 붓다는 모순적이다. 그것은 성가심이다. 그는 끝없이 그대를 성가시게 한다. 그는 그대가 어떤 것에 매달리도록 가만 놔두지 않는다. 그대가 그의 성명에 매달리려고 하면 이미 그것은 역설되어 있다. 그는 도무지 그대가 안주할 틈을 안 준다. 그는 끝없이 그대를 밀고 밀고 또 민다. 그대를 파괴하기 전까지는 결코 멈추지 않는다.

이런 말이 있다. "진리는 서로 모순되는 격언의 쌍들로 이루어진 끝없는 목록이다."

진리는 모순적이다. 그리고 붓다는 살아 있는 모순이다. 그는 항상 말하고 나서는 얼른 그것을 부정한다. 그대는 뭔가에 매달리고 싶어한다. 그대는 정말로 진리를 추구하는 게 아니다. 그대는 안락을 추구하고 있다. 그런데 붓다는 그대의 안락을 염려하지 않는다. 그는 진리를 중요시한다.

따라서 그는 수많은 것들을 말하고나서 또한 그것들을 부정해야 한다. 만일 그대가 계속하여 그를 따를 용기가 있다면 점차로 그대는 어떤 성명에도 집착할 필요가 없음을 알게 될 것이다. 그러면 그대는 그의 말에 집착하려 하지 않고 단순하게 듣는다.

바로 그 순간에 진리는 일어나기 시작한다.

성명은 진실이 아니다. 모든 성명은 일체 거짓이다. 그것은 붓다의 성가심이다. 그는 줄곧 성명을 만들면서 줄곧 그것들을 부정하기 때문이다.

불성은 진리의 가장 고귀한 해답이다. 그러나 그 고귀하고 위대한 해답은 모순적일 수밖에 없다. 그것은 양 극단을 담아야 하기 때문이다. 그것은 자석과 같다. 자석은 부정적인 것과 긍정적인 것의 양 극성을 지니고 있다. 붓다가 가장 고귀한 해답이라면 그는 그 안에 모든 반대의 것들을 담아야만 한다.

하여 붓다가 죽고 나서 많은 학파들이 발생했다. 그들은 일관된 성명들을 채택했다. 고타마 붓다가 죽고 나자 금세 서른 여섯 개의 학파가 탄생했다. 그것은 붓다가 서른 여섯 가지의 길로 모순되고 있었다는 뜻이다. 그가 살아 있는 동안, 이들 학자나 논법가, 교수들은 침묵을 지켰다. 붓다에게 논쟁한다는 것은 어림도 없었기 때문이다. 하지만 그들은 때를 기다렸다. 그가 죽자 그들은 엄청난 소란과 대논쟁을 일으켰다. 그러면서 그들은 진리는 일관성이 있어야 한다는 한 가지를 고집했다.

진리는 결코 일관적이지 않다. 그럴 수 없다.

그러면 하나의 가능성밖에 없다. 그들은 일관적인 성명들을 뽑아서 그것들을 철학화시켜야 할 것이다. 서른 여섯 개의 철학들이 붓다의 성명에서 나왔는데 모두가 그를 빗나갔다. 그가 만일 무엇이었다면, 그 36파 철학의 전체 조합이었기 때문이다.

하지만 이것은 성가신 일이다. 인간의 마음으로는 그것을 이해하기 어렵다. 그것은 하나의 장치다. 붓다는 그를 거의 이해하기 불가능하게 만들었다. 그래서 어느 날 그대는 열의를 잃고 그를 이해하기를 그만둔다.

바로 그 순간 혁명은 일어난다.

이른바 종교라 하는 것은 참 종교가 아니니, 붓다는 하나의 성가신 존재이다. 이른바 종교는 기본적으로 사람들을 정상으로 유지시키는 하나의 장치로 볼 수 있다. 강요된 하루의 휴일, 죄의식을 일으키는 고해, 천국이 올 거라는 약속 따위. 여성들이 최고의 고객이라는 사실은 놀랄 일이 아니다! 일반 종교들은 위안물에 지나지 않는다. 그들은 그대를 정상인으로 유지시킨다. 그들은 그대가 정상으로 머물도록 도와준다.

세상은 미쳐 있다. 아이러니하게도 세상은 그대의 성직자들 때문에 미쳐 있다. 그리고 나서 그들은 뒷문으로 와서 그대가 정상이도록 도와준다. 그들은 세상을 미치게 해놓고 그런 다음 약을 만들어낸다.

붓다는 그대에게 정상이 되는 약을 주지 않는다. 그는 다만 무엇보다도 미칠 필요가 없다는 것을 그대가 자각하도록 만든다. 하지만 그러면 성직자들이 분노한다. 권위 조직이 분노한다. 그들의 모든 직업이 위태롭기 때문이다.

왜 사람들은 죽은 후에
부처를 부르는가?

붓다가 살아 있을 때는 그가 너무 그대와 같아 보여서 그를 붓다라고 부를 수 없다. 그는 몸과 피와 뼈로 이루어져 있다. 바로 그대처럼. 그는 젊었다가 늙고 죽는다. 바로 그대처럼. 그대와 똑같은 사람을 어떻게 붓다라고 할 수 있겠는가? 그것은 그대를 불쾌하게 한다.

그대는 스스로를 굉장히 미워한다. 그래서이다. 그대는 스스로를 굉장히 비난한다. 그래서이다. 그대는 살아 있는 붓다를 붓다로서, 신으로서 받아들일 수 없다. 그대 자신을 신성으로서 받아들일 수 없는 까닭이다. 그것이 문제이다.

따라서 붓다가 가고 나면 상황은 단순해진다. 이제 그는 그대와 같지 않다. 이제 그대는 신화를 창조해 내며 그대가 원하는 만큼 그를 그대와 다르게 만들 수 있다. 그대는 원하는 만큼 그를 높은 곳에 올려놓을 수 있다…….

역사에서는 자이나교의 티르탕카라[13]들이 산만큼이나 키가 크다. 그들이 걷고 있어도 사람들은 그들의 얼굴을 볼 수 없다. 이제 이것은 특별하게 보인다.

어느 붓다는 키가 단 55센티라? 붓다 같이 안 보인다!

뭔가 특별한 것, 그대의 욕망, 그대의 비정상적인 욕망은 특별한

---

13) 티르탕카라(tirthankara) : 자이나교에서, 윤회를 벗어난 후 다른 사람들이 따라올 수 있도록 길을 만든 구원자를 가리킨다.

것을 추구한다. 붓다가 죽으면 그대는 그를 자유롭게 그릴 수 있다.

그대가 보아 온 붓다의 불상들은 모두 가짜다. 붓다는 결코 그런 불상들의 모습처럼 생기지 않았다. 실제 그 불상들은 인도인도 아니다. 그들은 알렉산더 대왕이 인도에 왔을 때 만들어졌다. 그들은 전혀 인도인이 아니다. 그 얼굴들은 그리스인이다. 붓다는 그대가 본 불상들처럼 생기지 않았다. 그는 그렇게 생길 수 없다.

하지만 그대는 창조한다. 그때 붓다는 그대의 손 안에 있다. 그는 아무 것도 말할 수 없다. 사람들은 황금 불상을 만들어 왔다. 하지만 그는 금으로 만들어지지 않았다. 그는 그대처럼 살과 뼈를 가지고 있다.

그는 독 있는 음식을 먹고 죽었다. 그대도 독 있는 음식을 먹으면 죽는 것처럼. 그런데 그것을 인정하기가 쉽지 않다. 왜 그것이 쉽지 않을까? 그대는 스스로를 비난하라고, 그대는 옳지 않다고 배워 왔기 때문이다. 만일 그대가 옳지 않은데 그가 바로 그대처럼 배고픔과 목마름을 느끼고 물이 필요하고 더러워지고 몸을 씻어야 한다면, 어떻게 그대와 똑같은 사람이 붓다일 수 있는가? 무엇이 다른가?

그 차이는 내면성에 있다. 그의 외면에 있는 게 아니다. 그가 죽으면 그대는 상상대로, 생각하는 대로 그의 외관을 만들 수 있다.

> 왜 사람들은 죽은 후에
> 부처를 부르는가?

이규는 농담한다. 그는 말한다.

> 이제 그는 불평도 하지 않고…

붓다들은 끝없이 투덜댄다. "이것은 틀렸다, 저것은 틀렸다, 이것을 바꿔야 한다, 저것을 바꿔야 한다."는 점에 있어서. 그들은 끝없이 그대의 삶을 탈바꿈시키는 법을 말한다. 그들은 그대가 잘 자고 좋은 꿈을 많이 꾸도록 놔두지 않는다. 그들은 불평한다. 그들은 꼬치꼬치 그대의 인생을 참견하고 "이것을 해라, 이렇게 살아라, 깨어나라!"고 말한다. 그대는 그토록 황홀한 꿈을 꾸고 있는데…….

바로 며칠 전에 니나드가 내게 편지를 보냈다. 그는 한 여성과 사랑에 빠져 있었다. 그 여성은 그를 사랑하지 않았고 다른 남자와 떠나 버렸다. 이제 니나드는 굉장히 동요되었다. 그는 "만일 그 여인이 '나를 위해 빨리 오쇼를 떠나세요!' 하면 단숨에 당신을 떠날 정도로 그 여성을 사랑합니다."라고 편지에 썼다.

그가 얼마나 얼이 빠져 있는가를 보여 주는 것이다. 지금 내가 니나드에게 "깨어나라, 니나드!" 하고 말하면 그는 화낼 것이다. 그는 "기다리세요! 지금 뭐라고 말하는 거예요?" 할 것이다.

그는 편지에 썼다. "당신이 뭐라든, 이규가 뭐라든 개의치 않겠습니다. 단 한 순간일지언정 이 여인과의 사랑이 내게는 귀중합니다. 나는 니르바나를 바라지 않겠습니다."

나는 니나드를 떠날 수 없다. 이 여성이 떠나라고 한다면 그는 나를 떠날 수 있다. 그러나 나는 그를 붙잡을 것이다. 나는 그가 잠자도록 놔두지 않을 것이다. 설령 그가 그 여성과 함께 있을지라도 나는 반드시 그 둘 사이에 낄 것이다……. 그리고는 계속해서 그를 흔들어 댈 것이다. "니나드! 뭘 하고 있는가? 이건 모두 꿈이야! 스스로를 기만하지 마라. 일어나!"

따라서 죽은 상태에서는 붓다를 인정하기가 쉽다. 그는 그대를 붙잡지 않을 것이다. 그대는 그를 위해 아름다운 거처를 만들고 그를 숭배할 수 있을 것이다. 그대는 "이 사원에 계십시오. 여기서 나오지 마십시오! 우리는 밖에서 살고 당신은 여기서 사십시오. 가끔 한 번씩 당신에게 와서 경의를 표하겠습니다."라고 말할 것이다.

>이제 그는 불평도 하지 않고
>사람들을 성가시게 하지 않기 때문이라네.

그리고 붓다는 부단히도 성가신 사람이다. 그는 안정을 반대하고 경전들을 반대하고 안주하는 걸 반대하기 때문이다. 그는 끝없이 그대의 안주를 방해한다. 그는 그대를 안전으로부터 불안전 속으로 내던지고 있다. 그는 항상 그대를 앎으로부터 미지로 밀어 넣는다. 그는 그대 혼자 남겨 두지 않는다. 그대가 쉬는 걸 허용하지 않는다. 그대가 사라지지 않는 한 그는 계속 그대를 따라다니려 할 것이다.

이큐는 농담한다. 익살스럽게 그는 말한다. "그 때문이다. 붓다들이 죽고 나면 사람들이 그를 위해 큰 절을 짓는 까닭은."

위대한 종교가 탄생하고 거대한 창립과 숭배, 그리고 셀 수 없이 많은 책들이 쓰여진다. 그런데 그들이 살아 있을 때는 그들을 십자가에 못박고 독살하고 욕하고 또는 그들에게 돌을 던진다.

인간은 결코 살아 있는 붓다를 존경하지 않는다. 죽은 사람들만 존경한다. 인간은 죽음을 존경한다. 생명을 존경하지 않는다.

제13장

달의 집에서
In the house of the moon

달은 집
마음은 그 집의 주인이라 할 때
그것은 우리가 살고 있는
덧없는 세상.

깊이 생각해 보면
남과 나 사이에 구별이 없다
이 마음 이외에
다른 마음이 없기에.

봄마다 피는
벚꽃을 볼 때
생(生)의 무상함을
아파하라.

본래인(本來人)은 필시
본래의 장소로 돌아간다
그런데 왜 우리는
헛되이 부처를 구하는가?

아침 이슬
흔적도 없이 사라지고 없네
그 누가
이 세상 끝까지 살아 있으리?

덧없을지라도 우리는
내일의 목숨을 기원한다.
이것은 어제 지나가 버린
우리 마음의 습관.

상심하지 말라
진리의 길은 다만,
있는 그대로이다
둘도 아니고 셋도 아닌.

　고타마 붓다의 본질적인 가르침은 깨달음에 있을 뿐, 전혀 가르침이 아니다. 그것은 더욱 깨어 있게 하는 하나의 방법이다. 그는 그대에게 보는 방법을 일러 줄 뿐 존재에 대한 교리를 일러 주지 않는다. 그는 신(神)하고는 관계가 없다. 그는 초월적인 내세와는 관계가 없다. 그의 모든 관심사는 그대, 그대 내면의 깨달음에 있다.

　그러기에 붓다는 거의 모든 사람들에게 오해되어 왔다. 그가 신에 대해 말하지 않는 까닭에 종교인들은 그를 이해할 수 없었다. 그가 내세를 말하지 않는 까닭에 그들은 그에게 감사할 수 없었다. 그리고 대부분의 종교들은 내세에 의존한다. 그들은 현세를 반대하고 미래 어딘가에 있을, 이 세상을 초월하고 이 몸을 초월하고 이 순간을 초월한 환상의 세계를 지지한다.

달의 집에서　483

그들의 세상은 온통 환상으로 가득 차 있다. 그들은 사람들이 허상을 위해 진실을 희생하도록 설득한다. 그들은 사람들이 아직 존재하지 않는, 아마 영원히 존재하지 않을 것을 위해 현존을 희생하도록 설득한다. 그들은 미래를 위해 현재를 희생하도록 설득한다. 어찌 그들이 붓다를 이해할 수 있겠는가? 그는 도무지 내세를 말하지 않는데. 그는 내세적인 사람이 아니다.

그렇지만 그는 물질론자도 무신론자도 만족시키지 못했다. 그들은 먹고 마시고 흥겨워지는 이것이 다라고 생각하기 때문이다. 그러나 붓다는 말한다. "그것이 다가 아니다. 그대는 물질의 표면 위에서만 살고 있다. 물질에는 심도가 있다. 그 깊이는 그대 자신의 존재 속으로, 그대 자신의 의식 속으로 더욱 깊이 들어갈 때 알 수 있고 측정할 수 있다."

의식적이 될수록 그대는 더 강렬하게 산다. 의식적이 될수록 그대는 더 실제적으로 살 수 있다. 오직 의식적이 됨으로써 그대는 실체를 초래할 수 있다. 완전히 의식적일 때 그대는 완전한 실재이다.

자연히, 물질주의자들이나 세속적인 사람들은 붓다에게 동의할 수 없다. 그들은 "이것이 전부이다. 표면적인 것이 전부이다. 외부적인 것이 전부이다. 거기에 내면은 없다."고 말한다.

따라서 아무도 붓다에게 동의하지 않는다. 종교인들은 동의하지 않는다. 비종교인들도 동의하지 않는다. 붓다의 접근 방식은 철두철미하다. 그것은 세속을 반대하고 내세를 반대한다. 그는 새로운 빛과 새로운 직관을 가져왔다. 그 직관을 그는 '주의 깊음'이라고 부른다.

그대는 이 '주의 깊음'이라는 낱말을 이해해야 한다. '주의 깊음'이라는 이 단순한 낱말을 이해할 수 있다면 붓다의 존재 전체를, 그의 전(全) 접근 방식을 이해할 것이다. 그는 진리를 알고 있는 한 사람이다. 만일 그대가 누군가에게 묻고 싶다면 붓다 같은 사람에게 물어라.

하지만 그의 접근 방식은 방법론이지 교리가 아니다. 그것은 삶의 방식이다. 사람들은 로봇처럼 산다. 그들은 기계적으로 산다. 붓다는 말한다. "기계적으로 살지 말아라. 모든 행동 하나하나가 각성으로 빛나야 한다. 그러면 행동 하나하나가 그대에게 실체를 드러내 준다."

또한 그는 세속과 신성을 구별 짓지 않는다. 거기엔 차이가 없다. 세속은 신성하다. 그대가 의식적으로 산다면.

바로 아침 산책을 가는 것, 그대가 의식을 가지고 걸을 수 있다면 그것이 기도이다. 교회에 갈 필요가 없다. 기도는 교회나 절과 상관이 없다. 기도는 각성의 질(質)과 관련된 것이다. 그대는 놀이처럼 일을 할 수 있다. 그것은 어떤 것이라도 좋다. 마루를 닦고 요리를 하고 빨래를 하고 목욕을 하고 잠자는 것 어떤 것이라도 좋다.

붓다의 측근 제자였던 아난다에 관한 아주 아름다운 이야기가 있다. 아난다는 붓다와 함께 40년을 살았다. 그는 하나의 그림자처럼 살았다. 그는 한 순간도, 심지어는 밤에도 붓다를 떠나지 않았다. 그는 붓다와 같은 방에서 잠자곤 했다. 그는 붓다에게서 약속을 받았다…….

붓다가 깨달았을 때 아난다가 입문하려고 왔다. 그는 붓다의 사촌 형제였는데 붓다보다 나이가 많았다. 그가 붓다에게 부탁했다. "나는 당신의 형이오. 일단 내가 입문하게 되면 나는 당신의 제자가 될 것이오. 그때는 당신이 무어라고 말하든 따라야 할 것이오. 그때는 '싫다'고 말할 수 없을 것이오."

그것이 제자의 의미이다. "이제 나는 나의 스승에게 '예'라고 말할 것이다. 그가 뭐라고 말하든, 그가 '뛰어들어 자살하라'고 하면 뛰어들어 자살하리라." '아니오'를 복종시키는 것이 제자됨의 비결이다.

따라서 아난다는 말했다. "나는 당신의 제자가 되려 하오. 당신의 제자가 되기 전에 당신의 형으로서 한 가지만 약속해 주오. 지금 당장은 내가 당신의 형이니 당신에게 명령할 수 있소." 이것은 인도의 전통이다. "당신은 나의 동생이니 말이오. 내게 당신을 떠나라는 말은 절대로 안한다고 약속해야 하오. 나는 당신과 함께 머무르겠소. 당신이 어디를 가든 나는 당신과 함께 있겠소. 당신을 그림자처럼 따르겠소. 당신을 그림자처럼 봉사하겠소. 심지어는 밤에도 바로 당신 곁에서 잠들겠소. 언제든지 당신에게 봉사할 준비를 갖출 것이오."

붓다는 약속했다. 그래서 아난다는 붓다와 함께 40년을 살았다. 다른 제자들은 그토록 가깝게 살지 못했다. 그는 너무나 가까웠기에 자연히 붓다를 당연하게 여기기 시작했다. 그는 너무나 가까웠기에 붓다를 잊어버리기 시작했다. 그리고 붓다가 그의 육체를 버리는 때가 찾아왔다…….

아난다보다 뒤늦게 온 많은 사람들이 깨달음을 얻었다. 아난다는 아직 깨닫지 못했다. 그는 쓰디쓴 울음을 울었다. 그의 고통은 너무나 극심해서 위안책이 없었다. 지금 돌연 그는 그 40년의 세월을 낭비했다는 것을 자각하게 되었다. "희귀한, 아주 희귀한 행운으로 나는 이분과 함께 살았다. 붓다를 발견하는 것은 드문 일이다. 붓다와 함께 40년을 계속 산다는 것은 드문 일이다. 그것은 전무후무(前無後無)한 일일 것이다. 40년이란 긴 세월이다. 그런데도 아직 난 놓치고 있다."

그는 음식 먹는 것을 그만두었다. 일체의 행위들을 그만두었다. 그는 너무 늦기 전에 깨닫기로 작정했다. 이미 늦어 있었다. 밤낮으로 그는 깨어 있으려고 노력했다⋯⋯.

곧 대규모의 종교 집회가 있을 판이었다. 깨달은 제자들이 일제히 모여 붓다의 가르침을 결집할 예정이었다. 아난다는 초대받지 못했다. 그는 가장 신뢰할 수 있는 원천이었다. 분명 누구도 그토록 오랫동안 붓다와 함께 살지 않았다. 누구도 그가 가진 만큼 많은 정보를 지니지 못했다. 누구도 그토록 많이 붓다의 말을 듣지 못했다. 조석으로, 밤낮으로 그는 항상 거기에 있으며 지켜 보았다. 붓다가 말한 일체를 그는 들었다. 또한 그는 기적적인 기억력을, 완벽한 기억력을 보유하고 있었다. 그는 완벽하게 기억할 수 있는 능력을 갖고 있었다. 그럼에도 불구하고 그는 집회에 초대받지 못했다.

그를 초대하는 일이 도저히 불가능한 것은 아니었다. 그는 붓다를 잘 알고 있었고 그의 말은 신뢰할 만한 것이었으며 그의 기억력은 완벽했다. 그럼에도 그는 내적 타당성을 지니지 못했다. 그 자신은 아직 붓다가 아니었다. 그렇다. 사실들을 수집하는 데 있어서는 그가 적합한 사람이었다. 하지만 진리에 대해서는? 사실과 진리는 별개의 차원이다. 사실은 사실이지만 진리가 아닐 수 있다. 그리고 진리는 진리이지만 사실이 아닐 수도 있다.

진리는 사실들의 합산이 아니다. 진리는 그 이상의 것이다. 사실은 흔히 있으며 피상적인 것이다. 진리는 표면이 아닌 내면에 있다. 아난다는 모든 사실적인 것들을 말할 수 있었음에도 내적 타당성을 지니지 못했다. 그 자신은 관조자가 아니었다. 하여 심지어 붓다와 함께 지내지 않은 사람들도 그 집회에 초대를 받았지만 아난다는 초대받지 못했다.

그는 열심히 노력했다. 그는 모든 걸 걸고 매 순간 깨어 있으려고, 민감하려고, 유의하려고 노력했다.

그리고 마지막 밤이 왔다. 내일 아침이면 집회가 집결될 것이었다. 아난다는 미칠 지경이었다. 그것은 아직 일어나지 않았다. 그는 더욱더 긴장하게 되었다. 그는 그가 할 수 있는, 인간적으로 가능한 모든 노력을 기울였다. 그는 그것을 위해 기꺼이 죽으려했다.

자정이 왔지만 아직 아무 일도 일어나지 않았다. 그래서 그는 스스로를 광기로 몰고 갔다. 여러 날 동안 그는 먹지도 않고 자지도 않았다. 목욕도 하지 않았다. 낭비할 시간이 없었다. 한 시, 두 시, 세 시, 네 시, 새벽에……. 그는 미치든가 깨닫든가 둘 중 하나가 되기 직전이었다. 거의 미치기가 쉬워 보였다. 그는 폭발하고 말았다. 기진맥진해져 버렸다.

그때 문득 그는 붓다가 항상 말해 왔던 이 말을 상기했다. "깨어 있되 편안한 상태로 있으라. 깨어 있되 긴장하지 말아라. 긴장 없이 주목하라. 평온하고 고요하라. 민감하라. 하지만 무리해서 노력하지는 말아라."

그 기억은 제때에 찾아왔다. 그는 이완되었다. 그는 너무나 피로했다. 죽도록 피곤했다. 그래서 그는 자러 갔다. 그가 막 머리를 배개에 댔을 때 — 이완된 상태로 완전히 깨어서 — 깨닫게 되었다. 그가 베개에 머리를 댄 순간 그는 깨닫게 되었다.

그는 잠이 들었다. 그의 일생에 있어서 처음으로 그런 잠을 잤다. 육체는 잠이 들었지만 내면의 빛은 활활 타오르고 있었다. 그는 존재 깊숙이 민감하게 깨어 있었다.

아침이 왔다. 그는 여전히 자고 있었다. 다른 승려들이 그가 이루어 냈는지 어떤지 보기 위해 찾아왔다. 그들은 방안을 살펴 보았다. 거기엔 붓다와 똑같은 향기, 똑같은 광휘와 똑같은 우아함과 고귀함이 있었다. 아난다는 깊이 잠들어 있었지만 그의 얼굴은 빛나고 있었다. 그 빛은 내면에서 흘러나오는 것이었다. 그는 잠 속에서도 주시하고 있었다. 우아함이, 침묵이 방안을 감돌고 있었다. 그곳은 새로운 공간이었다.

그는 즉시 초대되었다. 그는 다른 승려들에게 물었다. "왜 그러는가? 지금 무슨 일이 일어났는가? 왜 어제는 나를 집회에 부르지 않았는가?"

그러자 그들이 말했다. "바로 하루 전에는 당신의 기억이 단지 외부적인 기억에 불과했다. 이제 당신은 내부로부터 안다. 당신 스스로 붓다가 되었다."

불성이란 잠 속에서도 깨어 있음이 지속될 만큼 아주 민감한 상태를 의미한다. 심지어는 죽을 때도 완전히 깨어서 죽는다. 이제는 민감함을 잃어버릴 길이 없다. 그것은 그대의 본성이 되었다.

이것이 붓다의 메시지의 진수이다. 이것을 이해하지 않는 한 그대는 이규의 모든 경문을 놓칠 것이다. 그 경문에는 여러 주석들이 있는데, 특히 서양의 주석자들은 핵심을 놓치고 있다. 그들은 그 경문이 말하는 것이 하나의 철학이라고 생각하기 때문이다. 최고의 주석자는 블리스(R. H. Blyth)인데 그 마저도 놓치고 있는 것은, 그 역시 내면의 타당성을 지니지 못했기 때문인 것 같다. 그는 이 경문들이 염세적이라고 생각한다. 그러나 그렇지 않다. 붓다와 염세주의와는 아무 관련이 없다. 이 경문들이 염세적으로 보이는 것은 그것들이 그대의 이른바 낙관주의를 거스르기 때문이다.

붓다는 그대에게 아무 희망도 주지 않는다. 하지만 그의 메시지는 무기력하지 않다. 그는 희망을 제거함과 동시에 무력감 또한 제거한다. 그대가 내면의 타당성을 지니지 않는 한 그것은 대단히 이해하기 어려운 것이다.

그는 모든 낙관성을 파괴한다. 하지만 그는 염세주의자가 아니라는 것을 기억하라. 낙관주의가 없는데 어찌 염세주의가 있겠는가?

그들은 공존한다. 삶에 대한 그의 비전은 침울하지 않다. 하지만 사람들에게는 그것이 침울하게 보인다.

심지어는 이규 경전에 대해 가장 통찰력 있는 서양 주석자인 블리스 마저도 계속 요지를 놓치고 있다. 그는 계속 붓다의 잘못된 점을 지적하고 있다. 그는 계속 이규의 이상한 점을 말하고 있다.

만일 그대가 주의하려고 애쓰지 않고 이 경문 자체를 바라본다면 전체의 요지를 놓칠 것이다. 이 경문들은 그대를 주의 깊게 만들기 위한 하나의 장치이다.

붓다는 우리가 어떻게 주의해야 하는지 단지 예만 보여 줄 뿐이다. 그는 물이 언저리까지 가득 찬 항아리를 머리에 이고 균형을 이루며, 사람들로 매우 혼잡한 시장 속을 걸어가라고 명령받은 사람에 관해 말하였다. 그 뒤에는 긴 칼을 든 병사가 따라가고 있다. 만일 한 방울의 물이라도 흘린다면 병사가 목을 칠 것이다. 그 사람은 분명 조금도 방심함이 없이 항아리를 이고 걸어갔다. 하지만 편안한 상태로 주시해야만 한다. 만일 지나치게 힘을 주거나 긴장하면 아주 조금만 부딪쳐도 물을 떨어뜨리게 될 것이다. 항아리를 인 그 사람은 기운을 빼고 리듬이 있어야 한다. 환경의 변화와 함께 흘러가되 매 순간 아주 주의 깊게 있어야 한다.

이완된 민감성, 이것은 각성을 향상시키는 데 있어 유의해야 할 사항이다.

이 두 낱말은 정반대처럼 보인다. 그들은 정반대이다. 왜냐하면 이완되면 민감함을 잃어버리고 민감하면 이완되지 못하기 때문이다. 양자가 함께 일어나지 않는 한 그대는 계속 붓다의 메시지를 놓칠 것이다. 그것은 아주 기묘한 메시지이다. 그것은 그대가 이 양극을 함께 데려오길 원한다. 그것은 인간 의식의 가장 높은 합(合)이다. 한 극은 이완함이고 나머지 극은 민감함, 주의 깊음이다.

만일 내내 주의만 기울이고 있다면 조만간에 지칠 것이다. 그대는 24시간 내내 주의 깊게 있을 수 없다. 그대는 휴식이 필요할 것이다. 그 주의 깊음을 벗어나기 위해 알코올이나 약물이 필요하게 될 것이다.

그것이 서양에서 일어난 상황이다. 사람들은 더욱 주의 깊게 되었다. 주의 깊음을 가꾸었다. 대부분 교육의 메커니즘이 억지로 더욱 주의 깊게 만들었다. 보다 주의 깊은 사람은 성공했고 덜 주의 깊은 사람은 실패했다. 세상은 대단히 경쟁적이다. 성공하고자 한다면 매우 주의 깊어야 한다. 하지만 그러면 피곤해진다. 긴장으로 머리가 무거워진다. 그것은 그대를 신경증으로 몰고 간다. 그 부산물로써 광기가 발생함은 아주 당연한 것이다.

동양보다 서양에서 더 많은 사람들이 신경증적인 상태로 돼가고 있다. 그 이유는 명확하다. 서양에서는 오랜 세월 동안 주의 깊음이 훈련되어 왔기 때문이다. 그것은 많은 대가를 치렀다. 테크놀로지, 과학의 발달, 부(富), 이 모든 것들이 주의 깊음을 통해서 왔다. 동양에서는 사람들이 이완된 상태에 있어 왔다. 하지만 주의 깊음이 없이 이완만 된다면 무기력해지고 수동적이 되고 일종의 우둔함이 된다. 그래서 동양은 여전히 가난하고 비과학적이고 반기술적이고 기아로 허덕이고 있는 것이다.

붓다의 메시지가 바르게 이해된다면 동양과 서양의 만남이 일어날 것이다. 붓다 안에서 양자는 만날 수 있다. 그의 메시지는 이완된 주의 깊음이다. 그대는 아주 아주 이완되어야 하며 동시에 깨어 있어야 한다. 거기엔 아무 문제가 없다. 그것은 가능하다.

내면의 타당성에서 말하건대, 그것은 가능하다. 그리고 오직 이

가능성만이 그대를 전체적인 인간으로, 성스러운 인간으로 만들 것이다. 안 그러면 그대는 반쪽으로 머물 것이다. 반쪽의 인간은 항상 불행하다. 이런 식으로든 저런 식으로든. 서양은 영적으로 불행하고 동양은 물질적으로 불행하다. 인간에겐 둘 다 필요하다. 인간은 내면과 외면 양쪽의 풍요가 필요하다.

붓다와 함께 새로운 시대가 동틀 수 있다. 비법은 간단하다 — 이완된 각성을 배우는 것. 그대가 주의 깊게 되려고 노력할 때, 동시에 몸은 긴장하지 말아야 한다는 것을 염두에 두어라. 몸은 휴식하고 이완되고 일종의 내맡김 속에 있어야 한다.

나는 아난다가 머리를 베개에 대는 순간 깨닫게 됐다는 그 내용을 좋아한다. 깨닫는 데 그 보다 더 좋은 장소는 없다. 그것을 명심하라.

붓다는 명상의 대상을 주지 않았다. 그대더러 신에 대해 명상하라고 말하지 않았다. 그는 만트라에 대해 명상하라고 말하지 않았다. 어떤 상에 대해 명상하라고 말하지 않았다. 그는 생활의 사소한 일들을 이완된 각성으로 하라고 말했다. 음식을 먹을 때 전적으로 먹어라. 전적으로 씹고 전적으로 맛보고 전적으로 냄새 맡아라. 빵을 만지고 질감을 느껴라. 빵의 냄새를 맡아라. 향취를 맡아라. 그것을 씹어라. 그것이 그대 안에 흡수되도록 놔두면서 의식 속에 머물러라. 그대는 명상하는 것이다. 그러면 명상은 생활과 떨어져 있지 않게 된다.

명상이 생활과 분리되어 있을 때는 항상 뭔가 잘못된 것이다. 그것은 부정적인 생활이 된다. 그때 사람은 수도원이나 히말라야의 동굴에 갈 생각을 한다. 생활로부터 도망가고 싶어한다. 생활이 명상의 장애가 되는 듯이 보이기 때문이다.

생활은 장애물이 아니다. 생활은 명상을 위한 계기이다.

걸으면서 숨이 들어오고 숨이 나가는 것을 주의깊게 지켜 보라. 그대는 한쪽 다리를 앞에 내딛는다. 지켜 보라. 그것을 안으로부터 느껴라. 그대의 발이 땅에 닿는다. 땅에 닿는 감촉을 느껴라. 그리고 새들은 노래하고 태양은 빛나고 있다……. 인간은 다차원적으로 감각적이어야 한다. 이것은 그대의 지성이 성장하는 걸 도와줄 것이다. 이것은 그대를 더욱 밝고 총명하고 생기에 넘치게 만들 것이다. 종교는 그대가 더욱 생기에 넘치도록, 더욱 감각적이도록 만들어야 한다. 생명은 신이고, 그외에 다른 신은 없기 때문이다.

붓다는 토스카니니(Toscanini)에게 동의했을 것이다…….

토스카니니의 80회 생일날, 누군가 토스카니니의 아들에게 그의 아버지가 무엇을 자신의 가장 중요한 성취로 치는지 물었다. 아들이 대답했다. "그분에게는 그런 것이 없습니다. 그 순간에 일어난 일이 그의 생애에 있어 가장 큰일입니다. 그가 심포니를 지휘하고 있든 오렌지 껍질을 벗기고 있든 말입니다."

마치 심포니를 지휘하듯이 오렌지 껍질을 벗긴다면 그대는 점점 더 붓다에게 가까워질 것이다. 세상에서 가장 위대한 그림을 그리듯이, 그 주의 깊음과 배려와 사랑과 전체성을 가지고서 오렌지 껍질을 벗긴다면 말이다. 오렌지 껍질을 벗기면서 다차원적으로 자각하라. 거기서 풍겨나오는 냄새를 맡고 느끼고 만지고 맛보아라. 그러면 작은 오렌지가, 하나의 보통 오렌지가 탈바꿈된다. 그대가 가져다 준 의식의 특성으로 탈바꿈된다.

이런 식으로 삶을 살 수 있다면 종교는 생활을 부정하지 않는다. 긍정한다. 그것은 그대를 생활로부터 떼어 놓지 않는다. 그대를 그 안으로 데려간다. 그것의 가장 깊은 핵심으로 데려간다. 그대를 그것의 신비 속으로 데려간다.

그것은 또한 나의 접근 방식이다. 절에 가서만 해야 하는 기도라든가 히말라야의 동굴에서만 할 수 있는 명상 따위의, 생활에서 동떨어진 것을 고수해야 하는 종교는 별 가치가 없다. 그대는 24시간 내내 그렇게 할 수 없기 때문이다. 심지어는 히말라야의 동굴에 살고 있는 사람이라 할지라도 음식을 빌러 가야 할 것이고 겨울이 오면 쓸 나무를 모아야 할 것이며 비를 피해야 할 것이고 밤에는 야수가 있을지 모르니 뭔가 궁리를 해야 할 것이다. 동굴에 있는 사람조차 수천 가지 해야 할 일이 있을 것이다. 그대는 그냥 24시간 내내 명상만 하고 있을 수 없다. 그것은 실행 불가능하다.

하지만 붓다는 그것을 가능하게 만들었다. 그는 말한다. "명상을 생활에서 분리시키지 말아라. 그것들이 공존하도록 놔둬라. 생활의 모든 기회를 명상으로 돌려라. 완전히 깨어서, 민감하게, 주의 깊게 지켜 보고 관조하라."

한 제자가 그의 스승 이큐를 보러 왔다. 제자는 이따금 수련을 해왔었다. 비가 오고 있었다. 그는 안으로 들어가면서 신발과 우산을 바깥에 놔두었다. 그가 스승에게 예를 표하자, 스승은 신발의 어느 쪽에 우산을 두었는지 물었다.

자, 무슨 질문이 이런가? 그대는 스승이 그런 터무니없는 질문을 하리라고 기대하지 않는다. 그대는 스승이 신에 대해서나 쿤달리니가 일어나고 차크라가 열리고 머리에서 빛이 발생하는 것 따위를 묻기를 기대한다. 그대는 그렇게 거창한 것, 초자연적이고 밀교(密教)적인 것을 묻는다.

하지만 이큐는 아주 평범한 질문을 한다. 기독교 성자들은 그런 질문을 하지 않았을 것이다. 자이나 승려들이나 힌두교 스와미들은 그렇게 묻지 않았을 것이다. 그런 질문은 오로지 진정으로 붓다와 함께 있는 자, 붓다 안에 있는 자, 진정으로 붓다인 자에게서만 나올 수 있다. 그 스승은 신발의 어느 쪽에 우산을 두었는지 묻는다. 지금 신발이나 우산이 영성과 무슨 상관이 있단 말인가?

만일 그대에게도 같은 질문을 한다면 그대는 짜증 낼 것이다. 그대는 이 사람이 도대체 스승이 아니라고 느낄 것이다. 이게 무슨 질문이란 말인가? 그 속에 무슨 철학이 있을 수 있는가?

하지만 그 속에는 무진장한 가치가 담겨 있다. 만일 그가 신에 대해, 쿤달리니나 차크라들에 대해 물었더라면 그것은 난센스이고 전혀 쓸모가 없었을 것이다. 하지만 이것은 의미가 있다. 제자는 기억할 수 없었다. 누가 신발 둔 곳이나 우산 둔 곳을, 오른쪽인가 왼쪽인가 신경 쓰겠는가? 누가 신경 쓰는가? 누가 그렇게 우산에 주의를 기울이는가? 누가 신발을 생각하는가? 누가 그렇게 주의 깊은가?

그러나 그것으로 충분했다. 그 제자는 거절당했다. 이큐는 말했다. "가서 7년 간 더 명상하라."

"7년이나?" 제자가 말했다. "겨우 이 작은 허물 때문에 말입니까?"

이큐가 말했다. "이것은 작은 허물이 아니다. 허물은 작거나 큰 것이 아니다. 너는 아직 명상적으로 살고 있지 않다. 그게 다다. 돌아가라. 7년 간 더 명상하고 다시 오라."

이것이 불교 가르침의 정수이다. "정성을 기울여라. 모든 것을 지극하게 하라. 사물들 사이에 이것은 하찮고 저것은 아주 영적인 것이라고 차별을 짓지 말아라. 그것은 그대에게 달려 있다. 주의를 기울이고 지극하게 하면 모든 것이 영적이 된다. 주의를 기울이지 않거나 지극하게 하지 않으면 일체가 비영적이 된다."

영성은 그대에 의해 부여된다. 그것은 세상에 전하는 그대의 선물이다. 이큐와 같은 스승이 우산을 만지면 우산도 다른 모든 것처럼 신성하다. 그리고 그대가 신을 만진다면 신까지도 하찮게 될 것이다. 그것은 만지는 데 따라 다르다.

명상적인 에너지는 연금술적이다. 그것은 저급한 쇠붙이를 금으로 변형시킨다. 명상적이 될수록 그대는 더욱 도처에서 신을 본다. 그 최정점에서는 일체가 신성하다. 바로 이 세계가 낙원이고 바로 이 몸이 붓다이다.

경전.

> 달은 집
> 마음은 그 집의 주인이라 할 때
> 그것은 우리가 살고 있는
> 덧없는 세상.

우리의 진정한 집은 마음에 있지 않다. 마음은 단지 하나의 여인숙이다. 하룻밤 머물기에 좋은. 하지만 기억하라. 아침이면 우리는 떠나야 한다는 것을. 마음은 진정한 그대의 집이 아니다. 마음은 오로지 꿈들을 창조할 뿐이다. 어찌 꿈들이 그대의 진정한 집일 수 있는가? 마음은 욕망들을 창조한다. 어찌 욕망들 속에서 그대가 살 수 있겠는가?

그러나 그것이 사람들이 하는 일이고, 사람들이 고통받는 이유이다. 그들은 욕망 속에서 살려고 노력한다. 그들은 존재하지 않는 것 속에서 살려고 노력한다. 욕망이란 그 뜻이다. 그들은 미래에 살려고 노력한다. 어찌 미래에 살 수 있겠는가? 삶은 오직 현재에만 가능하다. 그런데 마음은 도무지 현재에 있지 못한다. 그것은 과거나 혹은 미래 둘 중 하나 속에 있다. 그것은 항상 존재하지 않는 것 속에 있다. 그것은 오직 비존재와 함께 있다. 존재가 있으면 그것은 사라진다. 우리는 우리의 집을 마음속에 지어 왔다.

그대 마음을 지켜 보면 요점을 알 것이다. 그대는 없는 과거를 회상하며 에너지를 낭비하고 있거나, 오지 않은 미래를 계획하며 또 에너지를 낭비하고 있다.

여기에 살아라!
지금 살아라!
지금이 집이다.

하지만 마음은 그대가 현재에 사는 걸 허용하지 않는다. 만일 그대가 지금 여기에 있다면 마음은 사라진다. 만일 그대가 마음 안에 있다면 그대에게 지금 여기는 존재하지 않는다.

달은 집…

달은 꿈의, 환각의 한 상징이다. 그 때문에 광인들을 루나틱(lunatic)이라고 부르는 것이다. 그들은 달 속에서 산다. 그들은 달을 통해 산다. 달은 그대의 꿈꾸는 기능이다. 달은 그대를 황홀하게 한다. 그것은 비실재이다. 상상이다.

달은 집
마음은 그 집의 주인이라 할 때…

달, 그대의 꿈꾸는 기능은 집을 창조한다. 그 집은 허구이다. 그 때는 당연히 마음이 주인이 된다. 마음은 오로지 허구 속에서만 주인이 될 수 있다. 거짓 속에서 마음은 아주 편안하다. 진리 속에서는 꼼짝도 못한다.

하여 명상이 깊어질수록 그대 안에 공포가 일어나는 것이다. 내게 가까이 올수록 마음은 더욱 말한다. "여기서 도망가라." 내게 가까이 오면 올수록 더욱 공포가 올라온다. 그대는 그것을 측정할 수 있다. 만일 내가 굉장히 두려워진다면 내게 더욱 가까워지고 있다고 봐도 좋다. 그대는 분명 더 가까이 오고 있는 것이다. 만일 그대가 명상이 두려워진다면 마음이 지금 위태로움을 걱정하고 있다는 표시이다. 한 걸음만 더 가면 그대는 돌아오기에 너무 늦을, 돌아올 수 없는 지점에 도착할지도 모른다.

마음은 환각 상태에서는 더할 나위 없이 편안해 한다. 그래서 온갖 꿈들을 창조한다. 밤에만 그러는 게 아니다. 기억하라. 심지어는 낮에도 그런다는 것을.

그대가 완전히 깨어 있을 때… 최소한 완전히 깨어 있다고 생각할 때 — 사실은 그럴 수 없다. 완전히 깨어 있는 사람은 붓다가 되기 때문이다. 그대가 각성 속에서 잠잘 때 지켜 보라. 이것이 내가 말하는 '완전한 깨어 있음'이란 뜻이다. 그저 눈을 감고 내면을 바라보라. 다만 꿈들이 흐르고 있음을 발견할 것이다.

그것은 별과 같다. 낮에 볼 수 없다고 별들이 사라졌다고 생각하지 말아라. 그들은 거기에 있다. 밤에는 그들을 볼 수 있을 것이다. 낮에는 햇빛이 너무 강하기 때문에 보이지 않을 뿐이다.

꿈꾸는 기능도 정확히 같은 경우다. 밤에는 그들이 아주 선명하다. 낮에는 다른 수많은 것들로 채워져 있어서 배경으로 밀려났지만 그들은 거기에 있다. 낮에 아무 때라도 눈을 감아 봐라. 길 한복판에 서서 눈을 감아 보면 그대는 놀랄 것이다. 그 꿈들이 거기에 있다. 어떤 꿈은 계속 흐르고 있다. 그것은 그대가 협조하지 않아도 지속된다.

　　　　달은 집
　　　　마음은 그 집의 주인이라 할 때…

　그리고 마음은 꿈이 있을 때만 주인으로 머물 수 있다. 그래서 마음은 항상 새로운 환상을 일으키는 약물이나 환각 상태를 찾아왔다. 그것은 새로운 것이 아니다. 그것은 현대인이나 젊은이들하고 관계있는 게 아니다. 그것은 인간이 오래된 만큼이나 오래된 것이다. 그것은 리그베다의 시대에도 존재했다. 그것은 소마라고 불렸다. 오늘날의 LSD이다.
　오랜 세월 동안 인간은 약물을 갈구해 왔다. 약물은 그대의 꿈꾸는 기능을 도와주기 때문이다. 그것들은 그대의 꿈을 더욱 현란하고 초현실적이며 더욱 실재적이고 입체적으로 만들어 준다. 그것들은 그대가 원하는 어떤 것이라도 제공할 수 있다. 만일 그대가 사마디를 원한다면 마리화나는 사마디를 줄 것이다. 하지만 그 사마디는 고작 꿈일 뿐이다. 그것은 그대를 변형시키지 못한다. 그대를 변화시키지 못한다. 그대 존재에게 확실한 변형을 가져다 주지 못한다. 그대는 동일한 상태로 남아 있을 것이다. 아니면 이전보다 더 밑으로 추락할지도 모른다. 그대는 퇴보할 수도 있다.

　　　　달은 집
　　　　마음은 그 집의 주인이라 할 때
　　　　그것은 우리가 살고 있는
　　　　덧없는 세상.

그대가 이해하지 못하면 꿈들은 실재가 된다. 이해한다면, 그대가 실재라고 부른 것은 그 자체가 꿈이다. 경문의 핵심을 보라. 그것은 가장 의미심장한 경문 중의 하나이다. 만일 이해하지 못하면 심지어는 꿈마저도 실재인 것처럼 보인다. 이해한다면, 자각하게 된다면, 민감해지고 사물을 꿰뚫어 본다면 그대가 항상 실재라고 생각해 왔던 것들도 이제는 실재가 아니다. 그땐 일체가 하나의 꿈이다.

붓다가 말하는 "세상은 하나의 꿈이다."는 그 의미이다. 그는 세상을 비난하는 게 아니라는 것을 기억하라. 그는 세상을 거부하라고 말하는 게 아니다. 어찌 꿈을 거부할 수 있는가? 그는 그것에서 도망가라고 말하지 않는다. 꿈에서 도망가는 게 무슨 의미가 있는가? 그는 다만 "그것을 있는 그대로 알라."고 말할 뿐이다.

또한 기억하라. 많은 사람들이 내게 묻는다. "만일 세상이 꿈이라면, 그리고 우리가 그것이 꿈임을 안다면 그것이 멈춰질까요?"

세상은 멈추지 않을 것이다. 그것은 집단적인 꿈이기 때문이다. 그대는 그것들을 이해함으로써 그대 개인의 꿈을 멈출 수 있다. 그러나 집단적인 꿈들은 멈출 수 없다. 그것들은 그대에게만 달려 있는 게 아니라 집합적인 마음에 달려 있다.

그것은 마치 극장에 앉아서 영화를 보는 것과 같다. 영화는 꿈이다. 그대는 그것을 안다. 화면에는 아무 것도 없다. 하지만 이따금 그대는 그것을 잊고 몹시 흥분한다. 그대는 아주 동일시되어서 영화를 실재로 여기기 시작한다. 그런 다음 그대는 기억한다. 그러면 다시 의자 안에 몸을 풀고 이것은 한낱 장난이라는 걸, 화면에서 움직이는 그림자에 불과할 뿐이라는 걸 안다.

하지만 거기 아무 것도 없고 다만 꿈일 뿐이라는 사실을 그대가 안다 해도 영화는 중단되지 않을 것이다. 영사기는 연신 돌아갈 것이다. 그것은 그대 한 사람에게만 달려 있는 게 아니다. 하지만 한 가지는 바뀔 것이다. 그대는 휴식할 것이다. 그대는 흔들리지 않을 것이다. 그대는 동요되지 않을 것이다. 이야기는 지속될 테지만 그대는 떨어져 나와 있을 것이다. 그대와 이야기 사이에 거리가 생길 것이다. 그대는 영화속의 인물이 되지 않을 것이다. 그대는 그 안의 어떤 것에도 사로잡히지 않을 것이다.

붓다는 말한다. "이해함으로써 그대가 이제껏 실재라고 생각해왔던 것이 비실재가 된다." '비실재'한다는 것은 그것이 사라진다는 게 아니다. 그것은 지속될 것이다.

가령, 그대는 이 사람이 그대의 아내, 그대의 자식, 그대의 남편이라고 생각한다. 비록 이해력이 생기고 더욱 명상적이 된다 해도 그대의 명상으로 여자가 사라지지는 않을 것이다. 여자는 거기 있을 것이다. 하지만 그 꿈, '이 여자는 내 아내다'라고 하는 동일시, 그 소유 관념은 사라질 것이다. 그 여자는 아름다움을 간직한 채 거기 있을 것이다. 실제로는 그 이상이다. 왜냐하면 그대가 여자를 소유하는 순간 그녀는 물건이 된다. 소유는 추하다. 그것은 폭력이다. 소유는 잔인하다. 소유할 때면 항상 그를 모욕하는 것이다. 어떻게 사람을 소유할 수 있는가?

여자는 거기에 있을 테지만 더 이상 아내이지 않을 것이다. 그대는 더 이상 남편이지 않을 것이다. 자식이 거기에 있을 테지만 그는 그대를 통해 태어났을 뿐 그대에게 속하지 않는다. 그대는 그에게 권리를 요구하지 않을 것이다. 장래의 그대 야심을 위해 자식을 이용하지 않을 것이다. 그대는 자식을 타고 진출하지 않을 것이다. 자식을 강요하지 않을 것이다. 그대의 욕망에 따라 자식을 주조하지 않을 것이다. 그대는 누구인가? 모든 것은 계속될 것이다. 하지만 전적으로 다른 빛이……

나, 그대, 소유함, 소유권, 이러한 것들은 사라질 것이다. 한번 생각해 보라. 거기 소유함이 없고 내가 없고 그대가 없다면 그대 안에 참으로 깊은 고요가 내려앉을 것이다! 참으로 그윽한 평화가 압도할 것이다!

그것은 우리가 살고 있는
덧없는 세상.

그때 이 일체의 세상은 그저 일시적인 세상이다. 우리는 여기에 잠시 있다가 사라진다. 왜 그것을 그토록 걱정하는가? 그것이 그토록 무상한 세상이라면 왜 그토록 그것을 염려하는가?

누군가 그대를 모욕했다 하자. 거기에 무슨 차이가 있는가? 며칠 내로 그대와 그에 대한 아무 얘기도 들을 수 없을 것이다. 먼지는 먼지로 돌아가 사라진다. 그대 이전에도 얼마나 많은 사람들이 이 땅에 살아왔는가? 그들도 그대처럼 번민했었다. 누구는 그들을 욕했고 누구는 그들에게 불쾌한 말을 했으며, 혹은 그들이 거리를 지나갈 때 어떤 사람들은 빈정거리고 비웃고 조롱했다. 그래서 그들은 아파했고 상처받았다…….

그들은 어디에 있는가? 그 친구들과 그 적들에게 무슨 일이 일어났는가? 그들은 여기 있던 동안에 얼마나 많은 소란을 피우며 번민했던가!

붓다는 간단히 말한다. "그대가 이해한다면 많은 소란을 피우지 않을 것이다." 그게 전부다. 그대는 별 소란을 피우지 않으며 세상을 통과해 나갈 것이다. 그것이 진정한 포기이다. 그것이 산야스이다. 별 소란을 피우지 않고 지나치게 심각해 하지 않으면서 거기에 너무 의미를 두지 않고 세상을 통과해 가는 것. 그것은 하찮은 것이다. 어느 바보가 지껄인 격분과 소음으로 가득 찬 대수롭지 않은 소설이다. 이야기를 즐겨라. 그렇지만 그것을 심각하게 생각하지는 말아라.

깊이 생각해 보면
남과 나 사이에 구별이 없다
이 마음 이외에
다른 마음이 없기에.

그것을 깊이 생각하고 자각하고 명상하라. 모든 관계와 모든 뒤얽힘과 모든 인생의 복잡성을.

깊이 생각해 보면
남과 나 사이에 구별이 없다
이 마음 이외에
다른 마음이 없기에.

우리는 다만 같은 대양 안에 있는 파도들이다.

남과 나 사이에 구별이 없다
이 마음 이외에
다른 마음이 없기에.

거기엔 오직 하나의 마음, 환영(幻影)의 마음만이 있다. 나의 환영이 사라지고 그대의 환영이 사라졌을 때 무엇이 있어 우리를 분리시키고 구별 짓겠는가? 우리의 환영들이 우리의 경계들이다. 그 때문에 사람들은 그것들에 매달린다. 그것들은 그대에 대한 정의(定義)들이기 때문이다.

어떤 사람이 말한다. "나는 아름답고 당신은 추하다." 그는 한정 짓고 있다. 어떤 사람이 말한다. "나는 아주 지성적인데 당신은 별로 지성적이지 않다." 그는 한정 짓고 있다. 어떤 사람은 말한다. "나는 아주 강한데 당신은 약하다." 그는 한정 짓고 있다.

우리가 내리는 정의는 우리의 환상에 지나지 않는다. 만일 그대가 모든 환상들을 버린다면 어떻게 자신을 한정 지을 수 있겠는가? 그때 무슨 경계들이 있겠는가?

"나는 힌두교인이고 당신은 기독교인이다. 나는 여자고 당신은 남자이다. 나는 흑인이고 당신은 백인이다. 나는 학식이 있고 당신은 학식이 없다. 나는 이것이고 당신은 저것이다." 우리는 우리가 누구라고 느끼기 위해 한정 지으려고 노력한다. 하지만 우리가 내리는 모든 정의는 한낱 환영일 뿐이다.

> 남과 나 사이에 구별이 없다
> 이 마음 이외에
> 다른 마음이 없기에.

이 꿈꾸는 마음, 이 루나틱 마음, 과거나 미래를 생각하며 결코 지금 여기에 이르지 못하는 이 마음, 이것이 유일한 마음이다. 이것이 제거되고 나면 무엇이 다른가? 흑인과 백인 사이에 무슨 차이가 있는가? 기독교인과 힌두교인 사이에 무슨 차이가 있는가? 일단 마음이 제거되고 나면 일체 구별은 사라진다. 이것이 실체이다. 이것이 하나이다.

봄마다 피는
벚꽃을 볼 때
생(生)의 무상함을
아파하라.

여기가 블리스(R. H. Blyth)의 '선과 선의 고전(Zen and Zen Classics)'에서 이 구절은 뭔가 병적이다라고 지적한 대목이다.

그것은 전혀 그렇지 않다. 그것은 병적이지 않다. 블리스는 분명히 구절에 겁먹고 공포를 느꼈을 것이다. 그는 자신을 방어하고 있다. 이것은 단순한 진술이다.

봄마다 피는
벚꽃을 볼 때
생(生)의 무상함을
아파하라.

이것은 단순한 진술이다. 누구라도 지켜 보면 그것을 느낄 것이다. 아픔으로 느낄 것이다! 참으로 아름다운 목숨이건만 그토록 연약하다고? 참으로 눈부신 광휘이건만 그토록 순간적이라고? 이 아름다움이 그토록 덧없다고? 그토록 아름다운 사람들, 그런데 한낱 대양의 잔물결처럼 한 순간 여기에 있다가 사라진다고? 누가 그 아픔을 피할 수 있는가?

잘 보면, 장미꽃 하나하나가 그대에게 생명의 고통을 상기시킬 것이다. 왜 아픈 것일까? 아름다움은 영원해야 한다는 것, 사랑은 영원해야 한다는 것, 진리는 영원해야 한다는 것, 거기에 아픔이 있다. 진리, 일시적인 것? 사랑, 덧없는 것? 아름다움, 한낱 하나의 꿈?

이것은 아픔이다. 그 구절은 조금도 병적이지 않다. 도저히 그럴 수 없다. 이규는 시인이 아니다. 이규는 한 사람의 붓다이다. 그에게서 나오는 것은 일체 병적일 수 없다. 블리스의 마음이 병적인 것이 틀림없다. 아마 그는 그 구절의 진실이 두려워졌는지도 모른다. 그것을 읽을 때, 그것을 번역할 때, 그것에 주석을 달 때 그의 여자를 생각했을지도 모른다. 꽃들이나 봄에 대한 생각을 했을지도 모른다. 그래서 두려워졌을 것이다.

우리는 이러한 생의 덧없음을 보고 싶어하지 않는다. 우리는 매달리고 싶다. 우리는 이것이 계속해서 살아남을 거라고 믿고 싶다. 여자와 사랑에 빠졌을 때 그대는 이것이 영원하리라고 믿고 싶다. 그러나 그대는 안다. 누구나가 안다. 여기 지상에서 영원한 것은 아무 것도 없다는 것을.

그대는 안다. 하지만 그것을 믿고 싶지 않다. 그대는 그것을 숨기고 싶다. 그대는 "아마 남들은 그렇겠지만 내게는 영원할 것이다. 나는 예외일 것이다."라고 믿고 싶다. 정원에 꽃들이 피어나는 것을 볼 때 그대는 "남들의 정원에서는 꽃들이 시들어 떨어져도 내 정원에서는 아니야. 신이 내게 그토록 무자비할 수 있는가? 기적이 일어나겠지. 내 꽃들은 계속해서 남아 있을 거야."

그러나 기적은 없다. 예외는 없다. 법칙은 완벽하다.

> 봄마다 피는
> 벚꽃을 볼 때
> 생(生)의 무상함을
> 아파하라.

이 아픔은 그대를 슬프게 만들려는 게 아니라는 사실을 기억하라. 거기서 사람들은 줄곧 이 경문들을 놓치고 있다. 이 아픔은 단지 그대를 더욱 깨어 있게 하기 위한 것이다. 사람들은 오직 화살이 그들의 심장 깊숙이 박혀 상처가 났을 때만 깨어 있기 때문이다. 안 그러면 그들은 깨어 있지 못한다. 생활이 순조롭고 편안하고 안락할 때 누가 염려하는가? 누가 깨어나려고 신경 쓰는가? 친구가 죽을 때는 하나의 가능성이 생긴다. 그대의 여인이 떠나고 혼자 남겨질 때, 그 어두운 밤 그대는 외롭다. 그대는 그 여자를 너무나 사랑해서 모든 걸 걸었지만 어느 날 갑자기 그녀는 떠났다. 외로움 속에서 울고 있을 때, 그때가 기회이다. 그 기회를 이용한다면 그대는 깨어날 수 있다. 화살에 상처 입을 때 그 기회를 이용할 수 있다.

그 아픔은 그대를 불행하게 만들지 않는다. 그 아픔은 그대를 더욱 깨어 있게 한다! 그리고 깨어 있을 때 불행은 사라진다. 따라서 그 구절에는 아무런 문제가 없다. 그러나 이것은 시대를 거쳐오며, 생에 대한 붓다의 접근 방식은 사람들을 불행하게 만든다 하며 붓다를 반대하는 논쟁이 되어 왔다.

그러나 그렇지 않다. 만일 삶이 불행하다면, 붓다는 단순히 그것을 자각하게 만들 뿐이다. 그는 그대가 깨어나서 뭔가 할 수 있기를, 삶이 불행할 필요가 없기를 바란다.

거기엔 또 다른 류의 삶이 가능하다. 무상함이 없는 삶, 영원한 삶이 있다. 하지만 그것은 이른바 이 삶이 끝났을 때, 이 삶에 대한 집착이 끊어졌을 때 비로소 얻을 수 있다. 물론 집착이 끊어질 때는 아픔이 따른다.

모든 기회를 이용하라. 상처들을 숨기지 말아라. 그래서 블리스는 그것이 뭔가 병적이라고 말하는 것이다. 그는 이렇게 말하는 것이다. "왜 그대의 상처들을 자꾸만 들추는가? 왜 자꾸만 상처들을 들여다보는가? 잊어버려라! 삶의 긍정적인 면을 보라. 왜 다른 것들을 생각하는가? 왜 꽃이 죽는 것을 생각하는가?"

하지만 그대가 생각하든 안하든 꽃은 죽게 되어 있다.

붓다가 강조하는 것은 이렇다. "그대가 이 꽃이 죽을 것임을 안다면 절대 죽지 않는 꽃을 얻을 가능성이 있다. 그 연꽃은 그대 안에서 필 수 있다. 하지만 그대는 이 피고 지는 꽃들에게 사로잡혀 있다. 그러면 연꽃은 영원히 피지 않은 채 남아 있을 것이다."

> 본래인(本來人)은 필시
> 본래의 장소로 돌아간다
> 그런데 왜 우리는
> 헛되이 부처를 구하는가?

그 본래인은 불교의 목표이다. '본래인'이란 무슨 말인가? 본래인이란 마음이 없는 사람, 조건화되지 않은 사람이다. 본래인은 자연스런 사람이다.

우리는 조건화되고 훈련되고 양식된다. 우리는 정해진 마음의 모습을 만들어 낸다. 힌두교인, 기독교인, 자이나교인, 불교인이라고. 이들은 모두 부자연스러운 사람들이다. 기독교인은 하나의 부자연스러운 사람이다. 자연스러운 사람은 기독교인이나 힌두교인이 될 수 없다. 자연스러운 사람은 단순히 '존재함' is-ness 의 일종이다. 이념이나 인격이나 도덕성을 가지지 않은 순진무구하고 어린아이와 같은 허공일 뿐이다.

> 본래인(本來人)은 필시
> 본래의 장소로 돌아간다.

그 본위로, 그 본래의 공간으로 돌아가는 길은 각성이다.

그대는 세뇌되어 왔다. 그대는 무엇이 돼야 하는지, 어떻게 돼야 하는지 교육받아 왔다. 그리고 그 조건들을 자동적으로 따라왔다. 그대는 로봇처럼 살고 있다.

붓다는 말한다. "이 로봇과 같은 존재는 떨쳐 버려야 한다. 그것을 반(反)자동화시켜라. 그대를 반자동화시키는 과정은 오직 더욱 민감해지는 것이다. 무엇을 하든지 더욱 각성을 가지고 하라. 깨어 있을수록 그대는 덜 경직된다. 깨어 있을수록 그대는 더 예측 불가능하게 된다. 깨어 있을수록 그대는 덜 습관적으로 움직인다. 안 그러면 그대는 그저 습관적으로 움직일 뿐이다. 줄곧 습관을 통해 작용한다."

누가 질문을 하면 대답하기 전에 잠시 기다려라. 그 대답이 기계적이지는 않은지 잠시 보라. 만일 그것이 기계적이라면 그 대답은 하지 말아라. 그대는 기계가 되고 있다.

감응하라.

누가 "당신은 신을 믿는가?"라고 물으면 기계적인 대답이 나온다. "예. 나는 카톨릭인입니다." 그것은 그대의 대답인가? 아니면 남들에게서, 즉 그대의 부모나 교사, 교회에서 들은 대답은 아닌가? 만일 그대가 회교 국가에서 성장했거나 공산주의 사회에서 성장했다면 동일한 대답을 기대할 수 있겠는가?

내 친구 한 명이 소련에 갔었다. 그는 불교 승려였으며 아주 지성적이고 세계적으로 유명한 작가였다. 초등학교에서 그가 한 어린 아이에게 물었다. "너는 신을 믿니?" 그 아이가 웃으며 말했다. "신이요? 옛날엔 사람들이 믿었지요. 과거에요. 신은 하나의 신화에요."

어린 아이가 말한다. "신은 신화에요. 사람들은 신을 믿었지요. 지금은 신을 믿을 정도로 바보가 어디 있어요?"
그리고 그 소년이 물었다. "당신은 아직도 신을 믿고 있나요?"

만일 그대가 공산주의 국가에서 성장했다면 신을 믿지 않는다. 칼 마르크스를 믿는다. 그러나 그것은 마찬가지다. 그대는 성경책을 믿지 않는다. 자본론을 믿는다. 그러나 그것은 마찬가지다.

믿음은 타인들로부터 온다. 본래의 사람은 믿음을 가지지 않는다. 믿음 체계를 버려라. 그러면 원물(原物)이 될 것이다. 대답할 때는 기억하라. 그것이 그대의 대답인지, 아니면 기계적인 것인지? 그것은 그대의 감응인가? 아니면 그대의 어머니가 그대를 통해 말하고 있는가? 혹은 그대의 아버지, 그대의 성직자, 그대의 교사는 아닌가? 그저 잠시 주의 깊게 들어라. 그러면 놀랄 것이다. 누가 이야기하고 있는지, 그대의 어머니인가 아버지인가 교사인가 그대는 정확히 들을 수 있을 것이다. 그렇지 않으면 그대의 대답은 기계적이다.

그것을 버려라. 차라리 "나는 모르겠다."라고 말하는 게 낫다. 적어도 그것은 그대의 대답이므로 한층 진리에 가깝다. 한층 더 신에 가깝다. 진리는 신이므로. 그외의 다른 신은 없다.

사소한 일들 속에서 그대가 어떻게 행동하는지 계속 지켜 봐라. 그대는 반응하는가? 아니면 감응하는가? 반응으로부터 더욱더 감응 쪽으로 마음을 기울여라. 반응은 조건화된 상태이고 감응은 각성이다.

이것은 그대를 탈바꿈시키기 위한 붓다의 기술이다. 차츰 본래인으로 다가선다. 차츰 조건화된 사람은 사라진다. 만일 그대가 그 조건화된 사람에 협조하지 않는다면 그는 가야만 한다. 그는 그대의 협조를 통해서 살아간다. 그는 오직 그대의 협력 속에서만 살 수 있다. 그대는 그것에 영양분을 주고 음식을 공급해 준다.

영양분을 주는 것을 멈춰라. 그가 기아로 죽게 놔둬라!

> 본래인(本來人)은 필시
> 본래의 장소로 돌아간다
> 그런데 왜 우리는
> 헛되이 부처를 구하는가?

아름다운 성명이다. 이규는 말한다. "붓다에 대해 개의치 말아라. 붓다를 구하지 말아라. 본래인을 찾아라. 그러면 붓다를 발견하리라! 붓다를 구하게 되면 결코 본래인을 발견하지 못할 것이다."

그대는 분명 토마스 켐피스(Tomas Kempis)의 유명한 책 〈그리스도의 모방〉에 대해 들은 적이 있을 것이다. 선객은 그런 제목은 생각도 할 수 없다. '붓다의 모방', 그것은 불가능하다. 그런데 켐피스의 책은 너무나 유명해서 거의 그 자체로 성경 다음 가는 중요한 위치에 있다. 그리스도의 모방? 만일 그대가 그리스도를 구한다면 모방꾼이 될 것이다. 그것은 그렇게 될 수밖에 없다. 그대는 그리스도처럼 혹은 붓다처럼 행동하기 시작할 것이다. 그대는 가장할 것이다. 어떤 인격을, 어떤 인물을 양성하기 시작할 것이다. 그리고 서서히, 더욱더 비본연적이 될 것이다.

누구도 그리스도가 될 수 없고 누구도 붓다가 될 수 없다. 그렇지만 누구나가 본래인이 될 수 있다. 그대의 본질성은 그대 안에서 찾아야 한다. 그대는 내부로 들어가야만 한다. 그대 자신 안으로 깊숙이 파들어가야 한다. 그대의 원천은 거기에 있다. 그대는 밖을 볼 필요가 없다. 붓다는 아마 아주 아름다울 것이다. 그래서 어쨌다는 건가! 만일 모방한다면 그대는 추해진다. 모방은 죄다 추하기 때문이다. 붓다가 되고 싶다고 무엇을 할 텐가? 그대는 그처럼 걷고 그처럼 말하고 그가 먹듯이 음식을 먹을 테고 그가 움직이는 방식으로 움직일 것이다. 하지만 그것은 표면에 불과하다. 내면 깊숙이에서는 항상 그래 왔던 것처럼, 그대는 여전히 어리석은 사람으로 남아 있을 것이다.

이것은 하나의 환상을 창조할 것이다. 다시 그대는 달의 집을 창조하고 마음은 주인이 될 것이다.

위대한 교사는 항상 모방을 반대해 왔다. 붓다가 되려고 애쓰지 마라. 본래인이 되려고 애써라. 그것은 또한 붓다가 되는 길이다. 하지만 그대의 본래인을 되찾음으로써 붓다가 된다면 이는 새로운 불성의 표현이 될 것이다. 그것은 아무튼 예전 붓다의 되풀이가 아닐 것이다. 한 번이면 충분하다. 그리고 그것이 좋다. 한번 생각해 보라. 수많은 붓다들과 수많은 그리스도들과 수많은 크리슈나들이 사는 세상을. 그런 세상을 한번 생각해 보라. 그것은 살아갈 가치가 없는 세상일 것이다!

음? 가는 곳마다 그리스도를 마주친다. 우유배달부도 그리스도이고 우체부도 그리스도이다. 그대는 자살할 것이다. 그대는 그리스도들에게 지쳐 버릴 것이다!

신은 절대 되풀이되지 않는 것이 좋다. 한 명의 그리스도는 더할 나위 없이 아름답다. 한명의 붓다는 아름답다. 그대가 그대 본래의 성품에 이르게 되면 그것은 신의 새로운 표현이 될 것이다. 새로운 현상, 새로운 광휘, 이전에 불려진 적이 없는 새로운 노래가 될 것이다.

그런데 왜 우리는

헛되이 부처를 구하는가?

> 아침 이슬
> 흔적도 없이 사라지고 없네
> 그 누가
> 이 세상 끝까지 살아 있으리?

다만 모든 것은 덧없이 사라진다는 것, 모든 것은 부단히 흐르고 있다는 것, 그 하나만 기억하라. 우리는 아침 이슬과 같다. 태양이 떠오르면 우리는 사라질 것이다. 그 일이 일어나기 전에 한 가지, 그대 내면의 가장 깊은 핵심을 자각하라. 이슬방울이 사라지기 전에 그대 내면 가장 깊은 핵심을 자각하라. 이슬방울이 사라지는 것 속에 결코 나지 않고 죽지 않는 어떤 것이 있기 때문이다. 이 유동적인 세계 속에 절대 불변하는 것이 있다.

> 덧없을지라도 우리는
> 내일의 목숨을 기원한다
> 이것은 어제 지나가 버린
> 우리 마음의 습관.

그대는 내일을 위해 무엇을 기원하는가? 한 번이라도 그것을 생각해 본 적이 있는가? 그것은 그저 어제의 반복일 뿐이다. 아마도 조금 더 꾸며지고 조금 더 치장되고 조금 더 세련되고 조금 더 장식된 것일 테지만. 그러니 내일을 위해 무엇을 기원하고 있는가? 그대의 어제를 기원할 것이다. 그러면 어제는 어땠는가? 그대는 어제 진정으로 행복했는가? 상투적인 버릇으로 우리는 과거가 미래에도 또다시 반복되기를 기도하고 기원하고 있는 것이다.

이 일체를 그만둬라! 과거가 그대 마음속에서 사라지도록 놔둬라. 그리고 다시는 그것을 기원하지 말아라. 거기에서 아무 기대도 하지 말고 순간에 살아라. 그럴 때 커다란 축복이 있다. 기대 없이 순간을 살 때 무한한 축복이 일어난다. 하지만 성취하길 바라며, 어떤 기대를 기원할 때는 오직 좌절만 있을뿐, 아무 것도 안 일어난다.

축복스러운 사람은 기대 없이 사는 자, 단순하게 사는 자, '일은 이렇게 돼야만 한다'고 기원하지 않는 자이다. 무슨 일이 일어나건 완전히 깨어서 사는 법을 아는 자이다. 그는 삶 속에서도 깨어 있고 죽음 속에서도 깨어 있다. 행복 속에서도 깨어 있고 불행 속에서도 깨어 있다. 성공 속에서도 깨어 있고 실패 속에서도 깨어 있다. 그는 비밀 열쇠를 지니고 있다.

그 비밀 열쇠는 각성이다. 이제 그는 그외에 아무 것도 바라지 않는다. 그는 모든 상황을 축복으로 변형시키는 예술을 안다. 그 각성의 영광은 지옥조차 천국으로 변형시킨다.

> 상심하지 말라
> 진리의 길은 다만,
> 있는 그대로이다
> 둘도 아니고 셋도 아닌.

이것은 이큐의 마지막 경문이다.

> 상심하지 말라
> 진리의 길은 다만,

있는 그대로이다

둘도 아니고 셋도 아닌.

그것은 궁극의 근원적인 성명이다. 그것은 말한다. 삶이 길이다. 삶 그대로. 그것을 바꾸려고 수고하지 말아라. 내세를 구하지 말아라. 낙원을 구하지 말아라. 삶은 있어야 할 그대로 있는 것이다. 그것을 놓친다면 그대가 깊이 잠들어 있다는 걸 보여 줄 뿐이다. 그게 전부다.

깨어 있어라. 모든 것은 있어야 할 그대로이다.

그대는 성자가 될 필요가 없다. 그대는 오로지 깨어 있기만 하면 된다. 거기엔 죄인도 없고 성자도 없다. 오직 잠들어 있는 사람과 깨어 있는 사람만 있을 뿐이다. 사람들의 차이는 이것이다. 어떤 사람은 잠들어 있고 어떤 사람은 깨어 있다는 것.

그것이 붓다와 그대의 유일한 차이이다. 별로 많은 차이가 없다. 그대는 바로 한 사람의 붓다이다. 다만 아직 눈 뜨지 않았을 뿐이다. 그대는 아직도 달의 집에서 살고 있다. 그대는 아직도 마음이 그대의 주인이도록 허락하고 있다. 그대는 각성을 위해 탐구하지 않았다. 그대는 깨어 있으려고 스스로를 흔들지 않았다.

그대가 바보거나 죄인이라고 근심하지 말아라. 어리석음과 지혜, 환영과 깨달음, 구원과 저주, 그 근본은 하나이다. 실체에는 오직 하나의 세계만 있다. 아무리 우리가 그것을 과학적인 것과 시적인 것, 유한한 것과 무한한 것, 절대적인 것과 상대적인 것. 이것과 저것으로 나눈다 해도 말이다. 이 구별들은 모두 마음의 일이다. 세계는 하나이다. 그것이 선하든 악하든, 지옥이든 천국이든 세계는 하나이다.

이것이 존재하는 유일한 세계이다.

필요한 일체는 이 세계를 자각하는 것, 햇빛을 자각하는 것, 나무의 푸름을 자각하는 것, 새들과 차들의 소음을 자각하는 것, 그대 주변의 사람들을 자각하는 것, 그대 자신을 자각하는 것이다.

각성은 열쇠가 되는 낱말이다. '붓다'라는 말은 곧 깨어 있는 사람, 깨어난 사람이란 뜻이다. 그 차이를 보라. 다른 종교는 그대에게 "착한 사람이 돼라. 도덕적이 돼라. 성자가 돼라."고 말한다. 다른 종교들은 그대를 죄인으로 비난한다. 본연의 그대를 무가치한 존재로 비난한다.

불교는 비난하지 않는다. 불교에는 원죄라는 개념이 없다. 불교는 그대에게 성자가 되라고 가르치지 않는다. 왜냐하면 그대가 뭘 하겠는가? 성자가 되고 싶다 해서 그대가 뭘 할 수 있겠는가? 이른바 죄라는 것들을 억압할 것이다. 그러나 억압된 것들은 그대의 무의식 속에 쌓일 것이다. 그들은 그대를 떠나지 않을 것이다. 그것들은 안에서 들끓을 것이다. 그것들은 그대를 미치게 하고, 타락으로 몰고갈 것이다.

어찌 그대가 성자가 될 수 있겠는가? 그대가 뭘 할 수 있겠는가? 그대가 화가 났다 하자. 성자가 되기 위해 어떻게 할 것인가? 화를 억누른다! 성욕이 일어난다 하자. 어떻게 하겠는가? 성욕을 억누른다. 하지만 성욕은 그대로 있을 것이다. 그것은 억압된 상태로 그대의 뿌리로 더 깊숙이 들어가, 그대 일생의 독소가 될 것이다. 그것은 타락의 방식으로 발산되기 시작할 것이다. 그것은 뒷문으로 들어와 그대를 지배하기 시작할 것이다. 억압한다고 해서 그대 인생이 변형되지는 않을 것이다.

불교에는 죄에 대한 개념이 없고 성인에 대한 개념이 없다. 불교는 말한다. "단순히 해야 할 게 한 가지 있다. 사람들은 줄곧 잘못을 행하는데, 그들이 나빠서가 아니라 잠들어 있어서이다." 차이점을 보라. 어떻게 잠들어 있는 사람에게 바른 일을 하기를 기대할 수 있겠는가? 사람들은 몽유병 환자 같다.

잠자면서 걸어가는 사람을 본 적이 있는가? 그런 사람들은 수없이 많다. 열 명 중에 거의 한 명은, 10퍼센트의 사람들은 잠 속에서도 걸을 수 있는 능력이 있다. 만일 여기에 천 명의 사람들이 있다면 수많은 사람들이 잠 속에서도 걸을 수 있다. 하지만 잠 속에서 걸을 때는 자연히 뭔가에 걸려 넘어질 수 있다. 어쩌면 벽에다 머리를 부딪힐지도 모르는데 그를 죄인이라고 하지는 않을 것이다. 아니면 그렇게 부를 텐가? 그대는 그를 비난하지 않을 것이다. 그를 영원한 지옥에 보내지 않을 것이다. 그것은 너무나 잔혹해 보인다. 할 수 있는 건 그를 깨우는 일이다! 그러면 그 깨어 있음이 모든 것을 변화시킬 것이다.

불교는 말한다. "거기 유일한 죄가 있는데 — 만일 그것을 죄라고 부르고 싶다면 — 그것은 잠, 즉 무자각이다. 그리고 거기 유일한 미덕이 있는데 — 그것을 덕이라고 부르고 싶다면 — 그것은 각성, 즉 깨어 있음이다."

불교는 대단히 과학적인 종교이고 철두철미하게 심리학적인 종교이다. 지금껏 있어 왔던 가장 위대한 심리학적인 통찰이다.

오쇼에 대하여

오쇼의 가르침은 어떠한 틀로도 규정하기 힘들 만큼 다양한 주제를 다루고 있다. 그의 강의는 삶의 의미를 묻는 개인적인 문제에서부터 현대사회가 안고 있는 시급한 정치·사회적인 문제에 이르기까지 거의 모든 주제를 망라한다. 오쇼의 책은 그가 직접 저술한 것이 아니라, 다양한 국적의 청중들에게 들려준 즉흥적인 강의들을 오디오와 비디오로 기록하여 책으로 펴낸 것이다. 그는 자신의 강의에 대해 이렇게 말했다. "내가 무슨 말을 하건 그 말은 지금 이 시대의 당신들을 위한 것일 뿐만 아니라 다가오는 미래 세대를 위한 말이기도 하다."

런던의 선데이 타임스(Sunday Times)는 20세기를 빛낸 천 명의 위인들 중 한 사람으로 오쇼를 선정했으며, 미국의 작가 탐 로빈스(Tom Robbins)는 오쇼를 '예수 이후로 가장 위험한 인물'로 평하기도 했다. 인도의 선데이 미드데이(Sunday Mid-Day)는 인도의 운명을 바꾼 열 명의 인물을 선정했는데, 그 중에는 간디, 네루, 붓다 등의 인물과 더불어 오쇼가 포함되어 있었다.

오쇼는 자신의 일에 대해 새로운 인간이 탄생하도록 기반을 닦는 것이라고 했으며, 이 새로운 인간을 '조르바 붓다(Zorba the Buddha)'로 부르곤 했다. 조르바 붓다란 니코스 카잔차키스의 소설 속 주인공인 그리스인 조르바처럼 세속의 즐거움을 누리는 동시에, 붓다와 같은 내면의 평화를 겸비한 존재를 일컫는다. 오쇼의 가르침에 일관되게 흐르는 정신은, 과거로부터 계승되어온 시대를 초월한 지혜와 오늘날의 과학문명이 지닌 궁극적인 가능성을 한데 아울러 통합하는 것이다.

또한 오쇼는 점점 가속화되는 현대인들의 생활환경에 맞는 명상법을 도입하여 인간의 내면을 변화시키는 데 혁명적인 공헌을 하였다. 그의 독창적인 '역동 명상법'들은 심신에 쌓인 스트레스를 풀어줌으로써 일상생활 속에서 더 수월하게 평화와 고요함을 경험할 수 있게 해준다.

아래의 두 책을 참고하여 오쇼의 생애에 대해 더 자세하게 알아볼 수 있다.

- 『Autobiography of a Spiritually Incorrect Mystic』
- 『Glimpses of a Golden Childhood』

오쇼 국제 명상 리조트
Osho International Meditation Resort | www.osho.com/meditationresort

위치
인도 뭄바이(Mumbai)에서 남동쪽으로 160킬로 떨어진 뿌네(Pune)에 위치하고 있는 오쇼 국제 명상 리조트는 휴가를 즐기기에 매우 적합한 곳으로, 우람한 나무들이 주거지역을 둘러싸며 40에이커에 달하는 아름다운 정원을 형성하고 있습니다.

특징
매년 100개국이 넘는 나라로부터 수많은 방문객들이 오쇼 국제 명상 리조트를 찾아오고 있습니다. 이 독창적인 명상 리조트는 축제를 즐기듯 즐거운 분위기 속에서 더 평온하며 더 깨어있는 창조적인 방식으로, 새로운 삶의 길을 경험할 수 있는 기회를 제공합니다. 몇 시간의 단기 프로그램에서부터 해를 넘기는 장기 프로그램에 이르기까지, 선택의 폭이 매우 다양합니다. 아무것도 하지 않고 그저 휴식을 취하는 것도 오쇼 국제 명상 리조트에서 제공하는 프로그램 중의 하나입니다.

모든 프로그램은 '조르바 붓다(Zorba the Buddha)' 라는 오쇼의 비전에 바탕을 두고 있습니다. 조르바 붓다는 날마다의 일상생활에 창조적으로 임하며 침묵과 명상 속에서 고요하게 휴식하는 새로운 유형의 인간을 뜻합니다.

명상 프로그램
활동적인 명상, 정적인 명상, 전통적인 명상법, 혁신적인 방편들, 오쇼의 역동 명상법에 이르기까지 각 개인에 맞는 명상 프로그램이 하루 종일 진행됩니다. 이 명상 프로그램들은 세계에서 가장 큰 규모의 명상홀인 '오쇼 오디토리엄(Osho Auditorium)' 에서 진행됩니다.

멀티버시티 Multiversity
오쇼 멀티버시티가 제공하는 다양한 종류의 개인 세션, 수련 코스와 그룹 워크숍은 창조적인 예술, 건강 요법, 인간관계 개선, 개인의 변형, 작업 명상, 비의적인 학문과 선(禪)적인 접근방식이 도입되었고, 프로그램의 범위 또한 스포츠와 레크리에이션 등을 망라하고 있습니다. 이처럼 다양한 프로그램들은 명상과 결합되어 성공적인 효과를 내고 있는데, 이것은 오쇼 멀티버시티가 인간을 여러 부분들의 조합으로 보는 것에서 그치지 않고, 그를 훨씬 뛰어넘는 존재로 인식하는 명상적 이해에 기반하기 때문입니다.

바쇼 스파 Basho Spa

고품격의 바쇼 스파에는 울창한 나무와 열대식물에 둘러싸인 야외 수영장, 독창적 스타일의 넉넉한 자꾸지(Jacuzzi), 사우나, 테니스장을 비롯한 여러 체육 시설 등이 아름답게 배치되어 있습니다.

먹거리

리조트 내의 여러 식당에서는 서양식, 아시아식, 인도식 채식 요리가 제공되며, 대부분의 식재료는 명상 리조트의 방문객을 위해 유기농법으로 생산된 것들입니다. 빵과 케이크 역시 리조트 내에서 자체적으로 만들고 있습니다.

야간 행사

야간에도 다양한 종류의 행사가 벌어집니다. 그중 최고로 꼽히는 댄스파티를 비롯해 별빛 아래서 행해지는 보름날 명상 프로그램, 각양각색의 쇼와 음악 공연, 그리고 여러 가지 명상법들이 진행됩니다. 이 밖에도 플라자 카페(Plaza Cafe)에서 친구들을 만나 즐기거나, 정적에 잠긴 아름다운 정원을 산책하는 것도 좋습니다.

편의 시설

리조트 내에는 은행, 여행사, 피시방이 준비되어 있습니다. 기본적인 생필품은 갤러리아(Galleria)에서 구입이 가능하며, 멀티미디어 갤러리(Multimedia Gallery)에서는 오쇼의 미디어 저작물을 구입할 수 있습니다. 그 밖에 더욱 다양한 쇼핑을 즐기고 싶은 분들은 뿌네 시내에서 인도의 전통 상품을 비롯한 다국적 브랜드의 여러 가지 물건들을 구입할 수 있습니다.

숙박 시설

리조트 내에서는 오쇼 게스트하우스(Osho Guesthouse)의 품격 있는 객실을 이용할 수 있습니다. 더 오랜 기간의 체류를 원하는 방문객은 '리빙 인(Living In)' 이라는 패키지 프로그램을 이용하거나, 리조트 밖에 있는 다양한 종류의 호텔과 아파트를 이용할 수도 있습니다.

더 많은 정보를 보시려면 아래의 웹사이트를 참고하시기 바랍니다.

www.OSHO.com

오쇼 닷컴에서 제공하는 내용

인터넷 매거진, 오쇼 서적, 오디오와 비디오, 영어와 힌디어로 된 오쇼 저작물들, 오쇼 명상법에 대한 정보, 오쇼 멀티버시티의 프로그램 스케줄, 오쇼 국제 명상 리조트에 관한 정보

관련 웹사이트

http://OSHO.com/resort
http://OSHO.com/magazine
http://OSHO.com/shop
http://www.youtube.com/OSHO
http://www.oshobytes.blogspot.com
http://www.Twitter.com/OSHOtimes
http://www.facebook.com/pages/OSHO.International
http://www.flickr.com/photos/oshointernational

아래의 주소를 통해 오쇼 국제 재단에 접촉할 수 있습니다.
www.osho.com/oshointernational
oshointernational@oshointernational.com